불변과 만변

거젠슝, 중국사를 말하다

일러두기

1. 이 책은 거젠슝(葛劍雄)의 『不變與萬變—葛劍雄說國史』를 완역한 한국어판입니다.
2. 이 책의 중국 현대 인명이나 지명은 '국립국어원 중국어표기법'에 따랐으며 고대의 경우는
   우리말 한자음으로 표기했습니다. 특히 지명의 경우, 같은 지명이라도 문맥에 따라 고대
   지명을 이를 때와 오늘날의 지명을 이를 때 다르게 표기했습니다.
   예: 황하(黃河)/황허, 장강(長江)/창장, 북경(北京)/베이징
3. 이 책의 주는 모두 옮긴이 주입니다.

不變與萬變

불변과 만변
거젠슝, 중국사를 말하다

거젠슝(葛劍雄) 지음 | 김영문 옮김

역사산책

─────── 제1편 ───────

고대 중국의 뼈대

이끄는말 '중국'이란 두 글자는 3천 년 전에 출현했다   10

제1장 강역 _ 중국인이 생활하는 땅

　　제1절 '거대한 구주[大九州]'와 '한 자 길이 방망이[一尺之棰]'   18
　　제2절 고대 중국은 도대체 얼마나 컸나?   26
　　제3절 고대 중국의 강역은 어떻게 변화했나?   33
　　제4절 고대 중앙정부는 어떻게 주요 행정 구역을 나눴나?   42

제2장 도시 _ 몇 차례 변화를 겪은 도성

　　제1절 한나라의 장안과 낙양   50
　　제2절 북위 효문제의 천도와 한족화   58
　　제3절 수 · 당 시대의 양도   66
　　제4절 명나라의 양경 병행   75

제3장 건설 _ 토지의 연결과 분리

　　제1절 장성은 군사 방어용으로만 세운 것이 아니다   83
　　제2절 식량 공급의 생명선, 운하   91
　　제3절 고대의 교통 시스템, 치도   99
　　제4절 부패에 의해 '잠식된' 역참   106

———— 제2편 ————

고대 중국의 혈육

이끄는 말 본적과 출생지: 당신은 어디 사람이오?   116

제4장 이주 _ 우리는 어디서 와서 어디에 머무나?
  제1절 고향은 어디인가? 이주의 출발지   125
  제2절 이주민의 영향을 깊게 받은 도성 문화 구조   133
  제3절 강호의 남쪽 이주와 오호의 중원 교란   141
  제4절 유목 부족의 북방 이주와 흉노의 남하 약탈   149
  제5절 고대인은 왜 이주해야 했나?   157

제5장 인구 _ 정책에 의해 영향을 받는 인구수
  제1절 고대 중국의 인구는 도대체 얼마였나?   166
  제2절 정절 관념과 당나라의 과부 개가   174
  제3절 송나라 호구 자료에는 왜 호구당 평균 인구가 3명에 미치지 못했을까?   182
  제4절 명나라 호적제도와 10년 뒤 호적부를 미리 편집한 일   189

제6장 인물 _ 인간이 '주조'한 시대 현상
  제1절 공자: 역대 통치자들이 긍정한 '춘추필법'   198
  제2절 복생: 문화의 보호자 겸 계승자   206
  제3절 해서: 왜 해서 한 사람만 청백리가 되었나?   214
  제4절 왕이: 비정규 막료가 정식 관리를 통솔한 특이한 현상   224
  제5절 연영: "위에는 정책이 있고, 아래에는 대책이 있다"   234

제7장 외교 _ "외국인 입국은 허용하면서도 중국인 출국은 불허하고, 중국에
온 외국인에게는 중국 문화를 전하면서도 중국인을 외국에 보내 문화
를 전파하지 않은" 고대인

제1절 '개방'을 했으면서도 눈앞의 좋은 기회를 놓친 한나라 242
제2절 고대 중국의 대외 영향은 어떠했나? 249
제3절 당나라 장안은 세계의 중심이었나? 258

제3편

고대 중국의 정신 중추

이끄는 말 영명한 개국 황제는 왜 폭군이 되기도 하나? 268

제8장 천하 _ 천하를 얻음과 천하를 다스림
제1절 호복 입고 말 위에서 활쏘기 그리고 기병 시대 276
제2절 중국 고대의 대규모 학살, 장평 전투 285
제3절 진시황과 표준화 정책 293
제4절 항우는 초 · 한 쟁패의 실패자인가? 300
제5절 유방이 백성에게 반포한 '약법삼장'은 믿을 만한가? 314
제6절 '추은령' 배후의 정치적 지혜 321
제7절 최초로 '중앙에서 파견한 순시 제도' 328
제8절 유수는 어떻게 한나라를 연장할 수 있었나? 335
제9절 조광윤의 송나라는 어떻게 오대를 끝냈나? 347
제10절 송나라 때는 왜 군사 정변이 드물었나? 356
제11절 애산 이후에는 중국이 없는가? 364

제9장   제왕 _ 황제의 사생활

    제1절 태자: 가장 결정하기 어려운 황실 구성원   374

    제2절 황후: 황제에게 가장 영향력이 큰 사람   382

    제3절 태상황: 황궁 안의 '유명무실한 직위'   390

    제4절 종실: 결코 쉽지 않은 삶을 산 황실 친척   399

    제5절 사후의 일: '죽음을 삶처럼 여기는' 관념의 전승   407

    제6절 기록: 역사서의 '공식 판본'   415

맺음말   우리는 중국의 역사서를 어떻게 보아야 할까?   426

옮긴이의 말   436

찾아보기   442

유생(儒生)이 말하는 '중국(中國)'은

천하의 81분의 1 중에서 그 하나만을 차지할 뿐이다.

'중국'은 '적현신주(赤縣神州)'라 이름하고,

적현신주 안에 '구주(九州)'가 있으며,

우(禹) 임금이 질서를 잡은 '구주'가 그것인데,

실제 주(州)의 숫자는 아니다.

제1편

고대 중국의
뼈대

'중국'이란 두 글자는
3천 년 전에 출현했다

오늘날 모두가 알고 있다시피 '중국(中國)'은 국가의 명칭일 뿐 아니라 중화인민공화국(中華人民共和國)의 약칭이기도 하다. 그런데 '중(中)'과 '국(國)' 두 글자와 이 두 글자가 조합된 단어 '중국'은 언제 출현했을까? 처음 출현했을 때 그것은 무슨 뜻이었을까? 왜 오늘날에 이르러 국가의 명칭이 되었을까? 이제 1963년에 있었던 한 가지 사건에서 이야기를 시작하려고 한다.

1963년 8월, 큰 비가 지나간 어느 날 오전, 지금의 중국 산시성(陝西省) 바오지현(寶鷄縣) 자촌(賈村)의 한 농가에 세 들어 살던 천(陳) 아무개 씨는 후원의 흙 비탈이 비로 씻겨 무너지고 그 아래에서 환한 빛이 새어 나오는 것을 발견했다. 그는 손과 괭이로 그곳을 파서 동기(銅器) 하나를 발굴해 집으로 가지고 갔다. 다음 해에 천 씨는 구위안(固原)으로 되돌아가면서 그 동기를 다른 사람에게 주어 보관하게 했다. 1965년, 그 사람은 돈이 떨어져서 동기를 고철 값으로 고물상에게 팔았다. 당시 바오지시박물관(寶鷄市博物館)의 한 간부가 바오지시 위취안(玉泉)의 한 고물상에서 이 동기를 목격하고 진귀한 유물임을 직감해 바로 박물관장에게 보고했다. 박물관장은 사람을 보내 유물의 가치를 확인한 즉시 고물상에서 당초에 이 유물을 구입할 때 지불한 30위안에 매입해 박물관으로 가져왔다. 높이 38.8센티미터, 아가리 직경 28.8센티미터, 무게 14.6킬로그램의 이 동기는 바오지시박물관이 1958년에 완공된 후 수집한 첫 번째 청동기가 되었다.

1975년, 중국과 일본의 수교를 기념하기 위해 중국 국가문물국(國家文物局)은 일본에서 '중국 출토 문물 정품전(中國出土文物精品展)'을 개최하기로 하고 왕예추(王冶秋, 1909~1987) 국장이 직접 나서서 청동기 전문가 마청위안(馬承源, 1928~2004)[1]을 초청해 전시를 준비했다. 마청위안은 신속하게 전국 각지에서 100건에 달하는 일급 유물을 모았는데, 그 속에는 바오지에서 출토된 도철문(饕餮紋)[2] 동준(銅尊)이 포함되어 있었다. 마청위안은 고궁(故宮) 무영전(武英殿)에서 이 청동기를 본 후, 반복해서 여러 번 자세히 관찰하는 과정에서 이 대형 기물에 어째서 명문(銘文)이

---

1 전(前) 상하이박물관(上海博物館) 관장.
2 도철(饕餮) 문양. 중국 신화에 사대 흉수(胸獸)가 등장하는데, 혼돈(混沌), 궁기(窮奇), 도올(檮杌), 그리고 도철이다. 도철은 포악한 성격에 왕성한 식욕을 갖고 있어서 모든 것을 먹어치우며 심지어 자신의 몸뚱이까지 먹어버려 머리와 입만 남았다고 한다. 또 다른 전설에 의하면 소나 양의 몸에 굽은 뿔, 호랑이 이빨, 사람 얼굴을 하고 있다고도 한다. 『산해경(山海經)』「서남황경(西南荒經)」 등에 관련 기록이 있다. 『여씨춘추(呂氏春秋)』「선식(先識)」에는 주(周)나라 정(鼎)에 도철 그림이 새겨져 있다고 인식했다.

없을까 하고 답답하게 생각했다. 그리고 손으로 직접 동준 내부의 바닥을 반복해서 더듬다가, 바닥 어떤 부분에 문자가 새겨져 있는 듯한 느낌을 받았다. 그는 흥분에 휩싸여, 즉시 사람을 시켜 그것을 가져가서 녹을 제거하게 했다. 흙과 녹을 제거하자 동준의 바닥에서 12행 122자에 달하는 명문이 나타났다. 마청위안은 이 청동기를 '하준(何尊)'이라고 명명했다. 왜냐하면 명문의 내용 가운데 주(周)나라 왕실 종족인 '하(何)'의 선조가 주 문왕(文王)을 수행했고, 주나라 왕이 하(何)에게 패(貝) 30줄[朋]을 하사하자, 하(何)가 이 일을 기념하기 위해 이 주기(酒器)를 만든 사실이 포함되어 있었기 때문이다.

이 청동기에서 우리는 '중국(中國)'이란 두 글자가 가장 일찍 쓰인 실례를 찾아볼 수 있다. 이 명문의 대의는 이렇다. "주 무왕(武王)이 상(商)나라 도성을 격파한 이후 융숭한 의식을 거행하고 하늘에 보고하며 말했다. '나는 지금 이미 '중국'을 나의 집으로 삼았고, 그곳의 백성을 통치하노라.'"[3]

이 명문의 후반부 내용에 근거해 우리는 하준의 주조 시기가 주 무왕의 아들인 주 성왕(成王) 재위 기간이었다고 단정할 수 있다. 말하자면 하준 및 거기에 쓰인 '중국'이란 두 글자는 틀림없이 지금부터 3천여 년 전인 기원전 11세기 후반에 출현한 것이다. 이 사례 이외에 우리가 현재 볼 수 있는 '중국'이란 두 글자는 모두 전해오는 문서에서만 나타난다.

이 두 글자가 오늘날의 '중국'을 의미할까? 우리는 결국 명문의 내용으로 말해야 한다. 주 무왕은 상나라 도성을 함락한 뒤 그가 이미 '중국을 자신의 집으로 삼았다(宅玆中國)'라고 인식했으므로, 그가 말한 '중

---

3 "唯武王旣克大邑商, 則廷告于天, 曰, '余其宅玆中或, 自之乂民.'

국'은 당시의 상나라 도성이거나 상나라 최고 통치자가 거주한 성이었다고 말할 수 있다.

그럼 왜 그곳을 '중국'이라고 불렀을까?

'중국'이란 두 글자 자체의 의미로 분석해볼 수 있다. '국(國)'은 중간에 '구(口)' 자가 있는데 이는 본래 사람의 입을 그려낸 글자로, 사람을 대표한다. 그 아래 가로획 '일(一)' 자는 사람들이 거주하는 땅이라는 뜻이다. 또 그 곁에 '과(戈)'가 있는 까닭은 사람들에게 땅이 매우 중요하여 긴 창을 들고 그 땅을 지켜야 하기 때문이다. 명문에 쓰인 '국(國)'은 '혹(或)'과 형상이 같은데, 이후의 '국(國)' 자는 '혹(或)' 자 밖에 테두리를 두른 모양이다. 곧 '혹(或)' 밖에 울타리를 친 것으로 이것이 바로 성곽이다. 성곽을 둘러야 더욱 안전하지 않겠는가?

따라서 '국(國)'에는 성으로 둘러싸인 일정한 곳에 그곳을 지키는 사람들이 거주하고 생활한다는 본뜻이 들어 있다.

그럼 '중(中)'은 무슨 뜻일까? '중(中)'이란 글자의 본래 형상은 휘날리는 깃발과 비슷하고, 그 위와 아래에 어떤 장식물이 달려 있음을 알 수 있다. 전문가의 고증에 의하면 이 '중(中)' 자는 본래 상나라 사람들이 군대와 민중을 불러 모으는 표지였다고 한다. 큰 깃발을 하나 만들어 특정한 시간, 장소에 깃발을 꽂으면 어떤 중요한 일이 있어 군대와 민중을 소집한다는 사실이 분명하게 알려진다. 소집이 이루어지면 사람들은 '중(中)'이라고 불리는 깃발 주위로 모여든다. 시간이 오래 지나면서 '중(中)' 자에서 특별한 뜻이 파생했는데, 그것이 바로 중간(中間), 중심(中心), 중앙(中央)이고, 그렇게 파생한 뜻이 이 글자의 가장 중요한 의미로 작용하게 되었다.

이렇게 연결해보면 우리는 '국'이 바로 당시에 백성이 집중 거주하던 장소인 곳곳의 성(城)임을 알 수 있다. 이러한 '국'은 매우 많아서 '만국(萬國)'이란 말도 생겼다. '만(萬)'은 확실한 '일만(一萬)'을 가리키는 것이 아니라 많고도 많다는 뜻이다. 춘추시대의 기록으로 남아 있고, 이름도 있고 성(姓)도 있는 '국'은 1천여 곳에 달했는데, 아마 기록으로 남아 있지 않은 소국(小國)도 많았을 것이다. 이러한 여러 '국' 중에서 어떤 것이 '중국'으로 불릴 자격이 있었을까? 그것은 바로 최고 통치자가 거주하는 '국'으로, 그곳은 가장 중요한 '국'이었으며 일반적으로 중심에 위치했기 때문에 '중국(中國)'으로 불렸다. 이 때문에 주 무왕은 상나라 도성, 즉 상나라 왕이 거주한 곳을 점령하고, 그 사실을 하늘에 보고할 수 있었다. 그는 '중국'의 주인이 되어 '중국'을 자신의 집으로 삼을 수 있게 되었다. 물론 주나라에 이르면 주나라 천자가 거주하는 '국', 바로 그 성을 '중국'으로 불렀다.

'중국'의 범위는 왜 후대에 부단히 확대되었을까?

동주(東周) 시기에 이르러 주나라 천자는 이미 유명무실한 허수아비가 되었다. 제후들은 겸병을 통해 점점 더 강대해졌고 통치 범위도 이미 본래 분봉받은 그 성(城)이 아니게 되었다. 따라서 춘추시대가 되면 '국'의 수량이 신속하게 줄어들었다. 많은 '국'이 다른 제후에게 멸망당하거나 병탄당한 이후 그 나라의 일부분으로 바뀌어 더 이상 '국'으로 존재할 수 없게 되었다. 이 때문에 몇몇 대(大)제후가 통치하는 '국'의 범위가 갈수록 커졌고, 이에 '국'의 총수도 신속하게 줄어들었다.

전국시대가 되면 진(秦), 초(楚), 제(齊), 연(燕), 한(韓), 조(趙), 위(魏) 일곱 대국과 그리 크지 않은 몇몇 소국만 남게 되었다. 이러한 상황에서 주나라 천자가 거주하는 곳을 '중국'이라고 일컫는 이외에 제후들도 비로소 자신이 거주하는 도성을 '중국'이라고 칭했으므로 당시에는 '중국'이 하나만 있었던 것이 아니었다. 그런 와중에도 사람들은 특히 동주의 도성인 지금의 허난성(河南省) 뤄양(洛陽)을 중심으로 하는 일대를 '중국'으로 불렀다.

기원전 221년에 이르러 진시황(秦始皇, 기원전 259~기원전 210)이 다른 제후국을 모두 멸망시켰다. 물론 진(秦)나라 도성 함양(咸陽)이 명실상부한 '중국'이었지만, 다른 제후국 사람들이 거주하던 도성도 그곳 사람들은 '중국'으로 인식했다. 특히 진시황은 황제가 되어 자신이 이전의 삼황오제(三皇五帝)를 초월했다고 여겼기에 스스로 황제라 칭하며 자신이 통치하는 곳을 모두 '중국'으로 간주했다. 이러한 개념을 이후 각 왕조에서 답습했다. 이 때문에 진나라 이후의 '중국'은 중원 왕조를 가리키는 대명사가 되었다.

예를 들어 한(漢)나라는 국호가 '한(漢)' 또는 '대한(大漢)'이었지만, 황제에서 신민에 이르기까지 모두 한나라 강역의 범위를 '중국'이라고 인식했고, 한나라의 통치 범위 밖은 호(胡), 융(戎), 만(蠻), 이(夷)로 불렀다. 상대적으로 주변 여러 지역과 대비해서 한나라를 중국으로 인식했으며, 이는 오랫동안 전승되어온 '천하의 중심[天下之中]'이라는 개념에도 부합한다.

이 때문에 한나라에서 청나라에 이르기까지 중원을 차지한 왕조, 특히 통일을 이룬 왕조는 모두 자신이 바로 '중국'이라고 인식했다. 분열 상태가 되었을 때는 모두 자신을 '중국'의 일부분으로 여겼으며, 가장 중요한 분열 정권은 여전히 스스로 '중국'의 대표자로 자처했다. 이후의 통일이란 측면에 착안해보면 통일의 중심인 자신은 중국이고 상대방은 중국이 아니라는 입장을 견지했다. 예를 들어 남북조시대에 북조와 남조는 모두 '중국'으로 자처했고, 북조 사람들은 남조를 칭하여 '섬 오랑캐[島

夷]'로 낮춰 불렀으며, 남조 사람들은 북조를 칭하여 '변발한 오랑캐[索虜]'로 낮춰 불렀다. 다시 통일하여 함께 어우러져 살게 되면서는 쌍방이 모두 '중국'이 되었다. 황제는 성이 다른 사람도 될 수 있고 국호도 바뀔 수 있지만 '중국'이란 개념은 변함없이 줄곧 유지되었다.

그러나 청나라에 이르러서도 '중국'은 여전히 이 왕조의 정식 국호가 아니었다. 이 나라의 정식 국호는 '청(淸)', '대청(大淸)', '대청국(大淸國)'이었다. 청나라가 외국과 맺은 조약에는 모두 대청국과 대청이란 국호를 사용했지 '중국'을 사용하지 않았다. 이전의 왕조도 마찬가지였다. 명나라의 정식 국호는 '명(明)', '대명(大明)', '대명국(大明國)'이었다.

1912년 중화민국(中華民國)이 건국된 후 정식 국호가 바로 '중화민국'이었다. 법률적으로 중화민국의 약칭을 규정한 조항은 없지만, 습관적으로는 '중국', '중화(中華)'라는 약칭을 사용했으며, 정식으로는 '중국'이라는 약칭을 더 많이 사용했다. 따라서 1912년 중화민국이 건국된 이후에야 '중국'이 국가의 정식 명칭이 되어 지금까지 이 명칭을 계속 사용해오고 있다.

기원전 221년에서 1911년에 이르기까지 '중국'이란 말의 정치적 의미는 중원 왕조의 대명사였다. 그 영역도 중앙 정권이 유효하게 통치하는 범위를 가리켰지, 통치 범위 밖의 지역은 '중국'으로 인식하지 않았다. 중국 민족이란 함의도 일반적으로 화하족(華夏族)을 가리켰고, 근대에 비로소 한족(漢族)을 일컫기 시작했으며, 이에 화하족이 거주하는 장소를 '중국'으로 인식했다. 그러나 주변부의 다른 민족에 대해서는 만이(蠻夷), 이적(夷狄), 융적(戎狄)으로 간주하면서 그들이 거주하는 곳은 중국으로 인식하지 않았다. '중국'의 지리적 함의는 흔히 '중원'의 대명사로 쓰였다. 예를 들어 『사기(史記)』「화식열전(貨殖列傳)」에서 사마천(司馬遷,

기원전 145 혹은 기원전 135~?)이 언급한 '중국인민(中國人民)'이란 뜻은 오늘날 우리가 말하는 의미가 아니라 중원에 사는 사람을 가리켰다. 고대에도 '중국'과 '중원'이란 어휘를 흔히 통용했지만, '중원' 지역이 명확한 범위를 갖는 것은 아니었다. 상이한 상황과 상이한 시대에 따라 '중원'이 가리키는 범위도 서로 달랐다. '중국'의 문화적 함의는 흔히 화하문화(華夏文化)에 국한된 개념으로만 사용하는데, 그것은 바로 오늘날 우리가 말하는 한족 문화이므로, 일반적으로 소수민족의 문화는 여기에 포함되지 않았다.

　종합해보면, '중국'이라는 명칭은 늦어도 3천 년 전에 이미 형성되어 역사 속에서 줄곧 써왔지만 근대에 이르러서야 국가의 정식 명칭이 되었다. 역사적으로 '중국'은 정통을 대표하며, 하나의 정권을 건립해 유지하기 위해서는 반드시 자신을 '중국'의 대표자로 자리매김해야 했다. 특히 분열 시기에는 스스로 '중국'으로 자처하면서 '중국' 정권을 대표할 수 있어야만 통일을 완성할 수 있었다. 한족 이외의 다른 민족이 건립한 정권이 중원으로 들어와 주인 노릇을 하고 전체 중국을 통치하려면, 자신이 '중국'임을 자처해야 정치적 합법성을 쟁취할 수 있고 대다수 '국민'의 인정을 받을 수 있었다.

강역

중국인이 생활하는 땅

제1절
'거대한 구주[大九州]'와 '한 자 길이 방망이[一尺之棰]'

중국 역사에는 오랜 시간 써왔지만 전혀 현실이 되지 않은 몇 가지 개념이 있는데 아주 유명한 '구주(九州)'도 그중 하나다. 유가 경전에 근거한 '구주'가 현재 통용되는 가장 일반적인 견해로, 우 임금이 치수에 성공한 뒤 천하를 아홉 주로 나누어 통치에 편리하게 만들었다고 한다.[1] 그러나 현존 사료와 고고학적 발견에 근거하여 분석해보면 우 임금이나 그 시대에 '구주'가 있었다고 실증할 방법이 없다. 설령 확실하게 존재했다 하더라도 그 시대의 통치자는 그렇게 큰 땅을 직접 통치하거나 관리할 수 없었다. 이 때문에 '구주'는 어떤 이념이 반영된 하나의 개념일 뿐이다.

그리고 이런 개념이나 이념도 전국시대 후기에 이르러서야 점진적으로 형성되었다. 당시 일부 학자들은 점차 통일로 나아가던 천하의 추세를 목도하고, "천하 사람들이 근심하기에 앞서 근심하며" 미래의 통일 정권을 위해 하나의 청사진을 그려냈다. 하지만 이 청사진은 여태껏 시행된 적이 없다. 전한(前漢) 시대에 전국에 13주(州) 자사부(刺史部)를 설치했건, 후한 시대에 주목제(州牧制)를 실시했건 상관없이 천하를 지금까지 9주(州)로 나눈 적은 없다.

하지만 이 개념은 끊임없이 사용되었다. 예를 들어 육유(陸游, 1125~1210)는 자신의 시에서 "다만 구주가 하나됨을 못 보는 것이 슬프다(但悲不見九州同)"라고 읊었는데, 이 '구주'가 바로 천하, 전국을 대표하고, 그것이 바로 '중국'이다. 지금까지도 중국인은 흔히 '구주'라는 말을 사용해 전국을 상징한다. 역사에서 몇몇 개념은 시종일관 사상적인 단계나 정신적인 층위에서 제한된 상태에 머쳐 있는데도, 더러는 사람들이 점차 이러한 생각을 현실적인 개념으로 간주함으로써 현실적인 의의와 긍정적인 역할을 갖기도 한다.

이런 개념은 어떻게 발생했을까? 물론 대다수 개념은 먼저 현실에 존재했지만, 일부는 완전히 학자들의 추리나 상상에 의해 생겨났다. 그러나 이 두 가지는 현실 문제를 해결하며 역사적으로나 과학적으로 긍정적인 역할을 담당하기도 했다.

---

1 『상서(尙書)』「우공(禹貢)」에 의하면 기주(冀州), 연주(兗州), 청주(靑州), 서주(徐州), 양주(揚州), 형주(荊州), 예주(豫州), 양주(梁州), 옹주(雍州)를 구주라고 한다.

예를 들어보면 『사기(史記)』에 기록된 제나라 학자 추연(鄒衍, 기원전 324?~기원전 250?)의 경우가 그렇다. 그는 맹자(孟子, 기원전 372?~기원전 289) 이후 시기를 생활하며 다음과 같이 인식했다.

유생(儒生)이 말하는 '중국'은 천하의 81분의 1 중에서 그 하나만을 차지할 뿐이다. '중국'은 '적현신주(赤縣神州)'라 이름하고, 적현신주 안에 '구주'가 있으며, 우 임금이 질서를 잡은 '구주'가 그것인데, 실제 주(州)의 숫자는 아니다. '중국' 밖에도 적현신주와 같은 것이 아홉 곳 있고, 그것이 이른바 '구주'인데 큰 바다가 그곳을 에워싸고 있으며 사람과 짐승은 서로 왕래할 수 없다. 예를 들어 하나의 구역과 같은 것이 바로 하나의 주가 된다. 이와 같은 것이 아홉 곳이고, 큰 바다가 그 밖을 에워싸고 있으며, 하늘과 땅의 가장자리다.[2]

이 개념은 정말 전무후무한 대담성을 갖고 있다. 현존 사료에 근거해보면 추연은 거의 제나라 일대를 벗어난 적이 없으므로, '큰 구주[大九州]'는 말할 것도 없고, 더욱 큰 구주야 거론할 필요가 있겠는가? 그는 '적현신주'라는 이 작은 '구주'도 다 돌아본 적이 없다. 그런데 왜 이처럼 방대한 개념을 제기했을까? 이는 순수한 상상과 추리의 결과물이다.

그러나 우리가 오늘날의 지구 현실을 살펴보면 추연의 상상과 추

---

2 『사기(史記)』「맹자순경열전(孟子荀卿列傳)」: "儒者所謂中國者, 於天下乃八十一分居其一分耳. 中國名曰赤縣神州. 赤縣神州內自有九州, 禹之序九州是也, 不得爲州數. 中國外如赤縣神州者九. 乃所謂九州也, 於是有神海環之, 人民禽獸莫能相通者. 如一區中者, 乃爲一州. 如此者九, 乃有大瀛海環其外, 天地之際焉."

리가 오히려 비교적 사실에 부합함을 알 수 있다. 지구상의 대륙은 모두 해양이 둘러싸고 있다. 우리가 흔히 말하는 오대양(五大洋) 칠대주(七大洲)라는 개념은 실제로 해양으로 포위된 대륙이라는 뜻이다. '구주'라는 개념은 추연이 실제로 관찰한 결과물이 전혀 아니며 그의 상상과 추리에서 나온 것이다. 그러나 이 개념이 실제로 관찰해서 얻은 지식이나 자신이 직접 가본 곳을 묘사한 기록보다 더욱 긍정적인 의의를 갖는다는 것은 의심할 바 없다.

기실 서구 지리학자들도 이와 같았다. 최초로 지구가 원형이거나 구형이어야 한다는 이론의 제기는 실제 관찰을 바탕으로 이루어진 것이 아니라 상상의 결과물이었다. 대항해 시대가 출현하기 이전에는 어떤 사람도 진정으로 이 세계를 이해할 수 없었으며 지구 표면의 모습도 이해할 수 없었다. 지구상의 멀고 먼 곳은 말할 것도 없고, 자신이 속한 대륙 곳곳을 모두 답파해 각지의 상황을 이해한 사람도 극소수에 불과했다. 그러므로 그들이 어떻게 거시적인 지리 개념을 세울 수 있겠는가? 우리는 중국 고대에 존재한 각종 사상이 춘추전국시대에 이미 출현하기 시작했고, 심지어 어떤 사상은 고도의 수준에 도달했음을 주의해야 한다. 그 원인은 바로 당시는 사상 자유의 시대이고, 통치자가 아직 사상과 학술에 관심을 보이거나 간섭할 수 없는 시대여서, 몇몇 천재들이 자신의 풍부한 상상력과 엄밀한 논리에 근거해 매우 중요한 발견을 했기 때문이다.

한 가지 유명한 사례가 있다. 우리가 오늘날에도 인용하며 자부심을 갖는 것으로, 중국의 영도자들은 국제 모임에서 자주 이 사례를 거론하곤 한다. 장자(莊子, 기원전 369?~기원전 286?)가 이렇게 말했다.

한 자[尺] 길이 방망이를 날마다 절반을 자른다 해도 만세토록 없어지 지 않는다.[3]

2천 년 전에는 어떤 과학적 실험 수단도 없었고, 마이크로 세계를 관찰할 수 있는 전자현미경은 더더욱 없었으며, 나노 기술과 가속기 등도 전혀 없었다. 그런데 장자는 어떻게 한 자 길이 방망이를, 매일 절반을 자른다 해도 영원히 다 자를 수 없다고 말할 수 있었을까? 그는 어떤 근거로 물질의 무한 분할이라는 기본 원리를 이 열두 자로 설명할 수 있었을까?

그것은 바로 자유 사상의 결과물이다. 장자는 결코 실증을 바탕으로 이 원리를 얻지 않았으며, 무슨 과학 실험이 필요하다고 말하지도 않았다. 그는 완전히 엄밀한 추리로 이 결과를 얻었다. 생각해 보라. 하루에 방망이의 절반을 자르면 2분의 1이 남는다. 다시 그 절반을 자르면 2분의 1의 2분의 1이 남는다. 만약 어느 날 그것이 사라졌다고 말한다면 그럼 나머지 절반은 어디로 갔는가? 이 때문에 만세토록 없어지지 않는 것이다.

또 옛날 학자들이 변론한 바 있는 "백마는 말이 아니다(白馬非馬)"라는 명제도 있다. 이것은 분명히 궤변이지만 학술적 의미를 갖는 형식 논리의 명제가 되었다.

공손룡(公孫龍, 기원전 320~기원전 250)은 '백마(白馬)'가 두 가지 개념으로 구성되었음을 강조한다. 즉 하나는 '마(馬)'이고 또 하나는 '백(白)'인데, 어느 하나도 빠져서는 안 된다는 것이다. 만약 말[馬]만

---

3 『장자(莊子)』 「천하(天下)」: "一尺之棰, 日取其半, 萬世不竭."

있다면 '황(黃)'이나 '흑(黑)'과 결합할 수 있으므로 '황마(黃馬)'도 될 수 있고 '흑마(黑馬)'도 될 수 있다. '백(白)'이란 개념도 꼭 마(馬)와 연결될 필요는 없으며 다른 어떤 사물과도 연결될 수 있다. 그러나 '백마(白馬)'라는 이 개념에서 '백(白)'과 '마(馬)'는 하나라도 빠져서는 안 된다. 하나라도 빠지면 '백'마도 아니고, 백'마도 아니므로 '비마(非馬)'가 되는 것이다. 이와 같은 변론은 분명히 아무 현실적 의미도 없지만 당시에는 자유롭게 토론되고 또한 기록되고 전파되어 하나의 학파를 형성했다. 그렇게 된 근본 원인은 바로 학술 사상이 아무 간섭도 받지 않는 상황에서 총명하고 지혜로운 사람들, 특히 그중에서도 천재적인 인물이 자신의 재능을 충분히 응용하고 발휘할 수 있었기 때문이다.

물론 당시 통치자들이 학문의 자유와 사상의 자유를 자각했거나 훌륭한 제도를 이미 갖고 있었던 것은 결코 아니다. 이에 우리는 당시에 인재들이 자유롭게 이동한 한 가지 중요한 요인에 공을 돌리지 않을 수 없다. 즉 한편으로는 기존의 제도와 질서가 흔적도 없이 사라져서 한 가지 장기만 가지고도 용감하게 자기 발전을 추구한 사람들이 있었고, 다른 한편으로는 격렬하고 잔혹한 병탄에 직면해 통치자들은 자신을 보호하거나 한 걸음 더 나아가 패자(霸者)가 되려는 욕망을 실현하고자 뛰어난 인재를 필요로 했다. 그들은 본국의 인재에 의존하는 데 그치지 않고 외국에서도 대대적으로 인재를 초빙했다. 따라서 인재의 입장에서는 선택과 이동의 자유를 갖게 되었다. 본국에서 여의치 않으면 외국으로 갈 수 있고, 이 나라에서 중용되지 못하면 다른 나라로 갈 수 있었다.

각종 인재와 유민 흡수에 뛰어난 정권은 신속하게 발전할 수 있었고, 확장할 수 있었으며, 튼튼해질 수 있었다. 춘추전국시대에는 통치자들이 인재를 초빙하기 위해 비싼 대가를 치른 미담이 많이 남아 있다. 여러 나라를 비교해보면 인재를 가장 많이 그리고 가장 효과적으로 흡수한 나라는 진(秦)나라였다.

진나라를 위해 중요한 공헌을 하고, 국력을 신속하게 발전시키고, 변법 개혁을 추진하면서 중요한 명령을 집행한 사람은 거의 모두 외국에서 온 이주민이었다. 유여(由余, ?~?)는 서융(西戎)에서 왔고, 백리해(百里奚, 기원전 725~기원전 621)는 완(宛, 河南省 南陽市)에서 왔고, 건숙(蹇叔, 기원전 690?~기원전 610?)은 송(宋)나라에서 왔고, 비표(丕豹, ?~?)와 공손지(公孫支, ?~?)는 진(晉)나라에서 왔고, 상앙(商鞅, 기원전 390?~기원전 338)은 위(衛)나라 사람이고, 장의(張儀, ?~기원전 309)는 위(魏)나라 사람이고, 감무(甘茂, ?~?)는 하채(下蔡, 安徽省 鳳臺縣) 사람이고, 양후(穰侯) 위염(魏冉, ?~기원전 264?)은 초(楚)나라 사람이고, 범저(范雎, ?~기원전 255)는 위(魏)나라 사람이고, 채택(蔡澤, ?~?)은 연(燕)나라 사람이고, 여불위(呂不韋, ?~기원전 235)는 위(衛)나라 복양(濮陽) 사람이고, 이사(李斯, ?~기원전 208)는 초나라 상채(上蔡, 河南省 上蔡縣 西南) 사람이고, 몽염(蒙恬, ?~기원전 210)의 조부 몽가(蒙驁, ?~?)는 제(齊)나라 사람이고, 조고(趙高, ?~기원전 207)는 조(趙)나라 사람이었다. 이들이 진나라로 입국하기 전에 어떤 사람은 노예였고 어떤 사람은 범죄자였으며 어떤 사람은 장사치였다. 또 어떤 사람은 죽다가 살아났고 어떤 사람은 재주가 있음에도 불우하게 살았다. 누구도 본국에서 중용되거나 고위 관직에 임명되지 못했지만 진나라는 그들에게 재능을 발휘할 기회를 주었다.

그러나 진나라 군주가 시종일관 모든 이주민을 중시하거나 수용했던 것은 아니다. 한편으로는 현실의 긴박한 수요를 고려해야 했고, 다른 한편으로는 군주의 정확한 판단이 필요했다. 당시 진나라 종실과 대신이 진시황에게 다른 제후국에서 진나라로 온 사람 중 대다수는 자신의 주군을 위해서 일하던 사람들이므로 그들을 전부 국경 밖으로 추방하자고 건의했다. 진시황은 그들의 의견을 들은 뒤 '축객령(逐客令)'을 내려 이미 임용한 이주민을 전부 내쫓으려 했다. 당시에 객경(客卿)으로 임명되었던 이사도 추방 대상이었다.

이사는 진시황에게 유명한 「간축객서(諫逐客書)」를 올렸다. 이사는 역사적 사실을 열거했다. 내용을 축약하면 다음과 같다.

> 당초에 외국 이주민인 '객(客)'을 받아들이지 않았다면 진나라가 어떻게 오늘날과 같은 강국이 되었겠습니까? 각지에서 생산된 물품과 보물을 모두 소유하고, 각국의 음악과 무용도 모두 향유하면서, 외국에서 온 인재에 대해서만 재능을 분별하지 않고 모조리 추방하는 것은 제후를 제압하고 천하를 통일하는 전술이 아닙니다. 이러한 인재를 모두 국경 밖으로 내쫓는 것은 그들로 하여금 적국을 돕게 하는 것입니다. 이제 그들은 진나라와 원한을 맺게 되어 수많은 적으로 변할 것입니다.

이 상소문을 읽고 진시황은 마음을 바꿔 추방하려던 '객'을 모두 머물게 했으며, 이사도 그 속에 포함되었다.

하지만 모든 인재가 한 국가의 소유가 되어 군주 한 사람만을 위해 일하게 되었을 때, 그들은 더는 다른 선택을 할 수 없게 되었고, 이에 다시는 사상과 학문의 자유를 누릴 수 없게 되었다.

제2절
고대 중국은 도대체 얼마나 컸나?

앞에서 언급한 것처럼 '중국'이란 개념은 그것이 출현하여 국가의 정식 명칭이 되기까지 3천 여 년의 세월을 경과했다. 그럼 그 구체적인 변화 과정은 어떠했나? 평소에도 사람들은 늘 "고대 중국은 도대체 얼마나 컸나?"라는 질문을 던지곤 한다.

우리는 중국 고대 역사를 연구하고 학습하고 설명할 때 구체적인 범위를 정해야 한다. 그러나 당시 사람들이 중국을 바라본 크기에만 근거하고 당시 개념에만 비춰서 중국의 범위를 확정해서는 안 된다. 예를 들어 상나라 역사를 연구하려면 상나라 도성만 연구할 수는 없다. 왜냐하면 당시 사람들은 도성만을 '중국'으로 불렀지만, 우리는 상나라 전체를 연구해야 하고, 상나라 통치 범위를 연구해야 하고, 상나라 주변을 연구해야 하고, 누가 상나라와 교류하며 관계를 맺었는지 연구해야 한다. 이 '중국'이라는 개념은 실제로 후대 사람들이 확정한 개념이기 때문이다.

1950~60년대에 내 은사이신 탄치샹(譚其驤, 1911~1992) 교수께서 나라의 명령을 받고 『중국역사지도집(中國歷史地圖集)』을 편찬할 때 바로 이런 문제에 봉착했다. 각 시대의 지도를 얼마나 크게 그려야 할까? 원시사회에서 청나라 시대에 이르기까지 얼마만 한 크기로 지도를 그려야 고대 중국 역사를 반영할 수 있을까?

글로 쓴다면 오히려 보다 쉽게 묘사할 수 있을 것이다. 그러나 지도를 그리는 일은 구체적인 공간이 있어야 한다. 북쪽은 어디까지 그리고, 남쪽은 어디까지 그려야 할까? 또 동쪽과 서쪽은 어디까지 넣어야 할까? 모두 구체적인 범위가 있어야 한다.

다른 한편으로 말하자면 이러한 개념도 우리가 이용할 수 있는 기존 도법(圖法)은 없다. 탄 선생이 시작하자마자 받은 임무는 청말(淸末) 민초(民初)에 양서우징(楊守敬, 1839~1915)이 출간한 『역대여지도(歷代輿地圖)』를 "다시 편집하고 개정해 그리라(重編改繪)"는 것이었다. 그러나 양서우징이 사용한 방법은 전통적인 개념의 '역대(歷代)'였다. 그것은 바로 옛날의 각 왕조, 예를 들면 한대(漢代), 당대(唐代)와 같은 개념이었다. 이 때문에 그는 각 시대의 구체적인 범위만 그려내는 것으로 충분했다. 화하(華夏)가 아닌 소수민족이 건립한 정권이나 중원 왕조 이외의 변방 정권 지도는 그리지 않았고, 오늘날 중국 영토 안에 속한 일부 지방도 그리지 않았다. 만약 계속해서 양서우징의 방법을 써서 지도를 그리면 중화 각 민족이 함께 만들어온 중국의 역사 사실을 완전하게 드러낼 수 없다.

당시에도 중국 역사 지도를 그려야 하므로 중화인민공화국 영토 범위 내의 지도만 그려야 한다고 주장하는 사람이 있었다. 이러한 건의는 통과될 수도 없었고 중국 역사 사실에도 부합하지 않았다. 예를 들어 헤이룽장(黑龍江) 이북, 우쑤리강(烏蘇里江) 동쪽, 신장(新疆) 서북은 이미 100여만 제곱킬로미터 영토가 러시아에 침탈되었다. 외몽골의 100여만 제곱킬로미터 토지는 청나라와 중화민국 영토였으나 1946년에 독립이 승인되었다. 만약 중화인민공화국의 영토만 그려야 한다면 이런 변화는 근본적으로 볼 수 없게 된다. 그것은 이미 이 범위를 벗어나 있는데, 이렇게만 해서 중국 역사의 진실을 반영할 수 있겠는가?

여기에 그치지 않는다. 역사 속 '중국'이란 개념에 비화하(非華夏)

민족이 세운 정권은 포함되지 않고 오직 중원 왕조만 포함된다 하더라도, 한나라 강역에는 한반도 중부, 베트남 북부와 중부가 포함되어 있었고,[4] 당나라 강역 서쪽 끝은 멀리 아랄해에까지 닿았으며, 원나라 강역의 상당 부분은 지금의 중국 영토 밖에 있었다. 만약 오늘날 중국의 범위만 지도에 그려 넣는다면 한나라, 당나라, 원나라 등 역사 속 각 중원 왕조의 지도는 거의 불완전하게 된다. 이렇게 하여 어떻게 중국 역사의 공간을 완전하게 드러낼 수 있겠는가? 이 때문에 이 건의는 즉시 부결되었다.

또 다른 한 가지 건의는 아예 양서우징처럼 중원 왕조가 통제했고 실제로 통치한 범위만 그리자는 것이었다. 예를 들어 한나라의 지도는 한나라가 통치한 지역만 그리되, 그것이 오늘날 중국의 범위를 얼마나 멀리까지 벗어나는지는 상관하지 말자는 것이었다. 이런 방법도 마찬가지로 역사 사실과 부합하지 않으므로 중화 각 민족이 공동으로 만들어온 역사 사실을 완전하게 드러낼 수 없다.

왜냐하면 청나라가 통일을 완성하기 이전까지 오늘날 중국 경내의 몇몇 지역은 시종일관 중원 왕조의 통치 범위 안으로 편입되지 않았기 때문이다. 예를 들어 칭짱고원(靑藏高原)은 13세기 중엽, 몽골족이 원나라를 건국할 때에야 비로소 원나라의 일부분이 되었다. 만약 중원 왕조만 그려야 한다는 규정에 근거한다면 원나라 이전의 지도, 한나라, 당나라, 송나라 지도에는 모두 칭짱고원을 포함할 수 없게 되는데, 어떻게 각 민족이 공동으로 만들어온 중국 역사를 반

---

4 한나라 강역이 한반도 중부에까지 이르렀다는 것은 중국 측의 일방적인 주장에 불과하다. 당시 한나라가 고조선을 멸하고 설치한 한사군(漢四郡)의 위치에 대해서는 여전히 논란이 많다.

영할 수 있겠는가?

실제로 13세기 중엽 이전에도, 즉 몽골이 티베트를 통일하기 이전에도 그곳 토번(吐蕃) 사람들과 그들이 건립한 정권은 일찍부터 중원 왕조나 화하 각 민족과 교류도 하고 충돌도 했다. 칭짱고원의 민족과 정권이 중원 왕조와 맺은 관계도 당연히 중국 역사의 일부분이다. 당나라와 토번은 송찬간포(松贊幹布, 617~650)가 문성공주(文成公主, 625~680)를 아내로 맞아들인 우호 관계나 아니면 양자 간의 전쟁, 토번의 확장, 당나라의 반격 등의 사건을 막론하고, 또 토번과 남조(南詔)나 대리(大理) 등 기타 정권과의 관계, 또 토번과 오늘날의 신장이나 중앙아시아와의 관계 등을 막론하고 이들은 모두 중국 역사의 중요한 일부분이다. 만약 지도에 당나라 강역만 그린다면 이러한 역사 사실은 표현할 방법이 없게 되고, 이러한 역사는 불완전한 것이 되므로, 실제로 중원 왕조 이외의 기타 민족이 건립한 정권과 변방 정권이 중국 역사에 공헌한 점을 부정하게 된다.

우리의 반복 연구를 거치고, 역사학계와 유관 학계의 의견을 광범위하게 수집하고, 중앙의 비준을 요청해 최후에 탄 선생은 다음과 같은 원칙을 확정했다.

1750년대에 청나라가 통일을 완성한 이후 1840년대 제국주의가 침입하기 이전까지의 중국 판도가 몇천 년 역사 속에서 발전하고 형성한 범위를 중국 지도에 반영한다. 역사상 이 범위 안에서 활동한 모든 민족은 중국 역사의 민족이고, 그들이 건립한 정권은 모두 역사상 중국의 일부분이다.

구체적으로 말해서, 1759년, 즉 청나라 건륭(乾隆)[5] 24년, 천산(天山) 남북로를 평정한 이후 형성된 통일 강역이 역사상 중국의 범위가 된다. 이 강역은 북쪽으로 지금의 와이싱안링(外興安嶺), 어얼구나허(額爾古納河), 몽골고원에서 시작해 서쪽으로는 발하슈호와 파미르고원에 이르고, 남쪽으로는 오늘날 중국의 남쪽 경계와 남중국해 군도를 포함하며, 동쪽으로는 태평양에 이르는데 여기에는 이후 차르 러시아에게 점령된 사할린섬까지 포함된다. 바로 이 범위, 즉 대략 1,300여만 제곱킬로미터에 이르는 지역이 역사상 중국의 범위가 된다.

이 범위가 최대의 영역이기 때문에 이렇게 정했는가? 그렇지 않다. 청나라가 최후에 통일한 강역은 중국 역대 왕조에 비해 확실히 컸다. 그러나 총체적으로 보나 부분적으로 보나 청나라보다 더 컸던 왕조는 당나라였다. 당나라 서쪽 끝은 아랄해 연안까지 도달했으므로 청나라 서쪽 경계보다 훨씬 멀었다. 또 예를 들어 한나라 강역에는 오늘날 베트남의 대부분, 한반도 북부와 중부까지 포함되어 있었다. 이 때문에 당시 청나라 강역을 선정하면서 탄 선생이 다음과 같이 지적했다. "한편으로 이 강역은 중국 몇천 년 역사 발전에 의해 형성되었지만 결코 최대는 아니며, 다른 한편으로 역사상 몇몇 왕조는 통제한 범위가 청나라보다 크기는 했지만 자신의 통치 범위 안에서 유효한 행정 관리를 실행한 것은 오직 청나라뿐이었다."

그럼 몇몇 정권의 강역이 청나라 통일 이후의 강역보다 컸다면, 그 초과 지역은 어떻게 처리해야 할까? 우리는 역사지도를 그릴 때

---

5 청나라 고종(高宗)의 연호. 1736년에서 1796년까지 사용했다.

나 역사를 연구하거나 강의할 때 실제 상황에 근거해야 하며 이런 범위에 제한을 받아서는 안 된다. 예를 들어 한나라 강역을 강의할 때는 물론 그것이 오늘날 베트남의 일부와 한반도 일부를 포함한다고 이야기해야 한다. 당나라 강역을 강의할 때도 그것이 서쪽으로 아랄해 연안에 도달했고,[6] 아무다리야강과 시르다리야강 유역을 포함한다고 언급해야 한다. 모두 실제에서 출발해야 한다.

또 비화하 민족이 세운 정권이나 변방 정권이 이 강역 양쪽에 걸쳐 있을 때는 어떻게 해야 할까? 우리는 중국 역사를 연구하고 중국 역사를 표현해야 하므로, 그것이 당시에 기본적으로 역사상 중국의 범위에 들어 있는지를 봐야 한다. 하나의 중요한 표준은 바로 그 정치 중심이나 도성이 어디에 있었느냐다. 예를 들어 6세기 이전 중국 동북 지역과 한반도에 걸쳐 있었던 고구려 정권은 그 일부가 이미 당시 중원 왕조에서 이탈했지만 수도와 행정 중심은 여전히 압록강 북쪽 집안(集安)에 있었으므로, 우리가 확정한 역사상 중국의 범위 안에 있다. 이 때문에 우리는 고구려를 역사상 중국의 정권으로 간주하는 것이다. 고구려의 수도와 행정 중심이 평양으로 옮겨 간 이후는 그 일부 경계가 여전히 중국 동북 지역에 남아 있어서 우리가 말하는 역사상 중국의 범위 안에 속했지만, 우리가 역사를 연구하고 범위를 확정할 때는 그것을 중국 이외의 정권으로 간주하는 것이다.[7]

---

6 당나라 군사가 아랄해 연안에 머문 기간은 3년에 불과했으며, 또 그곳을 행정적으로 지배하지는 못하고 바로 철수했다.
7 고구려의 도성 집안이 지금 중국의 영역 안에 있었다고 해서 중국의 정권으로 간주하고, 평양으로 옮긴 이후는 중국 이외의 정권으로 간주하는 것은 현대의 시각으로 고대를 재단하는 중국 중심의 패권주의적 시각에 불과하다. 고구려는 도성 이주라는 사건과 관계없이 하나의 전통과 하나의 나라를 유지한 고대 국가이며, 역사적, 문화적, 언어적, 혈통적으로 한

따라서 우리가 오늘날 역사상 중국이 얼마나 컸나를 이야기할 때 근거로 삼는 하나의 표준은 바로 청나라 통일 이후에 도달한 최대 강역 1,300여만 제곱킬로미터다. 또 하나의 표준은 바로 당시의 중국 개념으로 확정한 것인데, 즉 진(秦)나라에서 시작한 각 시기 중원 왕조의 범위이며, 여기에 또 당시 중원 왕조와 대치하거나 공존한 비화하 민족 정권도 포함되고, 또 중원 왕조가 통치한 적이 없는 변방 지역이나 부분 지역의 정권도 들어간다. 그들의 범위를 나눠서 분명하게 이야기하려면 비교적 복잡하다. 왜냐하면 완전히 동일한 강역은 존재하지 않았고, 각 왕조마다 변화가 발생했기 때문이다. 동일한 왕조라 해도 앞뒤로 변화가 있었고 어떤 왕조는 심지어 비교적 빈번하게 강역이 바뀌기도 했다.

가장 편리한 방법은 바로 독자들이 탄치샹 선생이 주관하고 중국지도출판사(中國地圖出版社)에서 출판한 『중국역사지도집』을 직접 보는 것이다. 한 세트가 모두 8권이고, 각 권마다 앞에 총도(總圖)가 있는데 그것이 바로 한 시대의 총도다. 어떤 왕조는 총도 한 폭에 그치지 않고 앞뒤 변화를 그려냈으며 어떤 왕조에는 세 폭의 총도가 들어가기도 했다. 독자들은 한 왕조의 강역이 가장 멀리로는 어디에까지 미쳤고, 중간에는 어디까지 도달했으며, 마지막으로는 어느 곳으로 고정되었는지 살펴볼 수 있다. 총도 뒤에는 부분도가 있어서 관심 있는 부분 지역을 구체적으로 조사할 수 있다. 또 탄 선생이 편집을 주관한 『간명중국역사지도집(簡明中國歷史地圖集)』도 있는데, 이것은 위에서 말한 세트 중에서 총도만 뽑아서 한 권으로 만든 지

국 또는 조선의 역사와 일체를 이루고 있는 고대 국가다.

도책이다. 탄 선생은 각 총도에 '지도 해설[圖說]'을 써서 그 지도 뒤에 붙였다. 그는 여기에서 한 시기 중원 왕조와 기타 정권의 강역이 형성되고 변천한 내력을 간략하게 서술했고, 각 정권 내부에도 어떤 정치 구역을 두었는지 언급했다. 이러한 도설을 통해 그는 독자들에게 각 왕조의 강역이 어떻게 형성되고 어떻게 변화했는지, 그리고 그 내부에 어떤 정치 구역이 있었고 이들 정치 구역은 어떻게 변화했는지를 소개하고 있다. 뒷면에는 지명 색인이 있어서 찾아보기도 아주 편리하다.

제3절
고대 중국의 강역은 어떻게 변화했나?

바로 위에서 나는 후인들이 확정한 중국 역사의 공간 범위를 언급했다. 이제 이 단락에서는 당시 사람들의 안목에 비친 중국에 대해 구체적으로 서술하겠다. 그것은 바로 중원 왕조의 강역이 도대체 얼마나 컸나라는 주제다. 독자들은 내가 고대 왕조의 범위를 언급할 때 사용하는 '강역'이라는 용어가 '영토'라는 개념이 아님에 주의하길 바란다. 이 두 가지는 상이한 개념이다.

중국의 고대 강역은 "드넓은 하늘 아래에는 왕의 땅이 아닌 곳이 없다"[8]라는 개념 위에 세워진 것이다. 위는 하늘[天]이고 그 아래 모

---

8 『시경(詩經)』「소아(小雅)·북산(北山)」: "普天之下, 莫非王土."

든 곳은 천하(天下)이며, 천하는 바로 '중국'을 중심으로 삼는다. 이 때문에 '중국'의 통치자는 자신이 통치할 범위가 얼마나 큰지 결정할 수 있다. '강(疆)'은 하나의 경계선이고 '역(域)'은 하나의 공간 범위를 표시한다. 이 범위는 누구에 의해 결정될까? 바로 당시의 최고 통치자인 왕, 천자, 황제에 의해 결정된다.

오늘날 우리가 말하는 국경은 단선으로만 결정할 수 없다. 국경은 주위 나라가 모두 수용하고 국제법으로 보호받는 경계선이며, 국가와 국가의 평등한 관계 위에서 이웃 나라와의 영토 사이에 건립된 분계선이다. 오늘날 국경으로 구획된 범위는 입체적이고 전방위적이다. 즉 이 경계선이 포괄하는 것은 지구의 표면뿐 아니라 땅 위의 하늘로도 연장되는데, 그것이 바로 해당 국가의 영공이다. 또 그 경계선 안의 해양은 영해가 되고, 영해 아래 토층이나 암석도 모두 해당 국가에 귀속된다. 고대에는 이러한 개념이 있을 수 없었다. 비행기가 없었으므로 영공은 아무 의미가 없었다. 또 기선이나 미사일도 없었으므로 영해를 구획할 조건도 갖춰지지 않았다.

또 한 가지 다른 점이 있다. 오늘날의 영토는 주권을 대표하므로 영토 소유자가 매우 명확하다. 그러나 고대 중국의 강역 보유자는 명확한 주권 의식이 전혀 없었다. 일부 유목민족이 건립한 정권은 명확한 강역 개념도 없었다. 흔히 내가 어디로 갈 필요가 있으면 그곳으로 가면 그만이었다. 소위 "수초(水草)를 따라 거주하면서" 어느 곳이 방목에 적합하면 그곳이 나의 땅이 되고, 어떤 세력의 제재를 받으면 무력으로 탈취하면 그만이었다. 오늘날처럼 주권으로 소유할 수 있는지를 고려할 필요가 없었다. 중원 왕조의 입장으로 말하자면, 황제가 원한다면 심지어 자신이 관할하던 지역을 번속국(藩屬

國)이나 주변 기타 민족 정권에 할양할 수도 있었다. 이것은 단지 관할의 문제일 뿐이므로 결국 천하는 모두 황제 자신의 것이라고 인식했다.

중국 고대에는 관습적으로 강역이라는 말로 관할 범위를 대신하곤 했다. 나는 오늘날에도 영토라는 어휘를 사용하지 않고 강역이라는 어휘를 계속 사용한다.

강역 변천의 과정은 너무 복잡하여 모든 시대, 모든 정권, 모든 연대를 언급할 수는 없고 대표적인 몇몇 단계만 언급할 수 있을 뿐이다. 첫 번째 중요한 단계는 진시황이 전국시대 여섯 나라를 통일한 시기부터 시작된다. 왜냐하면 그 이전 동주(東周), 서주(西周), 상나라, 하나라 시대에는 전체 범위를 통일해 관할할 수 있는 중앙 정권이 아직 존재하지 않았다. 그 당시 강역은 분봉 받은 몇몇 제후국 사이의 강역에 불과했기에, 통일 강역은 진시황이 육국(六國)을 멸한 이후에야 형성되었다. 그러나 기원전 221년, 진시황은 본래 있었던 육국의 강역을 하나로 통일했을 뿐 아직 진나라 강역의 최대 범위까지는 도달하지 못했다. 그 이후 진나라는 초나라 영역이던 강남 지역과 월나라 옛 땅을 평정한 뒤 계속 남하하여 오늘날 저장성(浙江省) 남부와 푸젠성(福建省)으로 진격하고 당지의 월인(越人) 정권을 정복했다.

진시황 32년(기원전 215년)에 이르러 몽염이 30만 대군을 이끌고 오르도스[河套] 일대의 흉노족을 몰아낸 뒤 전국시대 조(趙)나라 옛 땅을 수복했다. 다음 해에는 음산(陰山) 이남, 황하(黃河) 이동에 행정 구역을 설치하고 구원군(九原郡)이라고 불렀는데 이는 새로운 땅을 개척한 것이었다.

대체로 진시황 29년(기원전 218년), 진나라 군대는 남령(南嶺)을 넘어 남쪽으로 강역을 확장하여 마지막에는 오늘날의 광둥(廣東), 광시(廣西), 베트남 동북부 일대를 점령하고 세 군(郡)을 설치했다. 또 서남부에서 진나라는 성도(成都) 평원을 기지로 삼아 서쪽과 북쪽 두 방향으로 강역을 확장하여 오늘날의 다두허(大渡河) 이북과 민장(岷江) 상류 지역에 도달했다.

기원전 210년 진시황이 사망했을 때 진나라는 이미 북쪽으로는 오늘날의 오르도스, 인산(陰山)과 랴오허(遼河) 하류, 남쪽으로는 베트남 동북부와 광둥 대륙에까지 이르렀으며 서쪽으로는 룽산(隴山)과 촨시고원(川西高原)과 윈구이고원(雲貴高原)에서부터 동쪽으로 한반도 서북부에 이르렀다. 이는 중국 역사상 첫 번째로 도달한 광활한 강역이었다.

두 번째 중요한 단계는 전한 시대다. 한 무제(武帝, 기원전 156~기원전 87) 시대의 강역 확장을 통해, 기원전 60년, 즉 한 선제(宣帝, 기원전 91~기원전 48) 시기에 이르러 서역도호부(西域都護府)를 설치했다. 전한 말기에 이르면 전한의 안정된 강역이 북쪽으로는 인산과 랴오허 유역에까지 이르고 동쪽으로는 오늘날 한반도 북부와 중부까지 포괄했는데 여기에는 한국의 수도 서울까지 포함되어 있었다.[9] 또 남쪽으로는 오늘날 베트남 북부, 중부, 남부 일부분을 포괄했고, 서쪽으로는 발하슈호와 파미르고원 사이에 도달하여, 오늘날 신장 및 그 경계 밖의 일부 지역까지 포괄했다.

---

9 한사군 설치와 관련된 중국의 일방적 시각을 마치 확정적이고 일반적인 견해로 진술하는 것은 진정한 역사학자가 취해야 할 태도가 아니다. 대한민국과 조선민주주의인민공화국의 입장에서 보면 이는 중국 관방의 시각에 불과하다.

오늘날의 중국 지도와 대조해보면 전한 강역에 지금의 중국 영토 세 지역만 포괄하지 못하고 있음을 알 수 있다. 첫째 지역은 칭짱고원이고, 둘째 지역은 몽골고원이며, 셋째 지역은 랴오허 유역 이북의 동북 지역이다. 다른 지역은 그 영역에 도달했거나 심지어 초월했다. 이 세 지역이 당시 강역에 포함되지 않은 원인은 당시 한나라의 군사력이 약했기 때문은 결코 아니며, 하나의 중요한 표준이 있었기 때문이다. 바로 당시의 조건 아래에서 이 세 지역은 농경에 적합하지 않았던 것이다. 그곳을 점령할 군사력은 보유했지만 스스로 포기했을 것이다. 예를 들어 몽골고원은 한나라가 몇 차례 흉노를 격파하고 그곳으로 진격했지만 신속하게 후퇴했다. 그곳이 농경에 적합하지 않았기 때문이다. 한나라는 자신의 강역 내에서 생산되는 물자만으로도 한나라 전체 인구가 필요로 하는 식량이나 물품을 충분히 공급할 수 있거나 여유분까지 남길 정도였다.

또 칭짱고원의 경우도 한나라 사람들은 고도가 너무 높은 곳은 거주에 부적합하다는 사실을 분명하게 알고 있었다. 이 때문에 그곳으로 강역을 확장하지 않은 것이다. 동북 지역은 기후가 너무 추워서 역시 농경에 적합하지 않았다. 중원 내지의 토지가 풍부했고, 아직 개간하지 않은 곳도 많았으므로 동북으로 강역을 확장할 필요가 없었다.

전한 왕조와 이후 중원 각 왕조의 지도를 비교해보면 기본적으로 부분적인 확장과 축소만 있었을 뿐이라는 사실을 발견할 수 있다. 이를 통해 우리는 진나라가 통일 강역을 형성하기 시작했다면 한나라에 이르러서 역대 중원 왕조 강역의 기초를 놓았다고 말할 수 있다.

세 번째 중요한 단계는 당나라다. 특히 당나라 전반기에는 공전의 강역 확장이 있었다. 정관(貞觀)[10] 4년(630년), 당나라는 돌궐을 멸하고 실제 통제 범위를 바이칼호 이북까지 확장했으며 아울러 음산 이북 600리 지역에 행정 구역을 설치했는데, 이는 오늘날의 국경을 넘어선다. 정관 14년(640년), 당나라는 또 고창(高昌)을 멸하고 오늘날의 신장 지역에 이 시기를 전후하여 이주(伊州), 서주(西州), 정주(庭州)라는 정식 행정구 세 곳을 설치하고 교하성(交河城, 신장 투르판)에는 안서도호부(安西都護府)를 설치했다.

정관 20년(646년), 당나라 군대는 설연타(薛延陀)를 격파하고 오늘날 몽골공화국의 항가이산맥 동쪽에 진주했다. 당 고종(高宗, 628~683) 영휘(永徽)[11] 원년(650년)에는 돌궐의 거비가한(車鼻可汗, ?~?, 재위 646~650)을 사로잡았다. 현경(顯慶)[12] 2년(657년)에는 서돌궐이 패배한 뒤 투항해왔다. 현경 5년(660년)에는 당나라 군대가 지금의 산둥반도(山東半島)에서 동쪽 바다를 건너 한반도 중부 백제로 진공하자 백제가 투항했다. 용삭(龍朔)[13] 2년(662년)에는 당나라 군대가 천산에서 철륵(鐵勒)을 격파했다. 총장(總章)[14] 원년(668년)에는 당나라 군대가 고구려를 멸하고 평양에 안동도호부(安東都護府)를 설치했다. 당나라가 가장 강성할 때는 아랄해 연안까지 강역을 확대하여 아무다리야강과 시르다리야강 유역을 통제했는데, 이는 중국 역

---

10 당나라 태종(太宗)의 연호. 627년에서 649년까지 사용했다.
11 당나라 고종(高宗)의 첫 번째 연호. 650년에서 655년까지 사용했다.
12 당나라 고종의 두 번째 연호. 656년에서 661년까지 사용했다.
13 당나라 고종의 세 번째 연호. 661년에서 663년까지 사용했다.
14 당나라 고종의 다섯 번째 연호. 668년에서 670년까지 사용했다.

사에서 도달한 가장 서쪽 끝이었다.

남방에서는 당나라가 계속 베트남 북부를 포괄하면서 그곳에 안남도호부(安南都護府)를 설치했다.

그러나 당나라 강역은 시종일관 그처럼 넓지 못했다. 왜냐하면 당나라의 확장은 대부분 군사적 승리의 결과물이었기 때문이다. 실제로는 그렇게 넓은 땅이 전혀 필요하지 않았고 종래에 그곳으로 이민을 실시하거나 자신의 문화를 전파한 적도 없으며, 심지어 중원 내지처럼 정식 행정 구역도 설치한 적이 없다. 국력이 쇠퇴했거나, 통제 비용이 너무 비쌌거나, 토착민의 반항 때문에 흔히 신속하게 강역을 축소하거나 군사를 철수했다. 예를 들어 당나라는 평양에 설치한 안동도호부를 신속하게 압록강 이북으로 옮겼으며 이후에는 심지어 요하 동쪽에서 요하 서쪽으로 옮겼다.

당나라가 가장 서쪽 아랄해 연안에 도달한 기간도 3년에 불과했고 3년 이후에는 위축되어 파미르고원까지 후퇴했다. 특히 안사의 난(安史之亂) 이후에는 당나라 군대가 모두 반란군 방어에 집중하며 반란군이 낙양(洛陽)과 장안(長安)으로 진공하는 것을 막아야 했기 때문에 서역에서는 군사적 공백 상태가 발생했다. 당시에 티베트족 선조인 토번인은 강역을 확장하여 지금의 신장 대부분, 간쑤(甘肅), 칭하이(青海), 쓰촨(四川) 서부, 윈난(雲南) 서북, 심지어 산시(陝西) 가장자리까지 점령했다. 토번은 병력이 가장 강할 때 장안을 점령한 적도 있지만 그들은 해발 고도가 비교적 낮은 곳에서는 적응할 수 없었기 때문에 신속하게 고원으로 철수했다.

『중국역사지도집』에서 안사의 난 이후 당나라 강역과 앞 시대 강역을 비교해보면 그 차이가 매우 큰데, 이는 우리가 상상해온 성당

(盛唐)이 아니다. 실제로 각 시대의 강역은 전후 시대에 거의 모두 변화가 발생했으며, 그 크기도 당나라처럼 광대하지 않았다. 일반적으로 하나의 왕조가 건국될 때는 아직 최대 강역에 도달하지 못하기 때문에, 한 왕조의 강역도 앞뒤로 변화가 생길 수밖에 없다. 예를 들어 명나라는 초기에 신장 동쪽 하밀(哈密) 일대를 통제하며 그곳에 군사 시설을 설치한 적이 있지만, 가정(嘉靖)[15] 연간에 이르러서는 이미 가욕관(嘉峪館)으로 철수했다. 따라서 우리가 신장 지역의 변천을 상세하게 이해하려면 각 시기와 각 지역을 나눠서 역사 지도와 관련 자료를 대조해야 한다.

세 번째 단계는 매우 중요하다. 당나라는 한나라 강역의 기초 위에서 공전의 강역 확장을 이룩했다.

네 번째 중요한 단계는 원나라다. 칭기즈칸(Chingiz Khan, 1162?~1227)이 몽골에서 일어나 그곳을 통일할 무렵, 중국의 강역은 일곱 부분으로 분열되어 있었다. 몽골과 서요(西遼)는 오늘날의 신장과 그 서쪽에서 발하슈호와 아무다리야강 사이에 이르는 지역에 걸쳐 있었다. 금(金)나라는 지금의 화이허(淮河)와 친링(秦嶺) 이북의 황허 유역과 다싱안링(大興安嶺) 동쪽까지 점령했다. 서하(西夏)는 북쪽 오르도스 지역에서 시작하여 남쪽 룽산(隴山)과 허황(河湟) 지역에 이르렀으며, 서쪽으로는 허시쩌우랑(河西走廊)[16] 서쪽 끝까지 도

---

15 명나라 세종(世宗)의 연호. 1522년에서 1566까지 사용했다.
16 '간쑤쩌우랑(甘肅走廊)'이라고도 하며 우리말로는 '하서주랑'이라고 한다. 중국 내지에서 서북 지방인 신장으로 통하는 중요한 통로다. 그 형태가 마치 긴 행랑과 같아서 주랑(走廊)이라고 부르며, 또 황허 서쪽에 위치해 있다고 해서 하서(河西)란 이름이 붙었다. 실크로드의 주요 통로이기도 하다. 길이는 총 900킬로미터, 폭은 평균 100킬로미터에 달한다.

달했다. 남송(南宋)은 화이허와 친링 남쪽(윈구이고원 제외) 지역을 다스렸다. 대리(大理)는 윈구이고원과 그 주변 일부 지역을 포괄했다. 토번은 칭짱고원과 그 주변 지역을 통치했다.

칭기즈칸이 흥기한 이후를 전후하여 몽골은 금, 서하, 남송, 대리를 멸망시켰다. 이 과정에서 몽골은 남하하여 대리를 멸하는 동시에 토번으로도 진격하여 그때까지 복종하지 않던 그곳 귀족을 정복하고 토번 지역을 완전히 통제했다. 13세기 중엽 칭짱고원과 중국 기타 지역은 모두 원나라의 강역이 되었다. 그러나 오늘날 중국의 모든 지역이 줄곧 원나라 통치에 귀속되었던 것은 결코 아니다. 칭기즈칸은 그의 자손을 분봉하여 1227년에 차가타이한국을 세웠는데, 당시에 신장 대부분은 원나라 통치 영역이 아니라 차가타이한국에 귀속되었다.

원나라 강역은 북방의 서쪽 이르티시강에서 시작하여 동쪽으로 오호츠크해에 이르렀고, 한반도 북동부를 보유했으며, 서남쪽으로는 오늘날의 카슈미르 지역 및 히말라야 남쪽 기슭의 부탄과 시킴 등지, 그리고 오늘날의 미얀마 북동부와 태국 북부까지 포함했다.

한나라와 당나라 극성기의 강역과 비교해서 원나라는 면적으로 두 나라를 뛰어넘었을 뿐만 아니라 통제 수준에서도 두 나라를 뛰어넘었다. 토번 지역과 신장 동쪽의 조정 직속 세 행정 단위를 제외하고도 원나라는 전국에 행중서성(行中書省, 약칭 行省)을 설치했는데 이는 오늘날의 성(省)에 해당한다. 이 속에는 한나라와 당나라 시기에 정식 행정 기구를 설치한 적이 없는 몽골고원 이북과 요하 하류 이북 지역도 포함되어 있다.

마지막 중요한 단계는 청나라가 건륭 24년(1759년)에 통일을 완성한 시기다. 앞 절에서 이미 소개한 것처럼 이 시기의 통치 영역은 1,300여만 제곱킬로미터에 달했다.

아편전쟁 이후 헤이룽장 북쪽과 우쑤리강 동쪽은 러시아제국에 침탈되었다. 이후에 이리조약과 몇몇 변방 분할 조약을 거쳐 러시아제국은 오늘날의 신장 서쪽과 북쪽 영토를 침탈했고, 청나라 서쪽 경계는 오늘날의 변방 경계까지 크게 축소되었다.

청나라 영토는 마치 베고니아 잎과 같은 모양이었다. 신해혁명 이후 외몽골은 러시아제국의 책동하에 독립을 추구하다가 취소할 수밖에 없었지만 1920년대에 다시 독립했다. 1946년, 당시 중화민국 정부는 외몽골 독립을 승인했다. 이에 중국 영토 모양은 수탉처럼 변했다.

제4절
고대 중앙정부는 어떻게 주요 행정 구역을 나눴나?

전한 원정(元鼎)[17] 6년(기원전 111년), 한 무제는 외부 순행을 나갔다. 그가 좌읍현(左邑縣) 동향(桐鄉)에 당도했을 때 남월국(南越國)을 평정했다는 소식을 듣고 매우 기뻐하며 그곳 현 이름을 문희(聞喜)로 바꿨다. 이것이 바로 오늘날 산시성(山西省) 원시현(聞喜縣)의

---

17 한 무제의 다섯 번째 연호. 기원전 116년에서 기원전 111년까지 사용했다.

지명 유래다. 그가 급현(汲縣) 신중향(新中鄉)에 도착했을 때는 반란을 획책했던 두령 여가(呂嘉, ?~?)가 체포되었다는 소식이 들려왔다. 이에 그곳에 현 하나를 신설하고 획가현(獲嘉縣)이라는 이름을 붙였는데, 이것이 바로 오늘날 허난성(河南省) 휘자현(獲嘉縣)의 지명 유래다.

이 두 현은 오늘날에 이르기까지 이미 2,100여 년의 역사를 갖고 있지만, 이들보다 더 일찍 설치된 현도 있다. 현은 전국시대 말기에 나타나서 진나라 때 이미 800여 곳이 설치되었는데, 심지어 1천 곳 이상의 현이 있었을 것이라는 통계도 있다. 이들 현 중에서 일부는 2천 여 년 동안 이름을 바꾸지 않았고, 어떤 곳은 심지어 현 소재지까지도 바뀐 적이 없다.

현이란 행정 단위를 다시 살펴봐도 지금까지 비교적 안정적인 상태를 유지해왔음을 알 수 있다. 전한 말기, 즉 서기 초년, 중국 전역에 이미 1,500여 곳의 현급 행정 단위가 설치되어 있었다. 오늘날 중국에도 현급 행정 단위가 2,800여 곳을 넘지 않는다. 오늘날의 중국 영토는 한나라 강역에 비해 훨씬 넓어졌고, 인구는 한나라에 비해 20여 배가 많아진 상태인데도 말이다.

현급 단위는 다른 행정 단위에 비해 왜 이처럼 안정적일까? 현은 행정 구역 형성과 발전 과정에서 가장 직접적인 통치 기반으로, 현의 크기, 즉 현의 경계가 현의 기능과 서로 적절하게 맞아떨어졌기 때문이다. 2천여 년 동안 각 현의 기본 기능은 그렇게 크게 바뀌지 않았다. 교통 여건이 발달하지 않은 농업사회라는 상황하에서 현의 관리 범위는 그렇게 커질 수 없었고, 만약 커지면 관리가 불가능했다. 또 인구가 증가해 조세 수입이 증가하면 행정 관리 업무도 이에 상응하여 늘어나게 되므로, 새로운 현을 설치하거나 본래 현을 분할해야 한다. 이와 반대로 인구가 감소해 조세 수입이 감소하면 행정 관리 비용을 고려해 현을 합병하거나 폐지해야 한다. 이 때문에 현의 수나 현의 영역이 비교적 안정된 상태를 유지해온 것이다. '현'이라는 명칭도 여태껏 변한 적이 없고, 특수한 지역이나 소수민족 거주지에서만 다른 명칭을 사용한다.

왜 현을 설치해야 했을까? 분봉제 여건하에서 하나의 제후국은 크기에 상관없이 모두 그 제후국 군주에 귀속되어 각 제후가 직접 관리했으므로 그 아래에 다시 행정 구역을 나눌 필요가 없었다. 일반적인 제후가 관리하는 범위는 그리 크지 않았다. 왜냐하면 큰 영역을 다스리는 제후는 그가 관리해야 할 지역을 다시 작은 제후에게 분봉할 것이고, 작은 제후는 다시 그의 가신(家臣)에게 땅을 쪼개 줄 것이기 때문이다. 하급 제후는 상급 제후에게 다른 의무는 지지 않고 보통 공물만 납부했다. 거리가 비교적 가까운 곳이면 식량이나 다른 물자를 바쳤고, 또 인력, 노역, 병역까지 제공했다. 이 때문에 상급 제후나 나라의 군주는 결코 하급 제후 및 가신의 구체적인 업무에 간섭하지 않았으므로 행정을 관리할 필요가 없었다. 분봉된 각급 제후국은 상위 제후국이나 국가에 공물만 납부하면 되었고, 거리가 비교적 가까운 제후국은 일정한 노역과 병력을 부담하는 것으로 그쳤다.

전국시대에 이르면, 주나라 천자와 본래 제도에 의해 분봉된 제후 사이에 아무런 구속 관계도 없어졌다. 따라서 제후 사이에도 상호 병탄이 이루어졌고, 큰 제후국이 작은 제후국을 끊임없이 합병했다. 큰 제후국은 작은 제후국 토지를 자신의 땅 일부로 편입시켜 더 이상 분봉하지 않고 제후국 군주가 직접 사람을 파견해 관리했다.

이런 곳은 보통 본래 국토의 변방이거나 변방과 가까운 곳이었기 때문에 '현(懸)'으로 불렸는데, 그것은 바로 중심에서 멀리 떨어진 [懸] 가장자리라는 뜻이다. 이것이 현(縣)이라는 명칭의 내력이므로, "현(縣)은 바로 현(懸)이다(縣者, 懸也)"라는 학설이 여기에서 나왔다. 이에 제후국 군주는 전문적으로 사람을 파견해 이런 현을 관리했고, 이후 그 지역을 '현'으로 불렀다. 현이 계속 증가하자 본래 보통 명사였던 현 앞에 고유 명칭을 붙여서 구별함으로써 갑현(甲縣), 을현(乙縣), 아무개 현이라는 명칭이 생겨난 것이다. 예를 들어 한 무제가 개명한 문희현과 신설한 획가현은 바뀐 이름이나 새로 지은 이름을 '현' 앞에 붙였을 뿐 '현'이라는 통용 명칭은 바꾸지 않았다. 현은 분봉제가 해체되던 때의 산물이므로 당시에는 새로운 행정 구역이었던 셈이다.

현은 갈수록 많아져 모두 제후국 군주에게 귀속되었으므로 제후국 군주가 그 모든 곳을 관리할 수 없게 되었다. 전국시대 후기에 이르러 진나라처럼 대대적으로 다른 나라 땅을 탈취하거나 심지어 다른 나라를 통째로 멸하는 상황이 발생하자, 새로 증가한 현이 단번에 10에서 100을 넘게 되었다. 이에 제후국 군주가 직접 관리할 수 없게 되어 현을 관리하는 상급 단위인 군(郡)을 설치했다. 전국시대 후기에 이르면 기본적으로 행정 구역 제도가 완성되어 기층에는 현을 설치하고 현 위에 군을 설치했다. 그러나 제후국마다 상황이 달라서 그 차이가 현격했다. 어떤 제후국에는 현만 있고 군은 없었으며, 어떤 제후국에는 현조차 널리 설치되지 않았다.

기원전 221년 진시황이 육국을 통일한 뒤 천하를 36군으로 나누고 군에서 현을 관리하게 했다. 이후에도 끊임없는 조정을 거쳤는데, 군에서 본래 관리하던 곳이 너무 큰 곳도 있었고 본래 군이 설치되지 않았던 곳도 있어서 신설과 조정을 거친 결과 진나라 후기에는 전국의 군이 대략 50개에 이르렀다.

1947년에 탄치샹 교수는 진나라에 46개 군이 있었다고 고증했지만, 남방의 어떤 곳은 하나의 군 영역이 너무 커서 사료에 기록되지 않은 군이 있었을 가능성도 있다고 인식했다. 과연 2002년 후난성(湖南省) 리예(里耶) 고성에서 출토된 진나라 죽간[秦簡]에 동정군(洞庭郡)과 창오군(蒼梧郡)이라는 명칭이 출현했다. 이로써 46군 이외에 적어도 2개 군이 더 있었음이 증명되었고 심지어 더 많은 군이 있었을 가능성도 있다. 따라서 우리는 진나라 말기에 50개 안팎의 군이 있었을 것으로 추측할 수 있다.

전한 시대에 이르러, 특히 한 무제가 땅을 개척해 강역이 확대되자 군의 수량도 증가했다. 요동과 조선에 네 군을 설치했고, 하서주랑에도 네 군을 설치했으며, 오늘날의 베트남에도 세 군을 설치했다. 또 본래 관할하던 군이 너무 커서 두 군이나 세 군으로 분할한 곳도 있어서 전국에 100여 개 군 단위가 존재하게 되었다. 중앙정부는 100여 곳의 군 단위를 통해 1천 여 곳의 현 단위를 관리했다. 조정에서 직접 관리한 범위를 보면 서쪽 돈황군(燉煌郡)은 이미 오늘날 간쑤성(甘肅省) 둔황(敦煌)이 되었고, 남쪽의 일남군(日南郡)은 오늘날 베트남 중부에까지 이르렀다. 조정에서 직접 100여 군을 관리했으므로 종종 힘이 미치지 못하는 곳도 생겼으며 이곳을 살피다가 저곳을 놓치는 곳도 생겼다.

또 한 무제 시기에는 일종의 독찰구(督察區)도 출현했다. 조정에서 도성 주위 직속 군 이외의 지역을 13개 독찰구로 나누어 자사부(刺史部)를 설치한 뒤 각각 전문 관리인 1명을 파견해 해당 지역을 순시하고 감찰했다. 시간이 오래 지나면서 본래 순시와 감찰 책임만 졌던 관리인은 상급 지방관으로 발전했다. 처음에는 이런 자사에게 고정된 치소(治所)가 배정되지 않았지만 나중에는 치소까지 생겼다. 당초에 그들은 황제에게 직접 보고하는 권력만 가졌으나 후세로 갈수록 그들이 하부 군 단위의 보고를 받아 3개 독찰구에 전달했으므로, 군 위에 존재하는 상급 행정 단위로 변했다. 후한 후기에 이르면 이런 시스템이 새로운 제도로 발전해, 현 위에 군이 있고 군 위에 주(州)가 있고 주 위에 중앙정부가 있게 되었으므로 이렇게 하여 '주(州)—군(郡)—현(縣)' 체제가 나타나게 되었다.

당나라와 송나라 때는 모두 '주'와 유사한 일급 행정기구가 있었고 그 기능은 감찰과 행정 사이를 오갔다. 당나라 때 '도(道)'라고 불린 행정기구는 감찰에 편중되어 있었는데, 전국을 10여 개 도로 나눴다. 송나라 때 '로(路)'로 불린 행정기구는 행정에 편중되어 있었는데, 전국을 20여 개 로로 나눴다. 그 아래 군급 행정 구역은 주(州)로 개칭했고, 일부 중요하거나 특별한 의미를 지닌 주는 '부(府)'로 불렀다. 이런 과정에서도 현(縣)이란 명칭은 줄곧 변하지 않았다. 이렇게 하여 '도(道), 로(路)—주(군)(州(郡)), 부(府)—현(縣)'이라는 체제가 형성되었다.

금나라 후기에 이르면 국내에 큰 사건이 자주 발생했고 또 몽골의 침입에 직면했으므로, 조정에서 관리 한 사람만 파견해서는 문제를 해결하기 어렵다고 인식하고 종종 각 부문을 책임지는 관리한 무리를 파견해 일을 처리했다. 이는 중앙정부에서 직무 처리 인원을 파견해 파출소처럼 운영하는 형식과 같다.

몽골족은 남하하여 금나라를 멸하는 과정에서 이런 제도가 그들의 수요에 적합하다고 인식했다. 몽골족의 중앙기구와 후방기지는 몽골고원에 있었는데, 그들이 점거한 땅이 갈수록 넓어지고 멀어지자 중앙기구인 중서성(中書省)이나 파견 인원 한 사람으로는 직접 관리할 수 없게 되었다. 따라서 중앙 중서성에서 한 무리 인원을 파견하고 지역에 '행중서성(行中書省, 行省)'을 설치해 넓은 지역의 행정 관리를 총체적으로 책임지게 했다. 예를 들어 원나라는 지금의 신장 일대를 점령한 뒤 그곳에 아리마리(阿力麻里) 행성을 설치한 것과 같은 경우다. 원나라 건국 후에는 전국에 하남강북(河南江北) 행성, 강절(江浙) 행성, 운남(雲南) 행성 등 10여 개 행성을 설치해 '행성(行省)—주(州), 부(府)—현(縣)' 체제를 형성했다.

명나라는 행성 제도를 답습하고 명칭만 승선포정사(承宣布政司)로 바꿨지만, 비공식적인 경우나 민간에서는 여전히 행성으로 불렀다. 당시 전국은 북직예(北直隸, 京師)와 남직예(南直隸, 南京)를 제외하고 13개 포정사 구역으로 나뉘어 있었다. 청나라와 민국에서도 행성 제도를 답습했고, 청나라는 통일 이후에 행성을 '성(省)'이란 명칭으로 통일하고 수도 북경이 있는 행정구역도 직예성(直隸省)으로 호칭했다.

청나라에 이르러 인구가 증가하고 조세 수입이 늘어나고 행정사무가 많아지면서 몇몇 성의 관할 지역이 너무 커지자 그런 곳은 둘로 분할했다. 예를 들어 강남성(江南省, 명나라의 남직예)은 강소성(江蘇省)과 안휘성(安徽省)으로 나눴고, 호광성(湖廣省)은 호남성(湖南省)

과 호북성(湖北省)으로 나눴으며, 섬서성(陝西省)은 섬서성과 감숙성으로 나눠서 기본적으로 오늘날과 같은 성의 구조를 갖추게 되었다. 만주족의 발상지인 동북 지역과 기타 소수민족 지역에는 각각 장군 아문(衙門)을 설치했는데 역시 성급(省級) 행정 단위였다. 예를 들어 동북 지역에는 봉천(奉天), 길림(吉林), 흑룡강(黑龍江)이라는 세 곳의 장군 관할 구역을 설치했고, 신장 지역에는 이리(伊犁) 장군을 두었으며, 외몽골에는 울리아스타이(烏里雅蘇台) 장군을 두었다. 티베트와 청해(靑海) 지역에는 조정에서 대신을 파견했고, 내몽골 육맹(六盟)은 조정의 이번원(理藩院)에서 관리했다. 전국에 설치한 성의 내부는 기본적으로 여전히 '성(省)—부(府)—현(縣)' 체제를 유지했다.

부유한 지역의 현은 관할 범위가 그리 넓지 않더라도 호구나 조세 수입 또는 행정 사무가 일반 지역에 비해 훨씬 많았다. 명나라 때 이미 같은 도시에 두 개 현을 관리하는 관청을 설치했고, 청나라 때는 한 걸음 더 나아가 발전된 몇몇 현을 둘씩 나누어 강남의 대다수 현은 모두 두 개 현으로 분할되었다. 예를 들어 상숙현(常熟縣)에서 소문현(昭文縣)이 갈라져 나왔고, 무진현(武進縣)에서 양호현(陽湖縣)이 갈라져 나왔으며, 화정현(華亭縣)에서 유현(類縣)이 갈라져 나왔다.

2천 여 년 동안의 행정 구역 변화가 증명하는 바에 의하면, 진나라 때 처음 생긴 군현(郡縣) 제도는 중앙집권제의 수요에 적합하고 중국의 실정에 부합했으므로, 상이한 왕조에서 행정 등급이나 명칭을 조정하기는 했지만 본질적인 변화 없이 지금까지도 계속 이어져 내려오고 있다.

도시

몇 차례 변화를 겪은 도성

제1절

한나라의 장안과 낙양

유방(劉邦, 기원전 256~기원전 195)은 항우(項羽, 기원전 232~기원
전 202)를 격파하고 황제 보위에 오른 이후 낙양(洛陽)을 수도로 삼
았다. 그러나 몇 달 뒤, 일개 병졸 누경(婁敬, ?~?)의 의견을 따르는
동시에 장량(張良, ?~기원전 186)의 지지를 얻어 관중(關中)¹으로 천도
하라는 명령을 내렸다.

당시 그의 부하 대다수는 모두 풍패(豊沛), 즉 유방의 고향 풍읍
(豊邑, 江蘇省 豊縣) 패현(沛縣, 江蘇省 沛縣) 일대 사람이었으므로 모

두 천도에 반대했다. 또한 원래 진나라 수도였던 함양(咸陽)은 이미 파괴되어 관중으로 천도하면, 처음부터 그들이 거주할 곳도 없는 형편이라 임시 숙소를 찾아서 지금의 린퉁(臨潼) 일대에 먼저 주둔한 이후 새 도읍 건설을 완료하고 나서 다시 이사를 해야 했다. 이 새 도성의 명칭은 장안(長安)으로 본래 작은 시골 마을[鄕] 이름이었다. 이 이름에 매우 길한 뜻이 담겨 있어서 이후 새로운 도읍을 건설하고도 계속 장안으로 부를 심산이었으므로 처음에는 그냥 "관중으로 천도한다"라고만 했다.

유방은 왜 이런 결정을 내렸을까? 게다가 전한 시대 전체 역사의 수도도 줄곧 장안이었다.

우리는 한 국가에서 수도가 갖는 중요성 때문에 수도를 결정할 때는 반드시 대내외 요소를 모두 고려해야 한다는 사실을 알고 있다. 대외적으로는 충분한 방어 역량을 갖고 있어야 한다. 이 때문에 일반적인 상황에서는 반드시 주요 군사 위협에 정면으로 맞설 수 있어야 한다. 수도가 전선에서 너무 멀거나 정면으로 주적과 맞서지 못하면 주체적으로 강적을 제압할 수 없게 되고 국력이 쇠퇴하면 쉽게 수도를 포기하거나 천도해 피난길에 나설 수 있다. 반면에 수도를 주요 군사 위협에 맞서게 하여 자신 및 후손이 끊임없이 방어 역량을 갖출 수 있게 하거나 또 주체적으로 적을 공격할 수 있게 하면, 이렇게 하는 것만으로도 외부의 적을 방어하는 효과를 달성할

---

1 관문 안쪽 지역이라는 뜻으로 동쪽으로는 동관(潼關) 또는 함곡관(函谷關), 서쪽으로는 산관(散關), 남쪽으로는 무관(武關), 북쪽으로는 소관(蕭關) 안쪽을 가리킨다. 지금의 중국 산시성(陝西省) 중부 지역이다. 중국 고대의 서주(西周), 진(秦), 한(漢), 당(唐) 등의 왕조가 관중의 장안(長安)에 도읍했다.

수 있다. 당시 전한의 주요 군사 위협은 북쪽과 서북쪽에서 비롯되었고 주적은 흉노였다.

전한 초기에는 항상 "봉화가 감천궁(甘泉宮, 산시陝西 춘화현淳化縣 간첸산甘泉山)을 비췄"으므로, 바로 감천궁 일대에 늘 봉화가 오르며 경보가 전해졌다. 흉노족 기병이 남하할 때는 장안에서 겨우 800리 정도까지 접근했고, 이는 기병의 속도로 하루 밤낮이면 바로 당도할 수 있는 거리였다. 이런 상황에서 장안은 도성이었기 때문에 끊임없이 주위 방어 역량을 강화했고 아울러 시종일관 북쪽과 서북쪽 변방을 굳게 지켰다. 국력이 강성할 때는 이곳에서 거병해 바로 반격할 수 있었다. 한 무제 시대에는 흉노를 한나라 경계 밖으로 축출하고 진나라 장성을 잇는 경계선을 안정적으로 지킬 수 있었을 뿐만 아니라 관중을 기지로 서북을 개척해 하서주랑까지 점령할 수 있었다. 사실이 증명한 바와 같이 장안을 수도로 삼은 유방의 선택은 대외적으로 적을 방어하는 측면에서 상당한 성공을 거뒀다.

수도는 또 대내적으로 국내의 적대 세력을 통제하고 그들의 반란 기도를 방지할 수 있어야 한다. 콜드 웨폰 시대(Cold Weapon Era)[2]에는 상대적으로 폐쇄된 환경을 선정해야 방어에 편리하고 높은 곳에서 낮은 곳을 굽어보는 지형을 선택해야 공격할 때 우세를 점할 수 있다. 이 점에서 장안은 낙양보다 훨씬 뛰어난 환경을 가진 곳이라 할 수 있다. 낙양 주위에는 험준한 곳이 없고 산들도 높지 않은 데다 도로도 매우 넓어서 방어하기가 어렵다. 장안이 있는 관중은 당시에 "사방이 막힌 땅(四塞之地)"이라는 호칭이 있었다. 지금의 지

---

2 화약의 힘을 이용하지 않는 냉병기 시대.

명으로 설명해보면 북쪽은 산베이(陝北) 황토고원과 일련의 산맥이고, 남쪽은 친링(秦嶺) 산맥이며, 서쪽은 룽산(隴山) 산맥과 룽둥(隴東) 고원이고, 동쪽은 친링과 화산(華山)이 직접 웨이허(渭河)와 황허에 아주 가까이 맞닿아 있다. 겨우 이곳으로 통하는 좁은 입구와 통로에는 모두 겹겹이 관문이 설치되어 있다. 동쪽으로 나가는 통로가 가장 중요한데, 거기에는 동관(潼關, 지금의 산시陝西 퉁관현潼關縣 북쪽), 함곡관(函谷關, 지금의 허난 링바오시靈寶市 북쪽)이 설치되어 있다. 남쪽에는 무관(武關, 지금의 산시山西 단펑현丹鳳縣 동남)이 있고, 서북쪽에는 소관(蕭關, 지금의 닝샤寧夏 후이위안시回原市 위안주구原州區 동남)이 있으므로, 지키기는 쉽고 공격하기는 어려워 상당히 안전한 곳이다. 관동(關東)[3] 땅은 인구가 조밀하고 경제가 발달한 곳이라 높은 관중 땅에서 낮은 관동 땅을 굽어보며 우세를 점할 수 있으므로 주체적으로 출동해 공격하기에 편리하다.

전한 초기에 관동 대다수 지역은 모두 조정의 직접 통치를 받지 않았으며 동성 제후왕과 타성 제후왕의 봉토가 대부분 지역을 차지하고 있었다. 이런 시기에 장안에 도읍을 정함으로써 관중이란 터전을 통제할 수 있었을 뿐만 아니라 그 서쪽, 북쪽 및 한중(漢中)과 파촉(巴蜀) 같은 서남 지역까지 굳게 지킬 수 있어서 조정이 기댈 수 있는 튼튼한 후방으로 작용했다.

관동에서 반란이 발생한 상황에서는 한편으로 수도의 안전을 확보할 수 있었고, 다른 한편으로는 충분한 역량을 모은 뒤에 수시로

---

3 동관(潼關) 또는 함곡관(函谷關) 동쪽 지역을 가리킨다. 흔히 관중과 상대되는 말로 쓰인다.

반격을 개시할 수 있었다. 한 경제(景帝, 기원전 188~기원전 141) 3년(기원전 154년), 오초칠국의 난(吳楚七國之亂)[4]이 발생하자 주아부(周亞夫, ?~기원전 143)가 출동해 적을 진압했다. 후방인 관중이 매우 튼튼했고 또 조정에 충성하는 양(梁)나라(도성은 지금의 허난 상주商丘)가 교통 요지를 가로막고 있었기 때문에, 주아부는 병력을 집중해 창읍(昌邑, 산둥山東 쥐예현巨野縣 남쪽)에 진주한 뒤 깊은 해자와 높은 보루를 굳게 지키며 반란군이 지치고 식량이 고갈되기를 기다려 일거에 격멸함으로써 석 달 만에 반란을 평정했다.

이를 통해서도 장안에 도읍을 정한 것이 대내외 양면에서 매우 유리한 조건이었음을 알 수 있다.

후한 광무제(光武帝) 유수(劉秀, 기원전 5~57)는 낙양에 도읍을 정했고 이후에도 동한 전체 역사가 진행되는 동안 다시는 장안으로 돌아가지 않았다. 다만 후한 말기에 동탁(董卓, ?~192)이 무력을 동원해 장안으로 천도한 뒤 5년여를 보냈을 뿐이다. 후한 시기에도 사람들이 끊임없이 장안으로 돌아가야 한다고 호소했다. 반고(班固, 32~92)는 「양도부(兩都賦)」에서 동도(東都) 낙양의 지위를 극력 옹호했지만, 이 작품에도 일정 부분 서도(西都) 장안의 큰 영향력이 반영되어 있음을 부정할 수 없다. 하지만 수도로서 낙양의 지위는 시종일관 공고했는데 그 원인은 무엇일까?

---

4 전한 경제가 조조(晁錯)의 삭번책(削藩策)을 받아들여 제후왕의 봉토를 깎고 중앙집권을 강화하려 하자, 오왕(吳王) 유비(劉濞)가 초왕(楚王) 유무(劉戊), 조왕(趙王) 유수(劉遂), 제남왕(濟南王) 유벽광(劉辟光), 치천왕(淄川王) 유현(劉賢), 교서왕(膠西王) 유앙(劉卬), 교동왕(膠東王) 유웅거(劉雄渠)와 연합해 반란을 일으킨 사건이다. 주아부(周亞夫)의 공격을 받고 석 달 만에 평정되었다.

일반적인 견해에 의하면, 광무제 유수의 고향이 남양(南陽, 지금의 허난 난양시南陽市)이고 남양에서 가문을 일으켰으며 남양의 종실 호족이 그의 정치적·경제적 기반이었기 때문이라고 한다. 도성을 낙양에 두었으므로 더욱 쉽게 남양의 지지를 받아 정권을 유지할 수 있었다는 것이다. 후한 초기에는 확실히 이 점이 하나의 중요한 요소로 작용했지만 전체 후한의 상황을 해석하기에는 부족한 감이 있다. 기실 낙양이 장안보다 더 뛰어난 점은 식량 공급이 매우 편리하다는 점이다.

어떤 곳이 한 국가의 도성이 되면 반드시 대규모 인구가 집중되기 마련이다. 또 도성이 된 기간이 늘어나면 인구도 급속히 증가할 수밖에 없다. 전한 시대에 장안이 도성으로 정해진 뒤 황실, 조정의 문무백관, 호위 병사, 주둔군, 부역 인원, 공인(工人) 등 반드시 필요한 인원이 도성에 거주해야 했을 뿐 아니라 각지에서 이동해온 대규모 특수 인원도 도성에서 생활해야 했다. 이런 사람들은 모두 농업에 종사하지 않으므로 그들에게 양식과 생활용품을 제공해야 했다. 후한 중기에 장안과 그 주위 능현(陵縣, 황제의 능묘를 지키는 현)에 거주하는 인구가 이미 100만을 넘었다. 장안에서 출정하는 군대와 서북 변경을 지키는 군대에도 대부분의 식량을 장안에서 공급해야 했다.

관중 땅이 비록 "옥토가 천 리(沃野千里)"라는 칭송을 듣고 있었지만, 실제로 관중 평야의 면적은 제한적이었고 여기에다 나날이 확대되는 도시, 궁전, 원림, 병영이 대규모 토지를 점령해 농업 용지가 신속하게 고갈되었다. 물론 몇몇 인공 수로와 관개 시설이 비교적 편리했고 일부 지역의 식량 생산량도 비교적 많았지만 도성의 수요를 만족시킬 수 없어서 관동 농업 지구에서 식량을 운반해오지 않을 수 없었다. 전한 초기에는 매년 수십만 석(石)을 운반하면 되었지만 한 무제 때는 매년 최대 600만 석을 운반해 와야 했으며 이후에도 보통 한 해에 400만 석이 더 필요했다.

당시에 가장 편리한 방법은 조운(漕運)이었는데, 바로 수로를 통해 식량을 운반하는 방법이었다. 만약 육로로 운반한다면 기본 비용이 너무 비싸서 계속 부담할 수 없다. 진시황 시절 식량을 산동반도에서 오르도스까지 운반할 때 수송로에서 소모된 식량의 양이 최종적으로 운반한 양의 60배에 달했다. 관동에서 장안으로 통하는 유일한 수로는 황하와 위수(渭水)인데, 전체 수로를 모두 역류하며 운송해야 하므로 전적으로 인력에 의지할 수밖에 없다. 또 삼문협(三門峽)이라는 천험의 수로를 통과해야 한다. 황하가 이곳을 거치면서 사나워진 물살이 좁은 협곡에서 세 갈래 물길을 형성해, 동쪽에서 남쪽으로 각각 인문(人門), 신문(神門), 귀문(鬼門)이라고 칭한다. 그 가운데에 있는 폭 20여 미터의 인문으로만 선박 통행이 가능하다. 그러나 물살이 너무나 급하고 양쪽에 거대한 암석이 벽을 이루고 있어서 자칫하면 배와 사람이 모두 박살이 나고 배에 실은 화물도 흔적 없이 사라진다. 댐을 건설하기 전의 사진을 보면 삼문협 양안 바위에 깊게 패인 밧줄 흔적이 남아 있다. 이를 통해서도 당시에 선박 운항을 위해 소모한 인력과 물력이 얼마나 컸는지 알 수 있다.

그러나 만약 도성을 낙양에 건설하면 관동의 식량 생산 지구에서 식량을 운반해올 때 물길을 거슬러 올라오기는 하지만 그 거리를 훨씬 단축할 수 있을 뿐 아니라 삼문협이란 천험의 관문을 통과할 필요가 없으므로 손실도 줄어들고 안전도 더 확실하게 보장할 수 있게 된다. 광무제 유수가 낙양에 도성을 정할 때는 주로 그의 터전인 남양과 거리가 가깝다는 요소를 고려했다면, 그 이후의 황제들은 틀림없이 식량 공급이라는 요소를 더 깊이 고려했을 것이다. 그리하여 후한 전체 역사를 살펴봐도 낙양에서는 전한 시대의 장안처럼 식량 운송이라는 난제가 출현한 적이 없다.

또 하나의 요소는 후한의 군사 상황이다. 영원(永元)[5] 3년(91년), 두헌(竇憲)이 북흉노를 대파한 뒤 북흉노는 서쪽으로 이주했고, 이미 투항한 남흉노는 점점 내지(內地)로 이주해 후한에 군사적 위협이 되지 못했다. 그러나 서북쪽 강족(羌族)은 끊임없이 혼란을 조성했고 이 때문에 후한이 한 차례씩 출병해 진압하기는 했지만 강족의 반란과 이주를 막을 수 없었다. 이에 서북쪽 군(郡)의 치소를 장안 근처로 옮겨올 수밖에 없어 장안은 군사적 전선(前線)이 되었다. 즉 장안은 근본적으로 외적(外敵) 방어 측면에서 우세를 갖추지 못했다.

후한 말기에 이르면 관중 분지 이북, 즉 지금의 산시성(陝西省) 북부와 간쑤성 동북은 이미 한나라의 행정 구역이 아니었고 강족, 흉노족 그리고 기타 소수민족이 거주하는 지역이 되었다. 『중국역사지도집』의 삼국시대 지도에서 이 부분에는 사료의 모호한 기록에 근거하여 '강호(羌胡)'라는 주(注)를 달아놓을 수밖에 없었다. 만약 후한이 일찍이 장안에 도읍을 정했다 해도 틀림없이 이 시기에는 도성을 옮겼을 것이다.

물론 낙양이 대내적으로도 우월한 힘을 과시했다고 말할 수는 없다. 당초에 누경이 유방에게 관중에 도읍해야 한다고 유세할 때

---

5 후한 화제(和帝)의 첫 번째 연호. 89년에서 105년까지 사용했다.

천도에 반대한 사람들은 "낙양 동쪽에는 성고(成皐)가 있고, 서쪽에는 효산(崤山)과 민지(澠池)가 있으며, 뒤로는 황하를 등지고, 앞으로는 이수(伊水)와 낙수(洛水)를 바라보고 있으므로 그 견고함에 의지할 만합니다"라고 주장했다. 그러나 당시에 장량은 정곡을 찌르며 "낙양에는 그런 견고함이 있지만 중심부가 좁아서 수백 리에 불과하고 땅이 척박하며 사방에서 적을 맞아야 하므로 군사를 쓸 땅이 아니라고" 낙양의 선천적 결함을 설파했다. 행운이었던 것은 후한 시대에 내란이 일어난 적이 없고, 특히 관동으로부터 군사적 위협이 발생한 적이 없어서 낙양의 결함이 도성의 안전에 영향을 끼치지 않았다는 사실이다. 관동의 주(州)와 군(郡)에서 군사를 일으켜 동탁을 토벌하려 하자 동탁은 "사방에서 적을 맞아야 하는" 낙양을 지킬 수 없음을 알고 한 헌제(獻帝, 189~220 재위)를 핍박해 서쪽 장안으로 천도했다. 도성 건설 조건이 동일해도 외부 조건이 상이하면 서로 다른 영향이 발생함을 알 수 있다.

제2절
북위 효문제의 천도와 한족화

북위(北魏) 태화(太和)[6] 17년(493년) 7월 10일, 전국에 계엄을 선포하고 군대 총동원령을 내린 북위 효문제(孝文帝) 탁발굉(拓跋宏,

---

6 북위 효문제(孝文帝)의 연호. 477년에서 499년까지 사용했다.

467~499)은 남정(南征)에 나서겠다고 선언했다. 8월 11일, 효문제는 30만 대군을 이끌고 위풍당당하게 수도 평성(平城, 산시山西 다퉁시大同市)을 출발해 남하하기 시작했다. 당시 북위는 이미 중국 북방을 통일하고 회수와 진령을 경계로 남조 정권과 힘의 균형에 입각한 대치 상태를 이루고 있었다. 효문제의 급박한 남정은 자연히 문무 대신의 불만을 야기했다. 그러나 황제가 이 같은 명령을 내렸기 때문에 모두 명령에 복종할 수밖에 없었다.

군대가 평성을 떠날 때 끊임없이 내리는 음우(陰雨)를 만나 행군 내내 많은 고난을 감수해야 했다. 9월 22일 낙양에 도착했다. 연일 내린 비로 도로는 진흙탕이었지만 9월 28일에 효문제는 다시 계속 남하하라는 명령을 내렸다. 다음 날 새벽 효문제가 군장을 갖추고 말에 채찍을 가하며 출발하려 할 때 일찌감치 그곳을 지키던 신료들이 한꺼번에 말굽 앞에 꿇어앉아 머리를 조아리며 남정을 중지해 달라고 간청했다. 효문제는 대로하여 "짐이 바야흐로 천하를 통일하려 하는데, 너희가 무슨 일로 저지하느냐?"라고 소리쳤다. 그러나 탁발 씨 종친과 문무백관을 포함한 모든 대신은 한사코 앞을 가로막으며 남하해서는 안 된다고 간언을 올렸다.

기실 효문제는 진정으로 남정에 나선 것이 아니었다. 그는 때가 무르익자 신료들에게 말했다.

여러분 잘 보시오. 짐이 이처럼 대규모 군사 행동에 나서고도 털끝만큼의 성과도 거두지 못한다면 후세 사람들에게 무슨 말을 할 수 있겠소? 만약 이처럼 가볍게 군사를 거둔다면 천추만대에 무엇을 전할 수 있겠소? 짐의 생각은 이렇소. 우리 선조께서 대대로 북방의 사막 가운데서 생활하실 때 설마 남쪽으로 내려가 무궁무진한 행복을 누릴 생각을 하지 않으셨겠소? 설마 오늘날의 군자만 이런 생각을 하겠소? 설마 천시(天時)와 인사(人事)를 모두 갖춘 연후에야 왕업을 이룰 수 있단 말이오? 만약 남정을 하지 못하겠다면 도성을 이곳으로 옮겨야겠소. 이 중원에 도성을 건설하는 것은 지금이 바로 기회요. 말이 나왔으니 바로 시행해야지, 시간을 끌어서는 안 되오. 천도에 찬성하는 사람은 왼쪽에 서고 반대하는 사람은 오른쪽에 서시오.

효문제는 자신이 태도를 표명하면 대신들이 틀림없이 다 찬성하리라 여겼다. 그러나 누가 알았으리오? 적지 않은 사람들이 계속 오른쪽으로 가서 섰다. 이때 뇌물죄를 범하여 남안왕(南安王) 작위를 삭탈당한 탁발정(拓跋楨, 449~496)이 공을 세울 기회가 왔다 여기고 바로 일어서서 소리를 질렀다.

국가 대사를 결정할 때는 사람들과 상의할 필요가 없습니다. 비범한 사람만이 비범한 일을 할 수 있습니다. 도성을 옮기는 것은 왕업을 길게 잇기 위한 일입니다. 중원을 선택해 도성을 세우는 일은 옛날에 주공(周公)도 그렇게 했으므로 정말 더 이상 적절할 수 없는 일입니다. 천하에 도성보다 더 중요한 것이 무엇이겠습니까? 사람에게 생명보다 더 중요한 것이 무엇이겠습니까? 즉시 남정을 중지하시고 중원으로 천도하시면 폐하께서는 편안하게 거주하실 수 있고 백성도 마음을 놓고 살아갈 수 있을 것입니다. 이것은 신들의 소망일 뿐 아니라 만백성의 행복입니다.

일찌감치 준비를 마친 대신들이 일제히 만세를 부르자 옆에 있던 신료들도 한 목소리로 호응할 수밖에 없었다. 효문제는 이 틈에 낙양 천도를 정식으로 선포했다.

기실 이것은 효문제의 첫 번째 승리에 불과했다. 왜냐하면 그가 낙양으로 천도하려는 주요 목적이 정치 중심을 중원으로 옮겨서 장래의 더 큰 통일에 유리한 조건을 마련하려 한 것에 그치지 않았기 때문이다. 더욱 중요한 목적은 천도를 통해 완전하고 철저한 한족화를 실현하려는 데 있었다. 과연 천도가 기정사실로 굳어졌을 때 효문제는 일련의 더욱 철저한 한족화 조치를 시행하기 시작했다. 그는 태화 18년(494년) 12월 2일, 선비족 등 북방 민족의 복장을 입지 말라고 금지 명령을 내렸다. 그러나 대다수 선비족은 기꺼워하지 않으며 명령에 따르지 않았다. 예를 들어 동양공(東陽公, 원래 東陽王)이자 태부(太傅)인 탁발비(拓跋丕, ?~444)는 의복을 바꾸지 않고 공공연히 선비족 옷을 입었다.

태화 19년(495년) 3월 19일, 효문제의 장인인 태사 겸 경조공(京兆公) 풍희(馮熙, 438~495)가 평성에서 병으로 세상을 떠났다. 당시 평성을 지키던 탁발비는 본래 천도에 찬성하지 않았는데, 이때 육예(陸叡, ?~496) 등 대신과 연합해 상소문을 올리고 효문제가 평성으로 돌아와 풍희의 장례에 참석해야 한다고 요청했다. 효문제는 그들의 의도를 간파하고 지엄한 목소리로 "짐은 지금 천도 초기인데, 너희들이 이런 계책을 내는 것은 짐을 불의에 빠뜨리려는 의도다"라며 견책했다. 그는 상소를 올린 대신 모두에게 강등 처분을 내리는 동시에 풍희의 영구를 낙양으로 옮겨와서 안장하라고 명령했다. 5월 26일에 이르러 효문제는 또 하나의 한족화 조치를 선포했다.

선비어로 말하는 것을 중지하고 일률적으로 정음(正音, 한족어)으로 말하라. 30세 이상에 이른 사람은 혹시 한 번에 고치기 어렵겠지만, 30세 이하의 조정 현직 관리는 더 이상 선비어로 말하는 것을 불허한다. 만약 고의로 고치지 않으면 강등이나 면직 처분을 내리겠다.

효문제는 또 낙양의 관리들을 질책하기를 "어제 짐은 여인들이 좁은 옷깃, 짧은 소매의 호복(胡服)을 입은 것을 멀리서 보았는데, 너희들은 어째서 지난번에 내린 조서를 봉행하지 않느냐?"라고 했다. 신료들은 죄를 인정하고 용서를 구할 수밖에 없었다. 6월 2일, 효문제는 정식으로 조서를 내려 조정에서 선비어 사용을 금지하고 위반하는 자는 모두 면직 처분하겠다고 선포했다.

또 얼마 전에 광천왕(廣川王)이 병으로 세상을 떠났는데, 그의 부인은 일찍 죽어서 이미 평성에 안장한 상태였다. 이에 관련 부서에서 효문제에게 광천왕을 어디에 안장해야 하는지 물었다. 그러자 효문제는 또 한 가지 개혁 조치를 발표했다. 즉, 대(代, 평성 및 그 주변 일대) 땅 출신 사람 중에서 이미 낙양으로 옮겨온 사람은 사후에 전부 낙양성 북쪽 망산(邙山)에 안장해야 한다고 하면서 6월 19일에 정식으로 조서를 발표해 규정을 확정했다. 또 남쪽으로 내려온 사람은 본적이 북방 어디든 상관없이, 또 원래 종족이 무슨 민족이든 상관없이 그들의 관향을 모두 하남 낙양으로 바꾸게 했다.

태화 20년(496년) 정월, 효문제는 한족화 과정에서 가장 철저한 발걸음을 내디뎠다. 그것은 바로 자신의 가문 성씨인 탁발 씨를 원(元) 씨로 바꾼 일이었다. 그는 『역경(易經)』에서 "크도다 건원이여!(大哉乾元!)"라고 칭할 때의 '원(元)'은 으뜸이라는 뜻이므로 황실 사람들이 사용하기에 가장 적합하다고 했다. 그는 선비족과 다른 북방 민족을 포함한 모든 공신 귀족도 성을 바꾸라고 명령을 내렸다. 예를 들면 발발(拔拔) 씨는 장손(長孫) 씨로, 달해(達奚) 씨는 해(奚) 씨로, 을전(乙㫋) 씨는 숙손(叔孫) 씨로, 구목릉(丘穆陵) 씨는 목(穆) 씨로, 보륙고(步六孤) 씨는 육(陸) 씨로, 하뢰(賀賴) 씨는 하(賀) 씨로, 독고(獨孤) 씨는 유(劉) 씨로, 하루(賀樓) 씨는 누(樓) 씨로, 물뉴우(勿忸于) 씨는 우(于) 씨로, 울지(尉遲) 씨는 울(尉) 씨로 고쳤다. 이렇게 하여 선비 등 북방 소수민족은 한족과 성씨의 차이가 완전히 사라졌다.

동시에 그는 행정 수단을 동원해 선비족과 한족의 통혼을 촉구하고 북방 4대 최고 가문의 대표 인물인 범양(范陽)의 노민(盧敏, 455~480), 청하(淸河)의 최종백(崔宗伯, ?~?), 형양(滎陽)의 정희(鄭羲, 425~492), 태원(太原)의 왕경(王瓊, ?~?)에게 명령을 내려 딸을 후궁으로 보내라고 했다. 이충(李沖, 450~498)은 농서(隴西)의 명문대가 출신인데 역시 선비족 명문대가와 사돈이 되었고, 효문제도 그의 딸을 비빈으로 받아들였다. 그는 자신의 여섯 아우에게 조서를 내려 다시 아내를 맞으라고 하면서 각각 한족 명문대가인 농서 이 씨, 범양 노 씨, 형양 정 씨, 대군(代郡) 목(穆) 씨와 혼인하게 했다. 이 같은 대규모 통혼으로 황족 원 씨부터 귀족에 이르기까지 그들 종족 사이에 순수한 혈통을 더는 찾아볼 수 없게 되었다.

이처럼 과격한 조치가 시행되면 자연히 순조롭지 않은 일이 일어나기 마련이다. 효문제는 첫 번째로 그의 명령을 위반한 자가 그의 태자 원순(元恂, 482~497)이 될 줄은 생각지도 못했다. 원순은 독서를 싫어했고 몸이 비대했기에 낙양의 여름 더위를 싫어하며 항상 평성으로 돌아가고 싶어 했다. 그는 효문제가 하사한 의복은 입지 않고 늘 황제 몰래 호복을 입었다. 그의 스승 고도열(高道悅, 462~496)이 여러 번 간언을 올렸으나 그는 듣지 않은 것은 물론 죽도록 스승을 미워했다. 그해 8월 7일 효문제가 숭산(嵩山)으로 간 틈에 원순은 좌우 측근과 모의해 고도열을 살해하고 목장에서 말을 옮겨와 평성으로 달아날 준비를 했다. 그러다가 마침 영군(領軍) 원엄(元儼, ?~?)에게 발각되었고, 원엄은 궁문을 굳게 지키며 태자 일당을 포위했다. 소식을 들은 효문제는 즉시 낙양으로 돌아와 궁궐 안에서 태자를 심문하고 직접 나서서 자신의 아우 함양왕(咸陽王) 원희(元禧, ?~501)와 돌아가며 태자에게 100여 대의 매질을 가했다. 그 뒤 태자를 압송하고 폐서인해 바깥출입을 금지했다. 그러나 반대파가 줄곧 태자를 이용하려 하자 후환을 끊기 위해 태화 21년(497년), 효문제는 열다섯 살에 불과한 자신의 아들을 사사(賜死)할 수밖에 없었다. 또 몇몇 귀족 대신이 심지어 평성에서 비밀리에 반란을 모의했으나 결국 효문제에게 무정하게 진압되었다.

효문제는 2년 뒤 서른셋 한창 나이에 세상을 떠났지만 그의 개혁 조치는 더 이상 역전되지 않았다. 중국 역사에서 정권을 잡은 비화하(非華夏) 통치자가 가장 주체적으로 가장 철저하게 추진한 한족화 조치는 마침내 성공했다. 하나의 민족으로서 선비족은 사라졌다. 그러나 그들 민족 자신은 이 개혁의 수혜자였다. 본래 탁발 씨였던 원씨 가문은 이주영(爾朱榮, 493~530)의 난을 거치면서 동위(東魏)와 서위(西魏)로 분열되었고, 또 북제(北齊)와 북주(北周)가 동위와 서위를 대체하는 등 여러 차례 내란과 전쟁과 천재지변을 겪었지만, 그들 후손은 여전히 번성해 명인을 배출했다. 특히 중국문화사에 뛰어난 인물 여러 명이 발자취를 남겼다. 예를 들어 당나라 기록에서 우리는 신동 원희성(元希聲, 662~707), 북문학사(北門學士) 원만경(元萬頃, ?~689), 명사 원덕수(元德秀, 695?~754?)와 원집허(元集虛, ?~?)를 찾아볼 수 있고, 학자 중에는 원행충(元行沖, 653~729)이 있으며, 특히 저명한 시인으로 원결(元結, 719?~772?)과 원진(元稹, 779~831)이 있는데, 원진은 백거이(白居易, 772~846)와 이름을 나란히 하며 '원백(元白)'으로 일컬어졌다. 또 금나라 말기에 이르러서는 대시인 원호문(元好問, 1190~1257)을 배출했다. 다른 선비족 가문은 어땠을까? 당나라 재상 가문 가운데서 여러 가문을 찾아볼 수 있다. 예를 들어 유(劉), 두(竇), 고(高), 방(房), 우문(宇文), 장손(長孫), 이(李), 우(于), 두로(豆盧), 원(元), 독고(獨孤) 등 10여 파는 기실 모두 선비족과 흉노족 등 북방 소수민족의 후예이거나 한족과 통혼한 이의 후예다. 게다가 당나라 황실 이 씨도 순수한 한족 혈통이 전혀 아니다.

심지어 왕후장상(王侯將相)이나 사농공상(士農工商)에 종사하는 백성 중에도 북방 민족의 혈통이 섞인 사람이 있을 테지만 우리는 확실하게 분석할 방법이 없다. 하지만 그들 중에도 상당히 많은 사람들이 북방 혈통을 갖고 있음은 의심의 여지가 없다. 효문제의 주체적인 민족 융합 조치와 이후의 발전을 거쳐 선비족과 기타 북방 소수민족은 마침내 한족의 일부가 되었다. 바로 선비족 등 소수민족이 끊임없이 한족에 신선한 피를 주입했기 때문에 한족 인구가 나날이 증가하게 되었다. 오늘날 한족이 중국의 주류 민족과 세계에서 가장 인구가 많은 민족이 될 수 있게 된 데는 기실 선비족 등의 공헌을 떼놓을 수 없다. 이 때문에 선비족 자신은 더 이상 단일 민족으로 존재할 수 없게 되었지만, 또 다른 민족의 대가정 속에서 영원한 삶을 얻었다.

중화민족은 화하족의 선조를 기념하는 동시에 선비족을 포함한 각 민족의 선조도 마땅히 기념해야 한다. 또한 효문제 원굉(元宏)처럼 중화민족 형성과 번영에 뛰어난 공헌을 한 위인을 잊어서는 안 된다. 효문제가 남쪽으로 천도한 것은 그저 도성을 옮긴 것에 그치지 않는다. 그는 천도를 수단과 계기로 삼아 자각적으로 한족과 융화하기 위한 중대 개혁을 단행했고, 마침내 찬란한 성과를 거뒀다.[7]

제3절
수 · 당 시대의 양도

장안에 도성을 세운 역사를 살펴보면 당나라가 그곳에서 가장 찬란한 시대를 열었음을 알 수 있다. 도성의 규모에서든 전국 또는 중국 이외 지역에 끼친 영향에서든 당시의 장안이 최고봉에 도달했다. 그러나 당나라 이후에는 어떤 왕조도 더 이상 장안에 도읍하지 않았다. 무슨 이유일까?

---

7 북위 효문제가 자신의 종족인 선비족의 언어, 문화, 제도, 전통을 말살한 한화(漢化) 정책은 중국 한족 입장에서는 찬양할 만한 일이지만, 중국 소수민족 입장에서는 자신들의 다양성과 고유성을 스스로 폐기한 굴욕적인 조치라고 할 수 있다. 또한 소수민족의 다양성과 고유성을 인정하고 존중한다는 지금 중국 정부의 민족 정책이 사실은 매우 은밀하고 패권적인 한족 동화 정책임을 명확히 드러내는 언설인 셈이다. 이는 종(種)의 다양성 유지에도 반하는 논리다. 선비족의 문화와 언어 등 종족의 다양성과 고유성을 폐기한 북위 효문제의 논리를 찬양한다면, 해외 화교가 중국 언어와 중국 문화를 유지하는 것은 마땅히 비난해야 하지 않을까? 이 두 논리가 어떻게 양립할 수 있을까?

기실 당나라 초기나 심지어 바로 전인 수(隋)나라 때 벌써 통치자들은 도성으로서 장안이 위기에 봉착했음을 의식하고 있었다. 그것은 바로 오래된 문제인 식량과 물자 공급 때문이었다. 역사서를 뒤적여보면 다음과 같은 기록을 발견할 수 있다. "개황(開皇)[8] 14년(594년), 관중에 큰 가뭄이 들어 굶주림이 심해지자 수 문제(文帝, 541~604)가 백성을 이끌고 낙양으로 가서 취식(就食)하게 했다." "함형(咸亨)[9] 원년(670년), 관중에 기황이 들자 백성에게 명령을 내려 마음대로 각 주(州)로 가서 취식하게 했다." "함형 2년(671년), 지난해 이래로 가뭄이 들어 당 고종이 낙양으로 갔다." "영순(永淳)[10] 원년(682년), 관중에 기근이 들어 여러 부(府)의 군사들로 하여금 등주(鄧州, 허난 덩저우시鄧州市)와 수주(綏州, 산시陝西 쑤이더현綏德縣) 등지로 가서 곡식을 얻게 했다. 당 고종과 무후(武后)도 동도(東都) 낙양으로 가게 되었는데 적지 않은 수행원이 길 위에서 아사했다." 수 양제(煬帝, 569~618), 당 고종, 무측천(武則天, 624~705), 당 현종(玄宗, 685~762)은 항상 동도 낙양에 거주했고, 무측천은 일찍이 낙양으로 천도해 그곳을 신도(神都)라 개칭하기도 했다. 이른바 '취식'은 바로 식량이 있는 곳으로 가까이 가서 구제를 받는다는 뜻이다.

관중으로 공급되는 식량은 본래 매우 빠듯했다. 이는 식량의 상당량을 관동에서 황하를 거슬러 오르는 공급 체계에 의지했기 때문이다. 삼문협을 통과해 다시 위수로 진입할 때도 똑같이 물결을 거슬러 올라 장안에 도달해야 했다. 일단 관중이 자연재해를 만나

---

8 수나라 문제의 연호. 581년에서 600년까지 사용했다.
9 당나라 고종의 일곱 번째 연호. 670년에서 674년까지 사용했다.
10 당나라 고종의 열세 번째 연호. 682년에서 683년까지 사용했다.

거나 식량 부족 문제에 봉착하면 그곳에서 필요로 하는 양이 막대했다. 이에 단기간에 식량을 운송하는 일은 상당히 어려웠고 비용도 매우 많이 들었으므로 차라리 황제가 문무백관 및 백성을 이끌고 식량 공급이 비교적 쉬운 낙양으로 가서 구제를 받는 편이 더 나았다. 비교해보면 이 방법이 그래도 편리하고 비용도 절감되었다.

이 때문에 수나라 때는 낙양에 식량 창고 몇 곳을 크게 지었다. 그중에서 가장 큰 함가창(含嘉倉)이 당시 낙양 노성(老城) 북쪽에 있었는데, 수나라 대업(大業)[11] 원년(605년)에 처음 건립되었고 당나라 때도 대규모로 식량을 저장하면서 국가의 대형 식량 창고로 기능했다. 고고학 발굴이 증명하는 바에 따르면 이 창고의 동서 길이는 612미터, 남북 길이는 710미터, 총면적은 43만여 제곱미터이고, 원형 곡물저장소 400여 개가 있었다. 큰 저장소에는 식량 1만 석 이상을 저장할 수 있었고 작은 저장소에도 식량 수천 석을 저장할 수 있었다. 당나라 천보(天寶)[12] 8년(749년)에 이곳에 저장한 식량 총량은 대략 583만 3천4백 석이었다.

앞에서 수 양제, 당 고종, 무측천, 당 현종이 항상 낙양에 거주하기를 좋아하거나 장안과 낙양을 오갔다고 언급했다. 이를 두고 사람들은 모두 그들이 향락에 탐닉하거나 낙양의 거주 환경이 장안보다 좋았기 때문이라고 설명하곤 한다. 만약 향락에만 탐닉했다면 황제나 황후가 장안에서도 별 다를 바 없이 향락을 즐길 수 있었을 것이고, 또 순행과 놀이만을 위한 것이었다면 임시로 잠시 갔다가 돌아

---

11 수나라 양제의 연호. 605년에서 618년까지 사용했다.
12 당나라 현종의 세 번째 연호. 742년에서 756년까지 사용했다.

오면 그만이었을 것이다. 그러나 황제가 낙양에 거주하면 장안에서 많은 백성을 데리고 가지 않더라도 틀림없이 낙양에서 장안으로 운반하는 일부 식량의 운송비를 절약할 수 있었을 것이다.

전한 시기에 관중으로 공급하는 식량은 모두 관동에서 운반해 왔다. 관동이란 태항산(太行山) 동쪽 황하 유역과 지금의 산둥반도를 가리킨다. 수나라와 당나라 초기에 이르면 식량의 상당량을 이미 회수 유역에 의지했다. 안사의 난 이후에는 북방 전장의 영향으로 남방에 이미 적지 않은 유민이 유입되어 노동력이 증가했기에 토지 개발과 식량 생산이 촉진되었다. 따라서 관중으로 공급되는 식량의 발원지가 이미 북방의 황하 유역이 아니라 남방의 장강(長江)과 회수 일대 그리고 강남 지역으로 바뀌었다. 수 양제가 낙양에서 강도(江都, 장쑤江蘇 양저우시揚州市)에 이르는 운하를 개통한 뒤로는 장강과 회수 그리고 강남 일대 식량 및 기타 생활필수품을 낙양으로 운송하기가 더욱 편리해졌다. 그러나 낙양에서 장안으로 이동하는 수로 환경은 여전히 바뀌지 않았기 때문에 장강과 회수에서 낙양으로 식량을 옮겨오는 의존성은 더욱 커졌다.

당 덕종(德宗, 742~805) 정원(貞元)[13] 2년(786년), 삼문협에서 식량을 잃는 손실을 줄이기 위해 이필(李泌, 722~789)은 삼문협 동쪽 집진창(集津倉)에서 삼문협 서쪽에 이르는 구간 18리에 걸쳐 군사도로를 닦자고 건의했다. 즉 먼저 식량을 잘 포장해 이 도로를 따라 삼문협을 우회한 뒤 다시 식량을 배에 싣고 장안으로 가자는 계획이었다. 비록 더욱 번거로운 일이기는 했지만 필경은 배가 부서지고 식

---

13 당나라 덕종의 세 번째 연호. 785년에서 805년까지 사용했다.

량을 잃고 사람이 죽는 일보다는 훨씬 나았고 또 장안의 식량 위기를 잠시라도 구할 수 있는 방법이었다. 그해 4월 관중의 식량이 고갈되어 금군(禁軍) 사이에서 변란이 발생했는데, 그때 마침 강남 쌀 3만 곡(斛)이 섬주(陝州, 지금의 허난 싼먼샤시三門峽市)에 도착했다. 이 소식을 들은 당 덕종은 기쁨에 겨워 동궁으로 달려가 태자에게 "쌀이 이미 섬주에 도착했으니 우리 부자가 구제받을 수 있게 되었다"라고 말했다고 한다.

앞서 흥원(興元)[14] 원년(784년)에는 이희렬(李希烈, 750?~786)의 반란군에게 막혀 장강과 회수의 조운이 불통되자 결국 노선을 바꿔 길을 우회하지 않을 수 없게 되었다. 당시 왕소(王紹, 743~814)가 비단 등 옷감을 싣고 덕종이 피난해 있던 임시 처소 양주(梁州, 산시陝西 한중시漢中市)로 운반해가자 덕종은 망외의 기쁨을 억누르지 못하고 친히 왕소를 위로하며 "장졸에게 아직 봄옷이 없고 짐도 여전히 가죽옷을 입고 있소"라고 말했다고 한다. 그때가 벌써 음력 5월이었다.

당나라 말기 천복(天復)[15] 4년(904년), 주온(朱溫, 852~912)은 당 소종(昭宗, 867~904) 및 장안의 사민(士民)을 핍박해 동쪽 낙양으로 천도하면서 장안의 궁궐과 민가를 철거하고 목재를 위수와 황하를 통해 낙양으로 운반해갔다. 이로부터 장안은 마침내 폐허가 되었다. 이에 낙양이 장안 대신 도성이 되었지만, 3년 뒤 주온은 당나라 정권을 탈취해 후량(後梁)을 세우고 즉시 변주(汴州, 허난 카이

---

14 당나라 덕종의 두 번째 연호. 784년 한 해만 사용했다.
15 당나라 소종의 여섯 번째 연호. 901년에서 904년까지 사용했다.

평시開封市)를 도성으로 정했다. 그는 그곳을 동도(東都) 개봉부(開封府)라 부르고 본래 동도였던 낙양은 서도(西都)로 개칭했다. 오대(五代)[16] 시기에 실제 수도는 이미 개봉으로 바뀌었으며 북송도 그 제도를 답습했다.

만약 장안의 궁궐이 파괴되고 도시가 폐허가 된 것에 그쳤다면 전란이 끝난 뒤 회복하기 어렵지 않았을 것이다. 전국의 힘을 동원해 다시 새로운 성을 건설하는 것은 그리 어렵지 않은 일이다. 옛날에도 장안과 낙양을 완전히 재건한 일은 한두 번이 아니었다. 그러나 당나라 이후로 어떤 왕조도 더는 장안을 도성으로 삼지 않은 내면에는 나름대로 충분한 이유가 있다고 봐야 한다. 장안이 다른 조건을 모두 갖췄다면 전란 이후 다시 복구하려 했을 것이다. 그러나 오대에 이르고 송대에 이르도록 다시 장안으로 돌아가지 않았을 뿐 아니라 오히려 도성을 낙양에서 개봉으로 옮겼다.

조광윤(趙匡胤, 927~976)은 송나라를 건국한 이후 계속 개봉을 도성으로 삼았다. 군사적으로 말해보면 개봉은 도성을 지켜줄 만한 요새가 없어서 사방이 전장이 될 수 있는 곳이다. 과연 북송 말년에 금나라 군대는 남하하자마자 바로 개봉으로 진입했는데, 마치 파죽지세처럼 신속하게 개봉성 아래에까지 당도했다. 조광윤은 군인 출신이었는데 어찌 이러한 지형을 몰랐겠는가? 역시 도성의 양식과 물자 공급을 고려하지 않을 수 없었던 것이다.

왜냐하면 북송 초년에 전체 경제 중심 중에서도 특히 식량 생산

---

16 당나라가 망하고 후량(後梁), 후당(後唐), 후진(後晉), 후한(後漢), 후주(後周)가 연이어 교체되면서 혼란이 극심했던 시기다. 조광윤이 송나라를 세워서 통일했다.

지역, 즉 상품으로서의 식량을 공급할 수 있는 지역이 모두 장강과 회수 그리고 강남으로 이동했고, 이에 남방의 식량과 물자 공급에 기대야 하는 도성의 의존성이 이전보다 훨씬 커졌기 때문이다. 이러한 점에서 개봉의 조건이 낙양에 비해 훨씬 유리했다. 변수(汴水, 汴渠) 등 수로를 통해 회수 지류와 연결되고, 다시 회수, 한구(邗溝), 강남 운하로 이어지면서 개봉을 종점으로 하는 매우 편리한 수운 체계를 형성할 수 있었다. 게다가 수로 연안도 모두 평원이라 운수 비용이 저렴해서 개봉의 식량과 물자 공급을 안전하게 보장할 수 있었다.

홍무(洪武)[17] 원년(1368년), 주원장(朱元璋, 1328~1398)은 응천부(應天府, 장쑤 난징시南京市)에서 황제를 칭하고 명나라를 세웠다. 당시에는 아직 천하가 안정되지 않은 상황이었고 원나라 도성 대도(大都, 베이징北京)도 아직 함락하지 못한 상태였다. 그러나 주원장도 통일정권의 입장에서 수도를 응천부로 정하면 너무 남쪽으로 치우친다는 사실을 잘 알고 있었다. 이 때문에 당해 연도 8월 그는 응천부를 남경으로 삼고 개봉부를 북경으로 삼겠다고 확정했다. 홍무 2년 9월, 주원장은 또 도성에 대한 신료들의 의견을 구했다. 어떤 사람은 관중이 "하늘이 내린 곳간(天府之國)"이라고 했으며, 어떤 사람은 낙양이 "천지의 중심(天地之中)"이라고 했다. 또 어떤 사람은 "변량(汴梁, 開封)이 송나라의 오랜 도성"이라 했고, 어떤 사람은 "북평(北平, 원나라 대도大都)의 궁궐이 완전하다"고 하는 등 의견을 어느 하나로 정할 수 없었다. 마지막에 주원장은 이렇게 재가했다. "지금 천하를 평정

---

17 명나라 태조의 연호. 1368년에서 1398년까지 사용했다.

한 초기라 백성이 아직 휴식을 얻지 못하고 있으므로 노역과 역량을 모두 강남에 의지해야 한다. 응천부는 장강을 천혜의 해자로 삼고 있으며, 임호(臨濠, 안후이安徽 평양현鳳陽縣)는 앞에 장강이 있고 뒤에는 회수가 있고 또 수로로 조운이 가능하므로 그곳에 중도(中都)를 건설하라." 이 때문에 명나라 초기에 '삼도(三都)'에 관한 의견이 있었는데 그것은 바로 남경 응천부, 북경 개봉부, 중도 중립부(中立府, 뒤에 봉양부鳳陽府로 개명)를 가리키는 말이다.

주원장은 확실히 중도로 천도할 준비를 했다. 이 때문에 중도 건설 규모가 남경에 비해 훨씬 광대했다. 그러나 홍무 8년(1375년) 4월, 중도 기본 건설을 마치고 마무리 공사를 진행하려 할 때 주원장은 공사를 잠시 중단한다고 선포하고 같은 해 9월에 정식으로 공사 중지를 결정했다. 표면적인 이유는 노동력이 너무 많이 들고 건축 표준이 지나치게 높아서 남경의 중요 시설조차 아직 완공하지 못했기 때문이었다. 중도 건설을 중지한 뒤 인력과 물력을 남경 궁궐 공사에 집중함과 아울러 봉양에는 황릉을 건설했다. 주원장이 이후 관중을 시찰하려 한 행동에서도 알 수 있듯이, 당시 공사 중지의 진정한 원인은 아마도 그가 결국 중도를 전국의 수도로 삼는 것이 결코 이상적이지 않다고 인식했기 때문인 듯하다.

홍무 11년(1378년), 주원장은 개봉을 북경으로 부르라는 조치도 취소했다. 본래 개봉을 도성 후보지로 선정했던 이유가 북방의 여러 도시를 비교해본 결과 개봉의 수운 환경이 가장 좋았기 때문이었다. 그러나 그 뒤 그는 변수가 이미 막혀 물길이 너무 얕아져서 조운을 할 수 없다는 사실을 알았다. 개봉으로 식량과 물자를 공급할 수 없게 되었으므로 자연히 그곳으로 천도할 마음을 먹을 수 없었던 것이다.

주원장은 만년에 관중으로 도성을 옮길 생각을 하고 홍무 24년 (1391년) 8월, 태자 주표(朱標, 1355~1392)에게 명하여 섬서를 순무하고 관중과 낙양의 형세를 살핀 뒤 도성 건설 사업을 계획하라고 했다. 그러나 태자는 섬서에서 돌아와 바로 병석에 누워 일어나지 못하고 다음해 4월 세상을 떠났다. 이로써 관중에 도읍을 건설하려던 계획은 없던 일이 되었다. 그러나 진정한 원인은 당시 관중 고찰 결과가 그리 이상적이지 못하여 부득불 포기하지 않을 수 없었기 때문이라고 봐야 한다. 그렇지 않았다면 주원장은 그 후 6년 동안 계속 사람을 파견해 관중에 도성을 건설하려 했을 것이다.

이 대목에서 우리는 결론적으로 한 가지 규칙을 찾아낼 수 있다. 원나라 이전 통일 시기에 수도로 가장 적합한 곳은 중원의 황하 유역이었다. 그러나 결국 수도가 점차 서쪽에서 동쪽으로 이동하는 추세를 보였는데, 장안에서 낙양으로, 낙양에서 개봉으로 연결되는 노선으로 이동했다. 결정적으로 수도의 식량 공급을 안정적으로 확보하기 위한 요인이 작동했다. 이 때문에 식량 생산 지역에서 수도까지 믿을 만한 조운 수로가 있어야 했다. 원나라 때부터 수도가 당시 북경(北京)으로 옮겨 간 것은 주요 식량 생산 기지가 더 멀어지기는 했지만 새로운 수로를 찾을 수 있었기에 가능한 일이었다. 주원장은 생전에 가장 적합한 수도를 찾을 수 없었기에 그의 후손들이 그 과제를 해결하도록 남겨둘 수밖에 없었다.

제4절
명나라의 양경 병행

중국 역사에서 각 왕조는 일반적으로 하나의 수도를 가졌으며 나머지는 모두 '배도(陪都)'라고 불렀다. 어떤 왕조가 중간에 수도를 옮겼다면 본래 수도는 일반적으로 배도의 지위를 갖게 된다. 어떤 황제는 장기적으로 수도 밖에 거주하면서도 정식으로 수도를 옮겼다고 공언하지 않았는데, 이런 때 황제가 거주하는 곳을 '행재소(行在所)'라 불렀다. '임시 수도'라는 뜻이다.

하지만 명나라는 두 수도를 함께 건설했다. 명나라의 1급 행정 구역은 오늘날의 성급(省級) 단위에 해당한다. 그것을 명나라 시대에는 양경(兩京) 13포정사사(布政使司)라고 불렀다. 그것은 바로 북경과 남경 두 경성에 13개 성급 단위인 포정사사를 일컫는 개념이다. 그럼 어째서 양경 구조를 형성할 수 있었을까?

앞에서 이미 언급한 바와 같이 주원장은 생전에 광대한 통일정권의 입장을 고려해 수도를 남경으로 정하는 것이 적합하지 않다는 사실을 알고 있었다. 그러나 그는 줄곧 이상적인 새 수도를 찾지 못했거나 건설하지 못했기 때문에 남경에 머물 수밖에 없었다. 수도를 옮길 수 없게 되자 주원장은 수도 직할 지역인 경사직예(京師直隸)의 범위를 가능한 한 넓게 확장했다. 원나라 때는 장강 이북 지역을 하남강북행성(河南江北行省)이 관리했고, 장강 이남 지역을 강절행성(江浙行省)이 관리했다. 주원장은 남경을 중심으로 삼고 오늘날의 장쑤성(江蘇省)과 안후이성(安徽省) 그리고 상하이시(上海市)의 경계에 해당하는 지역을 합쳐서 경사직예라고 했다. 또 절강의 가흥부(嘉興

府) 일대를 떼서 일시적으로 경사직예에 편입했다가 나중에 이렇게 하면 절강이 너무 작아진다고 보고 다시 절강으로 되돌려줬다. 주원장은 자신의 고향 호주(濠州)에 먼저 임호부(臨濠府)를 설치했다가 그곳에 중도를 건설하려고 이름을 '중립부'로 바꿨으며 그 뒤에 또 안휘 '봉양부'로 개명했다. 주원장은 자기 고향에 수도의 지위와 황제의 은택을 누리게 해주려고 그곳을 남직예(南直隸)의 범위에 포함했다.

주원장 사후 황위는 이미 고인이 된 태자 주표의 아들, 황태손 주윤문(朱允炆, 1377~?)에게 전해졌는데 이 사람이 바로 명나라 건문제(建文帝)다. 주원장의 넷째 아들 연왕(燕王) 주체(朱棣, 1360~1424)는 북평을 지키고 있었다. 다음 해인 건문(建文) 원년(1399년)이 되자 주체는 '정난(靖難)'이라는 명분으로 반란을 일으켰다. 건문 4년(1402년)에 주체의 군사가 도성으로 접근하자 건문제는 스스로 불을 지르고 죽었다. 주체가 입성해 즉위하니 이 사람을 후세에는 명 성조(成祖)라고 부른다.

다음 해인 영락(永樂)[18] 원년(1403년) 정월, 주체는 북평을 북경으로 정하고, 2월에 북평을 순천부(順天府)로 개명했다. 아울러 그곳에 북경유수행후군도독부(北京留守行後軍都督府), 행부(行部), 국자감(國子監)을 설치하고 수도 규모에 맞는 건물을 배치하기 시작했다. 영락 4년(1406년) 또 북경에 궁궐을 건축하라고 조서를 내렸다. 영락 7년(1409년) 정월, 주체는 북경으로 가면서 태자를 경사(京師, 南京)에 남겨두고 경사감국(京師監國)의 역할을 부여했다. 그러나 이후에

---

18 명나라 성조의 연호. 1403년에서 1424년까지 사용했다.

도 주체는 여전히 북경과 경사 사이를 왕래했고, 영락 15년(1417년) 3월에 이르러 마지막으로 경사를 떠나 북경으로 갔다. 영락 18년 (1420년) 9월에야 줄곧 경사감국으로 머물게 했던 태자를 북경으로 소환한 뒤 다음 해부터 경사를 남경으로 개칭하고 북경을 경사로 삼는다는 조서를 내려서 북경 천도 사실을 천하에 선포했다.

본래 주체는 오랫동안 북평에 주둔했고 그곳에서 거병했으므로 수도를 자신의 근거지로 옮기는 것은 순리에 맞는 일이었다고 할 수 있다. 게다가 명나라를 위협하는 주요 세력은 여전히 북방의 원나라 잔존 집단이었기에 수도를 그곳에 건설함으로써 계속해서 원나라 잔존 세력을 공격하고 몽골의 남침을 방어하는 측면에서 적을 강하게 위협하는 효과를 달성할 수 있었다. 이후의 역사 사실이 증명하는 바와 같이 이것은 정확한 전략적 선택이었다. 그런데 왜 천도 과정이 그렇게 길었을까? 만약 전반부 몇 년 동안 북평에 궁궐 및 수도의 각 시설을 건설하려 한 사실로 천도 지연을 해석하려면 주체 사후에 벌어진 일을 정상적으로 이해하기가 어렵다.

영락 22년(1424년) 가을, 주체는 북정(北征)에서 철군하는 도중에 병사했고 태자가 보위를 이으니 이 사람이 바로 명 인종(明仁宗, 1378~1425)이다. 다음 해인 홍희(洪熙)[19] 원년(1425년) 3월, 인종은 남경으로 천도하겠다고 선포하고 북경의 각 부서 명칭을 모두 '행재(行在, 임시 수도)'로 바꾸게 했다. 그리고 태자를 남경으로 보내 태조의 능에 배알하게 한 뒤 남경을 유수(留守)하게 했다. 그러나 같은 해 5월 인종은 세상을 떠났고, 이어서 보위에 오른 선종(宣宗,

---

19 명나라 인종의 연호. 1425년 1년 만 사용했다.

1399~1435)은 재위 10년 동안 시종일관 북경에 머물렀으며 남경 천도 결정만 취소하지 않았다. 영종(英宗, 1427~1464)은 보위를 잇고 나서 천도를 위한 어떤 행동도 하지 않다가 정통(正統)[20] 6년(1441년) 11월에 이르러 정식으로 북경을 도성으로 정한다고 선포하면서 각 부서에 붙였던 '행재'라는 명칭을 쓰지 못하게 했다. 이로부터 북경은 경사 순천부(順天府, 北直隷)로, 남경은 응천부(應天府, 南直隷)로 불리게 되었다. 이 무렵이 주체가 북평을 북경으로 개칭한 지 이미 38년째 되는 해이고, 북경으로 정식 천도한 지 벌써 20년째 되는 해이다.

또한 이 이후로도 명나라가 멸망할 때까지 줄곧 양경 제도를 유지했다. 남경은 시종일관 북경과 마찬가지로 수도로서의 지위를 향유했으며 형식적으로는 거의 수도의 모든 기능을 갖추고 있었다. 태조 고황제(高皇帝) 주원장이 건설하고 거주한 궁전도 그대로 남아 있었는데 다만 황제와 황실과 근위병만 없을 뿐이었다. 황실의 제사 장소인 사직단과 태묘도 남아 있어서 때에 맞춰 제사 의식도 거행했다. 국가의 중요한 전례와 조서의 반포 등도 대부분 양경에서 동시에 진행하든지 아니면 북경에서 거행한 뒤 다시 남경으로 와서 거행했다. 황제의 전용 형벌인 '정장(廷杖)'도 남경에서 시행할 수 있었는데, 정장을 시행하라는 명령이 내려오면 남경의 금의위(錦衣衛)가 징벌할 관리를 남경의 오문(午門) 앞으로 압송하고 태감(太監)이 형벌 집행을 감시하는 가운데 규정 숫자에 따라 곤장으로 볼기를 쳤다.

남경의 육부(六部)와 구경(九卿) 관청도 온전하게 유지되었고 각

---

20 명나라 영종의 연호. 1436년에서 1449년까지 사용했다.

급 관리도 기본적으로 결원이 없었다. 원래 쓰던 인수(印綬)는 북경으로 가지고 가서 계속 사용했지만 당시 남경에서도 인수를 또 한 벌 주조해 앞에 '남경(南京)'이라는 두 글자를 부가해 넣었다. 상이한 점은 북경의 부서와 관리는 실제 업무를 처리하고 관리하며 직위에 맞는 권한을 행사했지만 남경의 부서와 관리는 상징적이고 의례적이고 접대적이고 형식적인 성격을 유지했다는 것이다. 예를 들어 북경 병부(兵部)의 장관 병부상서(兵部尚書)는 진정한 국방부 장관으로 군사와 국방 관련 업무를 처리해야 했다. 남경에도 병부가 있었고 그 장관도 병부상서였지만 당연히 앞에 '남경'이란 두 글자를 붙였다. 그러나 장관급 대우만 받는 관리일 뿐 평소에 하는 일은 없었다. 우연히 문서에 서명할 때도 시절에 맞춰 중요한 행사를 하고 규정된 위치에 서거나 앉거나 꿇어앉으며 절차에 따라 동작만 반복하면 그만이었다.

어떤 관리가 명성도 높고 업무 능력도 뛰어나고 공적도 많이 세웠는데 황제와 동료들이 싫어하면 파직도 하지 않고 퇴직 연령이 아니더라도 그를 남경으로 보낼 수 있다. 해서(海瑞, 1514~1587)는 생전 마지막 두 해 동안 남경우도어사(南京右都御史), 즉 지금의 감사원장에 임명되었다. 품계는 정2품이며 녹봉은 720석으로 정부에서 세 번째로 높은 고액 연봉자였지만 아무 하는 일이 없었다. 다만 덕분에 황제 주변과 북경성은 적지 않게 고요한 상태를 유지했다.

왜 명나라는 북경으로 천도하기까지 그렇게 오랜 시간이 걸렸고 그렇게 많은 우여곡절을 거쳤을까? 게다가 결국은 양경 제도를 병행하며 그렇게 많은 인적·물적 비용을 감수하면서까지 허울뿐인 제도를 유지했을까? 표면적인 이유는 태조 고황제 주원장의 옛 제도를 바꿀 수 없었기 때문이다. 겨우 이 점 때문에 그럴 필요가 있고 그럴 가치가 있었을까?

역사를 이해하기 위해서는 사료, 즉 사료에 기록된 문자만 봐서는 안 되고 문자 배후의 진실한 내용을 봐야 한다. 명나라의 '양경 병행' 제도도 이와 같다.

주체는 주원장의 아들이지만 태자가 아니었으므로 그는 합법적인 황위 계승자가 아니다. 주원장 사후에 황제 보위는 직접 황태손 주윤문[建文帝]에게 전해졌고, 주윤문은 합법적으로 4년 동안 황제로 재직했다. 주체는 무장반란을 통해 정권을 탈취하면서 3년 이상 전투를 치르고 건문제를 압박해서 죽였다. 이 일은 갑작스러운 궁정 정변이나 급속한 찬탈 음모가 아니므로 감출 방법이 없어서 전국 백성이 모두 알게 되었다. 그가 황위에 오른 후 직면한 최대 난제는 바로 어떻게 정권의 합법성을 얻을 수 있느냐 하는 점이었다.

이에 주체는 남경을 점령한 이후 일찍이 건문제의 대신(大臣) 방효유(方孝孺, 1357~1402)에게 협력을 요청했다. 주체는 방효유에게 조서 한 통을 기초하게 하고 그것을 천하에 공포해 자신의 합법성을 증명하려 했지만 결국 방효유에게 거절당했다. 그는 전국에 명령을 내려 제왕을 모욕하는 불법 출판물을 압수하라고 했다. 그 목적은 물론 그에게 불리한 기록이 민간에 유행하는 것을 없애기 위한 것이었다. 또 그는 태조 황제의 『실록(實錄)』을 세 차례나 수정해 주원장이 생전에 그를 높이 평가했고 일찍이 그에게 보위를 전하려는 마음을 먹었다고 거짓 형상을 만들어냈다. 그러나 『실록』은 황실 기록관에 비장되어 후세에 전해질 뿐 당시에는 공개할 방법이 없으므로 어떤 현실적인 효과도 일으키지 못했다.

바로 이와 같았기 때문에 주체는 태조 고황제와 관련된 일을 다룰 때마다 특히 조심하고 신중하게 처리하면서 곳곳에서 자신이 합법적인 계승자임을 드러내려고 했다. 다시 말해 고황제가 만든 규범은 털끝만큼도 바꾸려 하지 않았다. 천도는 국가에서 현실적으로 필요로 하는 일이었지만 이미 고황제가 남경에 도읍을 정했으므로 대대손손 그 유훈을 절대 바꾸지 않고 계승해야 했다. 하물며 고황제의 능인 효릉(孝陵)도 남경에 있지 않은가? 따라서 남경이 만약 수도로서의 지위를 유지할 수 없으면 이는 바로 고황제에 대한 불경죄를 범하는 짓이었다.

명 성조 주체는 겉으로 보기에 매우 강경한 사람이이어서 자신이 결국 무슨 일을 해야 하는지 분명하게 알고 있었지만 내면은 허약할 수밖에 없는 사람이었다. 따라서 정권을 폭력으로 탈취한 진상을 덮을 수 있고 자신의 정치적 합법성을 강화하는 데 조금이라도 유리한 일이라면 비용을 따지지 않고 어떤 대가를 치르더라도 시행하려고 했다. 북경 천도 과정과 양경 병행 제도도 이러한 시각으로 바라봐야 진정한 결론을 얻을 수 있다. 정화(鄭和, 1371~1433)가 일곱 차례 바다로 나가 전에 없던 막대한 인력과 물력을 기울인 장거도 무엇을 위해 그렇게 했을까? 그 진실한 원인도 이런 시각에서 찾아야 하리라고 본다.

그런데 주체의 아들 명 인종 주고치(朱高熾)는 왜 황제가 되자마자 수도를 남경으로 되돌리려 했을까? 그가 황제에 재위한 기간이 겨우 10개월로 너무 짧고 남아 있는 사료도 너무 적어서 판단할 방법이 없다. 가정을 좋아하는 친구들이 일찍이 나에게 "만약 그가 몇 년 동안 황위에 있었다면 명나라의 수도를 남경으로 옮겼을까? 그리고 그 뒤의 황제들이 또 다시 수도를 북경으로 되돌렸을까?"라고 물은 적이 있다. 역사에는 가정이 있을 수 없고 가정의 결과는 역사가 아니므로 나는 대답할 수 없다.

내친 김에 한 가지 더 언급해두고자 한다. 현재 일부 사람들은 '건문제의 최후 동정'이란 '천고의 수수께끼(千古之迷)'를 푸는 일에 열심이다. 기실 건문제의 죽음을 두고 민간에서 그를 동정하는 사람들이 각종 이야기를 지어내고 전파하기 시작했지만 애석하게도 사료나 실물로 증명할 수 있는 것은 하나도 없다. 역사에 남아 있는 '천고의 수수께끼'는 매우 많지만 대부분 더는 증거를 찾을 수 없기 때문에 해결할 수 없다. 역사를 연구하는 분들은 절대로 아무 결과도 얻을 수 없는 일에 쓸데없이 두뇌를 썩히지 말기 바란다. 만약 소설을 쓰고 싶다면 이야기를 지어내서 마음 놓고 대담하게 묘사하기 바란다. 그러나 그것은 역사와 무관하므로 역사를 연구하는 우리 같은 사람들에게 태도를 표명하라고 요구하지 말았으면 좋겠다.

제
3
장

건설
토지의 연결과 분리

제1절
장성은 군사 방어용으로만 세운 것이 아니다

장성(長城)에 관해 언급하면 사람들은 흔히 진시황이 세운 만리장
성을 상기하거나 명나라가 수축한 산해관(山海關)에서 가욕관(嘉峪
關)까지의 장성, 특히 북경 근처의 거용관(居庸關)과 팔달령(八達嶺)
처럼 웅장한 장성을 상기할 것이다. 기실 가장 이른 장성은 진나라
때보다 일찍 건설되었다.

인류 전쟁사를 살펴보면 흔히 자신의 지리적 환경을 근거로 성벽,
관문, 해자 등을 설치해 상대방의 진공을 저지하고 방어 능력을 강

화했다. 장성과 유사한 성벽은 중국 각지에 남아 있고 세계 다른 지역에도 남아 있다. 예를 들어 장성과 같은 성벽은 춘추전국시대 각제후국 사이에 이미 건설되기 시작했다. 이러한 성벽은 흔히 천연 지형을 이용했는데, 예를 들어 산줄기 위나 강변이나 골짜기에 건설했다.

초나라는 "방성(方城)을 성으로 삼고 한수(漢水)를 해자로 삼는다"[1]라고 공언했는데, 바로 방성 일대 산세를 이용해 성벽을 건설했다. 북방 유목민족을 방어하기 위해 북쪽에 위치한 몇몇 제후국, 즉 조(趙)나라, 연(燕)나라, 진(秦)나라에서는 모두 변경을 따라 장성을 건설했다. 진시황 때에 이르러 북쪽의 여러 장성을 연결함과 아울러 한 걸음 더 나아가 서쪽으로 장성을 확장했다. 몇몇 지역은 흉노와의 방어선이 더 북쪽으로 올라가게 되어 새로운 장성을 건설해야 했으므로 장성이 한 줄기로 그치지 않았다. 이렇게 해서 요동(遼東)에서 임조(臨洮, 간쑤甘肅 민현岷縣)에 이르는 만리장성이 형성되었다.

장성은 본래 국가의 방어력을 강화하기 위한 주요 군사 시설로 건설되었으므로 흉노의 남침을 방어하는 데 매우 유리했다. 그럼 왜 장성 수축이 진나라 말기에 그처럼 강력한 반항에 직면했을까? 역대 사가들은 흔히 장성 수축이 진시황의 폭정 중 하나라고 비평했으며 심지어 장성이 진나라를 신속하게 멸망시킨 주요 원인의 하나라고 인식했다.

군사적인 측면에서 장성의 용도는 주로 상대방의 진격을 저지하

---

1 『좌전(左傳)』「희공(僖公)」 4년: "方城以爲城, 漢水以爲池."

는 것이다. 흉노 및 북방 유목민족은 주로 기병(騎兵)을 이용했기 때문에 만약 어떤 방어 시설도 없다면 평소의 방어선을 신속하게 돌파해 깊숙이 쳐들어올 수 있다. 장성은 최소한 적을 저지하는 역할을 할 수 있다. 왜냐하면 기병이 단번에 장성을 뛰어넘기는 불가능하고 장성을 파괴하는 데도 시간이 필요하기 때문이다.

그러나 장성만 있고 방어병이 없거나 소식을 전하는 봉화가 없다면 적을 저지하는 시간도 제한적일 수밖에 없고 장성을 허무는 일도 어렵지 않게 된다. 당시의 장성은 기본적으로 토성이어서 높게 쌓을 수 없었기에 장성의 기능은 반드시 소식을 전하는 봉화 시스템과 결합해야 했다. 아울러 적당한 곳에 군대가 주둔하고 제때 전해온 소식에 근거해 수시로 병력을 옮겨 방어를 공고히 하면서 적의 침략에 대항해야 했다.

그런데 군대 주둔에 있어 아주 큰 문제에 맞닥뜨리게 된다. 장성이 건설된 곳은 불모의 땅이 많아서 식량 생산 지역과 가까울 수 없다. 게다가 장성에 가까운 땅은 본래 농업 생산이 낙후되거나 인구가 드문 곳이라 가까이에서 식량을 제공할 방법이 없다. 주요 식량 생산 기지는 태항산 동쪽에 있었으므로 대규모 노동력을 이용해 식량을 장성 근처로 옮겨야 장성을 수축하거나 장성을 지키는 장졸의 생활 수요를 만족시킬 수 있었다.

또 북방에서는 수운을 이용할 수 없으므로 사람의 등짐으로 식량을 나르거나 가축의 힘으로 실어 날라야 했다. 연도에서는 후방 부대의 지원을 보장받을 수 없으므로 식량 운반 인원 및 가축은 모두 스스로 자신이 먹을 식량과 사료를 갖고 다녀야 했다. 이 때문에 식량을 변방으로 운반하거나 공급할 수 있는 효율이 상당히 낮을 수밖에 없었다.

전한 시대에 어떤 사람이 계산해본 결과 진시황 때는 식량을 오늘날의 산둥 지방에서 오르도스 지방, 즉 새로 개척한 주요 군사 주둔지 및 장성 수축 지역까지 운송해야 했는데, 당시 식량 운송 효율이 겨우 60분의 1에 불과하다고 했다. 쉽게 말해서 산둥에서 식량 60석을 운반한다고 가정할 경우 오르도스 지방에 도착하면 겨우 1석만 남는다는 결론이다. 나머지 59석은 어디로 갈까? 그중 절반은 길에서 먹어야 한다. 사병도 먹어야 하고 운반 가축이 있을 경우 가축도 사료를 먹어야 한다. 식량이나 사료를 연도에서 얻을 수 없기 때문이다. 만약 가축이 길에서 죽거나 도망친다면 식량을 운반할 방법이 없으므로 사람이 주로 등짐을 져서 날라야 한다. 또한 남은 절반도 목적지에 전부 남겨놓을 수 없다. 운반병이 돌아올 때도 식량을 먹어야 하기 때문이다. 만약 장졸 30만 명이 오르도스 장성 주변에 주둔했다면 과연 얼마나 많은 사람이 얼마나 많은 식량 운송을 책임져야 했을까?

이밖에도 일부 장성 건축 지역에는 흙이나 석재가 충분하지 않았지만 군사적 수요에 따라 반드시 장성을 건설해야 했으므로 필요한 흙과 석재를 다른 곳에서 운반해 왔다.

명나라 때는 장성을 수리하면서 전부 벽돌로 쌓았으므로 전문적으로 장성 수축용 벽돌을 만들어야 했다. 하지만 현지에서는 생산할 방법이 없었기에 다른 곳에서 벽돌을 구워낸 이후에 다시 장성 수리 지역으로 운반했다. 명나라 팔달령(八達嶺) 장성에 가보면 몇몇 벽돌 위에 아무개 부(府), 아무개 현(縣)에서 만들었다는 글자를 목도할 수 있다. 이를 통해서도 당시에 공사가 매우 컸음을 알 수 있다.

장성의 적군 저지 역할은 다른 기능과 결합해야 할 필요가 있다. 제때 소식을 전하려면 봉화로 정보를 전달하는 기능을 갖춰야 한다. 장성에는 일정한 거리마다 봉화대나 초소를 설치하고 그곳에 관리 인원을 배치해야 한다. 봉화를 올리려면 땔감이 필요한데 더러 소똥과 늑대똥을 땔감에 보태기도 한다. 적의 움직임을 발견한 뒤에는 미리 약속한 신호나 수량에 따라 불을 붙이거나 연기를 피워서 이곳에서 저곳으로 신호가 끊임없이 이어지도록 해야 한다. 봉화대, 초소 인원, 땔감은 항상 준비해둬야 하고 식량과 생필품도 보장받아야 한다. 또 신호를 받은 뒤에는 이동할 병력이 있어야 하고 쓸 만한 무기도 있어야 한다. 이렇게 해야 장성이 비로소 제대로 기능을 발휘할 수 있다.

이러한 조건을 구비하지 못하거나 수비대가 적을 막아내지 못하면 장성은 허깨비로 변한다. 명나라 말년에 청나라 군대는 걸핏하면 고북구(古北口)로 진격해 장성을 돌파했는데, 그런 사례가 한두 번이 아니었고 심지어 가장 멀리까지 진격할 때는 지금의 장쑤성 쉬저우(徐州)까지 쳐들어가기도 했다. 다른 왕조에서도 이와 같은 상황이 발생한 원인은 한편으로 몇몇 장성 구간을 오랫동안 수리하지 못했거나 제때 보수하지 못한 탓도 있지만, 더욱 중요한 원인은 방어 체계를 온전하게 갖추지 못했기 때문이기도 하다. 즉 군사를 반드시 주둔해야 할 곳에 군사가 없던가 군사력이 너무 차이 나서 적군을 막아내지 못한 경우가 그것이다. 장성이 효과적인 군사 시스템이고 당시 정권의 안전을 보장하기 위한 매우 중요한 시설이기는 했지만, 다른 한편으로는 백성을 피로하게 하고 재물을 낭비하는 정책이기도 했다. 백성에게 과도한 부담을 지우면 불만과 반항이 생기게 마련이다. 진시황은 장성 축조에만 그치지 않고 다른 공사도 동시에 진행했다. 이처럼 거대한 인력과 물력을 동원해야 했기 때문에 백성이 부담할 수 있는 한계를 초과할 수밖에 없었다.

　전한 시대에는 영토를 개척하여 하서주랑까지 확장했지만, 그 일대에는 장성을 축조하기가 매우 어려웠다. 그곳 일부 지역에서는 흙이 부족해 그곳 자체의 재료를 취할 수밖에 없었는데, 이런 연유로 그곳에서는 홍류(紅柳)²와 흙을 섞어서 장성을 쌓았다. 또 어떤 곳에서는 자연 지형인 산과 고개에 의지해야 했으므로 장성을 좀 낮게 쌓아야 했다. 그러나 거연(居延, 내몽골 어지나기額濟納旗 경내) 일대는 물도 있고 농토도 있어서 군부대가 땅을 개간한 뒤 자체적으로 식량을 생산할 수 있게 되었다. 이 식량으로 주둔군과 가족의 식량 수요를 만족시킬 수 있었을 뿐 아니라 풍년이 들었을 때는 외부로 보낼 수도 있었다. 식량 공급이 해결되자 장성의 기능도 튼튼하게 변했다.

　명나라 때는 원나라 잔여 세력과 몽골 군대에 대항하고 수도 북경을 보위하기 위해 장성 수리 수준이 가장 높았고 공사 규모도 가장 컸다. 당시의 거용관(居庸關), 팔달령, 금산령(金山嶺) 장성에 가 보면 공사 규모가 거대했으며 어떤 곳은 장성이 한 줄기에 그치지 않아 마치 금성탕지(金城湯池)처럼 견고한 규모를 과시했음을 목격할 수 있다. 장성 연도에는 군대를 주둔해야 했으므로 명나라 때

---

2 사막 지역에서 잘 자라는 낙엽 교목 정류(檉柳)다. 위성류(渭城柳)라고도 한다. 이 나무의 가지와 잎을 흙과 함께 이겨서 성을 쌓았다.

구변(九邊)을 설치했는데 이것은 현대적 의미의 아홉 개 군구(軍區)에 해당한다. 몇십만 명의 장졸과 가족이 상주하려면 다량의 식량과 물자가 필요했고 이는 국가에 막중한 부담으로 작용했다. 그래서 명나라 초기에는 하나의 해결 방안으로 개중법(開中法)을 시행했다. 구체적으로 말하자면 바로 국가 정책을 이용해 복무 방법을 바꾸는 것이다. 무슨 정책을 이용했을까? 바로 소금 전매 정책이다. 식염은 조정에서 전매했기 때문에 만약 규정에 따라 어떤 사람이 다량의 식량을 구변 지역까지 운송하면 그 사람에게 일정한 양의 식염을 전매할 수 있게 장려했다. 초기 안후이 상인[徽商], 산시(山西) 상인[晉商]은 기민한 상업 마인드로 식량을 구변까지 운송하고 다량의 식염 전매권을 취득해 대염상(大鹽商)이 되었다. 명나라는 이런 방법을 운용해 비교적 안정적으로 구변의 식량 공급 문제를 해결할 수 있었고, 이에 장성도 비교적 양호한 기능을 발휘할 수 있었다.

따라서 장성은 단순한 건축물이 아니었다. 장성에는 정권의 종합적인 국력이 반영되어 있으며 또 전국 각 부문의 자원 운용 능력과도 불가분의 관계를 맺고 있었다. 바로 이와 같았기 때문에 일단 장성이 외적 방어 기능을 잃게 되면, 다시 말해 장성 안팎이 통일되어 하나의 국가로 변하면 더 이상 막대한 국력을 허비해 장성을 수리할 필요가 없게 되는 것이다. 무릇 장성 안팎이 하나의 정권 아래에 놓인 상황에서는 장성을 수리할 필요가 없는 것은 물론 심지어 이미 존재하는 장성을 수리하는 것조차도 당시 통치자들은 그 필요성을 인정하지 않았다.

당나라가 강성할 때 북방의 강역은 몽골고원 이북까지 확장되었고, 앞서거니 뒤서거니 동돌궐, 서돌궐을 멸했으며, 또 서쪽 강역은 아무다리야강 유역과 시르다리야강 유역까지 확장되었으므로 자연스럽게 자기 강역 내에 있는 장성을 수리할 필요성을 느끼지 못했다. 원나라 때는 몽골고원, 동북 지역, 화북 지역, 하서주랑을 연결해 자기 행성에 소속되게 했으므로 당연히 장성을 수리할 필요가 없었다.

청나라 강희(康熙)[3] 연간에 담당관리가 보고하기를, 어떤 지역 장성은 오래 수리하지 않았으므로 몇몇 관문과 요새를 온전하게 보수할 필요가 있다고 했다. 그러나 강희제(康熙帝, 1654~1722)는 그럴 필요가 없다고 하면서 이렇게 질책했다. "멍청한 놈! 짐에게 무슨 장성 따위가 필요하단 말이냐? 몽골이 바로 나의 장성이 아니냐? 지금 천하가 하나의 집안이 되어 있고 짐은 몽골에 의지해 우리 변방을 수비하는데 무슨 장성을 수리한단 말이냐?"

국가 통일이라는 시각으로 바라볼 때 장성의 방어 기능과 군사 기능을 최종적으로 폐기한 것은 위대한 역사의 진보라고 할 만하다.

오늘날 우리가 장성을 이야기할 때는 그것이 역사 속에서 발휘한 군사적 기능에만 시야를 좁히지 말고 그것을 국가의 진귀한 유산, 즉 아주 중요한 유물로 간주해야 한다. 다른 한편 역사적 시각으로 바라볼 때 장성은 확실히 중국 민족의 굳건한 정신, 즉 자기 영토를 보위하고 자기 생존권을 지키려는 정신을 드러낸 일종의 상징으로 작용해왔다. 특히 국가가 위기에 처하고 민족이 재난을 당할 때 만리장성은 외적에 저항하고 투쟁을 견지하는 정신적 상징으로 우뚝

---

3 청나라 성조(聖祖)의 연호. 1654년에서 1722년까지 사용했다.

한 모습을 보여주었다.

또 다른 한편으로 장성은 그처럼 오랜 세월에 걸쳐 그처럼 다양한 유형을 보여줬으며 장성에 부속된 건축물, 유적, 유물 등에는 옛 사람의 위대한 창조력이 구현되어 있다. 건축, 규모, 공법, 문물, 문학, 예술, 군사, 경제, 관리(管理), 사회, 민족 등 각 부문에서도 진귀한 유산 장성을 음미할 만한 가치가 있다.

제2절
식량 공급의 생명선, 운하

원나라는 중국을 통일한 이후 수도를 지금의 베이징에 건설하고 '대도(大都)'라고 칭했다. 그처럼 광대한 통일 국가의 입장에서도 그렇고, 더더욱 원나라는 몽골고원에 자신들의 기반이 있었기 때문에 베이징을 수도로 삼은 것은 상당히 타당한 선택이었다.

베이징은 한편으로 몽골족의 기반인 몽골고원과 쉽게 연결되고 다른 한편으로는 중국 대륙을 통제하기에도 편리했다. 원나라를 건국하기 전에 그들의 수도는 여전히 몽골고원에 있었기에 남방을 통치하려면 길이 너무 멀어서 경비가 많이 들었다.

하지만 원나라는 베이징에 수도를 건설하고서도 아주 큰 난제에 직면했다. 전체 화베이(華北) 평원을 포함한 베이징 주위에서 생산되는 식량량이 수도의 수요를 맞추기에 턱없이 부족했기 때문이다. 게다가 수도에서 변경이나 군사 요충지에 식량을 조달해야 했으므로 식량 수요는 더욱 커질 수밖에 없었다.

육로 운송에만 의지한다면 일정한 운송량을 보장할 수 없고 운송 경비도 너무 많이 들게 되므로 유일하고 효과적인 방법은 수로를 이용하는 것이었다. 그러나 당시로서는 베이징에서 식량이 많이 생산되는 강남까지 직접 갈 수 있는 운하가 없었다. 수 양제가 개통한 운하는 지금의 뤄양을 기점으로 한 갈래는 뤄양에서 북동쪽으로 줘군(涿郡), 즉 베이징 일대에까지 이르렀고 또 한 갈래는 뤄양에서 남동쪽으로 강도(江都), 즉 지금의 양저우(揚州)에까지 이르렀다. 만약 이 두 갈래 운하를 복구하면 식량 운송선이 먼저 양저우에서 뤄양까지 갔다가 다시 뤄양에서 베이징으로 가야 하므로 우회하는 길이 너무 멀었다. 게다가 원나라 때는 이 두 갈래 운하에 이미 불통 구간이 많아져서 완전하게 복구하는 것이 불가능했다. 이 때문에 원나라는 이 두 갈래 운하를 지금의 산둥 지역에서 천연 물길[河道]을 이용하고, 다시 일부 구간에서는 인공으로 수로를 굴착해 지금의 허베이(河北)와 산둥을 연결했다. 그리하여 베이징에서 허베이, 산둥, 장쑤를 거쳐 양저우에 도달하고, 그곳에서 창장을 건너 다시 본래 있던 강남 운하를 통과한 뒤 항저우에 이르는 경항대운하(京杭大運河)를 완공했다.

이로부터 창장의 흐름을 따라 내려가는 수운(水運)을 통해 창장 중류와 하류의 식량을 양저우로 모으고, 다시 운하를 이용해 북쪽으로 운반할 수 있게 되었다. 또 강남 지역의 식량은 강남 운하와 창장 삼각주에 밀집한 물길을 통해 대운하로 모은 뒤 베이징으로 보낼 수 있게 되었다.

명나라와 청나라도 계속해서 지금의 베이징을 수도로 삼았기 때문에 베이징의 인구가 원나라 때보다 훨씬 늘어났다. 게다가 명나라는 '구변(九邊)' 가운데서 동쪽 지역에 위치한 주둔군에 식량을 공급할 때도 늘 이 남북을 연결하는 대운하, 즉 경항대운하를 통해 어려움을 해결했다.

청나라 조정은 이런 시스템을 계속 유지했다. 만약 이 대운하가 없었다면, 다시 말해 대운하로 운송해온 양식이 없었다면 베이징은 수도로서의 역할을 감당할 수 없었을 것이다. 경항대운하는 수도 베이징의 생명선이었고 국가가 통일을 유지하고 중앙집권제를 유지하는 생명선이었다. 바로 이와 같았기 때문에 이 운하를 유지하기 위해 적지 않은 대가를 치러야 했다.

많은 사람들은 운하가 개통되면 선박 운행이 아주 편리해진다고만 생각한다. 그들은 대운하가 산둥성의 구릉지대를 통과할 때 지금의 지닝(濟寧) 일대의 해발 고도가 남쪽과 북쪽의 평지에 비해 40미터 정도 높다는 아주 기본적인 사실을 알지 못한다. 말하자면 장쑤에서 북상한 대운하는 산둥 지닝에 이르러 지형에 따라 높이를 높여야 하므로 대운하의 수위를 거의 40미터 가까이 높인 뒤 이곳을 통과하여 북쪽으로 향할 때는 다시 높이를 낮춰서 40미터 가량 내려가야 한다.

이 점을 해결하기 위해 한 단계 한 단계씩 40개 내외의 갑문을 설치해야 한다. 대운하 건설 당시에는 양수기나 펌프 같은 기계식 동력 장치가 없었으므로 오로지 갑문으로 물을 막기도 하고 내보내기도 할 수 있을 뿐이었다. 선박이 두 갑문 사이를 통과할 때는 인공으로 배를 끌거나 노를 저어야 했다. 한 단계 높은 갑문으로 올라간 뒤에는 수위를 조절하면서 다시 다음 단계로 올라가고 이렇게 하여 조금씩 높이를 높여 가장 높은 지점으로 올라간 뒤 다시 반대 방법으로 단계를 낮춰서 내려가야 했다.

매번 갑문을 개폐할 때는 다량의 물을 소비했으며, 또 인공으로 갑문을 작동하고 인공으로 선박을 끌거나 노를 저어야 했으므로 많은 인력과 물력이 필요했는데, 그중에서도 특히 물이 가장 많이 필요했다. 산둥 일대는 본래 물이 부족한 지역이었으므로 가뭄이 들면 물이 더욱 부족할 수밖에 없었다. 정상 연도에도 이 구간에서 충분한 수량을 확보해 식량 운송선을 완전하게 통과하도록 하려면 별도의 안정적인 수원을 찾아야 했으므로 이 일대에 수조(水槽), 즉 저수 시설을 건설했고 남사호(南四湖)⁴의 물도 상당한 양을 이 저수 시설에 공급했다. 그래도 여전히 수량이 부족해 근처의 몇백 개 수원을 모두 집수(集水)해 이용했고, 그 수원을 전문적으로 관리하는 인원을 '천로(泉老)'라고 불렀다. 그의 임무는 바로 수원의 물이 전부 운하로 흘러들도록 책임을 지는 일이었다.

큰 가뭄이 들어 주위 농토에 물이 부족하거나 심지어 생활 용수까지 고갈되어도 조운(漕運)이 끝나지 않았거나 식량 운송선이 지나가지 않았다면 운하로 공급되는 물은 다른 용도로 쓸 수 없었다. 물을 도둑질하는 일은 법에 따라 단죄되었기 때문에 운하 주위는 늘 농토가 황폐해져 농민들이 도주하곤 했다.

한 차례 갑문을 통과하기 위해서는 다량의 물을 써야 하고 또 시간과 인력을 소비해야 했기 때문에 규정을 정해 일정한 횟수를 채

---

4 지금의 장쑤성과 산둥성 경계 지역에 있는 네 호수로 미산호(微山湖), 소양호(昭陽湖), 독산호(獨山湖), 남양호(南陽湖)를 함께 일컫는다. 이 네 호수 주변으로 경항대운하가 지나간다.

우면, 즉 200척을 통과시키면 비로소 한 차례씩 갑문을 열 수 있었다. 이 회수를 채우고 나면 다시 한동안 기다려야 했고, 채우지 못해도 채울 때까지 기다려야 했다. 따라서 30~40개 갑문을 통과하는 것이 말처럼 쉬운 일이 아니었으므로 운하의 효율도 결코 우리가 상상하는 것처럼 그렇게 높지 않았고 그렇게 편리하지도 않았다.

만약 특수한 상황, 예를 들면 중요한 관리, 사자(使者), 칙명 대신 등이 통과하거나 황제에게 진상하는 조공품 등을 운송할 경우에는 갑문 개폐 규정의 제한을 받지 않고 수시로 갑문을 열 수 있었다. 부패한 관리들은 권세에 의지하거나 뇌물을 주어 관례를 깨고 갑문을 열었다. 이 때문에 실제로 이 운하를 통과하기 위한 자본과 시간은 규정된 제도에 비해 훨씬 많이 들 수밖에 없었다.

남북 방향의 운하가 동서 방향의 황허 구간을 통과할 때 또 한 가지 난제가 발생했다. 고대의 수리 공사는 오늘날의 수리 공사처럼 강위를 건너는 수로를 건설하거나 강바닥 아래로 터널을 뚫을 수 없었으므로 오로지 황허 양안에 직접 수구(水口)를 터서 배를 통과시킬 수밖에 없었다. 만약 그 구간의 황허 수위가 높으면 자연스럽게 황허 물이 운하로 유입되어 운하 운행에 유리한 환경이 조성된다. 그러나 황허의 수위가 낮으면 운하의 물이 황허로 흘러드는 상황을 피할 수 없으므로 운하의 물이 더욱 부족해질 수밖에 없게 된다.

어느 날 홍수로 황허가 범람해 둑이 터지는 상황이 발생하면 수위가 높아지므로 황허 물이 운하로 유입된다. 동시에 흙과 모래도 유입되지만 운하의 수위가 높아지므로 조운 소통에 매우 유리하다. 따라서 당해 식량을 아직 완전히 운송하지 못한 경우에는 차라리 운하가 황허에 손상을 입더라도 잠시 수구를 막거나 수리하지 않았다. 식량 운송과 수구 폐쇄 사이에 문제가 발생할 때는 늘 식량 운송을 맨 앞자리에 두었다.

대운하는 지금의 첸탕장(錢塘江), 창장, 화이허(淮河), 황허, 하이허(海河) 등 다섯 곳의 수역(水域)을 소통시켰기 때문에 운항 측면에서는 장점이 많다고 할 수 있지만, 수리 측면에서는 장점도 있고 단점도 있는데, 단점이 더 두드러진다. 특히 황허와 화이허의 물길이 소통된 뒤 황허의 수구가 터져 물길이 바뀔 때는 황허 물이 운하를 통해 화이허로 유입되거나 심지어 화이허 물길을 완전히 빼앗기도 했다. 다량의 흙과 모래가 화이허 하류에 퇴적되어 황허가 다시 화이허를 떠나 물길을 바꿨을 때는 화이허 하류가 완전히 막혔고 지금의 훙쩌호(洪澤湖)에 이르러 화이허 물길이 끝나고 말았다. 현재 훙쩌호 아래에서 바다로 흘러드는 물길은 모두 인공으로 굴착한 것이다.

또 하이허 수역은 본래 여러 갈래 황허 하류 물길이 서로 나뉘어 바다로 흘러들기 때문에 홍수가 발생해도 서로 영향을 끼치지 않았다. 그러나 조조(曹操)가 식량 운송을 위해 운하를 개통해 몇 갈래 황허 하류 물길을 연결했고 이후 이들 하류에 점차 토사가 퇴적되면서 결국 이 퇴적물이 전부 하이허 하류로 모여들어 바다로 들어가게 되었다. 이에 하이허 유역은 항상 홍수 범람으로 침수 피해가 발생하는 곳이 되었다.

바로 이와 같기 때문에 우리는 운하가 국가의 통일이나 베이징의 수도 지위 유지에 매우 긍정적이고 결정적인 역할을 했지만 그것이 모든 부문에 유리하게 작용한 것은 아니라는 사실을 알 수 있다. 운하가 남북을 소통하게 하면서 경제, 문화, 인간 교류를 촉진한 측면도 우리가 상상하는 것처럼 장점만 있었던 것이 아니라 조건이 걸린 제한적 효과만 발휘했다. 예를 들어 운하 운행 규정에 의하면 조운이 아직 끝나기 전, 즉 매년 정해진 식량을 모두 운송하기 전에는 운하를 민간에 개방하지 않았다. 관료라 해도 특수한 상황을 제외하고는 보통 운하의 동력을 이용할 수 없었으니 식량 운송 임무를 완료한 이후에나 운하를 민간에 개방했기 때문이다. 따라서 우리는 남방에서 북방 또는 베이징으로 가는 사람들이 모두 운하에서 배를 탈 수 없었다는 사실을 분명하게 알아야 한다. 강남에서 베이징으로 과거 보러 가는 사람이 있다면 산둥 이남에서는 운하를 이용하는 사람이 많았지만, 산둥에서 다시 북쪽으로 갈 때는 대부분 육로를 이용할 수밖에 없었다.

운하에 물이 부족할 때는 일부 식량을 지금의 장쑤성 화이안(淮安)의 칭장푸(清江浦)에서 육지로 올려, 즉 배에서 식량을 내린 후 다시 육지에서 수레에 싣고 육로를 따라 운송했다. 그러다가 갑문을 통과하는 산둥 구간을 지난 뒤에 다시 식량을 배에다 실었다. 이처럼 식량을 제때 베이징으로 운반하기 위해서는 적지 않은 대가를 치러야 했다. 일반적으로 전체 운하 중에서 저장과 장쑤 구간은 수량이 풍부하므로 동력 부족 문제가 존재하지 않아 소통이 원활했고 민간에서도 운하를 이용할 수 있었다. 그러나 산둥과 허베이 구간에서는 꼭 그렇지는 못해 민간인이나 일반 관리가 왕래할 때는 운하를 이용할 수 없었다. 상선(商船)도 식량 운송이 다 끝난 뒤까지 기다리거나 뇌물 등 부정한 수단을 동원해 관례를 깨고 배를 띄우거나 조운선에 몰래 개인 화물을 실을 수 있을 뿐이었다.

이와 같았기 때문에 조정에서는 줄곧 운하를 대신할 만한 방법을 강구했지만 전혀 방법이 없었다. 원나라 때 해운(海運)을 시도한 적이 있었으나 성공하지 못했다. 왜냐하면 당시 선박은 기계 장치로 동력을 얻을 수 없었고 바다에서 오로지 풍력이나 해류에 의지해야 했기 때문이다. 식량을 규정된 시간 안에 운송하려 할 때 만일 풍향이나 해류가 순조롭지 못해 제 시간에 도착할 수 없으면 수도의 물류와 국가 안전에 큰 위협이 될 수밖에 없었다. 또 당시에는 전화나 전보 같은 장거리 통신 설비도 없었다. 식량 운송선이 바다로 나간 뒤 소식이 끊기면 도대체 무슨 일이 발생했는지, 결과가 어떻게 될지 파악할 방법이 아무것도 없었다.

청나라 말기에 이르러 서양의 기선이 들어오고 전보도 들어왔다. 기선과 전보가 전래되자 남방에서 바다를 이용해 직접 식량을 지금의 톈진(天津)까지 운송하고, 다시 육로를 이용해 베이징으로 옮길 수 있게 되었다. 또 해안 도시의 전보 시스템을 통해 식량 운송선의 동향을 파악할 수 있게 되었다. 기선으로 식량을 운송하는 효율이 크게 높아지고 비용이 낮아졌기 때문에 청나라 말기에 이르러 운하를 이용한 조운을 폐지한다고 선포했다. 이후 난징 푸커우(浦口)에서 톈진에 이르는 진푸철로(津浦鐵路)가 개통되면서 해운에 비해 더욱 빠른 운송수단이 늘어나게 되었다. 식량 운송을 더는 운하에 의지하지 않게 됨으로써 조정에서는 자연스럽게 산둥에서 막대한 인력과 물력을 허비하며 수원(水源)을 관리하고 물을 모으고 갑문을 수리할 필요가 없게 되어 산둥 구간 운하는 신속하게 폐기되었다. 허베이 구간도 본래 늘 물이 부족했기에 이 구간 운하에도 점차 토사가 쌓여 물길이 막히게 되었다. 물이 풍부한 저장과 장쑤 구간만 계속해서 운하 본연의 역할을 수행하며 지금까지도 황금 수로로 기능하고 있다.

이처럼 경항대운하의 역사를 이해해야 운하가 역사에서 담당한 역할을 총체적이고도 정확하게 알 수 있다. 오늘날 운하 문화공원을 건설하고 운하 문화를 개발하려면 운하의 역사와 현실에서 출발해 실사구시적으로 장점을 선양하고 단점을 피하면서 역사 문화유산의 가치를 충분히 보호하며 그것이 우리 미래에 긍정적인 역할을 담당할 수 있게 해야 한다.

제3절
고대의 교통 시스템, 치도

진시황이 닦은 치도(馳道)가 세계 최초의 고속도로라고 말하는 사람이 있다. 그런데 이처럼 진시황의 공사가 위대하다고 찬양하는 것은 전혀 실사구시적이지 않다.

우선 그가 닦은 치도가 과연 세계 최초의 고속도로이고 가장 위대한 도로일까? 많은 사례를 들 필요도 없이 한 가지 사례만 들어 보겠다. 예를 들어 페르시아제국에서는 일찍이 네 주요 도시 사이에 사통팔달의 교통로를 닦은 적이 있다. 페르시아 서부 수사(Susa)에서 소아시아 에페수스(Ephesus)까지 이르는 이 도로를 '왕의 길(Royal Road)'이라 칭했는데, 전체 길이가 2,400킬로미터에 달했고 20킬로미터마다 역참 및 상점을 설치했으며 부근에 여관도 있었다.

역참에는 빠른 말을 준비해 공문을 각 역참 사이로 신속하게 전달할 수 있었다. 이 진술은 이미 고고학적으로 증명된 사실이며, 지금까지 이 노선의 연도에서 수십 곳의 역참과 상점 유지가 발굴되었다. 시기는 진시황 때보다 빠르다. 우리는 페르시아제국이 기원전 5세기에 건국되었다고 알고 있으며 이 도로는 페르시아제국 멸망 이전에 건설되었을 것이므로 진시황 때보다 거의 1세기 정도 이르다고 할 수 있는데, 실제로는 이보다 더 이른 것으로 알려져 있다. 그러므로 진시황의 치도가 세계에서 가장 일찍 건설된 교통 노선이라고 할 수 없다.

또 치도가 고속도로에 해당할까? 진정한 고속도로는 현대에 와서야 건설되었다. 고속도로는 전 구간을 폐쇄식으로 만들어 자동차가 고속으로 다닐 수 있게 한 노선이다. 이러한 점에서 보면, 진시황 때는 도로의 전 구간을 폐쇄식으로 건설할 수 없었다.

치도 상에서 교통 속도는 얼마나 빨랐을까? 당시에는 마차를 사용했고 마차의 품질이 그다지 좋지 않았는데, 과연 얼마큼의 속도를 낼 수 있었을까? 일부 사람들은 치도의 몇몇 구간이 매우 넓다고 과장하곤 한다. 그러나 기실 당시에 그처럼 넓게 닦은 길은 교통 속도 측면에서 실제적인 의의를 발휘하기보다 오히려 일종의 낭비에 불과했으며 기껏해야 진시황의 의장대나 병거 부대의 화려함을 과시하는 데 그쳤을 뿐이다. 한 노선에서 개별 지역만 넓게 닦았기 때문에 전체 노선의 통행 기능에는 전혀 현실적인 의의를 발휘하지 못했다.

따라서 진시황의 치도를 '세계 최고'로 찬양하는 것은 전혀 역사적 사실에 부합하지 않으므로 이러한 태도를 실사구시적이라고 말할 수 없다. 세계 최고라고 말하려면 세계에 산재한 같은 종류의 교통 노선 상황을 이해하고 그것을 비교한 뒤에야 어느 것이 제일인지 인정할 수 있을 것이다.

하지만 그렇다고 해서 치도가 과연 아무 의미도 갖지 못하는 것일까? 이와는 반대로 치도의 의의는 매우 크다. 그러나 그 의의는 치도가 세계 최초라거나 그것이 고속도로라는 데 있지 않으며, 진시황이 치도를 통해 수도 함양에서 전국 각지로 연결되는 도로 교통 시스템을 건설했다는 데 있다. 그렇지 않았다면 진나라의 중앙집권제는 작동할 수 없었을 것이다.

진나라의 중앙집권제 실행은 하층 행정단위인 군·현에 기초했다. 정령(政令)을 위에서 아래로 시달하고 각 군·현의 상황을 적시에 위로 보고하면 진시황은 규정에 따라 매일 직접 많은 양의 공문을 살폈는데 이러한 과정은 모두 아래에서 위로 단계적으로 보고되는 상황에 의지했다. 만약 각지 상황을 제대로 전달하지 못하면 황제가 부지런히 정무를 처리하려고 해도 더 큰 효과를 발휘하지 못한다. 또 전달 속도가 너무 느리면 황제가 보고를 받거나 일을 처리할 때 실제적인 해결 방안을 제시할 수 없다.

이 때문에 진시황은 치도를 닦아 그가 통치하는 영역, 즉 동쪽으로는 오늘날 한반도 서북부를 포함하는 요동반도 지역, 북쪽으로는 음산 지역, 서쪽으로는 장성의 종점인 임조(臨洮) 지역, 남쪽으로는 광동(廣東), 광서(廣西)와 베트남 동북쪽 지역에 걸친 40여 군의 치소(治所)에서 도성 함양까지 직접 통할 수 있도록 교통 보장 장치를 마련했다. 각 군에서도 자체 통치의 필요성 때문에 관할 현까지 왕래할 수 있는 도로를 닦았다.

『사기』의 기록을 살펴보면 진시황은 여러 차례 방대한 경호 부대의 호송을 받으며 대규모 관리를 대동하고 거침없이 각지를 순행했음을 알 수 있다. 이와 같은 대규모 순행은 고급 도로망 없이는 진행하기 어렵다. 이러한 도로망 중 어떤 것은 전문적으로 진시황을 위해 닦은 치도이고 어떤 것은 임시로 넓히고 다지고 평평하게 만들고 다듬은 보통 도로다. 진나라의 모든 도로 시스템이 그렇게 수준이 높았다고 생각해서는 안 되며 또 진나라의 치도가 그처럼 넓고 호화로웠다고 과장할 필요도 없다.

각지를 연결하는 도로는 중앙집권제 유지를 위해 필요하기 때문에 진나라 이후 모든 왕조에서는 이전에 닦은 도로의 기초 위에서 국가의 도로 시스템을 끊임없이 확대하고 유지했으며 또 실제적인 수요에 따라 국가의 도로망을 더욱 발전적으로 모든 낙후 지역, 특히 새로 개척한 변방 지역까지 연장했다.

기실 서주 시대의 사료만 살펴봐도 당시 통치자들이 도로 건설을 매우 중시했고 아울러 도로 유지 상황을 정치 업적 평가의 지표로 삼았음을 알 수 있다. 그러나 당시는 아직 통일 정권 시기가 아니었기 때문에 전국으로 통하는 보편적인 도로망을 완성할 수 없었다. 분열 시기에는 본래 도로 시스템도 파괴할 수 있고 고의로 단절할 수 있으며 정상적으로 수리할 수 없으므로 사통팔달의 도로 시스템을 형성할 수 없다.

통일 시기에는 각 왕조가 모두 본래 도로 기초 위에서 발전적으로 완전한 역참 시스템을 갖춘다. 그것은 육로 위주이지만 여기에는 천연 물길과 인공 운하 및 연해 지구의 해로까지 포함된다. 또 영토를 새로 개척해 그것을 포기하거나 철회할 생각이 없다면 반드시 역참 시스템을 그곳까지 확대하거나 이미 건설된 현지 도로망을 전국 도로망 속으로 편입한다.

청나라는 건륭 24년(1759년) 이후 광대한 통일 국가를 형성해 면적이 1,300여만 제곱킬로미터에 이르렀다. 청나라 조정에서는 명나라가 닦은 도로 시스템과 청나라 초기의 만주 지역, 내몽골 지역, 신장과 중앙아시아 지역에 본래 있던 도로의 기초 위에 수도 북경에서 전국 각지에 이르는 도로를 건설했고 계속해서 그것을 유지했다. 예를 들어 우리는 임칙서(林則徐, 1785~1850) 등의 여행일기에서 북경에서 서안(西安)까지, 또 서안에서 난주(蘭州)와 우루무치(烏魯木齊)까지, 또 그곳에서 이리(伊犁)까지 비교적 훌륭하게 유지된 역로(驛路)가 있었음을 알 수 있다. 역로의 연도에는 일정한 간격에 따라 역참, 첨참(尖站, 휴게소), 병참(兵站)을 두어 음식, 숙소를 갖췄을 뿐 아니라 그곳에서 수레, 노새와 말, 인부, 식량, 사료를 제공했다. 또 문서나 서찰을 전할 수도 있었고 왕래하는 관리, 공문, 중요 물품이 매 역참을 통해 순조롭고도 신속하게 수도와 변방 사이를 오고갈 수 있었다.

또 동북 지역을 살펴보면 지금의 다싱안링(大興安嶺) 일대 기차역의 명칭이 모두 16참, 18참 등과 같이 숫자로 명명되어 있음을 발견할 수 있다. 이와 같은 역 이름은 철도 건설 이후에 명명한 것이 아니라 청나라 역참의 명칭을 그대로 사용한 것이다. 청나라는 지금의 베이징에서 헤이룽장 어구로 통하는 역로를 건설하고 역참의 이름을 숫자로 명명했다. 당시에 이들 역참에는 전문 관리 인원이 근무하면서 연도의 편의와 교통수단 제공을 보장하고 사람과 문서와 중요 물품 소통을 책임졌다. 그들과 가족은 장기적으로 역참에 거주하느라 역참 밖의 사람들과 거의 왕래하지 않았기 때문에 시간이 오래 지나면서 '잔화(站話)'라고 불리는 특수한 방언을 형성했다.

물질 조건과 기술 조건의 한계로 인해 일부 변방, 내륙, 도서 지역으로는 줄곧 역로를 개설하지 못해 국가 통치에 장애가 되곤 했고 국가 안전에도 위협이 되었다. 예를 들어 지금의 칭짱고원 일대는 특수한 지리적 조건 때문에 국내 다른 지역과의 사이에 늘 극복할 수 없는 장애가 존재했다. 게다가 해발 고도가 높아서 산소가 심각하게 부족하기에 현대적 교통수단과 교통기술이 결핍된 상황에서는 외부 사람들이 그곳에서 살거나 일하기가 쉽지 않았으며 그곳으로 진입하기조차 어려웠다. 일부 도로가 있기는 해도 도로 수준이 형편없고 또 홍수, 빙하, 적설, 해빙, 자연재해 등의 영향으로 도로의 훼손이 심해서 일상적인 상태로 통행할 수 없었다. 1950년 티베트를 해방할 때까지도 공용도로를 개통하지 못해, 청나라와 중화민국 시대부터 해방 초년까지도 중앙정부의 수도나 인근 성(省) 소재지에서 라싸(拉薩)까지 왕복하는 노정은 매우 힘들었다.

중앙정부의 정령을 제때 하달하거나 중요한 관리와 물품을 라싸까지 제때 전달하려면 근대까지도 길을 돌아 외국을 거치지 않을 수 없었다. 예를 들어 청나라 말년과 민국 시기 그리고 해방 초년에 중앙정부에서 라싸에 취임하는 관리를 파견하거나 공무를 집행하려면 다음과 같은 교통 노선에 의지해야 했다. 즉 먼저 지금의 광저우(廣州)까지 가서 다시 배를 타고 홍콩에 이른 뒤 홍콩에서 또 배를 타고 싱가포르로 간다. 다시 싱가포르에서 배를 타고 믈라카 해협을 통과해 인도양을 건넌 뒤 인도 콜카타로 간다. 그곳에서 다시 기차를 타고 북쪽 다르질링까지 가서 또 자동차나 말로 바꿔 타고 비로소 히말라야산맥을 넘어 라싸에 도착한다. 이렇게 길을 돌아가 더라도 청두(成都)나 시닝(西寧) 또는 간쑤를 출발해 라싸로 가는 길보다는 안전하고 시간도 잘 맞출 수 있었다.

이러한 상황에서는 제국주의가 티베트를 침략하거나 분열분자가 라싸에서 파괴 활동을 해도 중앙정부에서는 적시에 소식을 접할 수 없었기에, 사태를 알았을 때는 이미 적절하게 힘을 쓸 수 없어 효율적인 반격 조치를 시행할 방법이 없었다. 이 때문에 중앙정부에서는 티베트를 해방해 그곳으로 군대를 들이는 동시에 청두에서 라싸에 이르는 캉짱공로(康藏公路)를 건설하기 시작했다. 바로 이어서 또 칭하이의 시닝과 거얼무(格爾木)에서 라싸로 통하는 칭짱공로(靑藏公路)도 닦았다. 그리고 윈난(雲南) 쿤밍(昆明)과 리장(麗江)에서 라싸로 통하는 뎬짱공로(滇藏公路), 신장 예청(葉城)과 허톈(和田)에서 아리(阿里)와 라싸로 통하는 신짱공로(新藏公路)도 건설했다. 이에 비로소 티베트와 베이징 그리고 중국 각 지역이 긴밀하게 연계되어 티베트의 발전을 촉진할 수 있게 되었다.

또 몇몇 섬은 자고이래로 중국의 관리를 받았지만 역로 시스템에 기본적으로 해로는 포함되지 않았기 때문에 섬과 대륙 사이에 일상적이고 효과적인 교통 연결망을 갖출 수 없어 근대에 이르러 다른 나라에 점령되었다.

중국 고대에는 통일을 유지하기 위해 중앙집권제 작동을 보증해야 했다. 수도에서 각 행정 구역을 연결하기 위해서는 변방과 전략 요새에까지 닿는 도로망이 필요 불가결했다. 이러한 의미에서 진시황이 닦은 치도는 국가의 통일과 안전에 든든한 물질적 기반으로 작용했다.

제4절
부패에 의해 '잠식된' 역참

진나라 때부터 시작해 모든 중원 왕조는 수도를 중심으로 각 지역의 행정 중심과 변방 그리고 군사 요충지를 연결하는 도로망을 건설하고 유지했다. 이러한 기반 위에서 상당히 완전하고 전면적인 역로 제도가 발전했다. 소위 역로 제도란 전국 도로망에 일정한 간격(정상적인 상황에서 하루에 도달할 수 있는 거리)으로 역참을 설치하고 그 역참에 기본적인 접대 시스템을 갖춰놓고 숙박하고 식사하고 휴식할 수 있게 했으며 또 물자도 보충할 수 있게 했다. 그리고 각 역참 사이의 교통수단인 말, 소, 나귀, 수레, 배 등을 제공하고 이 모든 것을 관리하는 인부도 두었다.

물론 전국적으로 몇천 곳의 역참을 건설하고 늘 그것을 관리하는 인원을 두어 모든 것을 잘 유지하려면 막대한 경비가 들었다. 일부 역참은 인적이 없는 변방 황무지에 설치되어서 관리 인원을 모두 먼 곳에서 파견해야 했고 식량과 물자도 모두 내지에서 조달해야 했으므로 역참을 유지하고 운영하는 데 많은 돈이 들었다. 그러나 국가의 일상 통치를 유지하기 위해, 특히 변방을 튼튼하게 지키고 국내 안전을 보장하기 위해, 그리고 중앙정부의 명령을 정상적으로 하달하기 위해 역참은 기본적인 안전장치로 기능했다. 이 때문에 국가에서는 경비를 따지지 않았고 대가를 아까워하지 않았으며 일반적으로 역참 관리에 엄격한 규정을 두었다.

예를 들어 한나라 때는 역참의 관용 마차로 공무를 집행하는 중요한 관리나 황제가 특별히 지정한 인원을 '승전(乘傳)'이라고 불렀다. '전(傳)'은 각 역참을 통해 사람이나 물자를 전송한다는 뜻이다. 예를 들어 사마천이 일찍이 한 무제를 수행해 각지를 순행한 경우라든가, 사마상여(司馬相如, 기원전 179?~기원전 118?)가 한 무제에 의해 파촉(巴蜀)으로 파견되어 노인들을 위로한 경우 그들은 모두 '승전'으로서의 지위를 누렸다. 때때로 황제가 긴급하게 어떤 사람을 부르거나 덕망이 높은 사람에게 존경을 표시하기 위해 '승전'에게 조서를 내려 그런 사람을 수도로 모셔오게 할 수도 있다. 그러나 보통 관리나 보통 상황에서는 이 '승전' 제도를 이용할 수 없었다.

당나라는 전국에 1,600여 곳의 역참을 설치했다. 그중 260곳은 수역(水驛)이고, 1,297곳은 육역(陸驛)이며, 86곳은 수륙(水陸) 겸용이었다. 일반적으로 역참은 30리마다 한 곳을 두었지만 특별한 조건이 있으면 이와 같은 거리의 제한을 두지 않았다. 또 감목(監牧) 65곳도 설치해 역참에 제공하는 말을 책임지게 했다. 관리들은 공무로 출장 갈 때 직급에 따라 상이한 대우를 받았다. 1품 관리는 말 10필을 이용했고, 직급에 따라 강등해 8~9품은 말 1필만 이용할 수 있었으며 말 3필마다 마부 1명을 배치했다. 수역에서는 공무의 긴급 정도에 따라 배 2~4척을 배정했고 배마다 뱃사공 3명을 배치했다.

또 명나라 때는 다음과 같은 여섯 가지 상황에서만 정부의 역참을 이용할 수 있다고 규정했다.

첫째, 황제의 성지를 전하거나 황제가 파견한 인원.

둘째, 중요한 군사 상황을 신속하게 전하는 인원. 여기서 주의해야 할 것은 반드시 중요한 군사 상황이어야 한다는 점이다. 다시 말해서 일반적인 군사 상황 보고는 일반 경로로 전달해야지 역참 서비스를 이용할 수 없었다.

셋째, 친왕(親王)이 축하 표문과 조공품을 보내거나 사람을 도성으로 파견할 때. 명나라 종실은 인구가 많았지만 그중에서 친왕에 봉해질 수 있는 사람은 태자 이외의 황자(皇子)로 제한되었으므로 숫자가 많지 않았다. 또한 친왕이 축하 표문이나 조공품을 보내거나 사람을 도성으로 파견할 때도 마음대로 이용할 수 있는 것이 아니라 엄격한 규정이 있었다. 홍무 28년(1395년)에는 친왕부(親王府)에서 공무로 파견하는 인원이라 해도, 만약 '일상 업무'만을 처리하거나 친왕부 사이의 예절을 갖추기 위해 왕래하는 인원이라면 일률적으로 역참 이용을 허용하지 않았다. 친왕이 마음대로 사람을 접대하거나 군사 상황을 빙자해 역참을 이용할 경우에는 사형에 처했다.

넷째, 문무 관리가 부임할 때 노정이 1,500리를 초과하는 경우. 다시 말해 문무 관리의 직급이 높다 해도 부임 노정이 1,500리에 미치지 못하는 경우에는 역참을 이용할 수 없었다.

다섯째, 현임 관리가 부임 도중 사망하거나 병으로 죽으면 그의 시신을 고향으로 운반하거나 유족이 귀향할 때 역참을 이용할 수 있었다. 그러나 반드시 현임 관리여야 하며 이미 퇴직한 관리나 면직된 관리는 역참을 이용할 수 없었다.

여섯째, 공자(孔子, 기원전 551~기원전 479)의 후예 같은 특별한 개인의 경우. 그러나 공자의 후예라 해도 공(孔) 씨 성을 가진 모든 사람이 해당하는 것은 아니고, 연성공(衍聖公)⁵을 세습한 공부(孔府)의

---

5 송나라 인종(仁宗)이 공자의 적손(嫡孫)에게 부여한 봉작. 그 이후 공자의 종손은 계속 연

가족, 즉 연성공과 그의 직속 가족만 역참을 이용할 수 있었다.

만약 이 여섯 가지 규정을 엄격하게 집행했다면 역참의 업무량이 그렇게 많지는 않았을 것이다. 하지만 실제로는 부패 정도가 심해짐에 따라 역참 제도를 남용하고 역참을 이용해 사사롭게 이익을 추구하는 폐단도 더욱 심해졌다. 혹은 상사에게 뇌물을 주는 수단으로 이용하거나 친구를 초대하기 위해 이용하는 등 각종 불법 수단이 끝없이 이어졌다. 위의 여섯 가지 이외에도 심지어 관리나 관공서와는 아무 관계도 없는 자들, 돈으로 뇌물을 뿌린 자들, 사사로운 친분에 의지한 자들, 명성과 권세에 의지한 자들도 아무 탈 없이 역참을 이용했다. 게다가 평민 백성도 친분 관계만 있으면 역참을 이용할 수 있었다.

명나라 때 유명한 여행가 서하객(徐霞客, 1587~1641)[6]이란 사람이 있었다. 서하객이 직업 여행가가 될 수 있었던 전제는 여러 차례 과거에 낙방해 과거 공부를 포기했기 때문이다. 그는 종래에 어떤 관직에도 임명되지 못한 보통 평민이었다. 따라서 그는 관리나 공무와 아무 관계가 없었으므로 위의 여섯 가지 규정 어떤 것도 그에게 해당 사항이 없었다. 그러나 『서하객유기(徐霞客遊記)』[7]를 읽어보면 그

성공이란 봉작을 세습했다.

6 명나라 말기 강음(江陰) 사람으로 이름은 굉조(宏祖), 자(字)는 진지(振之), 호(號)는 하객(霞客). 여행가 겸 지리학자다. 그가 남긴 여행기는 일기 및 여행기 형태로 전해지다가 그의 사후 상당량이 흩어져 없어졌다. 지금 남아 있는 『서하객유기(徐霞客遊記)』는 본래 원고의 6분의 1밖에 되지 않는다고 한다. 제1권은 초기 일기이고 제2권부터는 만년의 여행 기록이다. 그 내용이 매우 과학적이어서 중국의 뛰어난 지리학 저서로 주목받고 있다. 서하객 사후에 친구들이 그의 유고를 정리해 펴냈다.

7 명말 지리학자 서하객(徐霞客)이 34년 동안 여행한 내용을 일기체 형식으로 쓴 여행기다. 지금 전해지는 판본은 10권본, 12권본, 20권본 등으로 다양하다. 중국 각지의 풍토, 경승, 문

는 관례대로 역참을 이용할 수 있었을 뿐만 아니라 그것을 부패 행위나 불법 행위로 인식하지 않았다. 이러한 사실은 그의 일기에 분명하게 기록되어 있다. 그는 역참을 이용했을뿐더러 역참에서 그에게 인부를 파견하기까지 했다. 그가 지금의 광시(廣西)에 있을 때 역참에서 그에게 인부 10명, 가마 두 대를 보내줬고 말까지 제공했다. 때로는 그가 역참에 더욱 가혹한 요구를 하기도 했다. 예를 들어 그는 다른 사람이 안 가본 곳이나 걷지 않은 길, 험준한 곳, 황량한 곳으로 가보고 싶어 했다. 몇 번은 역참에서 그에게 인부를 파견했지만 너무 힘들고 위험하다고 중도에 도망친 자까지 생겨났다. 더러 인부가 힘을 다 쓰지 않거나 자신을 소홀하게 대접하면 갑자기 인부를 묶어 놓고 채찍으로 때리기도 했다.

원칙대로 말하자면 서하객은 근본적으로 역참 서비스를 이용할 자격이 없었는데도 역참 이용을 당연하게 여겼는데 무슨 힘을 믿고 그렇게 했을까? 그 자신의 명성에 의지했거나 친한 사람의 소개를 받았거나 그를 흠모한 관리가 관권으로 사사롭게 일을 처리했을 것이다. 요컨대 명나라 제도에 의하면 그것은 법규 위반 행위였다. 서하객이 이와 같았을진대 정말 미관말직이라도 가진 사람이나 권세가 있는 인물이나 역참 관리자와 잘 아는 사람은 당연히 역참의 모든 물자를 이용할 수 있었을 것이다.

기실 이상의 여섯 가지 조건에 부합하는 사람이라 해도 역참을 이용하기 위해서는 엄격한 규정을 지켜야 했고 그것은 구체적인 법

화, 지리, 지질 등의 내용을 상세하게 묘사했다. 중국 역대 지리학 저서 중에서 가장 뛰어난 작품으로 평가받고 있다.

조문으로 명문화되어 있었다. 예를 들어 어떤 사람이 어떤 상황에서 어떤 대우를 받아야 하는지의 기준이 매우 구체적이고 상세하게 정해져 있었다. 똑같이 중요한 공문이나 중요한 군사 상황을 전하는 경우라도 어떤 사람은 상등마(上等馬)를 이용할 수 있었고 어떤 사람은 중등마(中等馬)와 하등마(下等馬)만 이용할 수 있었다. 마차와 배도 마찬가지였다. 어떤 크기의 마차와 배를 이용하고 어떤 모양의 마차와 배를 이용하는지 명확한 규정이 있었다. 그러나 실제로는 대부분 규정을 어겼음에도 아무런 처벌을 받지 않았다.

한편으로 탐관오리는 법을 어기고 부패 행위를 마음대로 자행하며 역참에 기준을 넘는 접대를 요구하면서 규정 밖의 대우를 강요했다. 마차와 배 그리고 말의 등급과 수량을 높여달라고 한다든가 역졸과 인부를 많이 파견해달라며 압력을 넣고 자신을 따라온 친우나 심지어 노복에게도 자신과 동일하게 대우할 것을 요구했다. 나아가 직접 현금 수당을 얻어내려고까지 했으며 역승(驛丞)을 핍박하고 능멸하면서 역졸을 마음대로 구타했고 가장 극단적으로는 현지 현관(縣官)을 잡아들여 사람들 앞에서 질책하고 매질했다.

또 다른 한편으로는 역참 관리 인원의 각종 부패 현상이 끊임없이 발생했다. 예를 들어 말, 마차, 배, 인부를 규정대로 준비해놓지 않는다든지 기준에 따라 숙식과 서비스를 제공하지 않기도 했다. 임시로 말, 마차, 배, 인부를 동원할 때도 경비를 제공하지 않거나 삭감하면서 일상 경비를 착복해 사사롭게 자신의 주머니를 채웠다. 이들은 역참의 직권을 이용해 사익을 도모하고 속임수로 재물을 강탈했다. 일부 역졸도 부패한 상관을 본받아 기회만 있으면 사리사욕을 채우려 했다. 고위 관리, 권세가, 자신의 이익 추구에 유리한 대상에게는 자발적으로 아부하며 접대 기준을 높였지만 기타 인원을 접대하는 비용은 착취하면서 정상적인 서비스조차 제공하지 않는 경우도 종종 있었다.

명나라 후기에 이르면 역참제도는 이미 국가에서 치유할 수 없는 말기 암으로 변했다. 매년 경비가 부족한데도 허비하는 돈이 갈수록 더 많아졌고 관리 인원도 과도하게 정원을 초과했다. 또한 역참을 지나가는 공무 인원조차 응당 받아야 할 서비스마저 받지 못해 중요한 공문을 제때에 송달할 수 없는 경우도 발생했다.

숭정(崇禎)[8] 2년(1629년)에 황제는 역참의 남아도는 역졸을 줄여 식량과 경비를 절약하라고 명령을 내렸다. 이에 지금의 산시(山西)와 산시(陝西)의 수많은 역졸이 직업을 잃었는데, 그중에는 이자성(李自成, 1606~1645)[9]도 포함되어 있었다. 그는 당시 고영상(高迎祥, ?~1636)[10]의 부대로 들어갔고, 기타 퇴출 역졸도 분분히 다른 농민 봉기군에 가담했다.

숭정제(崇禎帝, 1610~1644)가 남아도는 역졸을 줄이라고 한 것은 표면적으로 조정을 위해 다량의 경비를 절약하라고 내린 조치였지

---

8 명나라 마지막 황제 사종(思宗)의 연호. 1628년에서 1644년까지 사용했다.
9 명나라를 멸망시킨 농민 봉기군의 수령이다. 본래 은천(銀川)의 역졸로 근무하다가 면직된 후 고영상의 부대에 들어가 맹장으로 활약했다. 틈왕(闖王) 고영상이 죽은 후 자신도 틈왕을 칭했다. 숭정 17년(1644년) 대순(大順) 정권을 세우고 연호를 영창(永昌)이라 했으며 베이징을 점령하고 명나라를 전복했다. 이후 청나라 다르곤(多爾袞)과 명나라 오삼계(吳三桂) 연합군에 패퇴했고, 순치(順治) 2년(1645년) 호북(湖北)에서 피살되었다.
10 명나라 말기 농민 봉기 지도자 중 한 사람이다. 가혹한 세금을 견디지 못하고 왕가윤(王嘉胤)의 봉기에 가담했다가 왕가윤이 전사한 뒤 그의 부대를 이끌며 틈왕(闖王)이라 일컬었다. 화베이 전역을 휩쓸며 세력을 떨치다 웨이난(渭南)에서 홍승주(洪承疇)에게 패배했고, 다음 해에 섬서순무(陝西巡撫) 손전정(孫傳庭)에게 체포되어 주살되었다. 그의 휘하에서 장헌충(張獻忠)과 이자성(李自成)이 성장했으며, 이자성은 그의 사위이기도 하다.

만 그 명령이 야기한 후과는 처음 예상을 넘어서는 것이었다. 대규모로 인원을 줄인 결과 일부 역참에서는 정상적인 업무를 처리할 수 없게 되어 공무 출장, 명령 하달, 주요 군사 상황 보고에도 나쁜 영향을 초래해 국가의 통치와 안전에 손상을 입게 되었다. 대규모 인원이 실업 상태로 빠져들고도 필요한 구제 조치를 얻지 못해서 반항 세력의 역량을 직접 키워주는 사태가 발생했다.

역사에 가정은 있을 수 없지만 그래도 한번 가정해보자. 만약 이자성이 숭정 2년 이후에도 계속 역졸로 근무했다면 명말의 농민전쟁사는 틀림없이 다시 써야 할 것이고, 명나라와 숭정제도 역사와는 다른 결말을 맞이했을 것이다.

이처럼 효과적이고 국가를 위해 지극히 중요한 제도가 부패에서 벗어날 수 없는 상황에 이르렀고, 이에 대한 경솔한 개혁 조치는 결국 더욱 심각한 후과를 야기하고 말았다. 이것은 역사의 교훈으로 오늘날 우리에게도 깊은 의미를 전해주고 있다.

백성에게는 호첩(戶帖)을 발급하되, 윗부분에 인장의 반을 찍어
감합(勘合)하게 하고 모두 감합 호첩을 가져가게 하라.
우리 대군은 지금 원정을 나가지 않으므로
모두 각 주(州)와 현(縣)으로 보내고
각각 지역을 돌아가면서 호적을 점검하고 대조 조사하게 하라.
대조 조사가 정확하면 좋은 백성이지만 대조가 정확하지 않으면
다시 잡아와서 병졸로 삼으라.

제2편

고대 중국의
혈육

본적과 출생지:
당신은 어디 사람이오?

작년에 나는 중앙텔레비전방송국(CCTV)의 "중국 지명 대회(中國地名
大會)"라는 프로그램에 게스트로 출연했다. 무대로 나갈 때 사회자가 나
에게 어디 사람인지 소개하라고 하여 나는 저장성 사오싱(紹興) 사람이
라고 대답했다. 훗날 나를 잘 아는 친구가 묻기를 "너는 분명히 후저우
(湖州)에서 태어나지 않았냐? 그런데 어째서 사오싱 사람이라고 소개했
냐?"라고 했다. 나는 그에게 전통적인 습속에 의하면 "어디 사람이냐?"
라는 말은 그의 출생지를 소개하라는 것이 아니고 본적[籍貫]을 소개하
라는 것이라고 말해줬다.

현행 규정에 의하면 본적은 일반적으로 자신이 출생할 때 조부가 거주
한 곳으로 정해지고, 조부가 이미 세상을 떠났으면 조부가 생전에 거주

한 곳을 본적으로 삼는다. 나 자신은 저장성 우싱현(吳興縣), 즉 지금의 후저우시(湖州市) 난타오구(南潯區)에서 태어났지만, 우리 부친은 저장성 사오싱에서 태어났는데, 그곳은 바로 이미 세상을 떠난 우리 조부의 거주지이므로 그곳이 나의 본적이 되는 것이다. 그러나 역사에서 가장 일찍 본적을 칭할 때는 호적이 등록된 곳을 가리켰다.

진시황의 통일 이후 전국에 '호적 등기 제도'를 시행했기 때문에 모든 백성은 반드시 거주지에서 호적 등기를 하고 호적부에 여러 사실을 기록해야 했다. 우리가 현재 볼 수 있는 전한 시대 호적부 실물, 예를 들어 쥐옌(居延)에서 출토된 어떤 한나라 목간에는 아무개, 어느 군, 어느 현, 어느 리, 몇 살, 키 몇 척 몇 촌, 용모 특징 등이 분명하게 기록되어 있는데, 이것이 바로 당시 호적에 기록된 내용이었다.

호적은 또 상이한 여러 종류로 나뉘어 있었으므로 신분이 다르면 서로 다른 호적에 기록해야 했다. 예를 들어 관리는 관적(官籍)이 있었고 상인은 상적(商籍, 市籍)이 있었다. 진(秦)나라 때 규정에 의하면 상인 자신이 상적에 호적을 올리면 자신의 아들과 손자까지 상적에 기록되고 이러한 신분은 마음대로 바꿀 수 없었다.

만약 거주지를 떠나고도 이주 수속을 밟지 않으면 '탈적(脫籍)'한 사람으로 불렸다. 또 외지로 가서 합법적으로 등록을 하고 호적을 그곳에 잠시 부쳐둘 수 있으면 그것을 '기적(寄籍)'이라고 했다. 유랑하거나 도망치거나 천재지변으로 거주지를 옮길 경우 질서가 회복된 후에 반드시 호적을 정리해야 비로소 합법적 주민이 될 수 있었다. 즉 그것은 본적지로 가서 다시 등기를 하거나 새 거주지에서 새로 호적 등기를 하는 방법이었다. 그러나 사람들이 모두 새로 등기를 할 수 있는 것은 아니었고 일정한 조건에 부합해야 했다.

정상적인 상황에서 고대 대부분의 사람은 자신의 호적지가 바로 자신의 거주지였다. 왜냐하면 농경 사회에서는 일반적으로 인구 이동이 매우 드물었기 때문이다. 게다가 고향으로 다시 돌아가야 한다는 관념과 종족 관념으로 인해 설령 천재지변과 전란으로 부득이 외지로 나갔더라도 가능한 한 고향으로 돌아가려 했다. 오늘날 사람들이 말하는 본적이 바로 옛날 대다수 사람들이 거주하는 곳이었다.

그러나 몇몇 특수한 상황도 있었다. 예를 들어 유동 인구의 경우가 이에 해당한다. 관직에 취직이 되어 도성으로 가거나 다른 지방관으로 부임하는 경우, 또는 상인이나 의원이 되어 외지로 돌아다니는 경우처럼 소수의 사람들은 호적지를 떠나서 살기도 했다. 하지만 그들은 호적을 기본적으로 본적지에 남겨두었으며 마음대로 다른 곳으로 옮겨서 등록하지 않았다.

몇몇 특수 지구, 예를 들어 한나라 때 수도 장안에서는 새로운 호구 등록을 허락하지 않았다. 설령 장안에서 장사를 하거나 벼슬살이를 한다 해도 장안에 본래 호적이 없는 경우에는 장사를 그만두거나 퇴직한 이후 반드시 본적지로 돌아가야 했고 관리가 장안에서 아이를 낳아도 그들의 본적지로 가서 호적 등기를 해야 했다. 즉 그들 자녀의 출생지가 장안이고 그들이 본적지에 가본 적이 없다 해도 그들이 장안에서 호구를 얻는 것은 불가능한 일이었다.

변방 지역도 엄격하게 통제했다. 그곳에서 복역하거나 파견 근무한 장졸은 일반적으로 복무 기간을 채운 뒤 고향으로 돌아가야 했다. 이 때문에 '쥐옌 한간'에 보이는 변방 복역 인원의 등기 내용은 모두 고향의 군, 현, 리에 관한 것이다.

삼국시대 위(魏)나라는 구품중정제(九品中正制)를 시행하기 위해 조정에서 전문 인력, 즉 상이한 등급의 '중정(中正)'을 파견해 인물을 선발·품평하고 구품(九品)으로 분류하게 했다. 당시에 무엇을 기준으로 삼았을까? 두 가지 기준이 있었다. 첫째, 문벌과 출신 성분이 가장 중요한 기준이었다. 둘째, 당사자의 행적, 즉 품행이 또 하나의 기준이었다. 이 때문에 먼저 상이한 가문과 가족을 그 지위, 명망, 영향에 따라 상이한 품등으로 분류하고 이 기초 위에서 다시 개인의 품행을 따진 뒤 이 두 가지를 종합해 인재 등급을 판정했다. 관에서는 이 등급을 근거로 인재를 임명하거나 선발했다.

문벌이 중요한 지위를 점했기 때문에 중정의 품평은 점차 명문(名門)과 한문(寒門)을 구별하는 결과를 빚었고, 이후 인재 선발과 관직 승진은 주로 명문 내에서만 이루어져서 한미한 가문의 인재는 기회조차 얻지 못하곤 했다. 문벌이 높으면 바로 고관으로 진출할 수 있었으며 어떤 사람은 태어나자마자 바로 높은 지위를 얻었다. 그러나 한미한 가문 출신은 설령 품행이 우수하고 재능이 뛰어나다 해도 시종일관 고위 관직으로 승진할 수 없었다.

문벌은 당연히 왕(王) 씨라든가 장(張) 씨 같은 성씨와 밀접하게 연관되어 있었다. 그러나 이와 같은 성씨는 보편적으로 어느 곳의 가문과 어느 곳의 문벌을 분명하게 나누기 위해 반드시 본적과 연결해서 말해야 했다. 따라서 명문은 성이 장 씨인지 왕 씨인지 또는 유명한 아무개만을 가리키는 것이 아니라 반드시 본적지와 합쳐서 어느 곳의 어느 성씨를 가리켜야 했다. 예를 들어 태원(太原) 왕(王) 씨, 낭야(琅琊) 왕(王) 씨 같은 가문은 모두 명문이었고 진군(陳郡) 사(謝) 씨, 형양(滎陽) 정(鄭) 씨, 청하(淸河) 최(崔) 씨도 모두 명성이 혁혁한 문벌이었다. 이들 명문은 오래도록 쇠망하지 않고 번성했지만 한미한 가문은 명문이 되고 싶어도 가능성이 거의 희박했다.

명문 사이에도 차등이 있어서 어떤 가문은 도저히 따라잡을 수 없을 정도로 지위가 높았다. 예를 들어 같은 왕 씨라 해도 낭야 왕 씨는 수많은 인재를 배출했는데, 당시 동진(東晉) 건국을 보좌한 왕도(王導, 276~339)로 인해 심지어 "왕(王)과 마(馬)가 천하를 공유한다(王與馬共天下)"라는 말이 유행할 정도였다. 즉 왕도의 왕 씨와 동진 황제 사마예(司馬睿, 276~323)의 사마(司馬) 씨가 천하를 함께 소유해 다스린다는 뜻이다. 하지만 일반적으로는 태원 왕 씨가 이보다 더욱 문벌이 높은 것으로 인정되었다. 남조 유송(劉宋)[1] 초기에 태원 왕 씨인 왕유(王愉, ?~404)는 유송 개국 황제 유유(劉裕, 363~422)에게 죄를 지어 멸문지화를 당했다. 그 집안의 어린 아이 왕혜룡(王慧龍, 390~440)은 당시에 겨우 열네 살이었는데 온갖 고난을 겪으며 송나라를 탈출해 북위(北魏)로 도망쳤다. 북위 대신 최호(崔浩, 381~450)는 문벌을 매우 중시하는 사람으로, 왕혜룡이 태원 왕 씨라는 소문을 들었고, 또 태원 왕 씨의 일반적인 특징이 코가 컸기 때문에 최호는 왕혜룡을 보자마자 그가 진정한 왕 씨 가문의 자식이라고 인정하며 그의 '씨족이 고귀하다'고 찬탄했다.

이처럼 문벌을 중시했기 때문에 이른바 '군망(群望, 어떤 성씨의 고귀한 가문이 어느 군郡 출신이라는 사실)'이 형성되었다. 예를 들어 당나라 황제 조상의 본적은 농서(隴西)였기 때문에 '농서(隴西) 이(李) 씨'라 칭했고, 이에 농서가 바로 이 씨의 군망이 되었다. 또 송나라 황제 조광윤의 조상은 천수(天水) 출신이어서 '천수(天水) 조(趙) 씨'라 칭했고, 이에 천수가 조 씨의 군망이 되었다.

---

1 중국 남북조시대에 유유(劉裕)가 건국한 남조 송(宋)나라를 가리킨다.

명문과 한문은 한 사람의 운명을 결정짓는 지표이기 때문에 경솔하게 본적을 바꾸기가 어려웠다. 이 때문에 일부 명문 출신이 아닌 사람은 온갖 방안을 강구해 족보를 위조하거나 본적을 날조해 명문으로 올라가려 했다. 그러나 족보는 위조하기가 쉽지 않았다. 즉 명문의 족보에 이름을 끼워 넣거나 이름을 바꿔 넣기는 거의 불가능한 일이었다. 그에 비해 본적을 바꾸는 것은 비교적 쉬웠다. 예를 들어 왕 씨는 본래 대성(大姓)이라 각지에 왕 씨가 있었다. 만약 본적을 태원이나 낭야로 바꾸면 태원 왕 씨나 낭야 왕 씨 족보에 들어갈 수는 없어도 이후 기회가 생기면 가까운 지손(支孫)이 되지는 못하더라도 먼 지손이 될 가능성은 있었다. 명문 귀족과 본적이 다르면 이런 기회조차도 절대 얻을 수 없었다.

　그러나 관방을 속일 수는 없었다. 왜냐하면 남조 조정에서는 항상 전문 인력을 동원해 호적 관련 기록을 조사하고 가짜를 밝혀내며 "교묘한 허위를 적발했다(揭發巧僞)," 소위 "허위로 날조한다(弄虛作假)"라는 것은 먼저 본적을 개조하고 그 뒤에 다시 방법을 강구해 명문에 슬쩍 이름을 올리거나 명문과 관계를 맺는 것을 가리킨다.

　위·진 시대에서 수·당 시대에 이르기까지 상당히 오랜 기간 본적과 문벌은 밀접한 관련을 맺고 있었다.

　본적은 바로 호적을 등기한 곳이기 때문에 가문과 개인이 획득한 권리와 반드시 부담해야 할 의무가 그곳에 결합되어 있었다. 예를 들어 조세와 부역이 그것인데, 노역 제도가 있을 때 일반 백성은 노역을 나가야 했지만 벼슬아치 가문에서는 노역을 면제받는 특권을 누렸다. 이 모든 근거가 바로 호적 등기였다.

　과거제도도 호적이나 본적과 밀접하게 연관되어 있었다. 과거 시험은 정원을 정해 현(縣) 단위 급제자 수재(秀才)와 성(省) 단위 급제자 거인(擧

人)[2]의 정원을 각 지방에 분배했고, 전국 단위 급제자 진사(進士)[3]가 되어야 우수한 인재로 선택받아 관직에 임명되었다. 전국 각 지역은 경제와 문화 수준의 차이가 매우 커서 과거 시험의 정원, 특히 기층의 정원은 형평성을 강구하려 했다. 그렇게 해도 실제로는 각 성(省) 사이의 수준이 큰 차이를 드러낼 수밖에 없었다. 예를 들어 지금의 장쑤성은 명·청 시대에 경제와 문화가 발달하고 인구가 밀집했지만 장쑤에 과거 급제자 정원을 너무 많이 배당할 수 없었기 때문에 이곳에 배당된 거인 정원은 인구가 적은 윈난성 평균 지표의 10분의 1에 불과했고 구이저우성(貴州省)에 비해서는 4분의 1에 불과했다.

또 푸젠성의 장저우(漳州)와 취안저우(泉州) 일대에서 향시로 뽑는 정원은 비교적 적지만 성부(省府)를 세운 지 얼마 되지 않는 타이완성(臺灣省)은 상대적으로 정원이 많았다. 이 때문에 푸젠성의 장저우와 취안저우의 일부 지식인은 호적을 타이완으로 옮겼다. 목적은 바로 과거 급제를 위한 이사였다. 동일한 성적으로는 장저우와 취안저우에서 합격하지 못하지만 타이완으로 가면 합격할 가능성이 있기 때문이었고, 그것은 완전히 합법적인 방식이었다.

어떤 사람은 법의 허점을 이용해 출세의 지름길을 걷기도 했다. 그것은 바로 '본적 도용[冒籍]'이란 방법인데, 자신에게 유리한 지역의 본적을 도용하는 것이다. 예를 들어 청나라의 저명한 사학자 조익(趙翼, 1727~1814)은 지금의 장쑤성 창저우(常州) 사람이었지만 창저우 지역은 인재도 많고 요구하는 학식도 높았으며 과거 시험 경쟁도 치열한 데다

---

2 중국 명·청 시대에 성(省)에서 시행한 향시(鄕試)에 합격한 사람을 거인(擧人)이라 불렀다.
3 우리나라 조선시대의 진사(進士)는 소과(小科) 급제자를 가리켰지만 중국 명·청 시대에는 회시(會試) 급제자를 진사라고 했다.

합격 정원도 인구에 비해 너무 빠듯했다. 그는 자신의 숙부가 마침 베이징과 톈진 일대에서 장사를 했으므로 그곳에 정식 본적은 없어도 상적(商籍)에 이름을 등록할 수 있었다. 그것은 현재 우리가 상인을 초청해 투자를 늘리고 그 상인과 기업인에게 현지 호적을 부여하는 것과 같다. 조익은 숙부에게 의탁했다. 숙부의 상적이 톈진과 베이징에 있었기 때문에 그는 그곳으로 가서 과거시험을 보았다. 그는 순천부(順天府) 향시에 참가하여 거인이 되었으며 이어서 진사에 급제한 뒤 전시(殿試)에서 황제에 의해 탐화(探花)로 뽑혔는데, 그것은 바로 전국 과거시험 제2등 지위에 해당했다. 만약 그가 계속 창저우에 있었다면 거인이 될 수 있다고 장담할 수 없었으며 거인 자격을 따지 못하면 진사가 될 수 없었다.

완전히 본적을 도용했다가 발각되면 이미 급제해서 얻은 진사 자격도 박탈되고 처벌을 받아야 했다. 이 때문에 과거에 급제한 이후에는 본적을 감히 되돌릴 수 없었다.

명나라 태조 주원장은 위소제도(衛所制度)[4]를 시행했다. 위소(衛所)에서 호적을 등록한 군인 및 그의 가족은 모두 군적(軍籍)에 소속되어 대대로 본적을 바꿀 수 없었다. 군적에 등록된 사람에게는 여러 가지 제한 조치를 두었기 때문에 일부 사람은 과거에 응시하거나 다른 일을 하기 위해 방법을 강구해 본적 도용을 감행했는데, 그것은 바로 자신의 호구를

---

4 명나라 때 시행한 군대 편제로, 군대를 위(衛)와 소(所) 두 등급으로 나눠 통솔하는 제도다. 위에는 지휘사를 두어 군사 5,600명을 통솔하게 했고, 위 아래에는 천호소(千戶所)를 두어 군사 1,120명을 통솔하게 했으며, 1위는 5천호소로 이루어졌다. 천호소는 백호소(百戶所) 10개로 이루어졌고 하나의 백호소는 총기(總旗) 2명, 소기(小旗) 10명, 군사 100명으로 구성되었다. 전국 군대는 모두 이 제도에 따라 위소로 배속되었고 각 위소의 관군은 소재지 도지휘사사(都指揮使司)에 나뉘어 배치되었다. 또 도지휘사사는 중앙의 5군, 즉 중군, 좌군, 우군, 전군, 후군 도독부에 배속되었다. 도독부는 최고 군사 기관으로 전국 위소의 군적(軍籍)을 관장했다.

민적(民籍)으로 옮기는 것이었다. 이는 물론 불법이었으므로 발각되면 처벌을 받았다. 어떤 사람의 본적이 군적인지 아닌지를 대조하기 위해 조정에서는 전문 인력을 난징의 후호(後湖)로 파견했다. 그 호수 안 섬에 명나라가 10년마다 한 번씩 정리하는 호적 원부, 즉 황책(黃冊)이 있었다. 그 원시 호적 장부를 조사해 증거로 삼았다.

본적은 언뜻 보면 개인 호적이 존재하는 지역에 불과하지만, 서로 다른 시기의 호적에는 서로 다른 내용이 포함되어 있고 거기에는 상이한 권리와 의무가 연결되어 있다. 사람들은 왕왕 실제 상황에 근거하지 않고도 본적을 등록할 수 있지만, 본적에는 너무나 다양한 특수 요소와 역사 이야기가 들어 있다. 우리는 역사를 공부할 때 이 점에 주의해야 한다.

제
4
장

이주
우리는 어디서 와서 어디에 머무나?

제1절
고향은 어디인가? 이주의 출발지

중국 역사에서 일어난 대규모 이주는 우리에게 이주의 뿌리, 이주의 근원, 이주의 출발지에 대해 적지 않은 인상을 남겨 놓았다. 명·청 이래의 이주가 특히 그러했다. 예를 들어 지금의 쓰촨에서 윈난과 구이저우에 이르는 지역의 상당수 사람들은 모두 자신의 고향이 호광(湖廣) 마성(麻城) 효감향(孝感鄉)이라고 하는데, 그곳은 바로 지금의 후베이성(湖北省) 마청시(麻城市) 지역이다. 명대의 효감향은 바로 당시의 마성현(麻城縣) 안에 있었다. 많은 사람들의 족보에도 "호광 마성 효감향"에서 왔다고 분명하게 기록되어 있고 어떤 족보에는 아직도 "강서(江西) 마성 효감향"이라고 씌어 있다. 심지어 일부 이족(彝族) 가문에서도 자신들의 조상이 마성 효감향에서 왔다고 공언한다.

이 이주의 배경을 거슬러 올라가면 원나라 말기가 최초인데, 당시 서수휘(徐壽輝, 1320~1360)가 마성 일대에서 반원(反元) 군사를 일으켰고 나중에 서수휘의 부하가 당시 사천(四川)으로 들어갔으며 명옥진(明玉珍, 1329~1366)이 중경(重慶)에서 정권을 세웠다. 이렇게 하여 수많은 사람이 이들 군사를 따라 호광(湖廣, 호북湖北과 호남湖南을 나누기 이전 명칭)에서 사천으로 이주했다. 명나라 전체 역사 기간 동안에도 끊임없이 사람들이 호광에서 사천으로 이주했다. 그 이전에는 강서(江西) 사람들이 대규모로 호광으로 이주했기 때문에 역대로 "강서 사람들이 호광을 채웠고 호광 사람들이 사천을 채웠다(江西塡湖廣, 湖廣塡四川)"는 말이 유행했다. 청나라 초기에 이르러서 또 다시 "호광 사람들이 대규모로 사천을 채우는" 이주 활동이 일어났고 이후에도 부분적으로 당시의 운남, 귀주, 섬서 남쪽으로 이주가 계속 이어졌다.

또 북방에 거주하는 많은 사람들은 자신의 고향이 산서(山西) 홍동(洪洞) 대괴수(大槐樹)라고 하는데 몇몇 족보와 지방지에도 이와 같은 기록이 있으며, 어떤 사람은 대괴수에서 이주한 사람들의 후손이 1억 명에 이를 것이라 추정하기도 한다. 지금의 홍동(洪洞)은 산시성(山西省)의 현이지만 대괴수는 나무 한 그루에 불과하다. 현재 그 나무는 후대에 다시 심어 여전히 이름을 이어가고 있다. 역사적 배경은 명나라 초기다. 당시 화북 지방이 전란을 겪은 후 인구가 줄어들었고, 여기에 더해 도성을 당시 북경으로 옮기게 되자 화북과 북경 일대에 모두 인구를 채울 필요가 있었다. 그런데 당시 산서 지방은 전란의 영향이 비교적 적어서 인구도 조밀하고 생활도 부유했다. 이 때문에 산서의 많은 인구를 화북 일대로 옮겼다. 그중 일부는 확실히 홍동에서 이주한 사람들이기에 대괴수의 기억을 보존하고 있다.

이와 관련해 유명한 곳이 또 하나 있는데 그곳은 바로 남웅(南雄)의 주기항(珠璣巷)[1]이다. 오늘날 주장(珠江) 삼각주 광둥(廣東) 사람들 중 다수는 모두 자신의 고향이 남웅 주기항이라고 하면서 아직도 남웅 주기항 후예 친목회를 유지하고 있다. 그곳 사람들의 족보에도 관련 기록이 있고, 지방지에도 그들이 남웅 주기항에서 왔다고 기록했다.

한 가지 전설에 의하면 남송(南宋) 시절 '호비의 난[胡妃之亂]'[2]이 발생했을 때, 호(胡) 씨 성을 가진 비빈이 황제에게 죄를 지어 가족이 살해될 위험에 처했고 이에 주기항 거주민에게까지 참화가 미치자 어쩔 수 없이 남쪽으로 도망치게 되었다고 한다. 또 한 가지 전설에 의하면 주기항 주민의 조상 중에 당나라 관리가 있었는데 전란

---

1 지금의 광둥성(廣東省) 사오관시(韶關市) 난슝현(南雄縣) 주지진(珠璣鎭) 주지고항(珠璣古巷)이다.
2 '호비지화(胡妃之禍)'라고도 불리는 광둥성 일대 민간 전설이다. 남송 시대 정사에는 이에 관한 기록이 없다. 전설은 전하는 사람에 따라 조금씩 차이가 나지만 대체로 다음과 같다. 남송 도종(度宗) 때 호비(胡妃)라는 비빈이 황제에게 죄를 지어 궁궐에서 도망쳤는데, 당시 도성 임안(臨安)에 식량을 운반해온 남웅 주기항 출신 상인 황저만(黃貯萬)이 아무 상황을 모르고 그녀를 받아들여 첩으로 삼은 뒤 다시 주기항으로 귀향했다. 얼마 지나지 않아 도종은 다시 호비를 그리워하며 병부상서 장영귀(張英貴)에게 그녀를 찾게 했다. 장영귀는 호비가 이미 황저만의 첩이 되었다는 사실을 알고 황저만을 비롯한 주기항 거주민에게 죄를 물어야 한다고 아뢰자 그 소식을 들은 주기항 사람들이 참화를 피해 대거 남쪽으로 이주했다.

이 발생해 남쪽으로 거처를 옮겼다고 한다. 당시 이 사람의 출발지도 남웅 주기항이었다는 것이다.

이러한 이주 출발지가 전국에 적지 않게 분포해 있다. 예를 들어 지금의 안후이성 환장(皖江) 유역 안칭(安慶) 일대의 많은 사람들은 그들의 고향이 강서 와설패(瓦屑壩)라고 한다. 와설패는 대체로 지금의 장시성 포양현(鄱陽縣) 서쪽이다. 또 장쑤성 북쪽 지역의 많은 사람들은 그들의 고향이 소주(蘇州) 창문(閶門)이라 하고 그곳에서 이주해왔다고 한다. 화이베이(淮北) 사람들 일부는 그들의 고향이 산동 조림장(棗林莊)이라고 하는데, 조림장은 옛날 연주(兗州)의 안구부(安邱府)라 불리던 곳으로 그 마을에 명나라 안구왕(安邱王)의 왕부(王府)가 있었으며 그곳을 이전에는 조림장이라 불렀다.[3] 윈난의 일부 사람들은 그들의 고향이 남경 양류항(楊柳巷)이라고 하지만 구체적으로 어떤 곳을 가리키는지는 추적할 수 없다. 이런 이주 출발지는 여기에 그치지 않지만 그중에서 영향력이 큰 곳은 마성 효감향, 홍동 대괴수, 남웅 주기항이다.

사람들은 다음과 같은 질문을 던질 것이다. 그와 같은 대규모 이주, 즉 백만, 천만에 이르는 이주가 어떻게 모두 하나의 마을[鄕], 하나의 골목[巷] 혹은 하나의 나무[樹] 아래에서 출발할 수 있었을까? 이러한 이주는 대부분 관방에서 기획한 것이 아니기 때문에 정사의 기록이 매우 적고 심지어 지방지에도 기록된 내용이 많지 않다. 그러나 우리가 역사적 사실이나 당시 상황으로 추정해보면 그 많은 사람들이 한곳에서 이주하는 것은 당연히 불가능하다. 예를 들어

---

3 지금의 산둥성 지닝시(濟寧市) 옌저우구(兗州區) 다안진(大安鎭) 안추부촌(安邱府村)이다.

당시 산서에서 화북이나 북경으로 이주하는 경우 산서 북부 사람들이 직접 북경 방향으로 이주하는 것은 얼마든지 가능했다. 그러나 왜 남쪽 홍동으로 이주해 집결했다가 다시 뒤로 방향을 바꿨을까?

또 마성 효감향을 예로 들어보자. "호광 사람들이 사천을 채울" 때 규모가 그처럼 컸기 때문에, 이주의 근원이 당시 호북에만 그치지 않고 호남, 강서, 안휘, 광서 등지까지 포괄했다. 호북을 위주로 이주 사업을 꾸렸다 해도 호북 사람들을 먼저 당시 마성에 집합시킨 연후에 다시 사천으로 보낼 수도 없고 보낼 필요도 없었다. 마성에서 출발했다 해도 그 모든 사람을 효감향에 집합시킬 필요는 없는 것이다. 사료를 살펴보면 당시 호남 사람, 강서 사람, 안휘 사람은 모두 직접 사천 방향으로 이주했다. 이들 이주민 속에 객가족(客家族)이 포함되었다는 것은 분명한 기록으로 남아 있다. 그들은 직접 본적지에서 출발해 사천으로 이주했고 마성과는 아무 관련도 맺지 않았다. 그러나 일부 객가인의 후예는 자신들의 조상이 마성 효감향에서 왔다고 이야기한다. 이는 분명 마성 효감향이 하나의 기호나 상징으로 기능하고 있음을 말해준다.

남옹 주기항도 이와 같다. 주기항 주변의 다른 골목[巷], 남옹 이외의 다른 현(縣)에서는 빠져나간 인구가 없었을까? 그렇게 많은 사람들이 좁은 주기항에만 거주했을까? 그 좁은 곳에 그 많은 인구를 수용할 수 있었을까?

이러한 현상은 옛날 이주민 출발지에 몇 가지 상황이 있었음을 일깨워준다.

그 한 가지는 몇몇 출발지가 문화적 기호로 기능할 뿐 결코 진정한 실제 출발지가 아니라는 사실이다. 초기 이주는 모두 천재지변이나 인재(人災)에서 탈출하는 것이었기 때문에 어떤 사람은 관에 의해 강제 이주해야 했고, 어떤 사람은 죄를 범했을 수 있고, 어떤 사람은 빚을 졌을 수도 있고, 어떤 사람은 아무것도 가진 것이 없었을 수도 있다. 따라서 이들은 문화적 소양이 없었을 뿐 아니라 그들의 내력과 이주 과정을 기록할 만한 여건도 갖추지 못했다. 그들이 이주지에 정착하고 나서 몇 대 지나서야 사회적 지위가 높아지고 경제 상황이 개선되어 교양도 갖추고 지위도 높은 후손이 배출되었다. 후손은 족보를 만들면서 조상의 내력을 분명하게 기록하려 했다. 그래도 그들의 체면을 살릴 수 있는 방법은 영향력이 큰 기호를 선택하는 것이었다. 거기에다 '대중을 따르는' 심리도 작동했다. 예를 들어 사천으로 이주한 사람들 후손은 다른 가문 사람들이 모두 마성 효감향에서 왔다고 하자 자기 가족도 틀림없이 마성 효감향에서 왔다고 여겼다. 어떤 족보에는 여기에다 "황제의 칙지를 받들고 이주했다 [奉旨遷移]"는 전제를 더해서 자신들의 사회적 지위를 더욱 높였다. 화북 이주민 후손도 대부분 홍동 대괴수 아래에서 옮겨 왔다고 말했기 때문에 그들 족보에 이런 내용을 기록했고, 산서에서 출발했거나 심지어 산서 이외에서 출발한 이주민도 최종적으로는 모두 대괴수 아래에서 출발한 이주민이 되었다.

이런 몇몇 출발지가 문화적 기호가 될 수 있었던 까닭은 우연이 아니다. 예를 들어 홍동 대괴수의 경우 그 나무의 위치는 비교적 확실하며 당시에 일부 이주민이 그곳에서 출발했고 그와 관련된 기억을 보존하고 있었음은 분명한 사실이다. 또 남웅 주기항의 경우에도 확실히 주위 다른 지역에 비해 더욱 특색이 있는데, 비교적 중요한 이주의 한 갈래가 주기항에서 출발했고 그들은 이와 관련된 전설과 기억을 보유하고 있었다. 그러한 기억은 '대중을 따르는' 기타 이주민 후대의 심리 상태를 통해서 이주민 후대의 집단 기억으로 널리 퍼져 나갔다.

또 소주의 창문(閶門)⁴을 예로 들어보자. 그처럼 많은 이주민이 왜 모두 소주를 출발지로 삼으려 했고, 또 왜 소주에서도 구체적으로 창문을 거론했을까? 왜냐하면 소주 창문은 교통의 요지여서 영향력이 컸기 때문이다. 명나라와 청나라 때 지금의 장쑤성 북부 일대는 비교적 궁핍한 지역이었고 홍수도 잦았다. 장쑤 북부 사람들은 사람들에게 심한 괄시를 받곤 했기 때문에 그곳 이주민 후손의 사회적 지위가 높아지고 경제적 실력이 커지면서 더러 큰 인물이 출현한 이후 영향력이 비교적 큰 지역을 골라 자신의 고향으로 삼으려 했다. 소주는 오랫동안 문화가 발달하고 경제가 번성한 곳으로 외부에까지 명성이 알려졌기에 자신을 소주 사람의 후예라고 말함으로써 사회적 지위를 높이려 했다. 장쑤 북부 사람들의 족보를 조사해본 결과 그들의 본적이 소주가 아니라 다른 지역이었음을 우리는 분명하게 기억하고 있다. 하지만 그들 가문이 일정한 명망을 얻은 이후에는 그들의 후손이 소주, 특히 소주 창문을 자신의 본적이라고 인정하는 경우가 많았다.

따라서 저들 대규모 이주민의 출발지에는 두 가지 특징이 포함되어 있다. 그것은 기실 하나의 기호로 작용하거나 당시의 주요 기억일 뿐이었지만 점점 전승의 폭이 넓어졌다. 또 대다수 이주민의 후손은 대중을 따르는 심리 상태를 갖고 있어서 그들의 기억은 마치

---

4 옛날 소주성(蘇州城) 팔문(八門)의 하나로 서북 방향에 위치해 있었다.

눈덩이처럼 시간이 지날수록 더욱 커졌으며 결국 전체 이주민의 후손까지 모두 포괄해 이주민 유일의 뿌리가 되었다.

또 일부 지역은 이주민의 진정한 출발지였으나 이주민 수가 그렇게 많지 않고 그들의 후손 중에 강력한 사회적 역량을 갖춘 사람이 없어서 시일이 오래 지남에 따라 이미 그들의 출발지가 확실히 어디인지 알 수 없게 되었다. 연구 과정에서 깊이 있는 조사를 해야만 그곳이 대체로 어느 곳인지 확정할 수 있다.

예를 들어 지금의 환장 지역 사람들은 자신의 조상이 강서 와설패에서 왔다고 알고 있지만 강서 와설패가 도대체 어디인지는 전혀 알지 못한다. 산동 조림장도 이와 같다. 지금의 화이베이 사람들은 구전으로 그들의 조상이 산동 조림장에서 왔다고 대대로 전했지만 조림장이 어디에 있는지 알지 못한다.

이들 지명은 앞에서 거론한 유명한 지역이나 문화적 기호와는 다르지만 그 지역 이주민의 전승 과정에서는 하나의 중요한 표지로 작용했다. 예컨대 와설패는 우리가 찾아본 결과 아주 작은 시골 마을에 불과하므로 그렇게 많은 이주민을 내보낼 수 없었다. 그러나 상대적으로 그리 저명하지 않은 지명의 중간에, 원래 이주민의 입장에서 인상이 비교적 강한 곳이 있을 수 있다. 주변 지역에서도 일찍이 대규모 이주민을 내보냈지만 이주민과 그들의 후손 사이에는 한 가지 주요 기억만 남게 되었다. 그것은 바로 마성 효감향이 전체 호광 이주민의 출발지가 된 것이나 대괴수가 전체 산서와 그 주위 이주민의 출발지가 된 것과 같다.

기실 다른 기억도 함께 존재했지만 첫 번째 주요 기억의 지위를 흔들 수 없었고, 게다가 '대중을 따르는' 심리 상태의 배타성 때문에 고의로 다른 기억을 소홀히 취급하게 되었다. 예를 들어 지금의 베이징 주위에는 옛 산서의 지명을 가져와서 명명한 향(鄕), 촌(村), 둔(屯), 영(營)이 매우 많다. 여기에도 이들 지역이 산서 아무개 지역 이주민을 위주로 구성된 곳이며 그 배후에 크고 작은 이주민의 역사가 깔려 있다는 사실이 분명하게 드러난다.

따라서 이주민의 역사를 연구하고, 그 문화의 전파 과정을 연구하고, 현지의 지방 문화 형성과 변천 과정을 연구하고, 현지의 민풍과 풍속을 연구해야만 비로소 생생한 이주민 역사를 복원할 수 있다. 이러한 면에서 이주민의 출발지, 즉 이주의 표지가 될 만한 지점 연구는 매우 큰 의의를 지니고 있다. 이주민 후예가 자체적으로 보유하고 있는 기억, 즉 그들이 자신의 '뿌리[根]'에 대해 품는 동질감을 말하자면 그것은 벌써 이주사(移住史)의 범위를 넘어선다. 그것은 고향에 대한, 선조에 대한 그리고 이와 같은 역사에 대한 그들의 선택된 기억과 타성이다. 그것이 역사적 사실과 100퍼센트 부합하는지 아닌지는 그 근본까지 따져볼 필요가 없다. 그것은 인류의 천성적인 표현 방식의 하나이고 또 자신의 뿌리와 자기 고향의 아름다움에 대한 중국인의 표현 방식이기 때문이다.

제2절
이주민의 영향을 깊게 받은 도성 문화 구조

역사 초기의 도시는 '국(國)'으로 일컬어졌으며 작은 국(國)은 바로 하나의 성(城)에 불과했다. 큰 국(國)은 성 하나에 그치지 않았으므로 통치자가 거주하는 곳이 바로 도성이었다. 당시 도시 시설은 아주 단순했고 천재지변을 제어하는 인간의 능력도 제한적이었다. 또 농업 생산력도 높지 않았기에 항상 도성을 옮김으로써 자연재해를 피하거나 생존환경을 개선하곤 했다. 상나라는 건국하기 전에 늘 옮겨 다녔고 건국 이후에도 끊임없이 도성을 옮겼다.

상나라 사람은 도성을 '박(亳)'이라고 불렀기 때문에 우리는 역사에서 '박(亳)'이 몇 개나 출현했는지 살펴볼 수 있다. 예컨대 '동박(東亳)', '서박(西亳)', '남박(南亳)' 등이 그것이다. 반경(盤庚)이 천도할 때 남겨 놓은 문헌 한 편에 신민에 대한 그의 권고가 기록되어 있는데, 그는 백성과 귀족에게 자신의 의견에 복종하라고 요구했다.

도성을 옮기면 새로운 도성의 인구는 거의 모두 외지에서 옮겨온 사람들로 구성된다. 상나라 후기가 되면 도성을 다시 옮기지 않고 한곳으로 고정했다.

이후의 주나라 및 춘추전국시대의 큰 제후국도 도성을 고정했고 특수한 상황이 발생해야만 도성을 옮겼다. 그러나 이미 고정된 도성에도 이주민이 상당히 많았다. 장사꾼처럼 도성이 번화해서 이주한 사람도 있었고, 제후국 군주에게 투항한 사람들도 있었으며, 제후국 군주와 귀족에게 종사하는 예인(藝人)과 기술자도 있었고, 다른 제후국에서 보낸 인질과 그 일행을 따라온 수행원도 있었다. 요컨대 일반적인 도성에도 비교적 다수의 외래 이주민이 있었다.

진시황은 육국을 통일한 이후 함양성에 많은 이주민을 안치했다. 그는 육국의 귀족 후예, 즉 그가 잠재적 불온 세력으로 인식한 사람들과 그곳에서 강대한 세력을 형성했던 호걸 12만 호를 함양으로 옮겼다. 이들 귀족, 관리, 부호의 가정은 일반적으로 인구가 적지 않았기 때문에 한 가구를 평균 5명으로 계산한다 해도 당시에 함양으로 이주한 인구가 60만 명에 달한다. 게다가 다른 유형의 이주와 민간의 자발적 이주까지 더하면 함양 성안의 주요 인구는 거의 외래 이주민이었다고 할 수 있다.

전한 초기에는 한 고조 유방이 낙양에서 장안으로 천도했다. 당시에는 아직 장안이란 도시가 없었지만, 원래 도성 함양이 이미 파괴되어 교외 작은 마을 장안향(長安鄕)에 새로운 도성을 건설할 수밖에 없었다. 새로운 도성을 건설한 이후에는 결국 주민이 필요했으므로 유방은 전국 각지, 특히 항우가 분봉한 제후국을 포함한 육국의 옛 땅에서 본래 제후들과 육국 귀족의 후예, 그리고 각 지역의 호걸과 명인 10여만 명을 관중으로 이주시켰고, 그중 대부분 인구를 장안에 배치했다. 이전에 그는 이미 제후의 아들들과 공신 열후에게 명령을 내려 장안으로 이주하라고 했다.

한 고조 유방으로부터 시작해 한나라 황제들은 대부분 자신의 능묘 주위에 '능현'이라고 부르는 현성(縣城)을 건설해 그 현의 주민들로 하여금 황제의 능묘를 수호하게 했다. 이 현은 실제로 장안성 부근에 새로 건설된 백성 거주지였다. 능현 소속 사람들도 전부 새로 옮겨온 이주민이었다. 그중 일부 고관은 그가 모신 황제의 능묘를 수호하기 위해 다른 능현에서 이주했다. 본래 호적이 장안에 있지 않은 관리도 능현으로 호적으로 옮겼다가 장기적으로 도성에 거주할 기회를 얻기도 했다. 모든 능묘에는 건설 이후 전국 각지에서 일정한 기준에 따른 이주자, 즉 특별히 품계가 일정한 지위에 도달한 고위 관리나 재산이 일정한 표준에 도달한 부상(富商) 같은 고급 이주자를 옮겨 살게 했다. 이를 통해 한편으로는 이들에 대한 감시와 통제를 강화할 수 있었고, 다른 한편으로는 고관과 부자를 옮겨오게 함으로써 능현과 도성 일대의 번영을 촉진할 수 있었다. 따라서 장안 주위에서 능현이 밀집한 지역의 주민 대부분은 이주민이거나 이주민의 후예였다.

당시 이주민은 숫자가 많고 영향력이 컸다는 점에서 오늘날 우리의 상상을 크게 뛰어넘는다. 예를 들어 전(田) 씨는 춘추전국시대 제나라의 대성(大姓)이었고, 제나라 왕과 주위 귀족이 모두 전 씨에 속했다. 전 씨가 관중으로 이주한 이후에는 도처에 전 씨가 분포했다. 전 씨는 인구가 너무 많았기 때문에 전 씨 내부에서 가문의 계파에 따라 번호를 매겨서 불렀다. 제일(第一), 제이(第二)에서 제오(第五)까지 나눠서 번호를 매겼다. 처음에는 아마도 나뉜 번호에 따라 '전민제일(田民第一)'이나 '제일전씨(第一田氏)' 등의 호칭으로 불렸겠지만, 이후에는 '전민(田民)'이나 '전씨(田氏)'를 생략하고 '제일(第一)'로 불렸을 것이며, 이로써 '제일'이 이들 분리된 전 씨 가문의 성이 되었다. 그중 한 갈래인 '제오(第五)'는 줄곧 후예가 이어져서 후한 초기에 제오륜(第五倫)이란 사람이 삼공의 하나인 사공(司空)을 지낸 적이 있고 근대에도 '제오'란 성씨가 존재했다. 전 씨는 인구도 많고 재산도 풍부했으며 장사에도 수완이 뛰어나서 전한 중기 관중의 부상(富商)은 거의 모두 전 씨 가문 사람이었다.

한 무제 이후에는 한나라에 투항한 흉노 상층 인물이 이주해왔고 서역 각국의 호인(胡人)도 이주해왔다. 어떤 사람은 조공을 바치러 왔고 어떤 사람은 장사를 하러 왔는데 그중 일부가 장안에 정착했다. 이 때문에 한나라에서 중대한 의식을 거행할 때면 항상 전문적으로 각 지역 만이(蠻夷)의 대표 인물이 참가할 수 있도록 배려했다. 장안에 정착한 이주민 중에는 이밖에도 다른 외국과 이민족 출신도 있었다.

수도로서 장안은 각양각색 사람들을 흡수해 활동하게 했고 또 그곳에 정착하게 했다. 예를 들어 학문 활동을 위해 한나라 조정의 초청을 받고 온 저명 학자도 있었고, 관직을 구하다가 마침내 벼슬을 얻어 정착한 사람도 있었다. 또 의원, 상인, 도망자, 임시 유민, 최종 유민 등도 있었다.

이렇게 형성된 장안의 도시 문화는 전한 학자가 다음과 같이 귀납한 바와 같았다. "각 지방 문화가 잡다하게 섞여 풍속이 불순했다. 그중 명문세가는 예절과 학문을 좋아했고, 부자들은 장사를 하여 이익을 얻었으며, 민간의 호걸은 협객 활동을 하며 법을 범했다."[5] 또 "각 군국(郡國)에서 온 사람들이 밀집하여 하는 일 없이 떠돌며 공짜 밥을 먹는 자들이 많았다. 백성은 근본인 농업을 버리고 말단인 상공(商工)에 종사했고, 열후(列侯)와 귀인은 수레와 복식을 참람하게 장식했고, 서민도 그것을 모방하여 사치에 뒤떨어지는 것을 부끄럽게 여겼으며, 혼인을 할 때는 더욱 사치했고, 장례를 치를 때도 과도한 후장(厚葬)을 했다."[6]

탁발선비(拓跋鮮卑)가 초원에서 옮겨온 첫 번째 도성은 성락(盛樂, 내몽골 허린거얼현和林格爾縣 북쪽)에 있었고 나중에 평성으로 천도했다. 평성은 본래 평범한 현 소재지였으나 북위의 도성이 된 이후로 많은

---

5 『한서(漢書)』「지리지(地理志)」하(下): "五方雜厝, 風俗不純, 其世家則好禮文, 富人則商賈 爲利, 豪桀則遊俠通奸."
6 『한서』「지리지」하: "郡國輻湊, 浮食者多, 民去本就末, 列侯貴人車服僭上, 衆庶放效, 羞

변화가 있었다. 즉 북위는 먼저 자신의 경내인 태항산 동쪽 인구가 비교적 밀집한 지역에서 가구 수만 호를 평성으로 이주하게 했다. 이후 북위는 남조의 청주(青州), 즉 지금의 산둥성 중부 일대를 점령해 그곳으로부터 대규모 인구를 평성으로 옮기고 그들을 '평제호(平齊戶)'라 불렀다. 북위는 또 하서주랑의 정권과 기타 정권을 멸한 뒤 그곳에 본래 있었던 관리, 장졸, 학자, 승려, 악사, 기술자를 포함한 대규모 인구를 평성으로 옮겼다. 평성은 점차 건축물이 웅장하고 사원이 많고, 상업이 번성하고, 문화가 발달하고, 인구가 조밀한 대도시가 되었는데, 전체 인구 중에서 외래 이주자가 큰 비율을 차지했다. 북위는 낙양으로 천도한 뒤 또 평성의 대다수 인구를 낙양으로 이주시켰을 뿐만 아니라 이후 본적을 하남 낙양으로 등기하게 했다. 그 뒤에도 전국 각지에서 낙양으로 이주가 계속 이루어졌다.

북위와 국경 밖 나라 사이에 상호 무역이 상당히 활발해지자 외국과 이민족 상인 다수가 장사에 성공한 뒤 낙양에 정착해 부귀한 생활을 했다. 『낙양가람기(洛陽伽藍記)』[7]에 다음과 같은 묘사가 있다. "파미르고원 서쪽에서 동로마제국에 이르기까지 일백 나라와 일천 도시가 귀부(歸附)하지 않은 곳이 없다. 장사에 종사하는 호족(胡族)[8]과 행상이 날마다 변새(邊塞) 아래로 분주하게 모여든다. 소

不相及, 嫁娶尤崇侈靡, 送死過度."
7 중국 남북조시대 북조 동위(東魏) 사람 양현지(楊衒之)가 쓴 5권 저서다. 당시 북위는 불교를 수호하여 도성 낙양에 1,300여 곳의 사찰이 있었지만, 동위가 도성을 업성(鄴城)으로 천도하면서 낙양은 폐허가 되었다. 양현지는 낙양을 지나면서 성내(城内), 성동(城東), 성남(城南), 성서(城西), 성북(城北)에 있는 낙양의 규모와 풍경, 그리고 대가람의 위치, 연혁, 외관 등을 상세하게 기록했다.
8 중국 고대 북방 유목민족의 범칭이다. 동호(東胡), 임호(林胡), 누번(樓煩), 흉노 등의 민족을 포괄했다.

위 하늘과 땅의 구역을 모두 망라했다. 중원 풍속을 좋아하여 머물러 산 자도 이루 다 헤아릴 수 없다. 이러한 까닭에 귀화한 백성이 1만여 가(家)나 된다. 대문 안 뜰과 대문 밖 골목이 잘 정돈되어 있고, 푸른 괴나무 그늘이 거리를 덮었으며, 초록 버들이 뜰에 드리워 있다. 천하에서 얻기 어려운 상품이 모두 여기에 있다."[9]

또 남조와 외국에서 투항하거나 이주해온 사람들이 많았다. 이에 북위 조정에서는 전문적으로 금릉관(金陵館)을 세워서 남조 사람들을 접대하고 3년 뒤에는 귀정리(歸正里) 주택으로 옮겨서 살게 했다. 북방의 각국과 각 민족 출신 사람들은 연연관(燕然館)에서 접대하고 3년 뒤에는 귀덕리(歸德里) 주택으로 옮겨서 살게 했다. 동이(東夷)에서 온 사람들은 부상관(扶桑館)에서 접대하고 이후에는 모화리(慕化里)로 옮겼다. 서이(西夷)에서 온 사람들은 엄자관(崦嵫館)에서 접대하고 이후에는 모의리(慕義里)로 옮겼다.

당나라 도성 장안성에는 이주자가 더욱 많았다. 유관 학자의 통계에 의하면 장안성의 이민족과 외국인은 총인구의 절반 이상을 점유했고, 그중에는 당나라에서 임용한 관리, 장졸 그리고 그들의 가족, 수행원, 사자(使者), 상인, 악공, 무용인, 기술자, 학자, 유학생, 의원, 승려, 노복 등도 포함되어 있었다. 각 지역에서 많은 사람이 벼슬을 구하기 위해, 과거시험에 참가하기 위해, 학문을 배우기 위해, 유학을 위해, 여행을 위해, 장사를 위해, 친척과 친구를 방문하기 위해 장안으로 와서 그중 상당수가 장안에 정착했다.

---

9 『낙양가람기』 권3 「성남(城南)」: "自葱嶺以西, 至於大秦, 百國千城, 莫不款附. 商胡販客, 日奔塞下. 所謂盡天地之區已. 樂中國土風因而宅者, 不可勝數. 是以附化之民, 萬有餘家. 門巷修整, 閶闔塡列. 靑槐蔭陌, 綠柳垂庭. 天下難得之貨, 鹹悉在焉."

역사적으로 통일 왕조의 도성이었든, 분열 시기 각 정권의 도성이었든지 간에 도성에는 대규모 이주민이 집중적으로 모여들었는데 그들 중에는 특히 고급 이주민도 많았다. 일부 지역의 행정, 경제, 문화 도시, 특히 공업과 상업이 발달한 도시에도 다량의 이주민이 모여 살았다. 당나라 후기의 연해 도시, 예컨대 광주(廣州), 천주(泉州), 명주(明州, 저장 닝보寧波), 양주(揚州), 등주(登州) 등지에는 많은 외국인과 이민족 상인이 모여들었다. 광주 성안에는 아라비아와 페르시아 상인 및 가족이 10만 명이나 모여 살았다.

　　이와 같았기 때문에 이주민이 집중적으로 모여 산 도시 중에서 특히 도성에는 다양한 문화가 병존하면서 상호 교류하고 융합하기도 하고 서로 충돌하고 마찰하기도 하는 등 이른바 "각 지방의 문화가 잡다하게 섞여 풍속이 불순한" 문화적 국면이 조성되었다. 이러한 환경에서 생활한 뛰어난 인물은 다원 문화를 수용해 더욱 찬란한 사상, 문화, 예술을 창조할 기회를 잡아서 비교적 개방적인 국면을 형성할 수 있었다. 외래 상품, 품종, 음악, 무용, 풍속도 이주민을 따라 들어왔고, 특히 그들이 정착한 이후에는 다양한 문화가 도시 속에 전파되어 광범위하게 수용되었을 뿐 아니라 점차 다른 지역으로까지 전파되었다.

　　우리가 역사 속의 도성 중심, 상업 중심, 문화 중심의 문화 형태와 발전 정도를 이해하기 위해서는 반드시 이들 지역의 이주 유형, 이주 연원, 이주 상황, 이주 장소의 지위와 토착민과의 관계, 역할, 공헌을 이해해야 한다. 현대적 전파 수단이 아직 출현하지 않았던 고대에 문화는 오로지 사람을 통해서만 전파할 수 있었으므로, 이주가 바로 문화 전파의 가장 역동적인 매체였다.

제3절
강호의 남쪽 이주와 오호의 중원 교란

서진(西晉) 이후 역사는 '오호십육국(五胡十六國) 시대'[10]로 진입
했다. 100년 동안 북방에서는 앞서거니 뒤서거니 크고 작은 16개
정권이 출현했지만, 이 밖에도 기실 2개 정권이 더 있었다. 이들 정
권은 대부분 흉노, 선비, 갈(羯), 저(氐), 강(羌) 다섯 소수민족 수령이
세웠기 때문에 역사에서는 이를 '오호란화(五胡亂華)'라고 부른다.
즉 다섯 호족(胡族)이 화하를 어지럽혔다는 뜻이다. 이전 시대 사람
들은 흔히 '오호란화'의 발생을 후한 이후 소수민족이 대규모로 남
쪽으로 이주한 일과 중원 내부로 이주한 일에 원인을 돌리지만, 그
것이 '오호란화'의 근본적인 원인은 결코 아니다. 우리는 소수민족의
이동이 어떻게 발생했고, 이동 이후 도대체 무슨 일이 발생했는지
살펴볼 필요가 있다.

기실 전한 시대에 이미 전쟁 포로가 되어 투항하거나 한나라 땅
으로 이주해온 흉노족이 많았다. 한나라에서는 흉노족 대부분을 그
들을 위해 설치한 변경지구 속국에 분산 배치했다. 그들을 다스리
는 방법은 '인기고속(因其故俗)', 즉 그들의 옛 풍속을 그대로 유지하
게 하는 것이었다. 이에 그들은 여전히 유목 생활을 유지했고, 그들

---

10 서진이 흉노족에게 망하고 강남으로 옮겨가 동진(東晉)을 세운 뒤 중원에는 다섯 이민족
[五胡], 즉 흉노족(匈奴族), 선비족(鮮卑族), 갈족(羯族), 저족(氐族), 강족(羌族)에 의해 열여섯
나라가 이어가며 난립했다. 열여섯 나라는 각각 성한(成漢), 전조(前趙), 후조(後趙), 전량(前
涼), 전연(前燕), 전진(前秦), 후연(後燕), 후진(後秦), 서진(西秦), 후량(後涼), 남량(南涼), 서량(西
涼), 북량(北涼), 남연(南燕), 북연(北燕), 하국(夏國)이었다. 이후 북위(北魏)가 중원을 통일하고
남조와 대립하면서 남북조를 열었다.

중 소수만 중원 내지로 옮겨 살게 했는데, 그들 중에서도 상위계층 인물은 한나라 조정에서 대신이나 장수로 활약했다. 예를 들면 한 무제의 고명을 받아 한 소제(漢少帝, ?~기원전 184)를 보좌한 김일제 (金日磾, 기원전 134~기원전 86) 같은 사람이 그들이다.

한 무제는 임종 시 대신 네 명[11]에게 자신의 어린 아들[소제]을 보 좌해달라고 유언을 남겼다. 그 대신 네 명 중 하나인 김일제는 본래 흉노 휴도왕(休屠王, ?~?)의 태자였다. 그의 부친이 한나라에 패배한 뒤 투항을 거부하다가 곤야왕(昆邪王, ?~?)에게 피살되자 그와 그의 모친은 포로가 되어 한 무제에게 바쳐졌다. 하지만 이후에 김일제는 한 무제의 신임을 받아 중용되었고, 점차 한 무제 신변을 지키는 가 장 가까운 대신으로 성장했다. 그 뒤 한 소제를 보좌한 네 명의 고 명대신 중에서 한 명은 피살되었고 한 명은 사후에 멸문지화를 당 했지만, 김일제는 천수를 누렸을 뿐만 아니라 김 씨 일족도 번성해 전한 후기의 저명한 명문대가가 되었다.

그러나 내지로 이주한 대다수 흉노족은 더 진전된 기록을 남기지 못했다. 그들은 이미 드넓은 한족의 바다에 녹아들었기 때문이다. 진정한 대규모 이주는 후한 시대에 이루어졌다. 즉 당시 한나라에 투항한 이후 변경 안으로 이주한 남흉노의 숫자는 3만 4천 호(戶), 23만 7천여 명에 달했다. 이 통계에는 각지에 흩어져 살던 흉노족과 북흉노 포로는 포함되지도 않았다.

흉노족 이외에 선비족도 남쪽으로 이주하기 시작해 변경에 도달

---

11 대사마(大司馬) 대장군(大將軍) 곽광(霍光), 거기장군(車騎將軍) 김일제, 좌장군(左將軍) 상 관걸(上官桀), 어사대부(御史大夫) 상홍양(桑弘羊)이 그들이다.

한 뒤 더욱 깊숙한 내지로 남하를 계속했다. 강족과 저족도 관중으로 대규모 이주를 시작했으며 일부 강족은 심지어 수도 낙양이 있는 하남군(河南郡)으로 이주했다. 서진 초기에 강통(江統)은 관중 인구 100여만 명 중에서 '융적(戎狄, 흉노, 선비, 강족, 저족 등 소수민족)'이 관중 총 인구의 절반을 차지한다고 계산했다.

후한 말기에서 삼국시대에 이르면 지금의 산시성(陝西省) 북부와 간쑤성 동북부 일대에 설치한 행정 기관이 취소되어 조정에서는 이 지역 관리를 포기했다. 『중국역사지도집』에도 이 시기와 연관된 이 일대 지도에 '강호(羌胡)'라는 두 글자만 표기하고 이 지역 전체를 공백으로 처리할 수밖에 없었다. 남아 있는 사료에 이 일대와 연관된 어떤 기록도 없기 때문이다.

당시 조정에서는 이 지역 상황을 진정으로 이해하지 못했다. 이 지역 주민은 결코 강족이나 호족에만 그치지 않았다. 물론 결국은 뭉뚱그려서 그들을 '호족'이라고 말해야겠지만 그 속에 포함된 민족은 한두 집단에 그치지 않았다. 흉노족이 흩어져 살던 땅은 매우 넓어서 서역의 적지 않은 지역까지 포함하고 있었다. 따라서 지금의 신장과 그 인근 지역, 심지어 서아시아 일부 민족까지 흉노족을 따라 중원 내지로 이주했으며, 일부 민족은 '강호' 거주지에 정착했다.

흉노족과 기타 호족은 정착한 이후 농업 생산에 종사하기 시작했다. 흉노족의 주력은 다시 황하를 건너 산서(山西) 지역으로 진입한 뒤 각각 분수(汾水) 유역에 정착했다. 이런 보통의 흉노족 속에는 기타 강족과 선비족도 포함되어 있었는데, 이들의 처지는 매우 나빠서 이들 중 상당수가 한족의 관리, 장수, 지주, 부자에게 매매되어 노예가 되었다.

삼국시대 위나라의 어떤 사람은 진양(晉陽, 산시山西 타이위안太原)으로 가서 벼슬을 했는데 사람들이 그에게 진양에서 흉노 노예를 사달라고 부탁했다. 당시에 수많은 흉노족과 기타 '호인'은 납치된 채 중원 각지로 팔려갔으며, 나중에 16국 중에서 후조(後趙)를 건국한 갈족 사람 석륵(石勒, 274~333)도 그 속에 포함되어 있었다. 그는 어려서부터 온갖 고난을 겪었다. 그는 납치된 후 두 사람이 하나의 쇠사슬에 묶인 채 매매되었다.

이들이 받은 고통은 보통 한족에 비해 훨씬 컸기 때문에 나중에 반란을 일으키거나 다른 할거 세력에 투항했다. 이들 중 대부분은 어쩔 수 없는 처지에서 목숨을 부지하기 위해 반란을 도모했지 한족과 무슨 특별한 갈등을 빚었던 것은 결코 아니었다. 말하자면 그들이 만약 좋은 대우를 받아서 정상적인 생활을 유지할 수 있었다면 한족 백성과 마찬가지로 안정을 찾아 정착할 수 있었을 것이다.

소수민족의 상위계층은 일반적으로 수도 낙양이나 다른 도시에 배치되었다. 그들 상위계층은 좋은 대우를 받았고, 게다가 한족 통치자들은 그들이 한족 문화를 배우고 한족 예절을 수용하면 한족을 위협하지 않을 것이라 여겼다. 이런 상황에서 흉노족 등 소수민족 상위계층은 신속하게 한족 문화를 받아들였다. 후한 말기, 삼국시대 위나라, 서진 시기에 이르면 이들 소수민족의 상위계층 인물들은 한족 학자나 선비들과 아무런 차이가 없게 되었다.

건안(建安)¹² 21년(216년), 조조는 하동(河東)으로 이주해온 흉노 부락을 오부(五部)로 편성하고 병주자사 치소인 진양에 흉노중랑장

---

12 한나라 마지막 황제인 헌제의 연호. 196년에서 220년까지 사용했다.

(匈奴中郎將)을 설치해 오부를 감독하게 했다. 이 때문에 적지 않은 흉노족 상층 인물이 진양으로 이주했고, 그중 일부는 위나라와 진나라의 수도였던 낙양으로 거주지를 옮겼다. 한족화된 흉노 귀족은 자신의 고귀한 혈통을 증명하기 위해 한 고조 유방이 일찍이 흉노족 묵특선우(冒頓單于, ?~기원전 174)와 맺은 혼인 관계를 이용해 스스로 유방의 후예라 여기고 '유(劉) 씨'를 자신의 성으로 삼았다. 이들 흉노족의 일파인 유연(劉淵, ?~310)이 서진 말기에 다시 한(漢)나라를 세웠고 유요(劉曜, ?~329)는 전조(前趙)를 건국했다.

흉노는 소위 '중원을 어지럽힌[亂華]' 오호 중에서 첫 번째로 자신의 정권을 수립한 민족이었다. 그러나 만약 우리가 어떤 편견도 없이 바라본다면 '중원을 어지럽힌' 이들 흉노족 일파가 문화적인 측면에서는 '어지럽힘을 당한' 한족과 이미 어떤 본질적인 차이도 없다는 사실을 인정해야 한다.

예컨대 유연은 일곱 살 때 어머니가 세상을 떠나자 지극하게 슬퍼하고 애절하게 통곡해 자신의 종족으로부터 큰 찬사를 받았다. 당시 사공(司空)이던 태원 사람 왕창(王昶, ?~259)은 그 소문을 듣고 매우 감동해 유연에게 사람을 보내 조문했다고 한다. 그는 어려서부터 배우기를 좋아했는데 그의 스승은 유명한 학자인 상당(上黨) 사람 최유(崔游, 212~304)였다. 그는 『모시(毛詩)』,[13] 『경씨역(京氏易)』,[14] 『마씨상서

---

13 지금 우리가 읽고 있는 『시경(詩經)』이다. 전국시대 말기 노나라 모형(毛亨)과 조나라 모장(毛萇)이 주석을 달았기 때문에 흔히 『모시』라고 한다.
14 전한 사람 경방(京房)이 초연수(焦延壽)에게서 『주역(周易)』을 배워 『경씨역전(京氏易傳)』을 지었다. 특히 음양과 천재지변을 중심으로 『주역』을 해설했다.

(馬氏尙書)』[15]를 배웠고, 특히 『춘추좌씨전(春秋左氏傳)』과 『손오병법(孫吳兵法)』을 좋아해서 이들 책을 모조리 암송할 수 있을 정도였다고 한다. 이밖에도 『사기(史記)』, 『한서(漢書)』 및 제가백가의 저작도 모두 읽었다. 여기에 어찌 흉노족의 흔적이 조금이라도 남아 있는가? 그가 무예를 익힌 것도 흉노족의 상무 기풍만 계승한 것이 아니라 『사기』와 『한서』를 읽으면서 많은 계발을 받았기 때문이었다.

유연의 아들 유화(劉和, ?~310)도 학문을 좋아해 『모시』, 『좌씨춘추』, 『정씨역(鄭氏易)』[16]을 공부했고, 또 다른 아들 유총(劉聰, ?~318)은 열네 살에 경전과 역사책에 능통했고 제자백가의 이론까지 두루 알았으며 『손오병법』은 익숙하게 암송할 수 있었다. 또 그는 초서와 예서를 쓸 줄 알았고 한문 문장을 능숙하게 지을 수 있었다. 그는 일찍이 시 100여 편을 썼고 부(賦)와 송(頌) 50여 편도 지었다.

이들은 이미 완전히 한족화 되어 한족과 구별할 수 없을 정도로 수준 높은 문화적 소양을 갖췄다.

이 때문에 유연은 거병하여 자신의 정권을 수립할 때 완전히 유씨 왕조의 계승자로 자처했다. 그는 제천의식(祭天儀式)과 제조의식(祭祖儀式)을 거행하며, 유선(劉禪, 207~271)을 추존해 효회황제(孝懷皇帝)로 높였고, 한 고조 이하 다섯 황제의 신주를 오종(五宗)[17]으로

---

15 후한 학자 마융(馬融)이 주석을 단 『마씨상서전(馬氏尙書傳)』를 가리킨다.
16 후한 학자 정현(鄭玄)이 주석을 단 『주역』을 가리킨다. 『정씨주역주(鄭氏周易注)』, 『정씨주역찬(鄭氏周易贊)』 등이 있다.
17 흔히 삼조오종(三祖五宗)이라고 한다. 유연은 자신이 한나라 후손임을 자처하며 전한 한 고조 유방, 후한 광무제 유수, 촉한 소열제(昭烈帝) 유비(劉備)를 삼조(三祖)로 받들고, 문제(文帝) 유항(劉恒), 무제(武帝) 유철(劉徹), 선제(宣帝) 유순(劉詢), 명제(明帝) 유장(劉莊), 장제(章帝) 유달(劉炟)을 오종(五宗)으로 높였다.

받들었다. 유연이 이렇게 한 것은 물론 자신의 정치적 목적 때문이었지만, 그런 조치가 가능했던 것은 흉노족의 보편적인 지지, 즉 적어도 흉노족 상부 계층의 공감이 있었기 때문이었다. 그들의 거병은 단순한 민족 충돌이나 민족 간 전쟁이 아니라 정권 탈취를 틈타서 자신의 왕조를 건립하기 위한 행위였다. 서진 정권의 내란이 그들에게 적절한 기회를 제공했다.

서진을 건국한 뒤 황족 사마(司馬) 씨는 위나라가 쉽게 망한 교훈을 잘못 받아들여 위나라가 국력을 강하게 키우지 못한 데다 황실의 정치적·군사적 역량을 약하게 만들었기 때문에 결국 사마 씨의 찬탈에 무능력했다고 여겼다. 이 때문에 사마 씨는 종실의 제후왕을 지방에 대대적으로 봉해 실제 봉토와 군대까지 마련해주고 조정의 군대는 해산했다. 이것이 종실 친척 간 무장 반란과 분쟁에 유리한 조건으로 작용했다. 진 무제(晉武帝) 사마염(司馬炎, 236~290)이 사망한 뒤 보위를 계승한 진 혜제(晉惠帝, 259~307)는 백치 황제였지만 황후 가 씨(賈氏, 257~300)는 야심이 충만한 간부(姦婦)였다. 그녀는 먼저 종실 세력을 이용해 당시에 정권을 장악한 외척(혜제의 외조부) 양준(楊駿, ?~291)을 살해하고 나라를 전횡했다. 이 때문에 결국 종실 제후왕 8명이 혼전을 벌인 '팔왕지란(八王之亂)'[18]이 야기되었다. 16년 후 이 8명 중 한 사람인 동해왕(東海王) 사마월(司馬越,

---

18 서진 시대 황족 제후왕이던 여남왕(汝南王) 사마량(司馬亮), 초왕(楚王) 사마위(司馬瑋), 조왕(趙王) 사마륜(司馬倫), 제왕(齊王) 사마경(司馬冏), 장사왕(長沙王) 사마예(司馬乂), 성도왕(成都王) 사마영(司馬穎), 하간왕(河間王) 사마옹(司馬顒), 동해왕(東海王) 사마월(司馬越)이 중앙정부의 권력을 쟁탈하기 위해 벌인 내전이다. 16년간 분쟁을 거쳐 동해왕 사마월이 정권을 잡았다.

?~311)이 최종 승리자가 되었지만 오호십육국 중 한(漢, 前趙)과 성한(成漢)이 이미 나라를 세워 수도 낙양을 포위했다. 이에 사마월은 낙양을 탈출했으나 다음 해 길에서 병사했고 그를 수행한 관리와 군대도 모두 전멸했다.

이 때문에 "다섯 호족[五胡]이 중원을 어지럽힌 일"은 기실 중원의 한족이 먼저 스스로 혼란에 빠져들었기 때문에 다섯 호족이 기회를 잡게 된 것이다. 이 과정에서 중원을 어지럽힌 다섯 호족의 하위 계층, 한족 중에서 강제로 노예가 된 백성, 자신의 땅을 잃어버린 평민, 동란 속에서 삶을 영위할 수 없었던 난민은 아무 구별이 없었다. 그리고 다섯 호족 중 상위 계층 인물은 흉노족이든 선비족, 갈족, 저족, 강족이든 상관없이 기실 이미 한족 문화의 깊은 영향하에서 자기 민족 내부의 공감을 이끌어내고 자기 민족을 위해 한족 정권을 탈취했다. 그들은 한족 문화 중에서 유연이 자신을 한나라 유씨 계승자로 자처한 것처럼 자신에게 유리한 부분을 이용했다. 그들은 한족 문화를 배우는 과정에서 이미 '천명'과 같은 제왕학을 완전히 이해했다. 그들은 "한족이 황제가 될 수 있다면 우리도 황제가 될 수 있다. 당신들에게 천명이 있다면 우리에게도 천명이 있다"라고 인식하게 되었다. 석륵 같은 하위 계층 출신 인물은 일단 정권을 장악한 뒤 장빈(張賓, ?~322) 등 한족 모사의 보좌를 받아 한족 전통의 제왕 체계를 세울 수 있었다. 그리고 그들은 다수의 한족 관리와 모사를 임용해 그들에게 복무하게 했을 뿐 아니라 그들이 통치한 백성도 대부분 한족이었기 때문에 그들이 세운 정권과 한족 분할 정권 사이에는 근본적인 구별이 아무것도 없었다.

요컨대 "다섯 호족이 중원을 어지럽힌 일"은 민족 간에 발생한 단순한 충돌이나 전쟁이나 순수한 민족 갈등은 결코 아니고, 상당한 정도는 "한족이 스스로 혼란을 초래한" 결과였다. 지속적이고 광범위하게 발생한 자연재해도 전란의 잔혹성과 파괴성을 강화했다. 우리는 이와 같은 광범위한 배경하에서 "다섯 호족이 중원을 어지럽힌 일"을 객관적으로 인식해야 한다.

제4절
유목 부족의 북방 이주와 흉노의 남하 약탈

당시(唐詩) 대가들에게 익숙한, "용성(龍城)의 비장(飛將)을 살아나게 한다면 오랑캐 말이 음산(陰山)을 넘어오지 못하리라"[19]라는 시구가 있다. 진나라와 한나라 이후 음산산맥(陰山山脈)은 늘 농경민족인 한족과 유목민족인 북방 민족을 가르는 중요한 경계선이었다. 이 때문에 시인 왕창령(王昌齡, 698~757)은 한나라 이광(李廣, ?~기원전 119)[20] 같은 날쌘 장수가 살아서 변방을 지키면 오랑캐 말이 음산을 건너오지 못할 것이라고 생각했다. 그러나 기실 오랑캐 말은 늘 음산을 넘어왔다. 그럼 왜 오랑캐 말이 늘 음산을 넘어왔을까?

중국에 믿을 만한 역사 기록이 시작된 이후 중원의 농경민족과

---

19 당나라 왕창령(王昌齡)의 〈출새(出塞)〉 2수 중 첫째 시. "秦時明月漢時關, 萬里長征人未還. 但使龍城飛將在, 不教胡馬度陰山."
20 전한 문제(文帝), 경제(景帝), 무제(武帝) 때 명장이다. 흉노와 전투에서 혁혁한 전공을 세워 '비장군(飛將軍)'으로 일컬어졌다.

북방의 유목민족 사이에는 끊임없이 충돌이 발생했는데, 상이한 것은 격화 정도와 충돌 범위일 뿐이었다. 충돌의 경계선은 먼 곳에 있는 음산산맥에 그치지 않고 요동에서 농서에까지 이르기도 했으며, 다시 하서주랑에까지 닿았다. 이 모든 곳에서 끊임없이 충돌이 발생했다. 그러므로 비장군(飛將軍) 이광이 살아 있더라도 이 모든 곳을 지킬 수는 없다. 과거에 사람들은 흔히 이러한 충돌을 유목민족의 야만성, 낙후성, 호전성 탓으로 돌리거나 농경민족의 연약함, 무능함 탓으로 돌렸지만, 이러한 관점은 상당히 단편적이다.

생산력이 저조한 상황에서 유목민족은 수초를 따라 옮겨 살 수밖에 없었으므로 생활의 유동성이 매우 컸다. 고대 황하 유역은 일찍이 동아시아 대륙에서 가장 생산성이 뛰어나고 가장 생활하기에 적합한 지역이었다. 그러나 농업 인구 증가와 생산력 발전에 따라 유목민족의 생존 공간은 끊임없이 축소되었고, 전국시대 후기에 이르면 유목민족은 이미 황하 중하류 지역에서 축출되어 진(秦)나라, 조(趙)나라, 연(燕)나라가 쌓은 장성 이북으로 이주할 수밖에 없었다.

정상적인 상황이라면 유목민족의 이주 범위는 그렇게 크지 않다. 유목민족은 소위 "수초를 따라 거주하기(逐水草而居)"때문에 계절마다 이주하거나 주기적으로 거처를 옮겼다. 그러나 심각한 자연재해가 발생하거나 외적이 침략해오면 그들의 이주 범위가 확장되지 않을 수 없었다. 일반적으로 말해서 충분한 생존 조건이나 안전성을 확보했다는 느낌이 들어야 그들은 이주를 멈췄다.

진시황이 만리장성을 축조한 이후 흉노의 생존 공간은 음산산맥 이북 몽골고원으로 제한되었다. 그러나 날씨가 한랭해 바이칼호 이북으로까지는 거주 공간을 확장할 수 없었다. 기원전 3세기에서 기원전 2세기 초까지 기후가 점차 차갑게 변하자 엄혹한 추위, 심한 가뭄, 큰 눈, 메뚜기 습격이 몽골고원의 주요 재해가 되었다. 동서 방향으로의 이동으로는 북방에서 오는 재해를 피하기 어려운 데다 다른 유목민족의 저항에 직면할 수도 있었으므로 남방으로 이동하는 것이 그들에게 가장 합리적인 선택이었다.

만약 그들의 이동이 다른 유목민족의 저항에 부딪히면 목숨을 건 싸움에서 벗어날 수 없었다. 유목민족의 생산 기술—방목과 수렵을 위해 훈련한 기마술과 궁술—은 아주 쉽게 군사적 기술로 전환이 가능했다. 그들은 농경민족과의 전쟁에서 자연스럽게 우세를 점했는데, 특히 공격성과 기동성이 강했기 때문에 그들은 늘 승산을 갖고 싸움에 임했다.

유목민족은 토지를 점유하는 동시에 흔히 식량, 방직품, 생산도구, 기타 물자, 여성과 노동 인구를 탈취했다. 이러한 전리품에 의지해 그들은 순조롭게 자연재해에서 벗어날 수 있었을 뿐 아니라 생활 수준을 쉽게 높였으며 심지어 부를 축적할 수도 있었다. 이 때문에 그들은 무력을 사용해 남방 농경 지역에서 물자와 인력을 약탈하는 것을 자연재해에서 벗어나고 재부(財富)를 얻을 수 있는 가장 쉬운 수단으로 인식했다. 그러나 다른 유목민족과의 전쟁은 치르는 대가가 큰 데 비해 얻는 수확은 너무 적었다. 이러한 상황에서 유목민족은 남방 농경 지역의 방어에 빈틈이 생기기만 하면 항상 그곳을 습격해 약탈을 자행했다. 천고마비(天高馬肥)의 계절인 가을이 오면 유목민족은 가장 강성한 전투력을 유지했고 겨울을 지낼 식량과 물자가 필요했기 때문에 빈번하게 약탈을 자행했다.

정상적인 교환이든 약탈로 얻은 수확이든 유목민족이 식량과 방직품을 소비하기 시작하고 더욱 선진적인 생산 도구와 더욱 적합한 생활 도구를 사용하게 되면 점점 그것에 의지하려는 경향이 생긴다. 원시적인 유목민족은 완전히 축산품에만 의지해 생활했다. 하지만 그들이 농경민족의 식량을 먹고, 농경민족의 방직품을 입고, 철제 도구와 철제 무기를 사용하게 되면서 농경민족이 생산한 물질 혜택을 더는 거절할 방법이 없게 되었다.

예를 들어 찻잎은 본래 남방의 농경 지역에서 생산된 식료지만 북방의 유목민족 지역으로 전파된 이후에는 신속하게 그들의 생활 필수품이 되었다. 그러나 유목 지역에서는 이러한 물자를 생산하기 어려워 그들의 수요를 온전하게 만족시킬 수 없었다. 예를 들어 흉노족은 진나라와 한나라의 영향하에서 식량을 파종하기 시작했지만 생산량이 한정적일 수밖에 없었다. 따라서 그들은 이러한 물자 공급을 생명선으로 간주했다.

중원 왕조로부터의 공급으로, 변경에서 이루어지는 '호시(互市, 상호 교역 시장)'와 '관시(關市, 국경 관문 시장)'가 그들에게 있어 매우 긴요하고 필요불가결한 교역 통로였다. 그러나 중원 통치자들은 유목민족의 수요를 이해하지 못하기도 했고 더러는 고의로 이러한 물자 공급을 그들에 대한 통제 수단으로 삼았기에 전쟁의 도화선으로 작용하기도 했다.

지리적 환경 차이가 농경민족과 유목민족의 생활 방식을 매우 다르게 만들었다. 물질적인 면에서 선진과 낙후의 차이는 분명히 존재했지만, 본질적인 면에서 각 민족의 문화는 자신이 처한 지리적 환경과 물질적 기초에 적응한 결과이므로 결코 우열을 가릴 수 없다.

다만 동아시아 대륙 중심에 살며 지리적 조건이 상대적으로 우월했던 농경민족인 화하족(華夏族, 이후의 한족漢族) 가운데서 이러한 상대성을 의식한 사람은 거의 드물었다. 이 때문에 발달한 농경 문명에 의지해 그들은 매우 일찍부터 일종의 민족 우월감을 갖게 되었다. 이는 춘추시대의 '이하지변(夷夏之辨)'에 집중적으로 표현되어 있다. '이하지변'의 내용은 이렇다. 중원의 농경민족인 화하 각 부족은 '하(夏)'이고 주변의 유목민족과 비화하(非華夏) 부족은 '이(夷)'다. '하'는 중심이고 문명이고 선진이지만, '이'는 부속이고 야만이고 낙후다. 따라서 '하'와 '이'의 경계선은 절대 혼동해서는 안 된다는 것이다. 바로 이와 같기 때문에 한나라에서는 황제에서 백성에 이르기까지 모두 흉노족에게 동정심을 품는 것을 이해하기 어려워했고, 이에 한나라와 흉노족이 정상적인 선린 관계를 맺기는 쉽지 않았다.

한족과 흉노족 간의 쟁탈과 전쟁 과정에서 한나라는 치명적인 약점을 지니고 있었다. 흉노족의 생존 조건은 한나라 백성에 비해 매우 열악해서 한나라 백성은 유목 지역 생활에 적응할 수 없었지만, 흉노족은 농경 지역, 특히 황하 유역의 농경 지역에서 온전하게 생활할 수 있었다. 유목 지역의 대부분은 농경 지역으로 발전할 조건을 갖추지 못했지만 농경 지역은 일반적으로 아주 쉽게 유목 지역으로 변할 수 있었다. 이 때문에 흉노족은 남쪽으로 내려온 이후 농경과 유목의 경계선을 남쪽으로 옮겨올 수 있었으므로 본래 한족 거주 지역에서도 방목 생활을 할 수 있었다. 그러나 한족은 북상해 농경 지역을 북방으로 확대할 수 없었다. 당시 생산력으로 볼 때 음산산맥은 이미 넘기 어려운 농업 북방 경계선이었다.

진나라와 한나라 교체기, 그리고 전한과 후한 교체기에 흉노족은 일찍이 음산산맥 이남의 토지를 점유해 그들의 방식대로 그곳에서 방목 생활을 한 적이 있다. 한나라 군대가 한 번씩 몽골고원으로 깊이 쳐들어가서 심지어 흉노족을 몽골고원 밖으로 몰아낸 적도 있지만 그곳에서 오래 체류할 수 없었으며, 게다가 그곳을 자신의 강역으로 바꿔 군현 등 행정 구역을 설치할 수 없었다. 군대 주둔이나 이주를 통해서는 그곳에서 자신의 식량을 생산할 방법이 없었으므로 그들에게 필요한 식량과 물자는 모두 먼 후방에서 운송해 와야 했다.

흉노족과 그들의 가축이 모두 먼 곳으로 옮겨가자 한족은 통치할 대상이 없었고 공격할 목표도 사라졌다. 설령 흉노족에게 깊은 상처를 입힌 전쟁이라 해도 실제적인 피해는 한나라 쪽이 더 크게 입는 경우가 많았다. 따라서 한족과 흉노족의 충돌 과정에서 한족은 흔히 수세를 취할 수밖에 없었고 흉노는 오히려 공세를 취하곤 했다. 흉노의 침입은 늘 한나라에 막대한 손실을 안겨주었지만 한나라가 제때 반격한다 해도 그 손실을 충분하게 보상받을 수 없었다. 흉노족이 먼 곳으로 떠나면 한나라 군대도 또 다시 먼 곳까지 추격해야 했다. 그러나 어떤 전과도 얻을 수 없었고 다량의 식량, 물자, 인원만 소모되었다.

예를 들어 한 무제는 흉노족과의 싸움에서 여러 번 큰 승리를 거두고 심지어 몽골고원으로 깊이 쳐들어가기도 했으나 국내로 들려오는 소식은 반대인 경우가 많았다. 당시 일부 관리는 다음과 같이 지적하곤 했다. "우리는 많은 농토를 갖고 있음에도 농민이 모두 출병했기 때문에 농토가 전부 황무지로 변했고 곡식을 파종할 사람도 없다. 그런데도 저처럼 건조하고 한랭한 땅이 더 필요하단 말인가?

농사를 지을 수도 없는 땅을 얻어서 무엇에 쓰려는 것인가?"

따라서 한나라의 군사력이 흉노보다 못한 상황에서는 화친이 지혜롭고 현실적인 정책이었으며 적은 대가로 더 큰 손실을 막고 평화를 가져올 수 있는 효과적인 방안이었다. 특히 흉노가 상대적으로 약세를 보일 때 화친과 관련된 적절한 정책을 시행하는 것이 쌍방 간 평화를 얻을 수 있는 중요한 전제였다.

우리는 물론 흉노족의 침입에 반격을 가한 한 무제의 공헌을 인정해야 한다. 이러한 노력으로 전한의 강역이 공고해졌고 아울러 이후의 평화적인 국면에도 튼튼한 기초를 제공했다. 하지만 변경에 장기적인 평화와 안정을 가져다준 것은 한 선제의 정확한 방침이었다는 사실도 눈여겨봐야 한다. 흉노가 분열되어 호한야선우(呼韓邪單于, ?~기원전 31)가 한나라에 투항했을 때 한 선제는 그 틈을 타 흉노 정권을 소멸시키지 않았을 뿐 아니라 기본적으로 그에게 평등한 정치적 대우를 했고 또 충분한 물자까지 제공해 번듯한 평화를 누릴 수 있게 해주었다. 예를 들어 선우가 한 선제를 조현(朝見)할 때 한 선제는 그의 지위를 황제 바로 다음 자리인 '제후왕의 위'에 있게 했다. 또 그를 자신의 신하로 간주하지 않고 친구와 빈객으로 대우했으며, 아울러 군대를 파견해 그를 호송했고 그에게 많은 물자를 제공했다. 한 선제는 호한야가 자립 능력을 갖출 때까지 기다린 뒤 그를 다시 몽골고원으로 돌려보냈다.

한 원제(漢元帝, 기원전 75~기원전 33)도 한 선제의 정책을 계승해 더욱 실제적인 모습을 보였다. 한번은 한 원제가 흉노에 사신을 파견했는데, 사신은 사전에 적절한 외교적 권한도 위임받지 못한 상황에서 흉노와 다음과 같은 완전한 평등 조약을 맺었다. "지금부터 한나라와 흉노는 한 집안이 되어 대대로 서로 속이지 않고 서로 공격하지 않는다."감히 먼저 약속을 어기는 자는 하늘의 징벌을 받을 것이다." 아울러 흉노의 의식에 따라 낙수(諾水)의 동산(東山)에 올라가 백마를 잡고 그 피를 마셨다.[21] 사신이 돌아와 보고하자 한나라의 공경대부들은 모두 사신이 마음대로 오랑캐와 나쁜 조약을 맺어서 국가의 체면을 깎았다 여겨, 다시 흉노로 사신을 파견해 새롭게 제천의식을 거행한 뒤 조약을 파기함과 아울러 저들의 무도한 죄과를 추궁하자고 했다. 그러나 원제는 조서를 내려 조약을 파기하지 말라 하면서 사실상 조약을 승인하고 사신들을 가볍게 처벌하는 것으로 그쳤다.

바로 이러한 조치가 있었기 때문에 한나라와 흉노 사이에는 60년 동안 평화 국면이 조성되어 변경에 "몇 대 동안 봉화를 볼 수 없었고, 백성이 융성했으며 소와 말이 들판에 가득했다." 한나라 400년 역사에서 북방의 흉노와 이처럼 오랫동안 평화 국면을 유지한 것은 전에 없던 일이었다. 따라서 어떻게 해야 "오랑캐 말이 음산을 넘어오지 못하게" 할 수 있는지는 이처럼 분명한 방법이 있으므로, 단지 비장군에게 의지하는 것만으로는 불충분하다는 사실을 알 수 있다.

---

21 한 원제 영광(永光) 원년(기원전 43년), 한나라는 거기도위(車騎都尉) 한창(韓昌)과 광록대부(光祿大夫) 장맹(張猛)을 흉노에 파견해 낙수동산지맹(諾水東山之盟)을 맺었다.

제5절
고대인은 왜 이주해야 했나?

고대인은 왜 이주해야 했을까? 대다수 사람들은 생존을 위해 이주했다. 특히 생산력이 낙후된 상황에서 일정 기간이 지나면 본 거주지의 자연 조건이 그들에게 충분한 생존 자원을 제공하지 못하기 때문에 이주할 수밖에 없게 된다.

문헌 기록을 통해서도 우리는 상나라 사람이 끊임없이 이주했고 항상 도성을 옮긴 사실을 알 수 있다. 주요 원인은 당시 농업 생산력이 낮아서 일정 기간이 지나면 토질이 나빠지거나 수재(水災), 한재(旱災), 충재(蟲災) 등 자연재해가 발생해 그곳의 식량 생산량만으로는 정상적인 생존이 불가능했기 때문이다. 당시 일부 사람들은 유목에 종사하면서 "물과 풀을 따라 거주지를 옮겨야" 했다. 어떤 곳에 물과 풀이 있으면 그곳으로 이주했고, 그곳에 물과 풀이 고갈되면 다시 더 적합한 장소로 이주했다. 또 일부 사람들은 자기 발전을 위해 이주했다. 재산을 얻기 위해 부유한 곳으로 이주했고, 관리가 되기 위해 도성으로 이주했으며, 학문을 연구하기 위해 문화가 발달한 곳으로 이주했다. 이렇게 자기 발전을 위해 이주하는 사람은 소수였다.

더욱 소수의 사람들은 호기심에 의해 거주지를 옮겼다. 이것은 개인적인 성격에 따른 것이다. 대부분의 사람은 이와 같은 이주 조건을 갖추지 못했거나 현실적인 조건을 더 많이 고려해야 했다. 하지만 극소수 사람은 외지로 나갈 수 있는 조건을 갖췄거나 그런 조건을 갖추지 못했더라도 후과를 두려워하지 않고 개인적인 호기심을 만족시키곤 했다.

초기 중국 문명은 주로 황하 중류와 하류 지역에서 발달해 전국 각지로 확산했다. 황하 유역의 자연조건은 상당히 우월했다. 개발할 만한 충분한 토지가 있었으며 토양이 부드럽고 충분히 비옥했다. 게다가 당시는 기온이 따뜻하고 강수량도 넉넉했다. 이와 같은 환경에 오래 거주하면서 사람들은"고향 땅에 안주하며 가볍게 이주하지 않는[安土重遷]"생활 습관을 형성해 부득이한 상황이 아니면 외부로 옮기지 않았다. 이 때문에 정상적인 상황에서는 외부로 이주하는 사람이 아주 드물었고, 대다수 사람은 대대로 고향에서 생활하거나 고향을 기반으로 생활 공간을 확장하는 경우에만 근처로 이주했다. 만약 천재지변이나 인재를 만나 어쩔 수 없이 고향을 떠나는 경우에도 재난이 지나간 뒤에는 여전히 고향으로 회귀하려 했다.

하지만 특수한 상황으로 대규모 인구 이동이 이루어지기도 했다. 그중에서 한 가지 상황이 바로 규모가 크고 오래 지속된 천재지변이었다. 고대의 각종 자연재해 중에서 발생 범위가 크고 기간이 오래 지속된 가뭄이 인구 감소에 가장 큰 영향을 끼쳤다. 당시에는 일기예보, 특히 장기적인 일기예보가 없어서 일단 가뭄이 발생하면 얼마나 오래 지속할지 또 언제 끝날지 알 수 없었다. 홍수처럼 정점에 도달했다가 사라지는 경우와는 달랐다. 식량을 다 먹었는데도 가뭄이 지나가지 않으면 재난에서 벗어날 방법이 없었다. 따라서 가뭄이 일정한 수준에 도달하면 당시의 이재민은 경험에 의해 그곳에서는 생활할 수 없으므로 부득불 재난에서 벗어나기 위해 외지로 거주지를 옮길 수밖에 없었다. 전쟁이 발발하면 평민은 다른 방법이 없으므로 외지로 피난을 가야 했다. 그런 시간이 오래되거나 고향에서 먼

곳으로 이주하면 다시 돌아갈 수 없으므로 외지에 정착해 살 수밖에 없었다.

황하 중류와 하류 일대에는 오랫동안 나라의 도성이 소재했다. 농민 봉기나 군벌 혼전이나 통치자의 내부 분쟁을 막론하고 그들의 목표는 모두 정권 탈취였으므로 도성 부근은 전란의 중심으로 변하곤 했다. 통치자는 언제나 국력을 모두 기울여 반란군을 진압하고 도성을 보위해야 했다. 따라서 도성 주위는 늘 서로 반복해서 쟁탈하려는 전쟁터가 되기 십상이었다. 초기의 도성 장안과 낙양 그리고 이후의 개봉은 모두 황하 중하류 일대에 집중되어 있어 전란의 영향을 크게 받았고 이로 인해 유발된 인구 이동도 자주 발생했다.

역사적으로 민족 간 충돌과 이민족의 침입이 발발하곤 했는데, 한족 이외의 소수민족은 흔히 북쪽에서 남쪽으로 내려왔다. 즉 몽골고원과 서북 지역에서 황하 중하류 지역으로 진입해 다시 중원까지 들어오면 중원의 한족 인구는 자신들의 정권을 따라 남쪽으로 이주할 수밖에 없었다.

또 하나의 이주 상황은 자연 조건의 변화다. 한때 생존에 적합했던 황하 중하류 지역은 서서히 생존에 그리 적합하지 않은 곳으로 변해갔다. 주기적인 기후 변화에 따라 원래 온화하던 곳이 비교적 한랭하고 건조하며 강수량도 적은 지역으로 바뀌었다. 이와 반대로 남방의 장강 유역은 기온이 천천히 하강하면서 열대 지역에서 온대 지역으로 변모했다. 게다가 생산력이 발달함으로써 우거진 숲을 비교적 쉽게 제거했고, 점성이 많은 토양도 개간해 다수의 이주민을 수용할 수 있게 되었다.

역사적으로 몇 차례 발생한 대규모 이주는 기본적으로 북에서 남으로, 서북에서 동남으로, 황하 유역에서 장강과 회수 지역으로 이루어졌고, 다시 남령(南嶺)을 넘어 주강 유역에까지 진입했다.

기실 진나라와 한나라 교체기에 이미 인구의 남천(南遷)이 시작되었지만 그 규모와 영향력은 매우 제한적이었다. 역사적으로 가장 규모가 큰 남천 중에서 첫 번째는 바로 서진의 '영가지란[永嘉之亂]'[22] 이후에 일어났다. 서진 내부의 '팔왕지란'은 이른바 '다섯 오랑캐가 중원을 어지럽히는(五胡亂華)' 사건의 도화선이 되었다. 즉 흉노족, 선비족, 갈족, 저족, 강족 등 한족이 아닌 이민족이 서진을 전복하고 앞서거니 뒤서거니 10여 개 정권을 세웠다. 4세기 초부터 시작해 북방의 전란은 100여 년을 지속했다. 사마예가 건강(建康, 장쑤 난징 南京)에서 동진(東晉) 정권을 세우자 '의관'을 갖춘 중원의 황실 귀족, 문무 관리, 명문대가, 평민 백성이 분분히 남쪽으로 이주해 장강과 회수 사이 그리고 장강 중하류 지역, 그중에서도 특히 건강 주변 지역에 모여 살았다. 북방은 이미 이민족 통치 지역으로 바뀌어 전란이 계속되었으므로 본래 임시로 피난에 나섰거나 이주를 유예하고 관망하던 사람들도 남방 정착 생활을 선택할 수밖에 없었다.

두 번째 대규모 남천은 바로 당나라 '안사의 난'(755년) 이후에 일어나 당나라 후기에서 오대까지 지속되었다. 당시 인구는 여전히 황하 유역에서 남방으로 이주했다. 하지만 이 시절의 남방 이주는 이미 남방 지역 깊숙한 곳까지 진입했다. 예를 들어 장강 유역 강서(江

---

22 영가(永嘉)는 서진 회제(懷帝)의 연호다. 영가 5년(311년)에 흉노족 유총이 낙양을 약탈하고 회제 및 왕공 대신을 포로로 잡아간 일이다. 회제는 결국 흉노에게 피살되었다. 이후 진(晉)나라는 중원을 북방 이민족에게 내주고 강남으로 내려가 동진(東晉)을 세우고 나라의 명맥을 유지했다.

西) 지역도 대규모의 이주민을 받아들였는데 당시 이주의 범위가 이미 오늘날의 후난(湖南)과 광시(廣西) 일대에까지 미쳤다.

세 번째 대규모 남천은 바로 북송 '정강지란(靖康之亂, 1127년)' 이후에 일어났다. 금나라 군대가 남하해 북송을 멸하자 북방 사람들이 대규모로 남쪽으로 이주하는 사태가 발생했다. 특히 남송 정권을 임안부(臨安府, 저장 항저우杭州)에 건립한 뒤 북방의 백성을 대거 흡수하자 북방에서 온 이민자들이 남송의 강역 안에 정착하기 시작했다. 이 시기의 남천은 남송 말기까지 지속되었다. 이주 인구가 많았을 뿐 아니라 이주 지역도 더욱 광범위했으며 그 파급 효과도 심원했다. 일부 사람들은 이미 남령을 넘어 영남 지역까지 이주했다.

이 몇 차례 남천이 일어날 때 일부 사람들은 남방으로 이주할 겨를이 없었거나 남방 이주 길이 막혔거나 남방이 너무 멀어서 하서주랑, 요동, 북방, 동북 지역으로 이주하기도 했다. 어떤 사람은 강제로 사로잡혀 가기도 했고 또 어떤 사람은 중원의 전란을 피해 자발적으로 옮기기도 했다. 예컨대 오대와 북송 초기에 거란족이 한족을 대거 그들이 통치하는 지역으로 이주시킨 것이 그 한 사례다. 오대 후기에 또 거란족은 연운십육주(燕雲十六州)[23]를 점령하고 오늘날의 허베이와 산시(山西) 북부를 통제하면서 지금의 베이징을 그들의 '남경(南京)'으로 삼고, 지금의 다퉁(大同)을 그들의 '서경(西京)'으로 삼았다. 이 시기에 중원의 적지 않은 사람들이 지금의 허베이와 산

---

23 유운십육주(幽雲十六州)라고도 한다. 지금의 베이징과 톈진 북부에서 허베이 북부, 산시(山西) 북부까지 포괄하는 지역이다. 구체적으로는 유주(幽州), 계주(薊州), 단주(檀州), 탁주(涿州), 순주(順州), 운주(雲州), 응주(應州), 삭주(朔州), 울주(蔚州), 환주(寰州), 신주(新州), 규주(媯州), 유주(儒州), 무주(武州), 영주(瀛州), 막주(莫州)를 가리킨다.

시 북부 그리고 내몽골과 둥베이(東北) 일부 지역으로 이주했다. 같은 시기에 한족이 아닌 이민족이 대거 몽골고원, 둥베이, 시베이(西北) 지역에서 황허 중하류 지역, 즉 중원 지역으로 거주지를 옮겼다.

원나라에 이르면 인구의 남천 현상이 이미 극한에 도달해 중국 인구의 남북 비례가 정점에 이르렀기에, 당시 중국 인구의 대부분이 남방에 집중적으로 거주했다. 원나라 말기와 명나라 초기의 전란을 거치면서 북방의 인구는 상대적으로 줄어든 반면 남방 여러 지역의 인구는 포화 상태에 도달했다. 그런데 명나라는 오래지 않아 도성을 북경으로 옮겼으므로 도성 및 그 주변 지역에 인구를 채울 필요가 있었다. 이에 명나라 초기부터 북방 지역에서 대규모 이주가 발생해 산서(山西)에서 북경 및 화북 각지로 대거 인구 이동이 이루어졌다. 또 남경에서 북경으로 천도하는 과정에서 조정의 문무 관리와 가족, 군인, 사무원, 기술자, 악호(樂戶)[24] 등 수십만 명이 북경 및 그 주변 지역으로 이주했다. 또 강남의 부자와 선비도 조정의 명령으로 북경으로 이주했다. 명나라 초기의 전체적인 추세를 보면 북경을 중심으로 하는 화북 지역에서 대규모 이주자를 흡수했고 동시에 전란을 겪어 인구가 희소해진 지역에도 외래 이주자가 자발적으로 대거 전입했다.

명나라 중기에는 경제가 비교적 발달한 지역의 인구가 상당히 조밀해졌으며 토지 개발도 거의 완료되었다. 빈민과 유민은 아직 개발하지 않은 중원 내지의 산촌, 예컨대 당시에 아직 봉금(封禁) 상태에 있던 형양산구(荊襄山區)로 들어갔는데, 정부에서는 저지할 방법이

---

24 죄를 지어 관청에 편입된 채 음악을 연주하게 된 관기(官妓).

없었고 축출할 수도 없어 현실을 인정해야 했다. 이에 정부에서는 그들이 그곳을 점유하고 호적에 편입할 수 있도록 허가한 뒤 그곳에 운양부(鄖陽府)[25] 등 행정 구역을 신설했다. 명나라 후기에는 이미 평지에서 산촌, 구릉, 변경으로 이주하는 흐름이 나타났다.

청나라 초기 전란으로 인해 사천 등지의 인구가 대규모로 줄어들어 그곳 여러 지방에는 인적이 끊겼으며 성도(成都) 성안에도 백주에 호랑이가 돌아다녔다. 어떤 현에서는 가까스로 이주자 몇백 명을 모집했으나 호랑이에게 절반이 잡아먹히기도 했다. 청나라에서는 우대 정책을 펴며 이주를 장려했다. 예를 들어 그곳으로 이주하면 3년 동안 세곡(稅穀)을 면제해주고 종자와 소를 지원했으며 개간한 토지를 합법적으로 소유하고 호적에도 합법적으로 편입할 수 있게 해줬다. 또 만약 이주자 500명을 정착시키면 현관(縣官)으로 대우했고, 1천 명을 정착시키면 바로 현관으로 임명할 수도 있었다. 호광(湖廣, 후베이와 후난)에서 이주자들이 대거 사천으로 들어갔는데 이것이 바로 역사적으로 유명한 "호광 사람들이 사천을 채웠다(湖廣塡四川)"는 현상이다. 기실 사천 이주자들은 호광에서만 온 것이 아니라 강서, 안휘, 광서, 광동, 복건 등지에서도 왔다. 사천 인구가 포화 상태에 이른 뒤에는 일부 이주자가 섬서 남부, 운남, 귀주로 계속 이주했다.

청나라 중기 이후로는 지금의 산시(山西), 산시(陝西) 일대 사람들이 '서구로 나갔는데(走西口)', 말하자면 서북 지역 장성에 원래부터 있던 '출입구'를 통해 내몽골로 들어간 일을 가리킨다. 이들의 이주는 시작할 때 여전히 계절성 이주였기 때문에 '안항인(雁行人)'으로 불

---

25 지금의 후베이성 스옌시(十堰市) 윈양구(鄖陽區) 인근의 산촌 지역이다.

렸다. 기러기 떼처럼 봄에 내몽골로 들어가 땅을 개간하고 씨를 뿌려 가을에 곡식을 거둔 뒤 고향으로 회귀한다는 의미다. 이 지역의 기타 주요 이주자는 내몽골, 외몽골, 러시아를 왕복하는 상인이었다. 청나라 후기에 이르러 '안항인'은 그곳에서 호구를 얻어 정착했다. 특히 1860년대에 목축지를 개간할 수 있는 '방간(放墾)' 정책을 시행한 이후 이주자들이 그곳에서 합법적으로 정착할 수 있게 되자 산시(山西)와 산시(陝西) 사람 및 중원 내지의 다른 지방 사람들까지 대거 지금의 내몽골 후허호트(呼和浩特) 일대로 이주했고, 또 일부 사람들은 다칭산(大靑山) 이북으로 들어가 땅을 개간해 정착했다.

청나라 초기에 많은 객가족이 당시의 광동 산간 지역에서 평지로 이주했는데, 이후 그들과 현지 토착민 간 대규모 무장 투쟁이 발발했다. 관청에서 조정할 수도 없고 진압할 수도 없게 되자 일단의 객가족을 다른 곳에 집중 배치하고 토착민과 격리하는 정책을 폈다. 이에 일부 객가족은 멀리 지금의 광둥성 레이저우반도(雷州半島)와 하이난도(海南島)까지 거주지가 옮겨졌다. 또 일부 객가족은 타이완으로 이주했다.

강희 23년(1684년), 타이완에 행정 관청인 부(府)가 설치된 뒤 적지 않은 대륙의 이주자를 흡수했다. 청나라는 일찍이 여러 차례 금해령(禁海令)을 내린 적이 있지만 마지막에는 바닷길을 개방했다. 일본이 타이완을 점령할 때 타이완 섬에는 이미 200여만 명의 대륙 이주자와 그 후예가 살고 있었다. 그곳 이주자의 주요 구성원은 민난(閩南, 푸젠성 남부) 사람들이었고 두 번째가 객가족이었다. 그들은 현재 타이완 인구의 주체로 중국과 연계되어 있다.

명나라 중기부터 시작해 당시 복건과 광동 산간 지역 사람들 및 연해 일대 산촌 사람들이 "남양으로 내려가서(下南洋)" 동남아로 이주했다. 당시에는 해외 이주가 불법이었기 때문에 민간에서 몰래 도해(渡海)하는 방식을 썼다. 아편전쟁 이후에는 또 노동자[苦力] 불법 이주 현상이 나타났다. 제국주의자들은 특권을 이용해 일부 중국 빈민을 유인·납치하고 개돼지처럼[猪仔] 팔았는데, 이른바 '계약 노동'이라는 명의로 그들을 미주 대륙, 아프리카 대륙(남아프리카공화국 등), 동남아를 포괄하는 해외로 수출했다. 또 이후에는 생존 조건의 압박과 초기 해외 이민의 유혹으로 복건과 광동 사람들이 대거 동남아, 남아시아, 미주 대륙, 아프리카 대륙으로 이주했다.

1860년대 제국주의 침략에 직면해 청나라에서는 마침내 만주 지역의 봉금을 해제했다. 이에 본래 불법이던 '동북 개척 활동[闖關東]'이 정부가 장려하고 보조하는 대규모 이주 활동으로 변해 동북 개발과 변경 공고화에 크게 공헌했다. 대규모 이주자들이 산동, 하북, 북방 각지에서 신속하게 동북 지역으로 진입했고, 이에 그곳에 새로운 현과 부를 세웠다. 청나라 말기에 만주에 본래 존재하던 세 곳의 장군 아문(衙門)을 모두 성(省)으로 바꾸었는데, 그것이 바로 봉천(奉天, 랴오닝遼寧), 길림(吉林), 흑룡강(黑龍江) 3성이다. 1931년 일본이 '9.18사변'을 일으켜 만주를 점령할 때, 만주에는 이미 3천만 인구가 살고 있었다. 그들은 주로 앞서 들어온 이주자 및 그들의 후예였다. 그들의 존재로 인해 최종적으로 동북의 아름다운 산천을 보존할 수 있었다.

중국 이주의 역사를 회고해보면 다음과 같이 말할 수 있다. "이주가 없었다면 중국 영토가 없었고, 이주가 없었다면 중국 민족이 없었으며, 이주가 없었다면 중국 역사가 없었다."

인구

정책에 의해 영향을 받는 인구수

제1절

고대 중국의 인구는 도대체 얼마였나?

중국 고대의 상이한 역사 시기마다 인구는 몇 명이었을까? 이것은 상당히 대답하기 어려운 문제로, 특히 정확한 숫자를 말하려면 더욱 큰 어려움에 봉착한다. 고대의 인구는 이미 과거로 변했기 때문에 오늘날처럼 한 차례 인구조사를 하듯이 해결할 수 없다. 고대에 만약 인구조사를 하지 않았거나 했다 해도 기록이 남아 있지 않다면 지금까지 전해오는 사료에 근거해 추측할 수밖에 없다. 어떤 사람이 일찍이 역사책을 뒤적여 우 임금 때 인구가 몇 명, 주나라 때

몇 명이라고 하며 한 자릿수까지 정확하게 이야기한 적이 있다. 그러나 나는 그 숫자는 전혀 믿을 수 없고 분명히 후대 사람들에 의해 조작된 것이라고 말했다.

우 임금 때 인구수를 도대체 어떻게 계산했을까? 그 내막을 조사해볼 필요가 있다. 당시에 요즘과 같은 조건이 있었을까? 게다가 중요한 것은 그 옛날 제도를 포함해 주나라가 시행한 분봉 제도를 보더라도 최고 통치자는 인구가 얼마인지 조사하고 통계를 내기 위해 그렇게 큰 힘을 기울일 필요가 없었다. 왜냐하면 각 제후국과 큰 제후국 아래 소국은 모두 스스로 관리하고 있었으므로 규정에 따라 공물을 바치면 그것으로 그만이었기 때문이다. 즉 규정에 맞춰 얼마나 많은 조공품과 얼마나 많은 사람을 바쳤느냐만 살폈다. 따라서 조공을 바치는 제후국 아래에 구체적으로 인구가 얼마인지 조사할 필요가 없었다. 『주례(周禮)』에서 말한 '등인(登人)'[1] 제도, 즉 사람을 조사하는 제도는 대부분 후인의 가상일 뿐 진정으로 시행한 적이 없었다. 당시에 조사한 적이 없었으므로 우리가 오늘날 우 임금 시대의 인구가 몇 명이고 주나라 때 인구가 몇 명인지를 정확하게 말하는 것은 불가능한 일이다. 따라서 어떤 사람이 말한 당시의 인구수는 전혀 믿을 수 없는 수치다.

전국시대에 이르러 어떤 제후국은 이미 군과 현을 설치했고, 제후들은 그 군과 현에 사는 인구가 얼마인지 알아야 했으므로 '상계(上

---

1 중국 고대에 병졸을 징집하기 위해 시행한 인구조사 제도로 알려져 있다. 갑골문에 이미 이에 관한 언급이 있으며 『주례(周禮)』 「추관(秋官)」에도 다음과 같은 기록이 있다. "사민(司民)은 만민의 수(數)를 등록하는 일을 관장한다. 이빨이 난 아이 이상은 모두 장부에 기록한다(司民掌登萬民之數. 自生齒以上, 皆書于版)."

計)'라는 제도를 시행하고 매년 혹은 3년마다 한 번씩 현지 지방관이 제후에게 그 지방의 호구(戶口)가 얼마인지 보고했다. 이렇게 하여 부분적인 인구 수치가 있게 되었다.

우리는 인구 조사를 하려면 많은 인력과 물력이 필요하다는 사실을 알고 있다. 그렇다면 인구 조사를 하는 목적은 무엇인가?

주요 목적 중 한 가지는 바로 징병을 위해서였다. 군사를 징집하려면 남성 인구가 몇 명인지 알아야 했고 또 일정한 나이 제한도 있어야 했다. 이 때문에 남성 인구를 조사해야 했을 뿐 아니라 나이도 조사해야 했다. 또 한 가지는 노역에 동원하기 위해서였다. 이 경우에도 인구가 얼마인지 조사하고 나이 제한도 두어야 했다. 너무 어려도 안 되고 너무 늙어도 안 되므로 인구수와 나이를 조사할 필요가 있었다. 병역과 노역의 대상은 기본적으로 남성이었기 때문에 여성 인구는 조사할 필요가 없었다. 또 한 가지는 세금을 징수하기 위해서 납세 인구를 조사해야 했다. 여성도 납세 대상에 포함된다면 여성 인구도 조사할 필요가 있었다.

따라서 진나라 때부터 시작해 전국적인 호구 조사가 이루어졌다. 왜냐하면 노역과 병역 제도를 널리 시행하기 위해서였다. 한나라에서는 인두세(人頭稅) 제도를 시행해 모든 사람에게 '구부(口賦, 口錢)'를 납부하게 했다. 이에 남성뿐 아니라 여성도 조사 대상에 들어갔다. 진나라는 육국을 통일한 이후 중앙집권제도를 시행해 조정에서 직접 지방 하부 단위의 군과 현을 통치했다. 이런 조건이 갖춰지자 각 현에서 인구를 조사한 뒤 그 수치를 종합해 군에 보고했고 군에서는 다시 조정에 보고했다. 중국의 첫 번째 전국적 호구 수치가 바로 진시황 때 집계되었다. 유방이 함양을 점령할 때 소하(蕭何, ?~

기원전 193)는 진나라가 남겨놓은 공문서를 접수했고 그중에는 전국 호구 수치가 포함되어 있었으며 그것을 통해 하나의 군과 하나의 현에 호구가 얼마인지 점검할 수 있었다.

그럼 왜 호구만 이야기하고 인구는 직접 이야기하지 않았을까? 왜냐하면 당시의 조사 지표는 주로 호구였으며 노역과 병역은 일반적으로 '호구' 단위로 징집했기 때문이다. 한 호구에 식구가 몇 명인지는 오늘날 우리가 말하는 인구 개념과 결코 같지 않다. 개개인을 조사하기는 하지만 그 중점은 분명히 징병, 부역, 납세와 유관한 사람에게 놓여 있었다. 예를 들어 노인과 어린이는 반드시 조사하지도 않았고 정확한 조사를 요구하지도 않았다.

이후의 모든 왕조마다 이와 같은 호적이 있었지만 애석하게도 오늘날과 같은 인구 수치는 존재하지 않았다. 이 때문에 우리가 오늘날 역대 왕조마다 인구가 몇 명이었는지 이야기하려면 지금까지 보존되어온 호구 수치에 근거해 추산하거나 짐작할 수밖에 없다.

몇 단계를 거치면서 호구 수치가 실제 인구 수치에 비교적 가깝게 접근했다.

예를 들어 전한 시대에 국가에 이미 노역, 병역 제도가 있었고 인두세도 징수했다. 인두세 징수 대상은 7세 이상 남녀 인구였고 또 한 사람도 빠뜨리면 안 되었기 때문에 이들 인구를 성실하게 조사해야 했다. 한 무제 때는 인두세 징수 연령을 3세로 낮췄으므로 조사 대상에 거의 전국 인구가 모두 포함되었다. 따라서 전한 시대 인구 수치는 실제 인구 수치와 매우 가까워졌다.

중국 역사상 어떤 시대의 인구 수치를 잘 이해하기 위한 한 가지 조건이 있다. 바로 그 시대의 행정 효율이 비교적 높아야 한다는 것이다. 행정 효율이 높지 않으면 조사를 진행할 수 없거나 지방에서 적당히 책임을 얼버무리며 회피하거나 심지어 수치를 마음대로 날조하기도 한다. 이렇게 되면 설령 조사 범위가 전국 인구라 하더라도 결과를 믿을 수 없다. 전한 시대의 행정 효율을 전체적으로 살펴보면 비교적 높은 수준을 유지했으므로 이러한 조건에 부합한다. 또 명나라 초기를 예로 들면 주원장은 일찍이 군사를 동원할 때 지방으로 가서 호구를 조사했다. 엄격한 권장 조치와 징계 조치 규정을 만들어 시행했을 뿐 아니라 상세한 등기부까지 제작해 이후에도 10년마다 한 번씩 호적을 다시 수정하도록 했다. 특히 그의 재위 기간에 실시한 한두 차례 인구 조사는 규정이 매우 꼼꼼했고 법률 시행도 준엄했기 때문에 관리들이 감히 나태하게 행동하거나 법률을 위반할 수 없었다. 이와 같이 행정 효율이 높았으므로 그 시기에 조사한 인구 수치에 전국 인구가 포함될 수 있었다. 그러나 주원장 시대 이후에는 그렇게 하지 못했다.

다른 한 가지 조건은 그러한 수치가 보존되어 전해져야 한다는 점이다. 진(秦)나라 때 호적 수치는 개별 현의 사례만 남아 있고 그 용도도 제한적이어서 인구의 전모를 이해할 수 없다. 매우 행운인 것은 전한 말기의 인구 수치다. 전국 총 수치, 군 단위 호구 수치와 인구 수치, 또 개별 현 단위 수치가 모두 보존되어 있다.

호구 수치가 실제 인구 수치에 비교적 근접한 또 하나의 시대는 바로 청나라였다. 강희 51년(1712년)에 강희제는 "태평성대에 늘어나는 인구에 대해서는 영원히 조세를 부과하지 않는다(盛世添丁, 永不加賦)"라는 정책을 선포했다. 본래 관리든 백성이든 막론하고 호구를 속이고 인구를 적게 보고하는 목적은 대부분 세금을 적게 내기 위한 것이다. 그런데 세금을 이제 인구 증가와 연관시키지 않겠다는 데 숨길 필요가 있겠는가? 물론 관리와 백성은 바로 이런 정책을 신뢰하지 않을 것이다. 특히 이런 정책이 실행 가능한지 의심할 것이기 때문에 많든 적든 여전히 수치를 속일 가능성이 있지만, 마침내 이런 정책이 근본적인 변화를 가져왔다.

옹정(雍正)² 연간에 이르러 또 '탄정입지(攤丁入地)'³ 또는 '탄정입무(攤丁入畝)' 제도를 시행했다. 본래 백성은 두 가지 세금을 납부해야 했다. 그 한 가지는 인두세인데 주로 호구 등기에 근거해 '정(丁, 이론적으로는 성년 남자)'을 징수 대상으로 삼는 방식이다. 또 다른 한 가지는 토지세로, 토지 주인이 징수 대상이다. 당시에는 "천하에 도망친 정(丁)은 있어도 도망친 땅은 없다"는 말이 유행했다. 중은 도망칠 수 있어도 절은 도망칠 수 없다는 격으로, 인구 수치는 기만할 수 있지만 토지는 기만할 수 없다. 이제 토지세만 징수하므로 더는 인구를 속일 필요가 없게 되었다. 인구 수치와 조세 징수액은 완전히 별개의 통계가 되었다. 건륭 41년(1776년), 조정에서는 호구 조사 방법을 정리해 보갑제(保甲制)⁴를 통해 재심사를 강화했다. 이에 건륭 41년부터 시작해서 호구 수치가 기본적으로 인구 수치에 접근하거나 인구 수치와 같아졌다.

따라서 우리는 호구와 연관된 사료를 살펴볼 때 문자상으로 무슨

---

2 청나라 세종(世宗)의 연호. 1723년에서 1735년까지 사용했다.
3 청나라 조세 제도 중에서 장정 개인에게 부과하는 인두세 정은(丁銀)을 폐지하고 그것을 토지세 지은(地銀)에 덧붙여 부과하는 방식이다.
4 청나라 기층민의 치안과 교화를 담당한 제도다. 10호에 패두(牌頭) 한 사람을 두고, 10패(牌)에 갑두(甲頭) 한 사람을 두며, 10갑(甲)에 보장(保長) 한 사람을 뒀다.

'정(丁)'자가 쓰였는지 '구(口)' 자가 쓰였는지만 보지 말고 이러한 단위가 도대체 무엇을 의미하는지 분명하게 이해할 필요가 있다. 대부분의 경우 이런 단위는 결코 한 개인과 일치하거나 부역 또는 납세 연령에 부합하는 개인이 결코 아니다. 그것은 단지 하나의 액수, 즉 부역이나 납세와 맞아떨어지는 단위일 뿐이다. 실제로 그것은 은자(銀子)가 얼마인지, 금전이 얼마인지, 식량이 얼마인지, 직물이 얼마인지에 해당하는 액수다.

이러한 규율에 근거해 역대로 전해져온 호구 수치를 다시 결합해야 비교적 믿을 만하고 다수의 학자가 받아들일 수 있는 수치로 귀납할 수 있고, 그것을 앞 시대와 뒤 시대로 넓혀서 추정하는 기반으로 삼을 수 있다.

첫째 주요 시기는 전한 말기다. 기원 초 한나라의 통치 범위 내에는 대략 6천만 명의 인구가 있었다. 한나라의 통치 범위가 미치지 않은 몽골고원, 칭짱고원, 동북지방 같은 지역은 인구가 매우 드물었다. 몽골고원은 최대한으로 잡아도 몇십만에 불과했으므로 기본적으로 당시 인구 수치에 넣지 않아도 된다. 따라서 기원 초 중국에는 6천여만 명의 인구가 살았다.

이러한 인구 수치가 있으므로 우리는 그것을 이전 시대로 확장해서 적용해볼 수 있다. 이에 진나라와 한나라 교체기의 인구는 적어도 1,500만 명 정도였을 것으로 추정된다. 더 위로 올라가보면 전국시대 말기와 진나라 초기에는 3천만~4천만 명 정도의 인구가 있었을 것으로 짐작된다.

둘째 주요 시기는 당나라 시대, 즉 '안사의 난'이 발생하기 전의 태평성대다. 이 기간의 호구 수치는 누락률이 비교적 높고 통계로 남아 있는 호구 수치도 매우 낮다. 전문가의 일반적인 추정에 의하면 성당 시대의 인구는 정점에 도달했을 때가 대략 7천만에서 8천만 명 정도로 8천만 명을 넘지 않았을 것이라고 한다.

셋째 주요 시기는 송나라 시대다. 현재 학자들의 추정에 의하면 12세기 초 북송 말년 송나라 인구는 이미 1억 명에 도달했고, 13세기 상반기의 송나라와 금나라 인구는 모두 합쳐서 1억 2천만 명에 도달했을 것이라고 한다.

넷째 주요 시기는 명나라 시대다. 명나라 초기에서 영락 연간에 이르기까지의 인구는 7천만 명 정도였고, 그것이 점점 늘어나서 17세기 초에 이르면 이미 2억 명에 도달했다.

마지막 주요 시기는 태평천국 전쟁(1851년) 이전까지로 청나라 도광(道光)[5] 30년(1850년)에 중국의 고대 인구는 정점에 도달해 당시 인구는 4억 3천만 명이었다. 이 4억 3천만 명에는 일부 변경 지역의 인구가 포함되지 않았지만 이들 지역의 인구는 100만에서 200만 명 정도에 불과했기 때문에 이 수치의 정확성에 영향을 끼칠 정도는 아니다.

청 광서(光緒)[6] 34년(1908년)에 청나라는 입헌제도를 위해 선거를 준비해야 했다. 선거를 하려면 인구 조사를 해야 했기 때문에 6년의 시간을 들여 전국적인 인구 조사를 실시했다. 당시의 조사가 진정한 의미의 인구 조사였다. 개인 한 사람까지 조사했을 뿐 아니라 적지 않은 지역에서는 호구별 인구 등기 방법을 썼다. 만약 당시 조

---

5 청나라 선종(宣宗)의 연호. 1821년에서 1850년까지 사용했다.
6 청나라 덕종(德宗)의 연호. 1871년에서 1908년까지 사용했다.

사가 완전하게 진행되었다면 현대적 의미의 진정한 전국 인구 통계가 작성되었을 것이다. 그러나 애석하게도 당시에 한편으로는 일부 지방에 경찰 체계가 겨우 수립된 형편이라 조사 기술, 인력, 물력이 매우 부족했고, 다른 한편으로는 조사가 완료되기도 전에 청나라가 멸망했으며, 그 뒤를 이은 중화민국 정부는 인구 조사를 계속하지 않았다. 어떻든 이것이 중국 역사상 처음으로 진행된 진정한 의미의 인구 조사라고 할 수 있다.

중화민국 시대에 전문 학자들은 당시의 인구 조사 과정에서 대부분의 성(省)의 조사가 완성되었음을 알고 그 자료를 정리해, 1911년 청나라의 전국 인구가 대략 4억 명 정도일 것으로 추정했다.

제2절
정절 관념과 당나라의 과부 개가

전한 시대에 흉노와의 화친을 위하여 왕소군(王昭君, 기원전 54?~기원전 19)을 멀리 흉노로 시집보냈다. 왕소군은 흉노 호한야선우에게 시집가서 '영호연지(寧胡閼氏)'라 불리며 아들 하나를 낳았다. 그녀의 지위는 한나라 후궁의 귀비(貴妃)에 해당했다. 흉노 선우에게는 '대연지(大閼氏, 황후)'와 여러 명의 연지(閼氏)가 있었기 때문이다. 호한야선우가 죽은 후 대연지의 아들이 새로운 선우가 되었다. 흉노의 풍습에 의해 왕소군은 또 그의 아내가 되어 딸 둘을 낳았다. 신임 선우는 왕소군의 친아들이 아니지만 결국은 그녀 남편의 아들이므로 항렬로 따져보면 모자 관계라 할 수 있다. 만약 이 신임 선우가 사망할 때 그녀가 아직도 살아 있다면 다시 한 번 개가를 해야 한다. 한나라에서는 진실로 받아들일 수 없는 일이므로, 이런 습속이 야만적이며 심지어 윤리를 어지럽히는 일이라고 여겼다. 하지만 흉노족은 당당한 태도로 이러한 방법을 이용해 '종족 특성'을 이어나갔다.

앞서 한 무제 때 강도왕(江都王)의 딸을 공주로 봉하고 오손왕(烏孫王) 곤막(昆莫)에게 시집보내 우부인으로 삼게 했다. 이후에 곤막이 공주를 자기 손자의 배필로 주자 공주가 가려 하지 않았다. 그러나 한 무제가 그녀에게 그곳 풍속을 따르라 하자 그녀는 할 수 없이 그 손자에게 시집가서 딸 하나를 낳았다.

흉노와 오손은 유목민족이라 생활 터전이 몽골고원과 중앙아시아 초원 지대였다. 기후가 한랭하고 건조해 물산이 풍부하지 못했다. 따라서 기본적으로 식량을 생산하지 못하므로 생활 조건이 매우 어려웠다. 게다가 그들의 생활 습관과 음식 습관으로 인해 평균수명이 매우 짧아서 인구를 늘리기도 쉽지 않았다. 천재지변이나 전쟁을 만나면 인구가 급격히 줄어들었다. 근대에 이르러서도 몽골고원에 사는 민족은 평균수명이 짧아서 인구 증가율이 매우 낮았다. 이 때문에 흉노는 이러한 방법으로 여성의 출산 능력을 충분히 이용했을 뿐만 아니라 한나라 사람들이 포로가 되거나 인질이 되거나 투항해 흉노로 들어가면 그들로 하여금 그곳에서 가정을 이루고 아이를 낳게 했다. 예를 들어 장건(張騫, 기원전 164?~기원전 114)이 처음 서역으로 사신 갔을 때 한나라 강역을 벗어나고 얼마 지나지 않아서 바로 흉노에게 억류되어 10년 세월을 보내야 했다. 장건이 흉노를 떠날 때 그는 이미 그곳에서 가정을 이루고 아이까지 두었다. 또 소무(蘇武, 기원전 140?~기원전 60)의 경우에도 한나라의 사신이었지만 흉노에게 사로잡혀 인질이 되었다. 흉노에서는 한편으로 그를 바이칼호 일대로 추방하고 돌아가지 못하게 했지만 다른 한편으로는 흉노 여성을 그에게 시집보냈다. 소무가 나중에 한나라로 귀환할 때 그는 이미 아들을 두었다. 그러나 아들은 흉노에 남겨 두고 데려가지 못하게 했다. 흉노에게 투항한 이릉(李陵, ?~기원전 74)이나 이광리(李廣利, ?~기원전 89) 등은 더 말할 필요도 없이 흉노에 도착하자마자 흉노 여성과 가정을 이루어 흉노를 위해 인구를 늘려야 했다. 확실히 흉노는 생존을 위해 온갖 방법을 강구해 인구를 늘리려 했다. 그들이 사는 곳에서는 이러한 행위가 합리적인 방식으로 이해되었으므로 그들에게는 한나라 사람과 같은 관념이 전혀 있을 수 없었다. 그러나 중원에서는 전한 시대와 후한 시대에 이미 여성의 '정절(貞節)' 관념이 생겨나기 시작해 과부의 개가는 그리 좋지 못한 일로 인식되었다.

흉노족, 오손족, 호족과 한족은 자녀 생산 부문이나 정절 관념에 있어서 완전히 대립된 모습만 보였을까? 기실 동일한 생존 조건에서는 전혀 엄격한 제한을 두지 않았다.

예를 들어 북조 시대에는 해마다 전란이 발생해 농업 생산에 악영향을 끼쳤기 때문에 인구를 늘리기 쉽지 않았다. 특히 장기적으로 전선을 지키는 장졸은 제때 결혼해 후손을 둘 방법이 없었다. 이에 황제들이 여러 차례 어명을 내려 후방의 과부를 전방의 장졸에게 시집보내게 했다. 과부의 수절은 장려되지 않았고 오히려 전선으로 보내 장졸과 혼인하게 함으로써 가정과 자식을 두도록 보장했다.

지금 우리 입장에서는 상상하기 어려울 수도 있지만 당 태종(太

宗, 598~649)은 보위에 오른 바로 그해(정관 원년, 627년)에 뜻밖에도 조서 한 통을 내렸는데 그 목적이 인구 증가를 위한 것이었다. 이 조서의 규정에 의하면, 남자는 20세, 여자는 15세 이상이 되면 가능한 한 빨리 혼인해 가정을 이루어야 했다. 이 조서에서는 또 특별히 과부가 상기(喪期)를 채우고 복상(服喪)이 끝나면 바로 개가하도록 규정했으며 아내를 잃은 홀아비도 제때 짝을 찾도록 규정했다. 아울러 조서의 실행 결과를 지방 관리의 실적을 따지는 주요 지표로 삼도록 했다.

이로써 혼인에 관한 습속이나 관념은 그 사회의 수요와 상응해야 함을 알 수 있다. 당나라 초기에는 수나라 말기의 전란과 돌궐의 남침 등의 재난을 거치며 인구가 급감해서 인구 증가에 대한 절박한 수요가 있었다.

당 태종이 즉위한 바로 그 달에 돌궐이 남하해 장안성 아래까지 이르렀다. 당 태종이 어쩔 수 없이 직접 성을 나가서 돌궐의 가한(可汗)과 담판을 벌인 연후에야 돌궐이 군사를 물렸다. 당 태종은 인구 증가의 절박성을 깊이 느꼈지만 당시로서는 효과적인 방법이 없었다. 그가 생각할 수 있던 유일한 방법은 여성의 출산 능력을 충분히 이용하는 것뿐이었다. 당시 과부는 대부분 나이가 많지 않아서 출산이 가능했다. 그런데 어떻게 개가하지 말고 수절하라고 할 수 있겠는가? 이 때문에 반드시 지방 관리에게 인력과 물력을 지원해 혼인을 장려하도록 명령을 내리거나 관할 구역 내 과부에게 개가를 강제하는 일도 서슴지 않았다.

여러 가지 원인으로 인해 당나라의 인구 증가는 결코 이상적이지 못했다. 이 때문에 당 현종 개원 22년(734년)에도 계속 출산을 촉진하기 위해 조서를 내려 합법적인 결혼 연령을 남자는 15세, 여자는 13세로 낮췄다. 이것은 중국 역사에서 법적 결혼 연령이 가장 낮은 수치에 해당한다.

본래 존재했던 정절 관념이나 혼인 풍속도 현실 수요와 맞지 않으면 바뀔 수밖에 없는 것이다.

사회의 현실적인 수요로 인해 당나라 때는 근본적으로 과부의 개가를 불허하는 관념이 없었으므로 과부의 수절을 장려할 만한 풍속이나 우수한 행적으로 표창하지 않았다. 당나라 정사 「공주전(公主傳)」 기록에 의하면 대다수 공주가 개가했고 가장 많은 사례는 다섯 차례나 개가한 경우도 있다. 게다가 개가한 사실 및 누구에게 개가했는지도 당당하게 정사에 기록했다. 사관도 이런 사실을 전혀 숨길 필요가 없었다.

그러나 당나라 이후, 오대와 송나라, 특히 송나라에 이르면 정절 관념을 갈수록 중시했다. 과부가 개가할 수 없음은 물론이고 심지어 약혼한 남자가 죽거나 어릴 때 부모가 약혼을 맺어준 남자가 죽거나 '지복위매(指腹爲媒)'의 남자가 죽어도 여자는 개가할 수 없었다. '지복위매'란 남녀 쌍방이 아직 태어나지 않았을 때 가장(家長)끼리 약속한 혼인을 말한다. 만약 약속한 두 가정에서 각각 아들과 딸이 태어나면 장차 혼인을 하고 동성(同性)의 자식이 태어나면 서로 형제와 자매를 맺는다. 이 당시 수많은 여성이 수절의 모범이 되었고 이와 연관된 수절 이야기는 정말 사람의 모골을 송연하게 할 정도에까지 이르렀다.

송나라 초기 학자 구양수(歐陽修, 1007~1072)는 수절 과부 이 씨의 행적을 기록했다. 오대 시대에 산동 사람 왕응(王凝)은 괵주(虢州,

허난 링바오시(靈寶市) 사호참군(司戶參軍)을 지내다가 병으로 세상을 떠났다. 왕응은 모은 재산이 없었고 아들은 아직 나이가 어렸으므로 아내 이 씨가 아들을 데리고 그의 시신을 수습해 귀향길에 나섰다. 동쪽으로 개봉을 지날 때 한 여관에 투숙하려 했는데, 여관 주인이 그녀가 어린 아이만 데리고 있는 것을 보고 의심이 들어 투숙을 허락하지 않았다. 이 씨는 날이 이미 저무는 것을 보고 여관을 떠나려 하지 않았고 여관 주인은 그녀의 팔뚝을 잡고 끌어내려 했다. 이 씨는 하늘을 우러러 대성통곡하며 말했다. "나는 이제 한 여자로서 절개를 지킬 수 없게 되었다. 이 팔뚝을 다른 남자가 마음대로 끌어당기게 했으니 이게 있을 수 있는 일인가? 이 팔뚝 때문에 내 온몸을 더럽힐 수는 없다." 그러고는 도끼를 들어 자신의 팔뚝을 잘랐다. 길가는 사람들이 모두 그녀를 둘러싸고 탄식했다. 어떤 사람은 자신의 손을 털며 경계했고 어떤 사람은 눈물을 흘렸다. 개봉부의 부윤(府尹)이 그 사실을 알고 조정에 보고해 관부에서 이 씨에게 상처를 치료하도록 의약품을 하사하게 했다. 또 그녀를 넉넉하게 구제하게 했으며 여관 주인은 곤장형에 처했다.

정절 관념이 이처럼 잔혹한 지경에까지 이르렀으므로 과부의 개가는 입도 벙긋하지 못할 정도였다. 송나라 학자들은 일찍이 "굶어 죽는 것은 작은 일이지만, 절개를 잃는 것은 큰일이다(餓死事小, 失節事大)"라고 언급했다.[7]

또한 송나라 이후 원나라를 포함해 청나라에 이르기까지 이러한

---

7 송나라 성리학자 정호(程顥)와 정이(程頤)의 문집 『이정전서(二程全書)』「유서22(遺書 二十二)」에 나온다.

정절 관념은 갈수록 더 널리 퍼졌고 갈수록 더 강하게 굳어졌다. 명나라와 청나라에서는 각지에 '절부(節婦)'와 '열녀(烈女)'를 대대적으로 표창하기 위해 열녀문[貞節牌坊]을 세웠다. 그녀들의 '주요 행적'은 흔히 개가를 완강히 거부했거나 죽음으로 저항한 것으로 기록되어 있다. 즉 개가를 강요하는 힘에 저항하기 위해 어떤 여인은 자살했고, 어떤 여인은 머리카락을 잘랐으며, 어떤 여인은 귀를 자르기도 했다. 또는 청상과부로 끝까지 수절했거나 약혼자가 죽었지만 절개를 지켰거나 유복자(遺腹子)를 길러 성인으로 성장시키면서 노년을 맞은 일도 있다. 이러한 행적은 각종 기록에서 쉽게 찾아볼 수 있다. 거의 모든 지방지나 족보에도 「절부전(節婦傳)」이 있다. 수많은 현이나 현 이하 시골 마을에서도 절부를 위해 세운 패방(牌坊)을 적지 않게 목격할 수 있다.

이것이 가치관이나 윤리 도덕의 영향으로 생긴 결과에 불과할까? 기실 어떤 가치관이나 윤리도덕도 그것이 존재할 수 있는 사회적 기초와 물질적 기반이 있다. 이 시기 인구 변동 추세를 살펴보면 그런 사실을 분명하게 알 수 있다.

당나라 초기에는 전국의 인구가 많지 않았고 심지어 안사의 난 이전 성당 시기에도 총 인구가 7천만에서 8천만 명 정도에 불과해서 전한 말기의 인구를 겨우 초과했다. 그러나 12세기 초 북송 말기에 이르면 송나라 인구가 이미 1억 명을 돌파했고, 13세기 상반기에는 남송과 금나라를 합친 인구가 거의 1억 2천 명에 이른 것으로 추정된다. 또 17세기 초 명나라 인구는 2억 명을 돌파했고, 1850년 청나라 인구는 4억 3천만 명에 도달했다. 인구가 끊임없이 증가해 각 시기마다 정점을 돌파했으므로 더는 과부의 개가를 허용해 출산율을 높일 필요가 없었다. 이에 여성의 정절 관념을 대대적으로 제창해 과부에게 평생토록 절개를 지키게 했다. 이것이 바로 당시 사회의 현실적 요구에 부합하는 일이었는데, 당시에는 인구 증가를 조절하기 위한 다른 방법은 찾을 수 없었기 때문이다.

인구 증가 압력이 나날이 심각해지자 청나라 후기에 이르러 인구학계(人口學界)에서 '중국의 맬서스'라고 칭하는 왕사탁(汪士鐸, 1802~1889)이라는 학자가 출현했다. 그는 당시 사회의 최대 위기가 인구 과다라고 인식하면서 "하늘과 땅의 힘이 고갈되었다(天地之力窮矣)"라고 탄식했다. 인구 과다의 화근은 무엇일까? 그는 그것이 바로 여성이라고 인식했다. 그는 어떤 미출간 저작에서 인구를 억제하기 위한 근본적인 방법은 바로 여인의 수를 제한하고 여인의 출산능력을 제한하는 것이라고 인식했다. 또 그는 여아가 태어나면 일부는 물에 빠뜨려 죽여야 하고 그렇게 하고도 남은 일부 여아는 동정원(童貞院)으로 보내 어린 시절부터 집중적으로 관리하며 종신토록 결혼하지 못하게 해야 한다고 주장했다. 동시에 그는 과부의 개가를 엄격하게 금지하고 이것을 어기면 법에 따라 처벌해야 한다고도 했다.

이러한 역사 배경과 사회 현실을 이해하고 나면 왜 한나라 사람들이 흉하게 여긴 흉노 습속이 당나라에서는 금기의 대상이 아니었는지 쉽게 알 수 있다. 송나라 사람들이 보기에는 경천동지할 행위였지만 당 태종은 당당하게 조서를 내려 시행하도록 했다. 전통 유가 문화가 길러낸 학자도 서양 학자 맬서스(Thomas Malthus, 1766~1834)와 이심전심으로 심령이 통할 수 있었던 셈이다.

제3절
송나라 호구 자료에는 왜 호구당 평균 인구가
3명에 미치지 못했을까?

송나라 때 호구 자료를 살펴보면 매우 기괴한 현상을 발견할 수 있다. 그것은 남송이나 북송의 호구를 막론하고 매 호구당 평균 구성원 수가 기이할 정도로 적다는 사실이다. 어느 정도 적은가 하면 겨우 두 명 남짓에 불과하다. 예를 들어 송대에는 북송 천성(天聖)[8] 원년(1023년)에 최고 수치에 도달했는데 그때도 겨우 1.42명에 불과했으니 말하자면 매 호구 평균 인구가 1.5명에도 미치지 못한 것이다. 이런 현상이 어떻게 가능했을까? 당시에는 근본적으로 가족계획이나 인구 억제 같은 개념이 없었는데도 말이다. 엄격하게 1명만 출산하는 상황에서도 만약 부부 두 사람이 아이 하나를 낳으면 한 호구의 인구가 3명에 이른다. 호구당 평균 인구가 1.5명에도 도달하지 못한다면 부부 한 쌍과 아이 하나의 구성원이라고도 할 수 없는데, 그것을 호구라고 할 수 있을까? 하물며 그 수치가 전국 평균임에랴?

송나라 때는 도대체 한 호구에 실제 구성원이 얼마였을까? 우리는 송나라 사료에서 위와 다른 기록을 찾아볼 수 있다. 그 기록에 의하면 두 명 남짓에 불과하다는 호구당 구성원 수치는 기실 전체 인구가 아니라 각 가정에서 부역과 납세를 담당한 인구 수치로 확인된다. 예를 들어 전체 인구가 5~6명인 가정에서 노인, 어린이, 여

---

8 송나라 인종의 첫 번째 연호. 1023년에서 1032년까지 사용했다.

성 그리고 때로는 장애인까지 제외하고 부역 조건을 담당할 수 있는 성년 남성이 2~3명에 불과하다는 의미로 볼 수 있다. 게다가 전국의 경우에는 수많은 관료 가정과 그들에게 의지해서 사는 인구가 부역 면제 특권을 향유했으므로 그들도 인구 계산에 포함되지 않았을 것이다. 또 적지 않은 빈민도 조세와 부역에서 벗어나기 위해 자신을 비호해줄 대상을 찾거나 외지로 도망쳤을 것이기에 그들도 정상적인 호적에는 등록되지 않았을 것이다. 따라서 호구당 평균 인구가 3명에 미치지 못하는 것이 비교적 일상적인 상황이라 할 수 있지만, 2명보다 낮은 경우는 조세와 부역을 도피한 비율이 이미 상당히 높다는 사실을 증명한다.

송나라 사료에서 우리는 이와 다른 일련의 수치를 발견할 수 있는데, 그 수치에 의하면 당시 호구당 평균 인구 수치는 5명 내외에 이르렀다. 예를 들어 이와 연관된 주요 사료의 하나인 이심전(李心傳, 1166~1243)의 『건염이래조야잡기(建炎以來朝野雜記)』에는 악주(鄂州, 후베이 우한武漢 일대)의 호구당 평균 인구가 4.73명으로 기록되어 있다. 나원(羅願, 1136~1184)의 『신안지(新安志)』에는 신안 성안의 호구당 평균 인구가 5.35명으로 기록되어 있고, 성밖은 5.05명으로 기록되어 있으므로 모두 5명보다 높은 수치임을 알 수 있다.

기타 일부 사료에서도 우리는 소수 주(州)의 호구당 평균 인구가 4~6명 사이임을 관찰할 수 있다. 예를 들어 주희(朱熹, 1130~1200)는 지방관을 지낼 때, 자신이 다스리는 지역을 위해 구호를 신청하는 공문에서 당지의 호구당 평균 인구를 5명 내외로 언급했다.

이로써 우리는 송나라 때 서로 상이한 호구 통계 수치가 있음을 알 수 있고, 오늘날 『송사(宋史)』등의 공식 사서(史書)에서 볼 수 있는 전국적인 통계 수치는 바로 조세 인구나 부역 인구, 즉 전체 인구 중에서 조세와 부역을 담당하는 부분 수치임을 알 수 있다. 국가 입장에서는 이 수치가 가장 중요하기 때문에 상이한 연도마다 상부에 보고한 수치를 가장 완전하게 기록해놓았다. 구호를 신청한다든가 민병을 편성하는 등 다른 유형의 수치는 남녀노소의 실제 구성원을 완전하게 조사해 통계를 내야 했다. 그러나 이것은 결코 국가의 일상적인 수요나 전국적인 수요가 아니었기 때문에 막대한 인력과 물력을 동원해 일상적이고 보편적인 정리와 보고를 할 필요가 없었고 또 역사서에 기록할 필요도 없었다. 이러한 수치에 근거해 분석하고 다시 유관 부문의 연구를 종합해보면 송나라의 호구당 평균 인구는 5명 내외였음이 분명하다.

또 한 가지 수치도 참고할 만하다. 금나라의 호적 통계는 전체 인구를 포괄하는데, 그 통계 수치의 다년간 변화에 근거해보면 원래 북송 강역 내에 포함된 호구당 인구는 모두 6명 이상이었다. 금나라의 호구당 인구에는 가족 구성원 이외의 노복이나 고용원 등도 포함되어 있으므로 실제 가족 구성원 수치는 역시 5명 내외로 봐야 한다.

이러한 사실에서 출발해 우리는 송나라 사람들이 남겨 놓은 호구 수치 가운데서 호수에 근거해 이렇게 추산해볼 수 있다. 즉 북송 대관(大觀)[9] 4년(1110년)에는 20,882,258호구에 46,734,784명의 인구가 있었으므로 호구당 평균 인구는 2.24명이었다. 따라서 위에서 제시한 여러 통계 수치에 근거해 호구당 인구를 5명으로 계산하면 실

---

9 송 휘종(徽宗)의 세 번째 연호. 1107년에서 1110년에 사용했다.

제 인구는 이미 1억 명을 초과했다고 할 수 있다.

　명나라와 청나라 전반기 호구 통계 수치도 모두 이와 상황이 유사하다. 명나라 초기 이후 조정에서는 호구 통계 수치의 주안점을 조세와 직접 연관된 '납세 금액'으로 옮겼다. 즉 당시 호구 조사 단위인 '리(里)'에서는 반드시 납세 금액의 한도를 책임져야 했고, 이에 "본래 호구당 책임 금액에서 액수가 내려가지 않도록 힘써야 했다." 새로운 조사 결과를 내놓을 때도 반드시 각 행정 단위에서 책임져야 할 호구당 액수를 지난 번 조사 때보다 낮아지지 않도록 해야 했다. 이 때문에 관에서 통계를 내는 호구당 평균 인구 수치가 갈수록 더 낮아지는 비정상적인 현상이 나타났다. 호구당 평균 인구를 낮춰야 책임 액수도 낮출 수 있기 때문이다. 기실 인구사, 사회사, 인류학 등 여러 학문의 연구 결과에 근거해보면 한나라에서 청나라 때까지 한 가구당 평균 인구는 줄곧 5명 내외를 유지했다. 호구당 평균 인구가 5명보다 적거나 특히 그보다 더 적어지는 경우는 모두 통계 지표와 조세 제도가 연관된 결과로 봐야 한다.

　이와 같음에도 우리는 왜 중국 고대 가정에는 아이들이 많았고, 어떤 사람은 심지어 중국에서 가족계획을 시행하기 전에는 다자다복(多子多福) 현상이 보편적이었다고 착각할까? 사실상 이런 착각은 완전한 오해에서 비롯되었다.

　무슨 이유로 오해라고 말할 수 있나? 먼저 분명하게 구별해야 할 것은 옛 호적제도의 '호(戶)'는 당시 제도에 근거해 인구를 등기하는 기본 단위이고, 현대 인구학에서 말하는 '호(戶)'는 '핵가족'을 가리킨다는 사실이다. 무엇이 핵가족인가? 그것은 바로 한 쌍의 부부에다 미성년 아이를 더한 가족을 가리킨다. 이와 다른 유형의 가정,

예를 들어 몇 개의 핵가족이나 하나의 핵가족에 다른 구성원을 더해 이루어진 가족은 '복합가족'이라고 부른다. 즉 한 쌍의 부부와 노인이 함께 생활하는 경우에는 부부와 그들의 미성년 아이 이외에 노인 한두 명을 더해야 하므로 이런 가정은 핵가족보다 인구가 많아지는 것이 당연하다. 고대에는 가족이 한데 모여서 살거나 3대나 4대가 함께 사는 대가족도 있었으므로 몇몇 핵가족이 함께 생활하는 '호(戶)', 즉 예를 들어 한 쌍의 노인 부부 아래에 세 쌍의 젊은 부부가 있고, 또 각 젊은 부부 아래에 미성년의 아이가 있는 경우에 이들 '호(戶)'의 인구는 핵가족보다 훨씬 많게 마련이다. 이러한 복합가정은 사람들에게 마치 자손이 번성하고 인구가 흥성한 것과 같은 인상을 주지만 핵가족으로 분해해보면 이와 다른 느낌을 받게 된다.

소설 『홍루몽(紅樓夢)』[10]을 살펴봐도 영국부(榮國府)나 녕국부(寧國府)를 말할 것도 없이 적지 않은 도련님과 아가씨 등의 친척이 함께 살고 있음을 알 수 있다. 그러나 핵가족으로 분해하면 호구당 인구가 많지 않아서 어떤 가정은 현대적인 가족계획의 모범 가정이라고 칭할 수 있을 정도다. 예를 들어 임대옥(林黛玉)은 무남독녀이므로 부모가 살아계실 때는 3인 가구지만 부모가 모두 돌아가신 후에는 1인 가구로 변했고 그녀가 죽은 뒤에는 가문의 명맥이 끊겼다. 또 가정(賈政)의 경우에는 아이를 다섯 두었지만 이들은 기실 정실 부

---

10 청나라 때 창작된 120회 장회소설이다. 전반부 80회는 조설근(曹雪芹)이, 후반부 40회는 고악(高鶚)이 쓴 것으로 알려져 있다. 중국 전통 귀족 가(賈) 씨 집안의 공자 가보옥(賈寶玉)과 그를 둘러싼 열두 여인의 이합집산과 희로애락을 사실적으로 그렸다. 다양한 인물군상의 모순과 갈등, 그리고 중국 전통 문화의 세밀한 특성이 잘 묘사되어 중국 고전소설 대표작의 하나로 꼽힌다.

인 한 명과 첩 한 명에게서 얻은 자식이다. 왕부인(王夫人)은 가주(賈珠), 가원춘(賈元春), 가보옥(賈寶玉)을 낳았다. 그러나 가주는 일찍 죽어서 그의 아내 이예(李銳)와 아들 가란(賈蘭)만 남았다. 그러므로 가주의 핵가족은 본래 3인 가구였고 그가 죽은 뒤에는 2인 가구로 변했다. 가정의 첩 조이낭(趙姨娘)은 가탐춘(賈探春)과 가환(賈環)을 낳았다. 녕국부의 가사(賈赦)와 형부인(邢夫人)은 외아들 가련(賈璉)만 낳았고, 이름이 알려지지 않은 가사의 젊은 첩은 가련보다 무려 스무 살이 어린 아들 가종(賈琮)을 낳았다. 이러한 사실을 학자들이 청나라 가정과 인구를 연구한 성과와 대조해보면 소설『홍루몽』의 사례가 실제와 부합함을 알 수 있다.

또 한 가지는 고대의 대가족 내에서 항렬 제도를 시행했다는 사실이다. 고대 복합가족 내의 같은 항렬, 특히 같은 항렬의 남성의 경우에는 흔히 첫 번째 태어난 아들로부터 맨 마지막에 태어난 아들까지 숫자를 붙여서 호칭했다. 이 때문에 우리는 당시(唐詩)를 읽을 때 '원십팔(元十八)'이라는 호칭을 만나게 되는데, 이는 바로 원(元) 씨 성을 가진 대가족 중 같은 항렬의 아들 중에서 열여덟 번째라는 의미다. 또 '이이십(李二十)'이라는 말도 이 씨 성을 가진 대가족 중 같은 항렬의 아들 중에서 스무 번째라는 뜻이다. 이것은 원 씨 부부와 이 씨 부부가 그렇게 많은 아들을 낳았다는 것이 결코 아니며 이들 두 가족에 속한 여러 쌍의 부부가 그런 수치의 아들을 낳았다는 것을 가리킨다. 예를 들어 한 조부모 아래에 아들 다섯이 태어났고, 그들이 다섯 핵가족을 이루어 모두 열여덟 명의 아들을 낳았다면 집안의 항렬에 따라 첫째부터 열여덟째까지 차례로 호칭을 부여할 수 있다. 만약 한 증조부나 한 고조부 아래에서 불어난 후대가 함께 생활하고 이들을 같은 항렬 순서에 따라 호칭을 부여한다면 제4대나 제5대에 이르러 20~30이라는 호칭도 드물지 않게 된다. 그러나 하나의 핵가족으로 분해하면 각 가정에 아들이 그렇게 많지 않을 뿐 아니라 어떤 핵가족은 심지어 아이가 없는 경우도 있다.

세 번째 경우는 확실히 특별한 상황에 속한다. 예를 들어 다수의 황제는 아들과 딸을 각각 몇십 명씩 두기도 했다. 그러나 황제가 점유한 여성 숫자와 그들에게서 태어난 자녀 숫자의 평균을 계산해보면 출산율이 매우 낮을 뿐 아니라 대부분은 0에 가깝다. 황제는 일반적으로 몇십 명의 후비와 수천 명의 궁녀를 둔다. 역사적으로 궁녀의 수가 가장 많은 경우는 2천여 명에 달하기도 했다. 그중에서 황제와 성생활을 할 기회를 잡은 궁녀는 미미한 수에 불과했다. 그것은 수많은 여성의 출산 능력을 낭비하는 결과인 동시에 사회적으로 많은 사람들로 하여금 평생토록 결혼을 하지 못하게 하는 결과를 초래했다. 그럼에도 적지 않은 황제는 아이를 두지 못했거나 성년이 되기도 전에 죽었다. 역사책에는 일부 황실 종친, 귀족, 고위 관리, 부자나 심지어 평민 중에서도 자식을 많이 둔 사례가 기록되어 있지만 이런 사람의 비율은 전체 인구 중에서 매우 낮은 수치에 불과하므로 대표성이 전혀 없다. 소설이나 희곡에서 묘사해온 자손이 집안에 가득한 상황은 흔히 날조된 것이므로 이를 증거로 삼을 수는 없다.

인구 발전 규칙이란 측면에서 살펴보면 고대에는 생산력이 비교적 낮았고 공공의료와 위생 조건이 낙후되었으며 보편적으로 출생률과 사망률이 모두 높았으므로 인구 증가율 또한 매우 낮을 수밖에 없었다. 또 임신부와 영유아 사망률도 높았고 영아 살해 현상도 매우 심각했다. 일부 인구는 경제적 원인이나 남녀성별 비율의 불균

형으로 인해 평생토록 결혼할 방법이 없었으므로 전체 인구를 봐도 결혼한 사람의 비율이 현대보다 낮았다. 인간의 평균수명도 아주 짧아서 일부 사람들은 결혼 적령기에 도달하기 전이나 가임 연령에 도달하기 전에 사망했다. 천재지변, 전쟁, 가혹한 법 집행 등의 원인도 수많은 인구가 비정상적인 사망에 이르게 했다. 여러 가지 요인이 종합되면서 중국 역사에서는 정상적인 평균 인구 증가율이 대개 1천분의 7 내외였고 일반적으로 1천분의 10을 넘지 못했다. 이러한 점 때문에 실제 가정의 평균 인구 수치가 5명 내외를 유지했으며, 그속에는 일부 복합가족까지 포함되어 있었다.

제4절
명나라 호적제도와 10년 뒤 호적부를 미리 편집한 일

청나라 순치(順治)[11] 13년(1656년), 어떤 감찰어사가 명나라 숭정 15년(1642년)의 황책(호적부)을 정리하면서 이미 '숭정 24년'의 호적부를 미리 편집해놓은 것을 발견했다. 잘 알려져 있다시피 숭정이란 연호는 모두 합해봐도 17년밖에 유지하지 못했다. 그러나 숭정 15년에 호적부를 편집할 때 아마도 담당 관리들은 후임의 일을 덜어주기 위해서, 혹은 자신이 10년 뒤에도 아직 퇴임할 나이에 이르지 않으므로 미리 10년 치 호적부를 한 부 더 편집해놓고 일이 닥쳤을 때

---

11 청나라 세조(世祖)의 연호. 1638년에서 1661년까지 사용했다.

여유를 부리는 것이 더 낫다고 여긴 듯하다. 그들은 숭정 황제의 운수가 겨우 17년에 불과하다는 사실을 전혀 예상하지 못하고 이와 같은 코미디를 연출한 것으로 보인다.

원칙대로라면 황책은 호적의 실제 수치를 기록하는 장부인데, 관리들이 어떻게 10년 후의 호구 수치를 알 수 있겠는가? 만약 엉터리로 기록하면 국가 중요 문서의 정확성에 악영향을 끼치지 않을 수 있겠는가? 또 그것이 탄로 나면 책임을 추궁당하지 않을 수 있겠는가? 이런 우려는 오늘날 우리의 지나친 생각에 불과하다. 명나라는 중기 이후로 10년에 한 번씩 편집하는 황책을 매우 중시해 막대한 인력과 물력을 투입한 것 같지만, 기실 일찍부터 호구 변화의 실제 상황을 반영하지 못했다. 고정불변의 군적(위소 장졸의 호적으로 도독부에서 관할하지만 그들의 신분은 황책에 기록되어 있기에 대대로 바꿀 수 없다)에서 황책은 본래 신분을 대조하는 근거로 이용하는 일을 제외하고는 황책의 다른 데이터는 아무 쓸모가 없었다. 이에 각 성(省)에서 기한에 맞춰 남경 현무호(玄武湖)의 후호로 보내 보관하게 한 황책 수만 권은 벌써부터 폐지처럼 변했다. 담당 관리가 황책을 어떻게 날조하든지 상부에서는 검사할 방법이 없었으며 그러므로 그들이 질책당할 일은 더더욱 없었다.

명나라 개국 황제 주원장은 그 자신이 미천한 신분 출신으로 민간에서 등장했기 때문에 백성이 조세와 부역의 불평등으로 인해 얼마나 많은 피해를 당하는지 잘 알았다. 그는 이전에 관에서 조세 징수와 부역 징발 정책을 시행할 때 백성의 실제 인구 수치와 실제 상황을 전혀 파악하지 못해 항상 백성의 부담을 가중시키면서 과도한 조세와 부역을 부과했다는 사실을 알았다. 그리고 관리, 부호, 권세가가 오히려 조세와 부역을 면제받는 특권을 누리거나 갖가지 폐단을 통해 이런 부담에서 도피하고 심지어 조세와 부역을 전혀 지지 않기도 했음을 파악했다. 그리하여 주원장은 이런 병폐의 근원이 바로 호적이 부실하기 때문이며 부실한 호적을 통해 사기를 친다고 인식했다.

주원장은 황제가 된 이후 호구 조사를 정확하게 하고 조세와 부역의 균형을 이루어 백성으로 하여금 응당 져야 할 부담만 지게 하겠다고 결심했다. 그는 일반 백성이 자신의 성지(聖旨)를 이해할 수 있도록 하기 위해 특별히 백화(白話, 口語)로 어명을 반포했다. 그것은 글자를 조금 아는 백성이면 한 번만 봐도 바로 분명하게 이해할 수 있는 수준이었다.

호부(戶部)에서 홍무 3년(1370년) 11월 26일에 받든 성지. 호부 관리에게 말하노니 잘 알기 바란다. 지금 천하는 태평하나 다만 호구가 명확하지 못하다. 이에 중서성으로 하여금 천하 호구 감합(勘合)[12] 문서, 호첩(戶帖)[13]을 비치하게 했으니 너희 호부에서 방을 붙여 담당 관리가 관장하는 백성을 모두 관청으로 들어오게 하여 성명을 부기하게 하고, 자기 호구 인구가 얼마인지 진실하게 쓰게 하라. 그 백성에게는 호첩을 발급하되, 윗부분에 인장의 반을 찍어 감합하게 하고 모두 감합 호첩을 가져가게 하

---

12 문서를 발급하거나 발송할 때 부본의 한쪽 끝을 원본에 대고 인장이 서로 절반씩 찍히도록 찍는 것을 감합이라 하고, 그렇게 발급한 문서를 감합 문서라고 한다.
13 『명사(明史)』「식화지(食貨志)」: "태조가 천하의 호구를 장부에 기록하여 호첩(戶帖)과 호적(戶籍)을 비치하게 하고 성명, 나이, 거주지를 모두 기록하게 했다. 그리하여 호적은 호부(戶部)에 올리고, 호첩은 백성에게 발급했다(太祖籍天下戶口, 置戶帖, 戶籍, 具書名, 歲, 居地. 籍上戶部, 帖給之民)."

라. 우리 대군은 지금 원정을 나가지 않으므로 모두 각 주와 현으로 보내고 각각 지역을 돌아가면서 호적을 점검하고 대조 조사하게 하라. 대조 조사가 정확하면 좋은 백성이지만 대조가 정확하지 않으면 다시 잡아와서 병졸로 삼으라. 대조 조사할 때 담당 관리가 속이면 그 관리를 참형에 처하라. 백성 중에서 도피하는 자가 있으면 법률에 의거해 벌을 주고 잡아와서 병졸로 삼으라. 공경스럽게 이 성지를 준수하라. 이를 공경히 준수하는 이외에도 지금 감합 호첩을 발급하고, 본호수집(本戶收執)[14] 문서를 덧붙여 주노라.[15]

위 문서를 보면 시행 수단이 매우 엄격하다. 군대는 이제 전쟁을 하지 않으므로 '지역', 즉 기층으로 내려가서 집집마다 호구의 기록을 실제와 대조하고 일일이 조사하라는 것이다. 만약 속이는 관리를 발견하면 바로 목을 베고, 백성 중에서도 속이는 자가 있으면 바로 잡아서 병졸로 삼으라고 했다. 주원장의 이처럼 엄격한 명령하에서 군대까지 출동하자 관리들은 전전긍긍했고 백성도 감히 속일 수 없었다. 따라서 당시의 호구 조사 결과는 틀림없이 매우 정확했을 것이다.

여기에서 언급한 호첩과 감합 문서도 당시에 호적 인구의 정확성을 확보하기 위해서 운용한 문서일 뿐 아니라 이후에 변화가 생기면 수시로 수정할 수 있게 만든 절실한 조치다. 이른바 호첩과 감합 문서는 바로 모든 호구에 공문 한 장을 발급하고 그 위에 해당 호구의

---

14 본인의 호첩을 영수했다는 문서.
15 이 문서는 명나라 당시의 구어(口語)로 작성되었다.

자료를 베껴서 2부로 만들어 절단부 위에 관인(官印)을 찍고 아울러 취급자도 그 위에 수결(手決)을 한 뒤 절단부를 잘라서 절반은 호주가 보관하고 절반은 관청에 보관하게 하는 방식이다. 다음번에 조사할 일이 있으면 관청에 보관한 절반을 갖고 와서 집안에 보관한 절반과 맞춰보면 관인과 수결이 하나로 연결된다. 그런 뒤에 다시 실제 변화에 근거해 수정하고 새로운 호첩을 만든다.

지금까지도 명나라 초기의 호첩 원본과 초본이 세상에 전한다. 이 문서를 통해 호구 조사와 등기가 매우 세밀했으며, 한 가정에 인구가 몇 명인지, 땅이 몇 무(畝)인지, 방이 몇 칸인지 분명하게 기록했고, 한 살도 되지 않은 영아까지 빠짐없이 기록했음을 알 수 있다.

1호(戶) 장득사(張得肆), 가흥부(嘉興府) 숭덕현(崇德縣) 오동향(梧桐鄉) 29도(都)[16] 이자도(貽字圖), 본 호구에는 모두 현재 4구(口)가 있다.

남자 2구(口): 성년 장정[成丁] 1구(口), 본인, 나이 34세.

　　　　　　 미성년 1구(口), 아들[男], 아구(阿狗), 나이 1세.

부녀 2구(口): 아내 송대낭(宋大娘), 나이 26세.

　　　　　　 딸 아승(阿勝) 나이 4세.

재산[事産]: 민전(民田) 3무(畝) 5분(分) 1리(厘). 가옥 1간(間) 1하(厦).

현령 인장[令印], 위의 호첩을 장득사에게 주어 수령하게 하라. 이에 따르라.

홍무(洪武) 년 월 일.

---

16 본래 원나라 초기부터 시행한 제도인 도도제(都圖制)의 기층 행정 단위 명칭이다. 원나라는 송나라의 향(鄉)과 리(里)를 고쳐 도(都)와 도(圖)라 했다. 명나라 때는 농촌에 향(鄉), 도(都), 리(里) 또는 도(圖)를 설치했다.

반인(半印) 반자(半字)[17], 236호(號). 수결 수결 수결 수결 수결(押押押 押 押)[18]

이 조사의 기초 위에서 홍무 14년(1381년) 주원장은 이후 10년 마다 한 차례씩 전국 호구 조사를 실시하고 통일된 규격에 따라 호적부를 편집한 뒤 모든 호적부를 남경 현무호 후호 안의 섬으로 보내 집중적으로 보관하라고 규정했다.

호구책(戶口冊)을 왜 '황책(黃冊)'이라고 부를까? 그 표지에 모두 황색 종이를 쓰기 때문이다. 호구책을 편집하고 심의하는 과정은 상당히 엄밀했다. 먼저 호구마다 규정된 시간 안에 '공단(供單)'을 작성하는데, 거기에는 10여 항목의 구체적인 내용 및 10년 전과 비교한 호구의 증감 수치를 적어야 했다. 10호마다 갑수(甲首) 1명을 두고, 갑수 10명 위에 이장(里長) 1명을 두었다. '공단'을 작성해 갑수에게 주고, 갑수는 심사한 뒤 방장(坊長), 상장(廂將), 이장(里長)에게 보낸다. 이장은 갑수 10명의 공단을 호구책으로 장정해 주현(州縣) 관아에 보고한다. 주현에서는 그것을 모아 현의 호구 총책을 편집해 부(府)로 올린다. 각 성(省)은 남경에서 떨어진 거리에 따라 기한을 정해 남경으로 호구책을 보냈는데, 가장 가까운 절강은 송부 기한이 20일이었고, 거리가 가장 먼 운남은 180일이었다. 북경으로 천도한 뒤에도 황책 비치 창고는 여전히 현무호 후호에 남겨 놓았다.

---

17 관에 비치한 호적 원본과 백성에게 발급하는 호첩을 나란히 두고 그 중간에 인장을 찍고 수결을 하여 인장과 수결이 양쪽 문서에 각각 절반씩 남도록 한 뒤, 나중에 맞춰보고 진위를 확인하도록 하는 것이다.
18 현승(縣丞), 주부(主簿), 전사(典史) 등 담당 관리가 수결을 하여 진본임을 보증한다.

명나라 말기에 이르면 이미 170여만 권의 황책이 쌓였다. 지금 남아 있는 황책의 무게로 추산해보면 당시 황책의 전체 무게는 4천 톤에 달하므로, 당시의 이 부문 세계신기록이라고 할 만하다.

명나라 초기의 호적 조사가 그렇게 자세하고 성실했으며 조사 규정도 그렇게 엄격했는데 어찌하여 후기에 이르러 10년 뒤의 호구책을 미리 편집하는 기괴한 일이 발생했을까? 잘 알려져 있다시피 주원장이 그렇게 많은 정력을 들이고 그렇게 많은 인력과 물력을 동원해 호구책을 편성한 목적이 결코 오늘날처럼 인구사의 연구 자료로 제공하거나 한 가지 중요한 공문서 자료로 남기려는 것이 아니라 근본적으로 조세를 징수하기 위한 것이었기 때문이다.

그러나 명나라 조세 징수제도는 신속하게 변화했다. 두 번째 황책을 편집한 이후에는 조정에서 실제 호구나 실제 인구에 관심을 기울인 것이 아니라 납세 인구에 어떤 변화가 생겼는지에만 큰 관심을 기울였다. 아울러 이미 납세 인구를 조세 징수의 지표, 즉 '조세액'으로 환산했다. 이렇게 되자 각급 행정 관청은 조세액 이외의 인구에 대해서 아무 관심도 갖지 않았다. 이 때문에 세 번째 황책을 작성할 때부터 시작해 명나라 조정에서는 기본적으로 "본래 거둬야 할 조세액이 줄지 않게 힘쓰도록"만 요구했다. 예를 들어 하나의 '리(里)'에 100호가 있고 본래 정해진 조세액이 30명분이라면 새로 호적을 작성할 때는 반드시 30명분보다 적지 않게 해야 했다. 따라서 '리'에서 호적을 작성할 때는 자연히 다시 각 호구마다 공단의 모든 항목을 써넣으며 구체적으로 10년 전과 비교할 필요가 없어졌고, 오직 '리'에서 책임져야 할 조세액만 30명분보다 적지 않게 합리적으로 바꾸면 그걸로 그만이었다. 규정된 조세액과 무관한 여성, 아동, 노인, 장애인, 기령호(畸零戶)[19]는 관청에서 마음대로 호적을 작성했을 뿐 아니라 본래 조세액의 근거가 되는 적령 남자도 진실하게 조사하거나 대조할 필요 없이 조세액에 맞춰서 적당하게 작성하기만 하면 되었다.

이 조세액은 이미 일정한 은자, 식량 혹은 모종의 구체적인 물자로 환산되어 실제 재정 지표가 되었기 때문에 기층 지방 단위에서 상급 행정 관청에 이르기까지 모두 어떻게 규정 조세액을 줄이지 않고 재정 지표를 완수할 수 있을까에만 관심을 기울이고, 또 지방의 부담을 가중시키지 않으려는 데만 관심을 기울였지, 실제 호구 수에서 이탈하는 것에는 신경 쓰지 않았다.

이러한 상황에서는 탐관오리가 중간에서 개인 주머니를 채우며 가짜 호적을 만드는 것은 말할 것도 없고 청렴한 관리라 해도 지방의 부담을 줄이기 위해 가능한 한 정해진 조세액을 지킨다는 전제하에서 액수를 낮추려 했기 때문에 해당 지역의 호적을 마음대로 작성하기도 했으므로 10년 앞서 호적을 작성해도 아무 상관이 없었다.

이 제도는 명나라 태조가 직접 제정한 것이기에 명나라 멸망 때까지 지속되었다. 10년마다 전국 각지에서는 대대적으로 황책을 편집해 보무도 당당하게 남경 후호로 보냈다. 또 담당 관리는 정직하게 통계를 모아 각종 데이터를 내고 결과를 조정에 보고했으나 기실 그 데이터는 이미 조세 제도의 본래 의미조차 갖지 못한 가짜였다. 조세액이 조정의 수요를 만족시킬 수 없을 때는 지방을 향해 가상으로 조세액을 추가하기보다 조세의 실제 징수액을 높이는 것이 간

---

19 홀아비, 과부, 고아, 가족 없는 노인 등과 같이 불완전한 호구를 말한다.

단하기 때문이다. 만약 어떤 지방에 조세액을 직접 가중시키면 지방은 복종하지 않을 수 없게 된다. 이와 같은데도 가뜩이나 아무 가치도 없는 가짜 수치와 진실을 다툴 필요가 있겠는가?

이 때문에 명나라 대다수 지방의 리가 보여주는 호구 수치는 모두 상당히 기괴하다. 하나의 부와 하나의 현의 호구 수치가 끊임없이 감소하고 있을 뿐 아니라 그 감소 속도도 갈수록 더욱 빨라져서 호구당 평균 인구 수치도 끊임없이 줄어들었다. 예를 들어 영락 연간(1403~1424)에 호구당 평균 인구가 5명이었던 지방이 가정 연간(1522~1566)에 이르면 4명으로 감소했고, 만력(萬曆)[20] 연간(1573~1620)에는 3명으로까지 감소했다. 우리가 잘 알다시피 실제로 이런 상황이 발생할 수는 없다. 또 일부 지방지에 기록된 남녀 성비도 심각하게 악화해 여성 인구가 날이 갈수록 줄어들었다.

명나라 호적제도와 조세제도의 관계를 분명하게 이해하고, 또 호적 속에 포함된 '호(戶)', '구(口)', '정(丁)'의 실제 의미를 잘 알아야 왜 명나라의 실제 인구가 명나라 초기의 7천만 명 내외에서 이후 2억 명에까지 이르렀는지 해석할 수 있다. 그러나 황책과 지방지에 반영된 호구 수치는 줄곧 감소해 시종일관 7천만 명을 밑돌았다.

---

20 명나라 신종(神宗)의 연호. 1573년에서 1620년까지 사용했다.

인물
인간이 '주조'한 시대 현상

제1절
공자: 역대 통치자들이 긍정한 '춘추필법'

공자는 위대한 교육자, 사상가이며 위대한 역사학자이기도 하다. 역사에 대한 그의 주요 공헌은 노(魯)나라 역사서 『춘추(春秋)』를 편찬했다는 데 있다. 『춘추』는 노나라 역대 사관이 기록한 사료에 근거해 편찬한 책으로 공자는 새롭게 그 원고를 정리했을 뿐이다. 그러나 공자는 이 일을 통해 역사에 큰 공헌을 했고, 그가 창시한 '춘추필법(春秋筆法)'은 역대 정사 편찬자에게 모범적인 역사 필법으로 받들어졌다.

역대로 전해져온 유명한 말이 있다. "공자가 『춘추』를 편찬하자 난신적자(亂臣賊子)들이 두려워했다."[1] 공자가 『춘추』를 편찬하자 왜 난신적자들이 두려워했을까? 이 문제는 역사서의 역할에서 설명을 시작해야 한다.

오늘날 우리가 역사를 읽을 때는 모두 옛사람이 후대 사람에게 특별히 남겨준 읽을거리 혹은 자자손손으로 하여금 옛일을 이해할 수 있도록 써놓은 서책 혹은 역사의 경험과 교훈을 총괄하기 위해 남겨준 기록물로 여긴다. 하지만 가장 이른 역사 기록은 기실 하늘, 신령, 조상에게 상황을 보고하고 그들의 도움을 빌려 현실의 이익을 얻거나 그들에게 용서받아 재앙을 없애려는 목적이 있었다. 설령 최고 권력을 가진 통치자라 해도 자신의 능력이 유한하다는 사실을 분명히 알고 있었으므로 하늘과 신령의 도움에서 벗어날 수 없었다. 또 다른 한편으로 통치자는 자신을 하늘과 신령이 파견한 사람으로 인식하거나 심지어 그들의 대표자로 인식했기 때문에 절대적으로 하늘과 신령에게 복종하고 자신의 모든 행위를 사실대로 보고해야 한다고 여겼다. 당시 사람들은 사람이 죽은 뒤에 다른 세계에서 생활하는데, 생전과 마찬가지로 지각도 있고 어떤 역할도 맡을 수 있다고 생각했다. 따라서 조상을 살아 있는 사람처럼 존중하고 받들며 정기적으로 제사를 올리고 자신의 실적을 사실대로 보고하려고 했다.

하늘, 신령, 조상에게 보고하는 임무는 애초에 무당이 담당했다. 왜냐하면 그들만이 하늘, 신령, 조상과 소통할 수 있는 능력이 있다

---

1 『맹자(孟子)』 「등문공(滕文公)」 하(下): "孔子成『春秋』而亂臣賊子懼."

고 여겼기 때문이다. 아직 문자가 없을 때는 사람들이 중요한 일을 망각할까 두려워하며 결승(結繩)이란 방법을 썼다. 즉 사안이 있을 때마다 새끼줄에 매듭을 짓는데, 중요하고 큰일이 있으면 큰 매듭을 지어서 기억을 공고하게 한다. 문자가 생긴 이후에는 거북 껍질, 소뼈 위에 사안을 새기거나 간독(簡牘)에 쓰거나 청동기에 글자를 주조해 넣거나 돌에 새겼다. 그처럼 막대한 대가를 지불하면서 기록을 남긴 것은 하늘, 신령, 조상에게 보고를 올리기 위함이었다. 이후에는 기록할 일이 많아졌고 무당도 담당 업무에 바빠서 '무당[巫]'과 '사관[史]'을 분리한 뒤 사관에게 수집한 사료를 기록하게 했다. 이로써 전문적인 직업으로서의 사관(史官)이 탄생했다. '사(史)'는 기록용 판(板)을 들고 선 모습의 상형문자다. 사관이 기록한 내용물도 '사(史)'로 칭했고, 이러한 '사(史)'를 일력(日曆)에 따라 편집한 것을 역사(歷史)라고 불렀다. '역(歷)'과 '역(曆)'은 통용할 수 있는 글자다.

사관의 직업 윤리는 사실(事實)을 있는 그대로 기록해 하늘, 신령, 조상에게 책임을 지는 것이었지 현실 통치자에게 책임을 지는 것은 아니었다. 당시 사람들은 최고 통치자에서 보통 사람에 이르기까지 하늘, 신령, 조상에게 경외심을 품지 않은 사람이 없었기 때문에 사관의 기록에 대해서도 모두 경외심을 가졌고, 사관이 자신의 악행을 기록해 생전이나 사후에 징벌을 받거나 그 피해가 자손에게까지 미칠까봐 특히 두려워했다.

바로 이와 같았기에 공자의 '춘추필법'은 역대로 매우 준엄하게 인식되었다. "한 글자의 칭찬은 화려한 곤룡포보다 영예로웠고, 한 글자의 폄하는 날카로운 부월(斧鉞)보다 엄중했다."[2] 왜냐하면 이 기록은 개인의 평생 사적에 그치지 않고 사후 세계로도 전해져 자손에 게까지 영향을 끼칠 수 있는 것이기 때문이다.

그럼 공자는 『춘추』를 편찬할 때 어떤 구체적인 방법을 썼을까?

가장 먼저 "존귀한 사람[尊者]을 위해 부끄러운 일을 숨겨주고 [諱], 어진 사람[賢者]을 위해 과실을 숨겨주었다."[3] 존귀한 사람은 지위가 높은 사람이고 어진 사람은 품성이 고상하면서 재주가 있는 사람인데, 그들의 결점과 오류를 가려주었다는 뜻이다. 존귀한 사람 의 기준은 공자의 안목 속에 자리 잡은 『주례』에 근거해 『주례』에 서 규정한 등급과 질서에 따라 정했다. 어진 사람의 기준은 자연히 공자 자신이 공감하는 가치관에 근거해 정했다. '숨겨주는[諱]' 정도 나 어떤 것을 '숨겨줘야 하고' 어떤 것을 숨겨주지 말아야 하느냐에 대해서는 공자가 전혀 구체적인 기준을 남겨놓지 않아서 후세 사람 들의 개인적인 느낌에 의지할 수밖에 없다.

그 다음 방법은 "쓸 것은 쓰고, 삭제할 것은 삭제한다"[4]는 것 이다. 만약 '숨겨주는' 것으로도 불충분한 어떤 내용이 있으면 아 예 깡그리 삭제한다. 이 때문에 기록해야 할 것은 기록하고 기록하 지 말아야 할 것은 모두 제거한다. 왜 '삭제(削除)'라는 말을 쓸까? 왜냐하면 당시에는 이러한 내용을 죽간이나 목간에 기록했고 이 미 기록한 내용을 고치려면 매우 번거로웠다. 작은 칼을 준비했다 가 불필요한 글자를 발견하면 바로 그 부분을 칼로 깎아냈기 때문

---

2 명(明) 정등길(程登吉), 『유학경림(幼學瓊林)』「문사(文事)」: "一字之褒, 榮於華袞, 一字之貶, 嚴於斧鉞."
3 『춘추곡량전(春秋穀梁傳)』「성공(成公)」 9년: "爲尊者諱恥, 爲賢者諱過."
4 『사기(史記)』「공자세가(孔子世家)」: "筆則筆, 削則削."

이다. 우리가 출토했거나 우리에게 전해져온 간독을 살펴보면 어떤 부분은 완전하지 않은데, 그렇게 기록이 빠진 부분은 이미 기록한 글자를 깎아낸[삭제한] 곳이다. 공자가 『춘추』를 편찬할 때 이용한 원시 죽간 자료는 대부분 노나라 사관이 기록하고 정리한 원본이었을 것이므로 공자의 삭제를 거친 부분의 원시 사료는 영원히 소실되고 말았다.

우리는 공자가 『춘추』를 편찬할 때 중시한 것이 결코 역사 사실 그 자체가 아니라 가치관이었음을 알 수 있다. 공자는 역사 사실을 자신의 기준에 의거해 선택한 뒤 그것을 쓰기도 하고 쓰지 않기도 했으며 심지어 원시 사료를 훼손하거나 아예 없애기도 했다. 같은 역사 사실을 두고 칭송할 수도 있었고 폄훼할 수도 있었다. 그가 힘써 추구한 것은 역사 사실이 아니라 그의 가치관을 확립하고 공고히 하고 선양하는 데 유리한 사료였다. 그는 역사를 다루면서 자신의 정치적 포부를 실현하고 자신의 가치관을 선양하고 그가 직면한 "예악 붕괴"의 상황을 질책하려 했다. 이런 관점으로 살펴보면 역사는 결코 과거에 존재했거나 발생한 적이 있는 사실을 단순하게 기록하는 것이 아니라, 역사학자가 사료를 선택해 자신의 의도를 부여하는 기록임이 증명된다.

구체적인 사례를 하나 들어보자. 『춘추』 「희공(僖公)」 28년(기원전 632년)에 "천왕(天王)이 하양에서 수렵했다(天王狩于河陽)"는 기록이 있다. 글자만 보면 전혀 이해하기 어렵지 않다. '천왕'은 주나라 천자이고, '수(狩)'는 현재의 용어로 수렵으로 이해할 수 있지만 당시에는 사냥 형식을 빌린 국가의 성대한 공식 행사였다. 가을과 겨울이 교차하는 시절에 길일을 골라 천자나 제후 또는 귀족이 의장대와 경호대의 호위하에 교외로 나가서 미리 선택한 장소에서 사냥을 한다. 그런 뒤 사냥한 동물과 미리 준비한 제수로 제사를 올리고 연회를 열고 오락을 즐긴 후 되돌아온다. 가을과 겨울이 교차하는 때를 선택한 이유는 추수가 끝나면 민중에게 한가한 시간이 생기고 식량과 물자가 비교적 풍성하고 동물도 봄과 여름 동안 성장해 살이 쪄 있기 때문이다. 하양(河陽, 허난 멍저우시孟州市 서북쪽)은 황하 가의 지명으로 동주(東周)의 도성 낙양에서 그리 멀지 않은 곳이다. 한 마디로 정리하면 주나라 천자가 하양에 가서 '수렵[狩]' 활동을 했다는 것이다.

하지만 실제 상황은 어떠했을까?

실제로는 당시에 진 문공(晉文公, 기원전 697~기원전 628)의 세력이 이미 강성해 제후들의 패주(霸主) 노릇을 하고 있었다. 성복(城濮) 전투 뒤에 그는 본래 제후들을 이끌고 낙양으로 가서 주 양왕(周襄王, ?~기원전 620)을 조현하고 자신이 제후의 맹주라는 사실을 기성사실로 굳히려 했다. 그러나 그는 또 자신의 위엄과 덕망이 제후들을 복종시키지 못해 만의 하나라도 일부 제후가 자신을 따르지 않아서 당초의 목적을 이루지 못할까봐 걱정했다. 그는 주 양왕에게 도성을 떠나 하양으로 오게 하고, 자신은 가까운 천토(踐土, 허난 위안양현原陽縣 서남쪽)에서 제후들을 이끌고 주 양왕을 조현하려고 했다. 이는 기실 주 양왕으로 하여금 그의 맹주 지위를 보증하게 하려는 의도였다. 주나라 천자는 당시에 이미 유명무실한 존재로 허수아비에 불과했지만 그래도 형식적으로는 최고 존엄이었다. 본래대로라면 진 문공이 친히 제후를 이끌고 천자를 조현하러 가야 했지만 그는 오히려 공공연히 제도를 어기고 주 양왕으로 하여금 그의 조치를 따르게 했고 주 양왕도 그에게 순종하지 않을 수 없었다. 공자는 이 역사적 사실을 보고 여태껏 제후가 천자를 부른 사례는 없으며 이 것은 "예악이 붕괴된" 전형적인 현상이라 여겼다. 이에 『춘추』에 절 대 이런 사악한 사례를 남겨둘 수 없으므로 주 양왕이라는 존귀한 사람이 맞닥뜨린 불행을 숨겨주지 않을 수 없었다. 이 때문에 '수렵 [狩]'이라는 글자로 사실과 완전히 다른 기록을 남긴 것이다. 이로써 주 양왕이 당한 치욕은 그가 주체적으로 진행한 정상적인 활동이 되었다.

이러한 '춘추필법'은 천자의 존엄을 유지하게 하는 동시에 공자 가 고심해 겉으로 내세운 글자의 배후에 불명예스러운 일이 있음을 후인에게 이해시킬 수 있기 때문에 후세 사관들이 모방하고 답습 했다. 『이십사사(二十四史)』 등 정사를 볼 기회가 있는 분들은 황제 의 활동 중에 '수(狩)'라고 칭한 대목이 있으면 그것은 바로 황제가 큰 재앙을 당한 일임을 매우 주의해야 한다.

예를 들어 『송사(宋史)』에는 휘종(徽宗, 1082~1135)과 흠종(欽宗, 1100~1156)을 서술하면서 "두 황제가 북쪽으로 수렵을 갔다(二帝北 狩)"라고 했다. 그러나 그들은 북쪽으로 수렵을 간 것이 아니라 북송 이 멸망한 후 금나라에 포로로 잡혀가 흑룡강(黑龍江) 오국성(五國 城)으로 압송되었다가 결국 타향에서 죽었다. 『명사(明史)』에도 영종 이 북쪽으로 수렵[北狩]을 갔다는 기록이 있는데 이는 영종이 도성 을 나서서 친정(親征)을 하다가 몽골에 포로가 된 사실을 가리킨다. 청나라 관방 사료에도 자희태후(慈禧太后, 1835~1908)의 '서수(西狩)' 또는 '양궁서수(兩宮西狩)'라고 일컫는 일이 바로 8국 연합군이 북경 으로 쳐들어온 후[5] 자희태후가 광서제(光緒帝, 1871~1908)를 데리고 황급하게 서안(西安)까지 도주한 사실을 가리킨다. 공자 이후로 이 '수(狩)'자는 이미 제왕이 몽진했거나 포로가 되었거나 도성을 떠나 치욕을 당한 일을 일컫는 대명사가 되었다.

마찬가지로 공자에 의해 '양사(良史, 우수한 사관)'로 찬양을 받은 사람들은 그들이 사실대로 역사를 기록했기 때문이 아니라 그들의 필법이 공자가 옹호하는 가치관에 부합했기 때문이다. 예를 들어 춘추시대 진(晉)나라 사관 동호(董狐, ?~?)는 "조돈(趙盾, 기원전 655~기원전 601)이 자기 임금을 시해했다(趙盾弑其君)"[6]라고 기록했지만, 사실 피살된 진 영공(晉靈公, 기원전 624~기원전 607)은 혼군(昏君)에다 폭군이었다. 조돈이 여러 번 폭정을 막으려고 간언을 올리자 원한을 품고 자객을 보내 조돈을 죽이려 했지만 미수에 그쳤고 이에 조돈은 어쩔 수 없이 도주하게 되었다. 이런 사이에 진 영공이 피살된 것이다. 조돈은 일찍이 동호에게 자신을 시해범으로 기록한 이유를 추궁했다. 동호는 두 가지 이유를 들었다. 즉 "도망치면서 국경을 나가지 않은" 것, "돌아와서 역적을 토벌하지 않은" 것이 이유였다. 그러자 조돈은 그의 논리를 받아들일 수밖에 없었다. 공자도 조돈을 훌륭한 대부[良大夫]로 칭했고 그가 도망가면서도 국경 밖으로 나가지 않아 오명을 쓰게 되었다고 애석해 했지만, 동호가 이 일로 '시해'의 가치관을 규정한 것은 충분히 긍정했다. 이것이 바로 공자가 일심으로 옹호하려 했던 '예(禮)'였다.

---

5 중국 청나라 말기 의화단(義和團)이 '청나라를 돕고 서양 세력을 멸한다(扶淸滅洋)'라는 구호를 내세우고 베이징을 점령하자 제국주의 세력인 영국, 미국, 프랑스, 독일, 러시아, 일본, 오스트리아, 이탈리아 등 8국 연합군이 베이징으로 진격해 의화단을 진압한 사건이다.
6 『좌전(左傳)』 「선공(宣公)」 2년.

따라서 우리는『춘추』이후의 '정사'를 읽을 때 반드시 이와 같은 기준을 가지고 기록을 이해해야 한다. 새로 건립된 왕조가 많은 인력과 물력을 동원해 성대하게 앞 왕조의 역사를 편찬하는 것도 그 목적이 자기 왕조의 가치관을 옹호하려는 조치였을 뿐 아니라 자기 왕조가 천명을 받았음을 증명해 정치적 합법성을 얻으려는 대책이었다. 이런 의미에서 말해본다면 공자 이후의 역사는 모두 공자가『춘추』를 편찬한 의미를 계속 이어간 것이라고 할 수 있다.

제2절
복생: 문화의 보호자 겸 계승자

진시황이 분서갱유(焚書坑儒)를 자행해 고대로부터 전해내려온『상서(尙書)』와 같은 전적(典籍)을 모조리 불태우고 민간에서 소장하는 것까지 금지했다. 대신 관청에 전문적으로 일군의 '박사'를 두고 그런 책을 보관하거나 연구하게 했다. 그중 한 사람인 복생(伏生, 기원전 260~기원전 161)이란 사람은 이름조차 전해지지 않지만, 후세 사람들은 그를 존경해 '복선생(伏先生)'으로 불렀다. 진(秦)나라가 멸망할 때 복생은 자신의 직권으로 근무처에서『상서』한 부를 가져와서 몰래 자기 집 벽에다 숨겼다. 나중에 천하대란이 발생하자 그는 집을 나와 외지로 떠돌아다닐 수밖에 없었다. 한나라가 건국된 후 복생은 다시 안정을 찾아 고향으로 돌아갔는데, 책을 숨겨 둔 벽이 전란 통에 파괴되었고 그가 소장했던『상서』한 부도 몇십 편이 사라진 채 겨우 29편만 남아 있는 것을 발견했다. 그는 이 29편 『상서』
에 의지하고 자신의 연구와 해석을 합쳐서 옛 제나라와 노나라 일대
에서 『상서』를 전수했다.

　한 문제(漢文帝, 기원전 203~기원전 157) 때에 이르러 『상서』를 연구
하고 전수하는 학자가 다른 곳에는 없었다. 그러나 복생이 아직 생
존해 있다는 소문이 들려서 그를 도성 장안으로 불러오려고 했다.
그런데 복생은 당시에 이미 아흔 살 가까이 되어 먼 길을 나설 수
없었으므로, 조정에서 특별히 조조(晁錯, 기원전 200~기원전 154)를
파견해 그의 강술(講述)을 듣게 하고 그것을 기록해 전수하게 했다.
복생은 나이가 많아 발음이 분명하지 않았으므로 그의 딸이 옆에
서 한 구절 한 구절씩 『상서』의 문장을 전달했다. 하지만 복생과 그
의 딸은 산동 방언을 썼고 조조는 영천(潁川, 지금의 허난河南) 사람이
었기 때문에 두 사람의 말을 모두 알아들을 수는 없었다. 조조는 대
략 20~30퍼센트는 추측에 의지해 복생의 말을 기록했다. 그러나 어
찌 되었든 『상서』 및 복생의 해석과 연구 성과는 이런 특별한 방식
을 통해 보존되어 후세에까지 전해졌다.

　인쇄술이 널리 보급되기 전에는 이런 경전과 기타 서적이 모두 필
사에 의지해 유통되었다. 또한 아직 종이가 없을 때는 오로지 죽간,
목간, 비단에 써서 전할 수밖에 없었다. 필사 재료와 시간을 많이
들여야 할 뿐 아니라 이런 재료는 모두 오래 보관할 수도 없었으며
베끼는 과정에서도 새로운 실수가 끊임없이 발생했다. 따라서 학자
들은 이러한 지식을 전수하고 전적을 연구할 때 대부분 구전(口傳)
에 의지해야 했다. 그러다 보니 적지 않은 착란(錯亂)이나 누락이 발
생하면서 서로 다른 의미나 서로 다른 판본이 생겨났다. 예를 들어

『서경(書經)』, 즉『상서』는 두 가지 판본[7]이 출현했고, 『시경(詩經)』은
네 가지 판본[8]이 나타났다. 또 제나라에서 유행한『논어(論語)』와 노
나라에서 유행한『논어』가 서로 달랐다.[9] 두 나라 간의 거리가 멀지
않았음에도 말이다. 『춘추』도 더 많은 학파의 상이한 판본이 있었
고,[10] 다른 전적은 더욱 혼란스러웠다.

　　진시황 때 민간에서 서적을 소장하는 것을 제한하는 명령을 내린
적이 있고, 한 혜제(漢惠帝, 기원전 210~기원전 188)에 이르러 그 명령
을 취소해 백성이 마음대로 서적을 소장할 수 있게 되었다. 그러나
진시황의 압수와 진·한 교체기의 전란을 거치면서 실제로 남은 서
적은 많지 않았다. 이 때문에 한나라 초기에는 민간에서 도서를 광
범위하게 수집하기도 했다. 한 무제에 이르러 태사(太史, 사관이 근무
하는 곳)를 도서 소장(所藏) 전문 기구로 삼고 전국에서 바친 도서를
소장하게 했다. 사마천과 그의 부친 사마담(司馬談, 기원전 169?~기원
전 110) 같은 사람은 태사에 소장된 역사서를 충분히 이용해 마침내
120권에 이르는『사기』를 완성했다.

　　한 성제(漢成帝, 기원전 51~기원전 7) 때에 이르러 이렇게 소장한 도
서가 적지 않게 유실되자 진농(陳農, ?~?)이란 관리를 전국 각지로
보내 민간에 흩어진 도서를 수집하게 하고, 유향(劉向, 기원전 77~기

---

7 한나라 때『상서』는『금문상서(今文尚書)』와『고문상서(古文尚書)』 판본으로 나뉘어 있었다.
8 한나라 때『시경』은『제시(齊詩)』, 『노시(魯詩)』, 『한시(韓詩)』, 『모시(毛詩)』 판본으로 나뉘어
있었다.
9 한나라 때『논어(論語)』는『노논어(魯論語)』, 『제논어(齊論語)』, 『고논어(古論語)』 판본으로
나뉘어 있었다.
10 한나라 때『춘추』는『좌씨전(左氏傳)』, 『공양전(公羊傳)』, 『곡량전(穀梁傳)』 판본으로 나뉘
어 있었다.

원전 6)에게 명령을 내려 수집한 도서를 전문적으로 교감하고 정리하게 했다. 유향이 죽은 뒤 그의 아들 유흠(劉歆, 기원전 50?~23)이 부친의 유업을 계승해 마침내 3만 3,090권의 책을 7류(類)로 나누어 『칠략(七略)』[11]이란 책을 편찬했다.

기원 23년 왕망(王莽, 기원전 45?~23) 정권이 멸망할 때 황궁의 도서는 다시 잿더미가 되었다. 후한 광무제, 명제(明帝, 28~75), 장제(章帝, 56~88 재위)는 모두 학술과 문화를 중시했고, 특별히 유가 경전도 중시했다. 각지에서 또 분분히 책을 바치자 황궁의 석실(石室)[12]과 난대(蘭臺)[13]의 장서도 상당히 넉넉하게 구비되었다. 이에 조정에서는 이러한 신서(新書)를 동관(東觀)[14]과 인수각(仁壽閣)에 집중적으로 보관하게 하고 부의(傅毅, ?~90)와 반고 등에게 명령해 유향 부자가 편집한 『칠략』의 분류와 정리에 근거해 『한서』 「예문지(藝文志)」를 편찬하게 했다.

그러나 후한 말기에 이르러 동탁이 한 헌제를 압박해 도성을 장안으로 옮기게 하자 군인들이 궁중에서 대대적으로 약탈을 자행하면서 비단에 글을 쓴 긴 두루마리를 잘라 장막과 보자기로 만들었다. 그래도 장안으로 운반해온 책이 70여 수레에 이르렀다. 이후

---

11 전한 말기 유흠(劉歆)이 당시까지 전해지던 도서를 일곱 부류로 분류한 목록이다. 그는 천하의 도서를 「집략(輯略)」, 「육예략(六藝略)」, 「제자략(諸子略)」, 「시부략(詩賦略)」, 「병서략(兵書略)」, 「수술략(數術略)」, 「방기략(方技略)」으로 분류했다. 지금은 전해오지 않지만 『칠략』을 바탕으로 도서를 분류한 『한서』 「예문지(藝文志)」가 남아 있다.
12 한나라 황실 도서관 석거각(石渠閣)을 가리킨다.
13 한나라 도서를 관리하고 교감하면서 역사를 편찬하던 관청이다.
14 후한 시대에 역사를 편찬하던 곳이다. 이곳에서 편찬한 유명한 역사서로 『동관한기(東觀漢記)』가 있다. 본래 역사서 편찬은 난대(蘭臺)가 담당했는데 후한 화제(和帝)가 동관으로 이관했다.

장안이 전장으로 변하자 그곳에 보관하던 책은 깡그리 잿더미로 변했다.

삼국시대 위(魏)나라가 건국된 이후 다시 민간에 흩어진 도서를 수집하기 시작했다. 중앙정부의 비서 담당 관청에서 도서 소장과 정리 업무를 맡아 상이한 내용에 근거하여 도서를 갑(甲), 을(乙), 병(丙), 정(丁) 4부로 분류했다.

서진 초기에 중요한 발견이 있었다. 즉 급군(汲郡, 허난성 지현汲縣 서남 일대)의 옛 무덤에서 뜻밖에도 2만 9,945권에 달하는 고서가 발굴되었다. 서진 시대 도서 수집에 있어서 매우 중요한 수확이었지만 오래지 않아 '팔왕지란'과 '영가지란'이 발발해 도성 낙양이 폐허로 변하자 황실의 도서도 모두 사라졌다.

동진은 동남쪽에서 나라를 세운 뒤 다시 서적을 수집했다. 그러나 본래 정리했던 '사부목록(四部目錄)'과 대조해보니 겨우 3,014권만 남아 있었다. 이후 북방에 흩어져 있던 도서가 계속 강남으로 흘러들었고 동진 말년에 유유(劉裕)가 장안을 점령할 때 후진(後秦)의 장서고에서 고서 4천 권을 얻었다. 따라서 남조 송나라 원가(元嘉) 8년(431년)에 비서감 사령운(謝靈運, 385~433)은 새로운 '사부목록'을 편찬하면서 6만 4,582권의 도서를 등록했다. 그러나 남조 제나라 말기에 다시 발생한 전란으로 황실 장서각이 불에 타서 큰 손실을 입었다.

남조 양나라 초기에 비서감 임방(任昉, 460~508)은 문덕전(文德殿)에서 집중적으로 도서를 정리했는데, 당시에 불경을 제외한 도서가 모두 2만 3,106권이었다. 양나라 무제(梁武帝, 464~549)는 문화를 매우 중시했고 강남 땅도 40여 년간 안정 국면을 유지했기에 당시 민간의 장서량도 크게 증가했다.

'후경의 난[侯景之亂]'[15]이 평정된 후 당시 상동왕(湘東王) 소역(蕭繹, 이후 양 원제元帝, 508~555)은 문덕전의 장서와 도성 건강(健康, 南京)에서 수집한 공사(公私) 장서 7만여 권을 그가 도성으로 정한 강릉(江陵)으로 운송하라고 명령했다. 양 원제도 도서 수집을 중시해 자신이 직접 모은 장서만 7만 권이었으므로 국가의 장서와 모두 합치면 14만 권에 이르렀다. 그러나 그는 서위(西魏) 군사에게 포위되었을 때 갑자기 장서 14만 권을 모두 소각하라는 명령을 내려 공전무후의 도서 재난을 야기했다. 만약 적에게 약탈되었다면 운반 중에 흩어지는 경우는 있더라도 얼마간 남은 도서가 있었을 것이지만 양 원제가 주체적으로 소각을 명령했으므로 종이 조각 한 장도 남을 수 없었다. 그는 남조의 전체 도서와 자신이 여러 해 모은 소장 도서를 전부 잿더미로 만들었다. 이 때문에 북주(北周)가 관중에서 건국했을 당시 장서는 겨우 8천 권에 불과했고, 이후 점점 장서량이 늘어나서 1만여 권에 이르렀으며 나중에 북제(北齊) 때 또 5천여 권을 더 노획했다.

수나라가 천하를 통일하고 수 문제는 비서감 우홍(牛弘, 545~610)의 건의를 받아들여 사람을 각지에 파견해 '이서(異書)'를 수집하게 했다. 또 원서는 모두 베낀 후 돌려주겠다고 규정함과 아울러 책 한 권을 바치면 명주[絹] 1필을 상으로 주겠다고 했다. 이 조치로 수나라는 다량의 도서를 얻었다. 수나라는 남조 진(陳)나라를 멸할 때

---

15 중국 남조 양나라 장수 후경이 일으킨 반란이다. 후경은 양 무제를 죽이고 양나라 조정을 전횡하다가 자신이 황제에 올라 국호를 한(漢)이라 했다. 그러나 결국 양나라 상동왕 소역에게 패배해 도주하다 부하에게 살해되었다.

또 남방의 적지 않은 장서를 얻었다. 하지만 이런 도서는 모두 새로 베낀 것이었고 종이나 먹의 품질이 그리 좋지 못했으며 내용에도 오류가 많이 섞여 있었다. 이 점을 보아도 양 원제가 책을 소각한 뒤 남방의 고적이 거의 사라졌음을 알 수 있다. 남은 도서를 정리해 수나라는 그래도 황실 도서관에 3만여 권의 도서를 소장하게 되었다. 수 양제는 이 책들을 다시 분실할까 걱정하며 모든 장서를 베껴서 50부의 부본으로 만들고 동도(東都) 낙양에 관문전(觀文殿)을 세워 책을 보관하라고 명령을 내렸다. 그렇게 많이 베껴둔 부본이 이후 도서 보호에 큰 역할을 했다. 왜냐하면 상이한 장소에 나눠 보관한 부본이 동시에 전부 훼손될 수는 없기 때문이다. 인쇄술이 생겨나 널리 쓰이기 전에는 부본을 다량 만들어 두는 것이 서적 보호에 가장 큰 힘으로 작용했다. 역대로 황음무도(荒淫無道)하다고 평가받은 수 양제였지만, 개인적으로는 도서를 애호했기에 이처럼 훌륭한 일을 할 수 있었고 이에 힘입어 수나라 황실에서는 기본적으로 3만여 권의 도서를 소장해 보존할 수 있었다.

당나라는 왕세충(王世充)을 멸하고 낙양을 점령한 뒤 배를 이용해 그곳의 모든 도서를 장안으로 운반하려 했다. 그러나 삼문협을 지날 때 배가 뒤집혀서 대부분의 도서가 물에 떠내려갔고 남은 것은 겨우 10~20퍼센트에 불과했으며, 도서목록조차 훼손되어 불완전한 상태로 변했다. 당나라 초기에 『수서(隋書)』「경적지(經籍志)」를 편찬할 때 수집한 책은 1만 4,466부, 권수로는 모두 8만 9,666권이었다. 이 수치는 아직 양 원제가 소각한 전체 책에 못 미치는 양이다. 게다가 이들 책은 모두 양 원제가 소각한 이후 재생산한 것이고 중복된 내용도 있을 것이다.

따라서 어떤 동기에서 그런 행동을 했든 양 원제가 그 많은 책을 한순간에 태워 없앤 것은 도서 자체에 대한 심각한 파괴 행위일 뿐 아니라 인류 문명에 대해서도 용서 받을 수 없는 범죄 행위를 자행한 것이다.

당나라 말기와 오대 시대에 이르러 조판 인쇄술이 운용되기 시작했다. 송나라 때는 서적 인쇄가 나날이 보편화 되었기에 오늘날 우리는 수많은 송나라 판 인쇄 고적을 목격할 수 있고 이후에도 송나라 판본을 번각한 서적이 계속해서 출간되었다. 이렇게 인쇄된 판본이 나타나자 서적 유통이 더욱더 확산되었으며 대다수 책은 모두 다양한 복본(複本)을 갖게 되어 설령 천재지변이나 전란이 일어나더라도 결국 한두 권의 책은 생존해 후세에 전해질 수 있게 되었다. 이 때문에 송나라 이후로는 인쇄본이 나온 책이라면 다시 소실되는 일은 없게 되었다. 청나라에 이르러 일부 금서를 훼손하고 압수한 책과 원판을 파괴하기도 했지만 민간에서는 갖가지 방법을 동원해 책을 보존했다. 또 일부 송나라 판본은 중국에서는 이미 찾아볼 수 없지만 일본으로 전해진 후 지금까지 완전하게 보존되고 있다.

인쇄본이나 복제본이 없는 책은 그런 행운을 누리지 못했다. 명나라 성조 때 편찬한『영락대전(永樂大全)』원본은 명나라 말기에 이르러 이미 종적을 알 수 없게 되었는데, 거의 2만 권에 달하는 부본한 부만 남아 있다가 1860년 영불 연합군과 1900년 8국 연합군이 북경에 쳐들어왔을 때 불타고 약탈당해서 지금은 겨우 800여 권만 남아 있다

그러나 어떤 시대든 중국에는 복생처럼 온갖 고난을 겪으면서도 평생토록 서적을 보호하고 문화를 전승한 사람이 드물지 않았다. 이

들이 전한 문화의 불씨는 천년토록 끊이지 않았다. 게다가 제지술의 발전과 종이의 보급, 그리고 인쇄술의 발명과 끊임없는 발전으로 선진시대의 주요 전적이 지금까지도 전해질 수 있게 되었으며, 당·송 이후의 책은 대부분 보존되어오고 있다.

제3절
해서: 왜 해서 한 사람만 청백리가 되었나?

역대로 사람들은 모두 해서(海瑞)를 청백리의 전형으로 꼽는다. 이른바 청백리에 대한 명확한 정의는 없지만 가장 기본적인 표준은 바로 '청(淸)'이다. 개인 생활은 청렴(淸廉)하고 검소해야 하며 관리 생활은 청정(淸正)하고 결백해야 한다. 관직을 맡았을 때 탐욕스럽지 않고, 뇌물을 받지 않고, 사리사욕을 위해 법을 어기지 않고, 몸을 깨끗이 하며 선하게 행동했다면 청백리로 칠 수 있다. 만약 조금 더 요구 조건을 높인다면 강직한 태도로 아부하지 않고, 원수를 보듯 악행을 미워하고, 권세가의 폭력을 두려워하지 않고, 탐관오리를 타도하고, 백성을 위해 억울함을 풀어주는 등의 조건을 더 내세울 수 있다. 어떤 기준에 근거하더라도 해서는 청백리라는 이름에 부끄럽지 않은 관리다.

순안(淳安, 저장 춘안현淳安縣) 지현(知縣)을 지낼 때 그는 베 장포(長袍)를 입었고 싸라기밥을 먹었다. 또 노복에게 채소를 심게 해 자급했으며 모친의 생일날에만 겨우 고기 두 근을 샀다. 만력 연간에 수

보(首輔) 장거정(張居正, 1525~1582)이 어사를 파견해 그를 관찰할 때도 그는 '닭고기와 기장밥[鷄黍]'으로만 접대했다.

해서는 자녀가 없었으며, 그가 죽은 뒤 사람들은 그의 집에서 그가 사용한 갈포(葛布) 휘장과 낡은 대나무 상자를 발견하고 그가 가난한 서생보다 더 궁핍하게 살았음을 알고는 서로 비용을 각출해 장례를 치러줬다.

그는 우첨도어사(右僉都御史)로 응천(應天, 장쑤 난징시와 그 인근) 10부[16]를 안무할 때 오송강(吳淞江)과 백묘하(白茆河)를 준설해 백성에게 실익이 돌아가게 했다. 그는 지주와 토호를 쳐서 빈민과 피압박자를 구제하는 데 여력을 남기지 않았고 부자들이 불법으로 점유한 빈민의 토지를 전부 환수해 되돌려줬다. 이와 같았기 때문에 해서는 널리 민심을 얻었다. 그가 응천부를 다스린 기간은 반년에 불과했지만 백성들은 그가 떠난다는 소식을 듣고 연도에 나와 모두 울었으며 집에 그의 초상화를 걸어놓고 숭배했다.

해서가 남경에서 세상을 떠나고 그의 영구를 실은 배가 강가를 지나갈 때 강 양쪽 언덕에는 상복을 입고 영구를 송별하려는 사람들로 가득 찼으며 그의 죽음에 곡을 하며 제사를 올리는 사람이 100리 밖까지 이어졌다.

그러나 해서는 관리들에게는 마음을 얻지 못해 상하 동료와 매우 껄끄러운 관계를 유지했고 관계와 조정에서 고립된 상황에 처했다.

---

16 지금의 난징 인근 지역과 쑤저우, 상하이 일대의 부(府) 10곳을 가리킨다. 시대마다 조금씩 차이는 있었으나 대체로 응천부(應天府), 소주부(蘇州府), 송강부(松江府), 상주부(常州府), 진강부(鎭江府), 태평부(太平府), 지주부(池州府), 휘주부(徽州府), 영국부(寧國府), 안경부(安慶府)가 여기에 속한다.

조정의 관리들은 관례에 따라 자신의 부모를 위해 봉작을 신청할 수 있었으며 일반적으로 그 부모가 범죄를 저질러 처벌을 받지 않았다면 비준하지 않는 경우가 없었다. 그러나 품계가 정2품이던 해서는 그의 모친을 위해 '태부인(太夫人)' 칭호를 신청하지 않았는데, 이는 당시 소수의 예외에 속한다고 할 수 있다.

해서는 평생토록 치국과 위정을 위한 의견과 방안을 적지 않게 제기했지만 채택된 경우는 거의 없었다. 그가 큰 칼을 휘두르듯 자신의 정견을 실행할 수 있었던 것도 응천 10부를 다스리던 짧은 반년에 불과했으며, 강을 준설한 성과가 이후 대대로 유지된 것을 제외하고 다른 조치는 그가 떠난 후 전부 폐지되었다.

만약 정치적 업적으로 명나라 인물을 평가해본다면 해서는 아주 평범한 관리에 불과하다. 그는 명나라의 정치, 경제, 사회 부문에 큰 영향을 끼치지 못했고 기껏해야 도덕적 표준으로 내세울 정도의 사람일 뿐이다. 민간에 전해오는 여러 가지 해서에 대한 이야기는 대부분 백성의 소망이 투영되어 날조된 것이다.

해서는 왜 관리들의 마음을 얻지 못했을까? 그의 행위가 대다수 관리의 미움을 샀기 때문이다. 탐관오리는 당연히 그를 미워했다. 예를 들어 총독 호종헌(胡宗憲, 1512~1565)의 아들이 순안현을 지날 때 위세를 부리자 해서는 그를 구금하고 그가 지닌 몇천 냥의 은자를 몰수하면서 이렇게 말했다. "이전에 호 총독께서 순시하실 때 지나가시는 곳에 명령을 내려 쓸데없이 치장하지 말라고 하셨다. 그런데 지금 이 사람의 행색이 호화로운 걸 보니 틀림없이 호 총독의 아들이 아닐 것이다." 그리고 사람을 보내 이 사실을 호종헌에게 보고했다. 호종헌은 울지도 웃지도 못할 상황이 되었고 그렇다고 해서를 죄인으로 다스릴 수도 없었지만 마음속으로는 원한을 품지 않을 수 없었을 것이다.

도어사(都御史) 언무경(鄢懋卿, ?~?)이 순시차 현에 들렀을 때 해서는 현이 작아서 큰 인물을 수용할 수 없다고 공언하며 그를 형편없이 대접했다. 언무경은 매우 불쾌했음에도 바로 대응하지 못했지만 돌아간 이후 부하가 해서를 모함하자 그의 의견을 받아들여 해서를 강등시켰다.

해서가 응천부 순무로 나가자 그곳의 부하 관리 중 뇌물을 받은 적이 있는 자들은 황급히 사직했고, 몇몇 지주와 토호는 심지어 타향으로 도주했으며, 본래 대문을 홍색으로 칠했던 부호들은 모두 검은색으로 바꿨다. 남경의 방직물을 감독하던 태감(太監)조차도 가마와 수행 인원을 줄였다.

해서는 일찍이 탐관오리를 엄하게 징벌한 명 태조의 법률을 회복해야 한다고 황제에게 건의했다. 즉 법을 어기고 뇌물 80관(串)을 받은 자는 교형(絞刑)에 처하고 더욱 심각한 죄를 범한 탐관오리에게는 "온몸의 가죽을 벗겨 자루로 만들고 그 속에 볏짚을 채우는 형벌[剝皮實草]"을 내려야 한다고 주장했다. 이 건의는 자연히 대소 탐관오리의 지극한 원한과 공포를 야기했고 황제조차도 그런 형벌은 시행할 수 없다고 여겼다.

문제는 그를 미워하고 두려워한 벼슬아치가 탐관오리에 그치지 않았다는 점이다. 그가 응천부에서 토호들을 칠 때 일부 '간악한 백성'이 그 기회를 틈타 사람을 무고(誣告)했고, 이에 고관을 지낸 몇몇 대성(大姓)이 모두 억울하게 벌을 받았다. 그는 또 역참의 비용을 줄이기 위해 그곳에 들른 관리에게 응당 베풀어야 할 서비스를 제공하지 않아 이 때문에 관리들이 분분히 불만을 표시했다.

냉정히 말해서 해서는 주관적인 소망은 훌륭했지만 그의 조치와 건의는 오히려 비현실적인 경우가 많았다. 탐욕을 부리지 않는 관리가 거의 없는 상황에서 진정으로 명 태조 때의 법률을 시행했다면 교수형에 처해지지 않을 사람이 아마 드물었을 것이다. 각지의 역참 서비스를 폐지한 것도 경비를 절약하고 탐관오리가 공금을 유용할 기회를 줄이는 방안이었지만, 해서 본인과 같은 청백리를 포함해 정상적인 공무로 왕래하는 관리들은 틀림없이 불편함을 느꼈을 것이며 심지어 정상적인 공무 처리에도 좋지 않은 영향을 끼쳤을 것이다.

그러나 해서의 비극은 주로 그의 과격한 조치에 있지 않고 왜 해서와 같은 청백리가 그처럼 심대한 방해를 받아 고립될 수밖에 없었느냐 하는 점에 있다. 융경(隆慶)[17] 연간의 수보 고공(高拱, 1513~1578), 만력 연간의 수보 장거정과 그 이후의 집정관은 황제가 해서를 중용할까봐 남몰래 힘을 다해 그를 방해했다.

왜 명나라 관치(官治)가 그처럼 부패해 탐욕을 부리지 않는 관리가 없게 되었고 해서만이 독보적인 청백리로 추앙받게 되었을까? 기실 이 점을 이해하기 위해서는 명나라 제도 자체를 고찰하지 않을 수 없다.

명나라 개국 황제 주원장은 빈민 출신이어서 백성의 고통을 생생히 기억하고 있었다. 그는 황제 보위에 오른 후 한편으로는 관리들의 불법 뇌물 수수 행위에 엄중한 조치를 취하면서 다른 한편으로

---

17 명나라 목종(穆宗)의 연호. 1567년에서 1572년까지 사용했다.

는 자신의 절대 권위를 세우기 위해 탐관오리에게 전에 없이 가혹한 징계 조치를 시행했다. 그는 관리 중에서 법을 어기고 뇌물 60냥(兩)을 받은 자는 일률적으로 참수해 머리를 내걸고, 그 가죽은 벗겨내어 중간에 볏짚을 채우고 이른바 '볏집 채운[實草] 가죽 자루'로 만들었다. 그는 또 부(府), 주(州), 현(縣)의 관아 왼쪽 토지신 사당에 '볏집 채운 가죽 자루[剝皮實草]'를 보관하는 장소를 만들어 '피장묘(皮場廟)'라고 불렀다. 게다가 관청의 중앙 좌석 양쪽에 각각 '볏집 채운 가죽 자루'를 걸어두고 거기에서 일하는 관리들이 수시로 경각심을 갖고 다시는 감히 범법행위를 하지 못하게 했다. 그는 다리 근육을 뽑아 절단한다든가 손가락, 발목, 손목을 자른다든가 창자를 뽑는다든가 생식기를 거세하는 등의 가혹한 형벌을 시행했다. 때로는 뇌물죄를 범한 관리에게 가혹한 형벌을 가한 이후에도 계속 직위에 임명해 다른 관리들이 그를 반면교사로 삼게 했다. 주원장은 홍무 18년(1385년) 호부시랑 곽환(郭桓, ?~1385)의 뇌물 사건 같은 큰 옥사를 자주 일으켜 범인과 연루된 사람을 1만여 명이나 죽였다.

주원장은 또 관리의 녹봉을 매우 낮게 책정했다. 예를 들어 홍무 25년(1392년)에 확정한 문무백관의 연봉을 보면 최고위직인 정1품이 겨우 1,044석(石)[18]이었고, 최하위직인 종9품은 60석에 불과했으며, 정식 관리에 들지 못한 아전들은 36석밖에 받지 못했다. 예컨대 한 성(省)의 최고 관리에 해당하는 포정사(布政使)는 종2품이고 지부(知府)는 정4품, 지현(知縣)은 정7품이었는데, 그들의 연봉은 각각

---

18 10말[斗]이 1석(石)이다. 명나라 때는 대개 쌀[米]로 녹봉을 지급하고 부분적으로 돈을 지급했다.

576석, 288석, 90석에 불과했다. 명나라 당시 전국 최고학부 총장에 해당하는 국자감 좨주(祭酒)는 종4품으로 연봉이 252석이었다. 관례에 따르면 관리의 막료나 수행원의 보수와 일부 판공비도 모두 연봉에서 지출해야 했기 때문에 관리는 정상적인 녹봉에만 의지해서는 안락한 생활을 영위할 수 없었고 하급 관리는 집안 식구조차 부양하기 어려웠다.

관리들의 정상 수입이 너무 적었기에 주원장의 징벌이 매우 가혹했음에도 뇌물 수수 사건이 끊임없이 발생했다. 개국 황제가 세상을 떠나자 그 후계자들은 그처럼 엄격한 법률을 집행할 만한 권위를 갖추지 못했고 또 갈수록 보편적으로 퍼져가는 부패 현상에 아무 관심도 갖지 않았다. 다소 치적을 쌓은 황제도 관리의 녹봉이 너무 적다는 현상을 잘 알고 있었지만 '태조 황제'의 제도를 바꿀 수 없었다. 어리석은 황제는 스스로 사치와 향락에 젖어 조정의 정상적인 지출 이외에도 항상 대신과 지방 관리에게 공물을 바칠 것을 요구했으므로 그들이 바치는 돈이 어디에서 온 것인지는 상관하지 않았다.

명나라 초기 이후 대소 관리의 뇌물 수수 현상이 하나의 기풍이 되어 녹봉 이외의 돈을 받기 위해 방법을 강구하지 않는 사람이 거의 없었으므로 진정한 청백리는 생활을 영위하기가 매우 힘들었다.

해서는 세상을 떠나기 전 2년 동안 남경우도어사를 지냈는데, 당시 고급 관리 중에서 세 번째로 많은 봉급을 받았음에도 연봉이 732석에 불과했다. 하지만 그는 상당히 많은 막료의 봉급을 자신이 지급해야 했다. 그는 다른 관리처럼 막료로 하여금 스스로 다양한 산업을 운영하게 하여 돈을 벌 수 없었으므로 지극히 검약한 생활을 했다. 그가 죽은 후에 모아놓은 재산이 전혀 없었다는 사실만 보더라도 당시에 관리가 정상적인 수입에만 의지해서는 생활을 유지할 방법이 없었다는 사실을 알 수 있다.

일반 관리에게 근본적으로 불합리한 녹봉 제도를 그처럼 엄격하게 지키라고 하는 것은 정리에도 부합하지 않았고 또 완전히 불가능한 일이기도 했다. 명나라 조정의 간신배는 말할 필요도 없지만 역사에 영향을 끼친 일부 인물도 널리 뇌물을 긁어모았다. 예를 들어 강남의 명인이며 동림당(東林黨)의 영수였던 전겸익(錢謙益, 1582~1664)은 청나라 군대가 남경을 함락한 이후 문관(文官)들을 이끌고 항복했다. 그는 자신의 청렴함을 표시하기 위해 청나라 사령관 다탁(多鐸, 1614~1649)에게 가장 소박한 선물을 보냈는데, 거기에는 도금 호리병, 은 호리병, 옥 술잔 및 골동품 등 20종이 포함되어 있었다. 그리고 다른 대신이 보낸 선물에도 대부분 값이 1만 냥 이상 나가는 고가품이 들어 있었다.

명나라 조정의 권신과 환관이 정적이나 고결한 관리를 핍박할 때 상용하는 수단이 바로 상대방에게 뇌물 수수의 죄명을 덮어씌우는 것이었다. 이것은 물론 모함이지만 당시에 해서와 같은 청백리가 진실로 매우 적었음을 설명하는 근거이기도 하다. 고결하다고 칭해지는 관리도 당시 풍속에서 벗어날 수 없었으므로 그들을 뇌물 수수로 얽어 넣는 것이 가장 쉬운 방법이었다.

청나라 초기에도 명나라 제도를 답습했기 때문에 관리들은 여전히 관습대로 뇌물을 받아먹었다. 대권을 손에 쥔 관리들은 더더욱 아무 거리낌 없이 공금을 횡령하고 뇌물을 수수했다. 강희제는 한결같이 탐관오리를 징벌하면서 몇 명의 청백리를 관리의 모범으로 세웠다. 그러나 나중에 그는 탐관오리를 숙청할 방법이 없을 뿐 아니라 자신이 모범으로 세운 청백리도 완전히 청렴한 기풍을 보여준 자들이 아님을 알았다. 예를 들어 장붕핵(張鵬翮, 1649~1725)은 산동 연주(兗州)에서 관리 생활을 할 때 다른 사람의 재물을 받아먹은 적이 있었고, 장백행(張伯行, 1651~1725)은 각서(刻書)[19]를 좋아해 한 부에 적어도 은자 1천 냥을 써야 했는데, 틀림없이 자신의 녹봉만으로는 충당하기가 충분하지 않았을 것이다. 만년의 강희제도 이 문제를 근본적으로 해결하지 못했음을 의식했으며, 이에 오히려 "만약 다소 뇌물을 받지 않았다면 관리의 일용 경비를 어떻게 충당하고 그의 가족과 막료는 또 어떻게 살아갈 수 있었겠나?"라고 말했다.

관리들이 정상적으로 관직 생활을 하면 자신의 일용 경비 충당, 그리고 가족 및 막료의 생활비를 지급할 방법이 없다는 걸 알았음에도 왜 제도를 개혁하지 않았을까?

옹정제(雍正帝, 1678~1735)는 보위를 이은 후 이런 적폐를 개혁할 결심을 했다. 그는 탐관오리를 엄하게 징벌하고 관리 사회를 정돈하는 동시에 한 가지 중요한 개혁을 진행했다. 그 구체적인 방법이 '모선귀공(耗羨歸公)'[20]이었는데, 그것은 전국의 모선(耗羨)을 정상적인

---

19 판각 인쇄술로 출간한 서적을 총칭하는 말이다.
20 화모귀공(火耗歸公)이라고도 한다. '모선(耗羨)'이나 '화모(火耗)'는 본래 은전을 주조할 때 생기는 은 부스러기를 가리키는 말로 곡식이나 은자를 조세로 받아 운반하는 과정에서 발생하는 자연 손실분을 의미하게 되었다. 명나라 때부터 조세를 거둘 때 모선의 양을 감안해 비공식적으로 본래 조세분보다 더 많은 액수를 징수했다. 이것이 관리가 백성을 수탈하는 부패의 근원으로 작용하자 옹정제가 정식으로 조세 1냥에 5분(分)을 더해 받게 제도로 정했는데, 그것을 '모선귀공(耗羨歸公)'이라고 불렀다. 그렇게 합법적으로 더 징수한 모선에서 관리의 생활 보조금이나 판공비 등을 충당했으므로 그것을 "관리들의 청렴함을 기르는 은자"라는 의미로 '양렴은(養廉銀)'이라고 일컬었다.

세수(稅收)로 납입해 각지의 국고로 보존하는 대책이었다. 즉 식량을 거두거나 은자를 상납하는 과정에서 발생하는 손실분은 전국적으로 통일된 규정이 없었고 어떤 지방에서는 심지어 상당히 높은 비율을 적용하기도 했지만, 옹정제는 그것을 개혁해 조세 1냥에 5분(分)만 더 징수하게 하고 그것을 각지 국고로 납입하게 했다. 관리들은 벼슬 등급에 따라 이렇게 더 받은 5분에서 '양렴은(養廉銀)'[21]을 취해 생활 보조금과 필요한 판공비로 지출했다. '양렴은' 액수는 일반적으로 관리의 봉급을 훨씬 초과했으므로 관리들은 완전히 '양렴은'에 의지해 넉넉한 생활을 하면서 자신에게 필요한 판공비를 지출했다. 이것은 국고 지출을 가중시키는 방법이 결코 아니라 지방에서 몰래 행하던 관례를 공식적으로 인정한 사례일 뿐이다. 즉 본래 기준이 없던 관례를 전국적인 통일 세수로 개정했기 때문에 백성의 부담은 늘어나지 않았다. 오히려 적지 않은 지역에서는 조세 부담을 경감하는 효과가 나타났다.

탐관오리들은 모선을 거두는 과정에서도 수단을 발휘하고 싶어 했지만 이제는 직접 법을 어겨야 하는 데다 불법을 숨기기도 쉽지 않았기 때문에 옹정 연간에는 관리 사회에 뚜렷한 개선 효과가 나타났다. 뇌물 수수를 근절했다고 말할 수는 없어도 확실히 크게 감소했다고 인정할 만했다.

하지만 행정 기구의 팽창과 노화에 따라 관리 사회의 부패, 탐관오리에 대한 조정의 방임이 이어졌고, 특히 일부 규정에 맞지 않는 지출은 정식 예산에 포함되지 않았기 때문에 청나라 후기에 이르면

---

21 222쪽 각주 20 참조.

'양렴은'이 더는 청렴함을 기를 수 없게 되면서 이 제도가 유명무실하게 되었다.

제4절
왕이: 비정규 막료가 정식 관리를 통솔한 특이한 현상

청나라 허중원(許仲元, 1775~?)이 쓴 『삼이필기(三異筆記)』에 '왕이 선생(王二先生)'에 관한 일화가 실려 있다. 이 왕 선생은 소흥(紹興) 사람으로 상주문(上奏文)을 잘 써서 형사 사건이나 재정 부문을 막론하고 뛰어난 솜씨를 발휘했다. 그는 운남에 오래 거주해 현지 풍토와 인정을 잘 알았으므로 그 지역 관청의 수석 막료가 되었다. 그의 집은 성(省)의 관아 부근 정원 지역에 있어서 정자와 누대, 기화요초 등이 모두 잘 갖춰져 있었다. 총독과 순무는 일이 있을 때 쪽지를 보내 그를 불러들일 수 있었지만 도대(道臺)[22]와 지부(知府) 이하의 관리는 그의 집으로 찾아가서 만날 수밖에 없었다.

당시 운남 포정사는 절강 덕청(德淸) 사람 허조경(許祖京, 1732~1805)이었고, 안찰사(按察使)는 호북 강하(江夏) 사람 하장경(賀長庚, ?~1798)으로 모두 왕 선생의 사돈이었다. 또 운남성 소재지 운남부 지부, 항주(杭州) 사람 장조규(莊肇奎, 1728~1798)는 그와 관계가 더욱 밀접했다. 평소에 그는 왼쪽 주머니 안에 형사 부문 문서를 넣어

---

22 도원(道員)이라고도 한다. 청나라 때 성(省)과 부(府) 사이에 존재했던 지방 장관이다.

두고, 오른쪽 주머니 안에는 재정 부문 문서를 넣어둔 후 의견을 듣고 정정하여 하인으로 하여금 포정사와 안찰사 관아로 갖고 가서 보고하게 했는데, 두 장관은 보통 더는 아무것도 수정하지 않았다.

각 부, 청, 주, 현의 관리들은 총독 관아와 순무 관아에 갔다가 정오에는 반드시 왕 선생 집에 모여서 어떤 사람은 상사와 요인을 뵙기도 하고 어떤 사람은 친구를 만나기도 했다. 안건을 심의하는 사람도 그의 집에 모였고 오락을 즐기는 사람도 그의 집을 떠나지 못했다. 그의 집 대청 한곳은 항상 형사 사건을 심문하느라 채찍 소리와 고함으로 떠들썩했지만, 다른 한곳은 음악 소리가 귀를 즐겁게 하고 무희의 가녀린 몸짓이 눈을 현란하게 했다. 양쪽의 광경은 매우 상이했지만 서로 아무 간섭도 하지 않고 각각의 일에만 전념할 뿐이었다.

왕 선생은 매일 저녁 잔치를 열고 손님을 초대했다. 집기도 보통 기물과 달랐는데, 모든 사람에게 전문적으로 설계한 대형 탁자와 넓은 찻상에다 다구(茶具) 한 세트씩을 제공했다. 또 메뉴판을 가져다 준 뒤 각자가 스스로 음식을 주문하게 했고, 한 사람이 술 한 병, 요리 한 접시를 차지하고 한 가지 요리를 맛보든 모든 요리를 먹든 모두 손님의 편의에 따르게 했다.

왕 선생은 소흥사야(紹興師爺)[23]로 비록 성(省) 안에서 수석 막료 역할을 했지만 정식 관직은 맡지 않았다. 따라서 정규 관리가 아닌 비정규 막료(幕僚, 屬吏)에 속했다. 그러나 그의 권세는 운남성 대다

---

23 청나라 때 절강성 소흥 출신 막료들이 법률과 형사 사건 등 사무 처리에 뛰어나 흔히 소흥사야로 불렸다.

수 관리보다 훨씬 윗자리에 있었다. 총독과 순무 두 최고 장관을 제외하고는 누구도 그의 말을 듣지 않을 수 없었다. 그의 집은 엄연히 성의 일상 사무를 처리하는 관아로, 실제적인 행정 중심이었다. 그는 성에서 일류로 생활했을 뿐 아니라 새로운 유행을 이끌며 당시로서는 찾아보기 힘든 고급 뷔페 연회를 열기도 했다. 일반적인 중하급 관리는 말할 것도 없고 성의 고관도 이와 같은 허세를 부릴 능력은 없었다.

왕 선생의 사례는 어쩌면 개별적이라 할 수도 있지만 당시에 비정규 막료가 막대한 권력을 손에 쥐고 실제로 정식 관리를 조종한 사실은 상당히 보편적인 현상이었다.

주극경(朱克敬, 1792~1887)도 청나라 말기 막료 생활을 하며 경험한 일화를 『명암잡지(瞑庵雜識)』에 실었는데 솔직하고 당당한 묘사가 사람을 놀라게 할 정도다. "공무를 처리하러 온 사람은 수레를 탄 승객이고, 관아의 각 부서는 수레이고, 우리 같은 막료는 수레를 모는 사람이고, 각 부서의 관리는 수레를 끄는 노새이므로, 우리가 채찍을 들고 그들을 후려치면서 어디로 가자고 하면 바로 그곳으로 갈 수 있다."[24] 속관들이 감히 공개적으로 이러한 말을 내뱉고 있으므로 우리는 한번 곰곰이 따져보지 않을 수 없다. 정규 관리과 비정규 속관 중에서 도대체 누가 누구를 관리했고 누가 누구에게 복종했나? 고대 사회에서는 왜 이처럼 기괴한 일이 발생했을까?

관리들이 모두 기꺼이 위의 묘사처럼 행동했을까? 물론 그것은

---

24 『명암잡지(瞑庵雜識)』 권지일(卷之一): "凡屬事者如客, 部署如車, 我輩如禦, 堂司官如騾, 鞭之左右而已."

불가능한 일이다. 어떤 정규 관리가 비정규 막료의 꼭두각시 노릇 하기를 원하겠는가? 또 어떤 관리가 선뜻 비정규 막료로 하여금 자신을 조종하게 하려 하겠는가? 그러나 때로는 이러한 사실을 받아들이지 않을 수 없는 경우도 있었다. 청나라 옹정 연간 하남총독(河南總督) 전문경(田文鏡, 1662~1732)의 일화가 이 문제를 잘 설명해준다.

전해오는 말에 의하면 당시에 오(鄔) 선생이라는 소흥사야가 있었는데, 재주는 매우 뛰어났지만 성질도 만만치 않았다고 한다. 전문경이 그를 자신의 막료로 초빙해 옹정 황제에게 올리는 상주문을 전문적으로 쓰게 했다. 오 선생이 요구한 것은 전문경에게 유리한 상소문을 쓸 테니 자기 마음대로 쓰게 해주고 무슨 내용을 쓰든 전문경이 봐서는 안 된다는 조건이었다. 전문경은 오 선생의 요구에 동의하고 막료로 임명했다. 몇 차례 상주문을 올리고 나서 전문경은 과연 황제의 마음을 사로잡았고 얼마 지나지 않아 총신 대열에 들었다.

원래 오 선생은 옹정 황제가 자신의 은밀한 보위 찬탈 음모를 알고 있던 고명대신 융과다(隆科多, ?~1728)를 제거하고 싶어 하는 의도를 알았기 때문에 전문경의 명의로 연이어 상주문을 올려 융과다를 고발했고, 옹정제는 이를 빌미로 숨은 우환을 없앴다. 그러나 오래지 않아 오 선생이 가면 갈수록 더욱 심하게 성질을 부리자 전문경은 참을 수 없어 그를 집으로 돌려보냈다. 이후로 전문경이 올리는 상주문은 옹정제의 비난을 받지 않는 경우가 없었다. 전문경은 혼비백산해 다시 오 선생을 초청해오면서 그의 가혹한 요구 조건을 들어주지 않을 수 없었다. 오 선생은 다시 붓을 들어 비범한 솜씨로 옹정제의 안부를 묻는 전문경의 상주문을 써 올렸다. 뜻밖에도 옹정제는 그의 필력을 알아보고 친히 다음과 같은 비답을 내렸다. "짐은 편안하다. 오 선생도 편안한가?" 이에 전문경은 이 막료를 자연히 천지신명처럼 받들 수밖에 없었다. 그러니 어찌 그에게 감히 "아니[不]"라고 말할 수 있겠는가?

이 일이 과연 역사적 사실인지 아닌지는 지금 조사할 길이 없지만 이와 유사한 일화가 널리 유포되어 있음을 감안하면 당시 소흥사야의 위력을 알 수 있고, 또 직위가 얼마나 높은 고위 관직자이건 비정규 막료의 보좌와 지시에서 벗어날 수 없었음을 알 수 있다. 경험이 풍부하고 일처리에 뛰어난 속관이라면 더더욱 내칠 수 없는 것이다.

기괴한 일이라고 말했지만 기실 전혀 기괴하지 않다. 당시 관리를 어떻게 양성하고 선발하는지 잠깐 살펴보기만 해도 문제의 답안을 찾기가 어렵지 않다.

전면적으로 과거제도를 시행한 수·당 시대 이전에는 주로 세습제와 추천제를 통해 관리를 선발했다. 세습제는 일반적으로 황실과 귀족 그리고 소수 명문대가에 한정해 그들의 자제가 법정 연령이 되는 경우나 아니면 심지어 나이를 따지지 않고 1급 관직을 계승할 수 있게 하거나 어떤 부문의 관료로 임명할 수 있게 한 제도를 말한다. 이런 사람들 중에서도 인재가 적지 않게 배출되었지만 대부분은 떠받들려 자라난 도련님이거나 세상일 모르는 어린 아이거나 심지어 근본적으로 백치인 경우도 많았다. 그들이 맡은 관직은 중앙 정부의 구체적인 부서도 있었고 지방의 군사와 정치의 대권을 담당한 경우도 있었다. 따라서 각종 막료가 그들을 대신해서 일을 하거나 혹은 모든 사무를 도맡아 처리하지 않았다면 아마 하루도 버티지 못했을 것이다.

천거제는 관리가 황제나 상관에게 인재를 추천하는 제도다. 적지 않은 사람이 이 기회에 편승해서 자신의 측근을 심거나 패거리를 지어 사리사욕을 추구하는 것은 말할 것도 없고, 완전히 공평무사한 마음을 가졌다 하더라도 주로 채용 기준을 도덕과 학문에다 두었지 행정 능력은 따지지 않았다. 만약 어떤 사람이 자신의 부친이 세상을 떠난 뒤 여막을 짓고 3년 동안 시묘살이를 했다고 하자. 이 기간 동안 그는 생선이나 육류를 먹지 않고 술도 마시지 않으며 여색도 가까이 하지 않는다. 또 오락거리도 없이 온종일 슬프게 곡만 하므로 사람이 여위어서 걸음을 걸을 수 없는 지경에까지 이른다. 지방관이 이 사람을 위대한 효자로 인정하고 극력 황제에게 추천하면 관직에 임명할 수 있다. 물론 그를 도덕 부문의 모범으로만 삼거나 그를 각지로 보내 자신의 경험을 소개하게만 한다면 문제가 그리 커지지 않을 수도 있다. 그러나 만약 그를 지방관으로 파견하거나 조정으로 불러 한 부서의 책임자로 임명했을 때 이 효자가 직무를 제대로 처리할 수 있다고 말할 수 없으므로 이럴 경우에는 막료를 청해 자기 대신 일을 해달라고 부탁할 수밖에 없게 된다.

과거제를 시행하면서 세습제와 천거제의 병폐를 상당 부분 해소했지만 과거시험의 내용 또한 행정 관리 능력과는 아무 관련이 없었다. 말하자면 미래 행정 관리자를 뽑을 때 전혀 관리 능력에 근거하지 않은 것이다. 수·당 시대에서 명·청 시대에 이르기까지 과거제도의 내용이 전부 같지는 않았지만 기본적으로 서예, 팔고문(八股

文),[25] 시, 책론(策論) 솜씨에 의지해 인재를 선발했다.

서예는 기본적인 요구 사항이었다. 시험관은 글씨가 형편없는 답안지는 거들떠보지도 않는 경우가 많았다. 팔고문은 응시자 자신의 말로 사서오경의 한 구절이나 한 단락을 해석해야 하고 반드시 규정된 차례에 의지해 여덟 개의 작은 절(節)로 답안을 작성해야 하며 글자 수까지 규정되어 있었다. 시(詩)는 정해진 제목, 규정된 운목(韻目)과 길이에 근거해 모범적인 시 한 수를 써내는 것이다. 책론은 출제 문제에 의지해 대책성의 논설문을 한 편 쓰는 것이다. 서예와 팔고문은 가장 기본적인 요구 조건이었고 그 다음은 시였으며 다소라도 실제적인 내용이 담긴 책론 부문은 가장 적게 뽑았다.

그러나 일단 진사에 급제하면 그들은 군사, 형법, 재정, 조세, 호구, 건축, 창고, 수운, 수리, 문서 등 정부 각 부문의 행정 직무를 담당하거나 현급 또는 현급 이상의 지방관으로 파견될 수 있었다. 한곳의 임기가 만료된 이후에는 일반적으로 다른 곳으로 이동했다. 이들은 본래 각 부문의 전문 지식이 전혀 없었고 행정 관리에 관한 어떤 훈련이나 수습 과정도 밟은 적이 없었으므로 승진하거나 이동할 때마다 자신의 재능에만 의지해서는 절대로 직무를 감당할 수 없었다. 이 때문에 이들은 비정규 막료에 기댈 수밖에 없었다.

또 하나의 중요한 원인은 전제제도, 권력집중제도, 관료 체제 자체다. 황제나 조정의 명령은 법률과 같았기에 변경할 수도 없었고 반대할 수도 없었다. 그러나 이러한 결정은 왕왕 심한 자의성을 지니

---

25 중국 명·청 시대 과거시험 답안 작성에 쓰인 매우 형식적인 문체다. 흔히 대구(對句)를 중시하는 사륙변문(四六騈文)을 사용해 내용 전개에 따라 여덟 단락으로 문단을 나누기 때문에 팔고문(八股文)으로 불린다.

고 있어서 어떤 것은 근본적으로 현행 법률과 맞지 않았고 어떤 것은 각지 현실 상황과 부합하지 않았다.

한나라 이후로 중국 각 왕조는 모두 유가 경전의 의미로 천하를 다스리겠다고 공언했으므로 각종 전장제도는 반드시 유가 경전의 뜻에 부합해야 했고, 적어도 글자의 표면적인 뜻만으로도 이렇게 해야 했다. 그러나 통치자의 진정한 목적은 이러한 경전의 뜻과 상반되는 경우가 많았으며 유가 경전도 사회생활에서 발생하는 모든 일을 포괄할 수는 없었다. 관리 사회에서 장기적으로 형성된 각종 관례, 불문율, 사무 절차, 인간관계는 더욱 복잡했고 때와 장소에 따라 다른 양상을 드러냈다. 각종 기구에서 반드시 처리해야 할 문서, 장부, 안건도 명목이 번잡하고 수량이 방대했으며 엄격한 규정이 있었으므로 때에 따라 임기응변 능력을 발휘해 허위로 대처해야 할 경우도 있었다. 추천제나 과거제 출신 관리는 이러한 명령, 제도, 관례, 공문 앞에서 흔히 한 가지 능력도 제대로 발휘할 수 없었지만, 경험이 풍부하고 수단이 뛰어난 막료는 매우 훌륭한 솜씨를 뽐낼 수 있었다.

소흥사야로 대표되는 비정규 막료는 일반적으로 거인보다 더 높은 과거시험에는 합격하지 못해서 조정의 정식 임명을 받은 적이 없다. 하지만 그들은 가문이나 사제지간의 구두 전승과 장기적인 실무 경험을 통해 이미 자기 부문이나 지방 행정과 연관된 성문법과 불문법 그리고 역사, 현실, 각종 관습법, 관리 사회의 미묘한 관계에 익숙했다. 그들은 겉으로 황제와 법령의 존엄함에 영향을 끼치지 않으면서 해당 지역과 해당 부서의 실제 이익 및 관습법을 유지하는 데 힘을 썼다. 그리고 제도와 법조문을 바꾸지 않는다는 전제하에서 완전히 상이하면서도 절실하게 시행할 수 있는 각종 대책을 내놓았다. 그들은 일을 온전하고 원만하게 처리하면서 주인, 부서, 지역을 위해 이익을 도모하고 화근을 없앨 능력을 갖고 있었고, 아울러 나쁜 일은 근절하고 꼬투리를 남기지 않는 방법도 알고 있었다.

또 한 가지 원인이 있다. 즉 진·한 이래로 각 중앙집권제 정권은 모두 꽤 완전한 관직 시스템을 갖췄지만, 정식으로 막료를 쓰는 제도는 만들지 않았다. 명나라를 예로 들면 전국의 형법을 주관하는 형부(刑部)에는 겨우 2품 상서(尙書) 1명, 3품 좌시랑과 우시랑 각 1명, 종9품 사무청(司務廳) 사무(司務) 2명만 있었다. 또 각 성의 법무를 나눠 관리하는 13개 청리사(淸吏司)에는 각각 5품 낭중(郎中) 1명, 종5품 원외랑(員外郎) 1명, 정6품 주사(主事) 2명만 있었다. 조마소(照磨所)²⁶에는 9품인 조마(照磨)와 검교(檢校) 각 1명, 감옥을 관장하는 사옥사(司獄司)에는 종9품 사옥(司獄)이 6명 있었으며, 전체 인원을 모두 합해도 65명에 불과했다. 한 성의 정무를 주관하는 포정사의 정식 편제에도 20여 명의 관리와 파견 인원 약간 명만 근무했다. 한 현(縣)의 편제에도 7품 지현(知縣) 1명, 8품 현승(縣丞) 1명, 9품 주부(主簿) 1명 그리고 전사(典史) 등 모두 4명뿐이었다. 물론 중앙에서 지방에 이르는 관아에 이들 인원만 근무한 것은 아니지만 위의 정원을 제외한 인원은 모두 정식 품계와 편제에 소속되지 않은 막료였다. 그들은 조정에서 임명한 벼슬아치가 아니라 해당 관리가

---

26 명나라 때 호부, 형부, 도찰원(都察院), 각 성의 포정사사(布政使司)와 안찰사사(按察使司), 각 부(府)의 관아에 설치해 문서를 주관하던 관청이다.

초빙하거나 모집한 막료였기에 국가의 녹봉을 받지 않고 주인이 주는 봉급만 받았다. 또 고급 막료는 해당 관리와 주객 관계나 사제관계를 맺었지만 일반적인 막료는 고용 관계이거나 고급 막료의 도제일 뿐이었다. 고급 막료는 보통 주인의 거취에 따라 진퇴와 전임을 결정했고, 일반적인 막료도 고정된 임기나 진퇴 제도가 없었다. 이때문에 어떤 관리가 새로운 임지에 도착하면 바로 쓸 만한 막료와 사무 인원이 전혀 없었으므로 오직 막료를 자신이 데려가거나 새롭게 초빙해야 했다. 관리들은 막료 없이는 하루도 임지를 다스릴 수 없었기 때문에 더욱 막료에 의지하지 않을 수 없었다.

1천 몇백 년 동안 중국에서는 이와 같이 특이한 현상이 형성되었다. 대소 막료로 이루어진 관리 시스템이 오랫동안 중앙 정부와 지방 정부의 구체적인 사무를 관리했다. 설령 왕조가 대대로 바뀌어도 막료 시스템은 그리 큰 영향을 받지 않았다. 이론적으로 말해서 이 관리 시스템은 대소 관리의 정책 결정 시스템에 따라야 했지만 실제로는 정식 관리들이 막료가 무슨 일을 하는지 또 일을 어떻게 하는지 알지 못했다. 다양한 상황에 따라 막료가 오히려 어떤 부서나 어떤 지방의 실제적인 주재자로 활동했다. 막료가 없으면 조정 관리와 지방 관리의 정책 결정이 근본적으로 현실적 방안으로 변할 수 없었다. 그러나 막료가 있으면 한 부문의 정책이 아무 병폐 없이 마무리되거나 완전히 새로운 모습으로 변화했다.

이러한 특이한 현상은 봉건제도의 멸망에 따라 이미 과거로 변했다. 하지만 한 국가가 안정적이고 효과적인 공무원 제도를 어떻게 마련할 것인지, 정식 관리와 비정규 막료, 그리고 정책 결정자와 집행자가 어떤 관계를 형성해야 하는지, 관리와 막료는 어떤 소양을 구비해야 하고 서로 어떤 역할을 해야 하는지 등의 부문에서는 이전 역사의 경험에서 얻는 바가 있을 것이다.

제5절
연영: "위에는 정책이 있고, 아래에는 대책이 있다"

수나라 때 연영(燕榮, ?~603)이란 사람이 있었는데 장수 가문에서 태어나 무예가 극강이었고 성격도 굳세어 혁혁한 전공을 세웠다. 수나라가 남조 진(陳)나라를 멸하는 과정에서 연영은 행군총관(行軍總管)으로 임명되어 수군을 이끌고 오늘날의 산둥성 연해를 따라 내려가 태호(太湖)로 진입한 뒤 바로 오군(吳郡, 장쑤 쑤저우·蘇州)을 함락했다. 또 그 길로 남조를 모두 쓸어버리고 남조가 다스리던 강남 전역을 평정해 큰 공을 세웠다. 이후 조정에서는 또 그로 하여금 북쪽 변방을 방어하게 하고 유주(幽州, 베이징 일대)에 군사를 주둔하게 했다. 그러나 이 자는 성격이 잔인하고 포악해 특히 각종 방법을 동원해 사람에게 매질하기를 좋아했다. 그의 관할 구역에서 잡힌 도적은 모두 심한 매질을 당해 피부가 찢어지고 살점이 떨어져 뼈가 드러날 지경에까지 이르렀다. 이 때문에 도적들은 공포에 질려 다른 곳으로 도주했다. 다른 지방으로부터 그의 관할 구역을 지나가는 행인조차 감히 그곳에서 쉬지 못했다. 왜냐하면 만에 하나라도 그에게 죄를 지으면 심한 처벌을 받을까 두려웠기 때문이다.

연영은 밖에서 싸리나무 회초리를 발견하고 이것으로 사람을 매질하면 틀림없이 좋은 효과를 보리라 생각했다. 그는 당장에 싸리나무 회초리를 갖고 와서 속관(屬官)을 불러 말했다. "자! 이 회초리를 네게 좀 시험해보려 한다." 그러자 속관은 그에게 애원했다. "저는 오늘 아무 잘못도 저지르지 않았는데 왜 저를 때리려 하십니까?" 그가 말했다. "그럼 이렇게 하자. 오늘은 너를 때리고, 다음에 네가 잘못을 저지르면 용서해주겠다." 다음에 속관이 정말 잘못을 저질렀다. 그러나 연영은 그를 잡아들여 때리려 했다. 그가 말했다. "지난번에 저를 죄 없이 때리실 때 다음에 잘못을 저지르면 용서해준다고 하지 않으셨습니까?" 하지만 연영은 말을 바꿨다. "지난번에는 잘못이 없어도 때렸는데, 이번에는 정말 잘못을 저질렀으니 더세게 때려야 하지 않겠느냐?" 연영은 그대로 그를 때렸다. 연영은 사람을 때릴 때 걸핏하면 천 대씩 때려 선혈이 낭자하게 만들었지만 자신은 그 곁에 앉아서 태연자약하게 술을 마시고 고기를 먹었다.

연영이 이처럼 악명을 날렸기 때문에 원홍사(元弘嗣, 564~613)는 자신이 그의 속관으로 파견된다고 하자 매우 두려워하며 여러 번 사임을 요청했다.

그러나 수 문제는 이렇게 말했다. "겁내지 마라. 내가 경을 보호하라고 명령을 내릴 것이다." 그는 연영에게 명령을 전했다. "원홍사가 잘못을 범해 10대 이상을 맞아야 한다면 반드시 조정에 보고하고 짐의 비준을 받으라." 그러고는 원홍사에게 말했다. "이번에는 안심하고 부임하라." 원홍사는 더는 사임할 수 없어 임지로 갈 수밖에 없었다.

연영은 이 소식을 듣고 머리 꼭대기까지 화가 치솟아 이렇게 말했다. "이 자식이 감히 황상의 면전에서 나의 죄상을 알리고 나를 희롱하다니." 원홍사가 도착한 이후 연영은 그를 창고로 보내 식량을 관리하게 했다. 그러고는 항상 사람을 보내 그를 조사하고 조금이라도 착오가 있으면, 예를 들어 식량에 쭉정이가 하나라도 발견된다든가 돌이 하나라도 발견되면 조금도 용서하지 않고 그를 때리라고 명령을 내렸지만 언제나 한 번에 10대 이상을 초과하지 않고 수 문제의 규정을 지켰다. 그러나 때로는 한 번의 매질을 끝내고 얼마 지나지 않아 바로 이어서 또 매질을 하기도 했다. 가련한 원홍사는 방금 매질을 당하고 옷을 갈아입을 틈도 없이 또 다시 매질을 당했다. 이런 상황이 하루에 세 차례나 이어지기도 했다.

그렇게 1년이 지나는 동안 두 사람 간의 원한은 갈수록 더욱 깊어졌다. 원홍사의 입장에서는 참을 수 없었지만 연영의 입장에서는 매질이 늘 미진한 듯했다. 연영은 아예 그를 감옥에 잡아넣고 음식도 넣어주지 않았다. 원홍사는 배고픔을 참을 수 없게 되자 옷 속의 솜을 꺼내 물에 타서 마시며 허기를 달랬다. 그의 아내가 어쩔 수 없이 도성으로 달려가 남편의 억울함을 호소했다.

그제야 수 문제는 관리 한 명을 현지로 파견해 조사를 진행했다. 조사 결과 연영의 엄중한 죄가 확실하게 밝혀졌다. 연영은 사람을 함부로 매질한 이외에도 법을 어기고 뇌물을 받았으며 여성을 성폭행하기도 했다. 수 문제는 연영을 도성으로 잡아와서 스스로 목숨을 끊게 압력을 가했다.

이 사건을 드러난 모습만 바라보면 매우 난폭한 연영의 만행이 두드러지지만 실제로 이 사건의 화근은 수 문제였다고 봐야 한다. 그는 먼저 명령을 내릴 때 아주 큰 잘못을 범했다. 그는 한 번 매질을 할 때 10대를 초과하지 못하도록 규정했는데, 이는 언뜻 보기에 연영이 원홍사를 가혹하게 처벌하지 못하게 한 조치인 듯하지만 그는 매질의 총 회수를 규정하지 않았다. 예를 들어 매일 혹은 매달 최대 얼마나 여러 번 때릴 수 있는지 규정하지 않고 다만 한 번에 10대를 초과할 수 없다고만 규정했다. 이에 연영이 법의 허점을 파고들 여지를 준 것이다.

실제로 완전한 법조문에는 한 번의 죄를 어떻게 처벌해야 하는지도 정해져 있지만 죄를 통합해 최고형을 판결할 때도 어느 선을 넘을 수 없는지 규정되어 있다. 수나라 이전의 법조문을 살펴봐도 이미 이러한 규정 있음을 알 수 있다. 그러나 수 문제는 명령을 내릴 때 뜻밖에도 이러한 점을 고려하지 않아서 연영이 그 허점을 파고들었다. 더욱 심각한 것은 수 문제가 연영의 죄행을 모르지 않았고, 또 특히 원홍사가 그의 속관으로 가기를 원치 않았다는 사실이다. 그 이유가 바로 연영이 형벌을 남용하면서 마음대로 규정을 초과해 잔혹한 처벌을 자행했기 때문이다. 그러나 수 문제는 연영의 공로 및 그가 변방을 지키고 지방을 다스린 업적만 감안했지 그의 불법 행위는 근본적으로 추궁하지도 않았고 그 죄를 처리하지도 않았다. 수 문제는 구체적인 제한 조치만으로 원홍사를 보호할 수 있다고 생각하면서 법률의 근본적인 원칙을 방기했다.

현재 우리는 때때로 어떤 사안을 이야기할 때 "위에는 정책이 있고, 아래에는 대책이 있다(上有政策, 下有對策)"고 한다. 그러나 관건은 그 정책이 도대체 옳은지? 정책 자체에 허점은 없는지? 특히 정책의 전제가 옳은지를 잘 따져봐야 하는 것이다. 예를 들어 연영과 같은 자에 대해서 원홍사가 이미 자신의 우려를 제기했으므로 이 문제를 진정으로 해결하는 방법은 먼저 연영을 조사하고 처리하는 것이지, 고식적인 방법을 써서 허점투성이 결정을 하는 것이 아니다.

하지만 다시 한 번 깊이 생각해보자. 수 문제가 예컨대 사람에게 매질을 할 때 한 번에 몇 대까지 하고 총 매질 회수를 계산해 몇 대를 초과할 수 없다고 규정했더라도 원홍사와 같은 경우를 과연 피할 수 있었을까?

기실 한나라 문제 때 잔혹한 육형(肉刑)을 폐지하고 코나 다리를 자르는 형벌을 태형(笞刑)으로 대체한 것은 역사의 아주 큰 진보라고 할 수 있다. 그러나 오래지 않아 범인의 코와 다리는 온전하게 보존할 수 있지만 적지 않은 범인이 태형을 집행하는 과정에서 맞아 죽는다는 사실을 발견했다. 심지어 규정된 매질 회수를 아직 다 가하기도 전에 사람이 죽어나가기도 했다. 매년 태형으로 맞아 죽는 범인이 뜻밖에도 1만여 명이나 되어 본래 사형 판결을 받은 사람의 숫자를 훨씬 뛰어넘었다. 이 때문에 한 문제의 아들인 한 경제 때에 이르러 매질 회수를 경감하라고 명령을 내렸지만 여전히 매질 도중 죽는 죄수가 적지 않았다. 이에 한 경제는 매우 구체적인 규정을 마련했다. 즉 사람에게 태형을 가하는 형구는 대나무로 제작하고 길이는 다섯 자[尺], 폭은 한 치[寸], 두께는 반 치로 해야 하며 대나무 마디는 반드시 평평하게 깎아내도록 규정했다. 태형을 가할 때는 오직 볼기만 치도록 했고, 범인에게 매질을 하는 중간에 매질하는 사람을 바꾸지 못하게 했으며, 한 사람에게 가하는 태형이 끝난 뒤에야 사람을 바꾸게 했다.

후대에 표준 형구를 제작하고 그것을 가지고 각 지역으로 가서 비교 검사하게 할 때도 반드시 위와 같은 표준을 따라야 했다. 진시황 당시 도량형을 통일할 때 표준이 되는 여러 가지 측정 도구를 제작했고 볼기를 치는 표준 대나무 죽판(竹板)도 각지로 갖고 가서 비교 실험하게 했다. 명나라 때는 아예 전문적으로 매질 도구를 생산했는데, 매년 강남의 관아에서 표준 죽판 3천 매를 만들고 전국 각 관아에 제공해 사용하게 했다.

이런 규정이 구체적이지 않다고 말할 수 없고 규정을 제정한 사람의 마음 씀씀이도 치밀하지 않다고 말할 수 없지만, 어떻게 규정하더라도 매질하는 사람이 어느 정도의 힘을 가해야 하는지는 확정할 방법이 없었으며 매를 맞는 사람이 얼마나 큰 충격을 받는지도 측정할 방법이 없었다. 따라서 사리사욕을 채우기 위해 법을 어기는 관리에서 아전에게 이르기까지 법을 악용할 수 있는 넉넉한 여지를 남겼다.

예를 들어 죽판의 무게를 늘리기 위해 죽판 양쪽에 무거운 것을 묶거나 심지어 죽판 중간에 납을 채워 넣기도 했다. 또 볼기를 치기 전에 죽판을 물속에 담가둔다든가 심지어 오줌 속에 담가 놓기도 했다. 이와 같이 하면 죽판의 무게를 무겁게 할 수 있을 뿐만 아니라 볼기를 치는 과정에서 피부가 찢어지면 소변에 포함된 염분이 상처를 자극해 더욱 심한 고통을 안겨줄 수 있었다.

이밖에 매질하는 기술에도 공력을 들였다. 예컨대 명나라의 금의위(錦衣衛)[27]와 동창(東廠)[28] 같은 특수 관아에서는 매질 전문가를

---

[27] 명나라의 특수 정보기관이다. 정보 수집, 사찰, 체포, 심문까지 할 수 있었다. 황제의 심복 무장이 금의위지휘사(錦衣衛指揮使)를 맡아 황제에게 직접 보고했다.
[28] 명나라의 황제 직속 특권 감찰 기구다. 황제의 심복 환관이 우두머리였다. 북경 동안문(東安門) 북쪽에 동집사창(東緝事廠)이란 이름으로 설립되었고 그것을 줄여서 동창이라고 불렀다. 금의위와 더불어 창위(廠衛)로 불리기도 했다. 권력이 금의위 위에 있어서 명나라 환관 전횡의 단서를 열었다.

초빙할 때 특이한 시험을 보게 했다. 즉 벽돌 위에 종이 한 장을 깔고 규정 항목 중에서 표준 형구를 사용해 벽돌을 쳐서 깨게 하면서도 벽돌 위에 깐 종이는 찢어지지 않도록 요구했다. 이런 매질 전문가를 뽑아 나중에 형벌을 시행할 때 어떤 결과를 요구하는지는 금방 상상이 간다. 따라서 명나라 관리들이 죄를 지어 '정장(廷杖)'이라는 형벌을 받을 때 만약 형벌을 감독하는 환관이 "주의해서 쳐라[用心打]"라든가 두 발끝을 안쪽으로 모으면 그 사람은 태형을 받아 맞아 죽을 수도 있었다. 각지의 아전은 비록 모두 이와 같은 고수가 아니었지만 거의 모두 나쁜 일을 하면서도 남에게 꼬투리를 잡히지 않는 재주가 있었다. 따라서 그들은 사람을 때려죽일 수도 있고 남을 위해 재앙을 제거할 수도 있었다.

또 명·청 시대 거의 모든 지방 관아를 살펴보면 죄를 지은 사람이 돈으로 사람을 고용해 자기 대신 매를 맞게 할 수도 있었다. 당시 강남의 일부 부호는 조세를 체납했을 때 일반적으로 하인을 보내 대신 심문을 받게 했고, 만약 태형이나 장형(杖刑)에 처해지면 돈으로 거지를 사서 대신 매를 맞게 할 수 있었다. 태형의 매질 회수에 근거해 돈을 지불하면 거지를 살 수 있었다. 이 때문에 대신 매를 맞는 전문 직업인도 생겨났다. 명나라 중산왕(中山王) 서달(徐達, 1332~1385)의 후손 서청군(徐青君, ?~?)은 청나라가 중원으로 들어온 후 가산이 몰수되어 거지 신세로 전락한 뒤 일찍이 대신 매 맞는 일을 한 적이 있다.

만약 사전에 형벌을 집행하는 아전을 매수하면 두세 대 만에 바로 피부를 찢어 피가 흐르게 할 수 있었다. 매질하는 소리는 산이 울리도록 크지만 실제로는 그렇게 큰 손상과 고통을 당하지 않으며 더더욱 생명의 위험은 발생하지 않는다.

또 한 가지 큰 문제가 있었다. 어떤 사람이 똑같은 매질을 당하거나 매질하는 사람이 똑같은 힘을 쓰더라도 매 맞는 사람의 지탱 능력, 신체 상황, 정신 상황이 모두 상이하기 때문에 도대체 형벌이 지나친 것인지 아니면 매 맞는 사람이 기본적으로 지탱 능력이 부족한지 판정하기가 어려웠다.

이 때문에 우리가 역사 속에서 이와 연관된 사건을 읽게 되면 반드시 상황을 꼼꼼하게 따져봐야 하고 전제 권력이 통치한 사회임을 고려해야 한다. 법률이 황제나 관료 개인의 의지를 통해 실행되기도 하던 상황에서, 또 집권자가 마음대로 법률을 조작할 여지가 큰 상황에서, 그리고 공적인 감독 체계가 미비한 상황에서 이런 문제의 해답을 정확하게 찾을 수 있을까? "위에는 정책이 있고, 아래에는 대책이 있다"는 말은 전제제도로 일관한 중국 역사에서 상당히 오래 지속된 전통이었다. 배후의 원인은 무엇이었을까? 독자 여러분의 진전된 고찰을 희망한다.

제
7
장

외교

"외국인 입국은 허용하면서도 중국인 출국은 불허하고,
중국에 온 외국인에게는 중국 문화를 전하면서도
중국인을 외국에 보내 문화를 전파하지 않은" 고대인

제1절
'개방'을 했으면서도 눈앞의 좋은 기회를 놓친 한나라

후한 영원 9년(97년), 서역 주둔 군정 장관인 서역도호(西域都護) 반초(班超, 32~102)는 그의 부하 감영(甘英, ?~?)을 대진(大秦, 로마제 국)에 사신으로 파견했다. 감영은 서역도호부 소재지였던 지금의 신 장 신허현(新和縣) 서남쪽에서 출발, 먼 길을 지나 온갖 어려움을 겪 은 끝에 조지(條支)¹ 해변에 당도했다. 그곳은 대개 오늘날의 페르시

---

1 지금의 페르시아만 해변이라고도 하고 시리아 안티오크(Antioch)라고도 한다.

아만으로 알려져 있다. 그가 바다를 건널 준비를 할 때 안식국(安息國, 파르티아제국) 뱃사람들이 그에게 말했다. "바다가 매우 광활해 순풍을 만난다 해도 3개월이 걸릴 것이고 역풍을 만난다면 2년이 걸릴 것입니다. 그러니 바다를 건너려면 3년 치 식량을 준비해야 합니다. 게다가 항해할 때 쉽게 향수병에 걸려 사람들이 늘 바다 위에서 죽습니다." 이 말을 듣고 감영은 감히 전진하지 못하고 귀국할 수밖에 없었다. 한나라와 로마제국의 교류는 이처럼 좋은 기회를 놓쳤기에 동방과 서방의 직접적인 문명교류는 적어도 70년이나 늦어지게 되었다.

안식국 사람들은 왜 한나라와 로마제국의 직접 왕래를 저지하려 했을까? 어떤 사람의 분석에 의하면 그들이 비단 중계 무역의 이익을 독점하려고 했기 때문이라고 한다. 즉 한나라의 비단을 먼저 안식국으로 운반한 뒤 그곳에서 다시 로마제국으로 운송하는 과정에서 이익을 얻으려 했기 때문이라는 것이다. 이러한 견해가 과연 설득력이 있을까? 기실 근거가 매우 부족하다. 왜냐하면 전체 비단 무역 과정에서 한나라와 이후 당나라를 포함한 중국 측은 자각적으로 무역을 한다는 생각을 하지 않았으며 그것을 무슨 정상적인 한 가지 일로 여기지 않았기 때문이다. 실제로 중국은 비단 무역으로 큰 이익을 얻은 적이 없고 모두 당시 외국 상인에게 단순히 물건을 판다고만 생각했다. 따라서 안식국을 통해 중계무역을 한다는 것은 비단 무역에 종사하는 상인과 연관된 일일 뿐 한나라와는 아무 관계도 없었다. 또한 감영이 귀국해 보고한 내용에 근거해볼 때 안식국 사람들의 이야기는 당시 현실 상황과 부합하는 것이었다. 동력이 없는 배로 페르시아만이나 지중해를 건너려면 풍력, 풍향, 해류에 의지할 수밖에 없다. 그들이 말한 내용은 조금 과장되기는 했지만 감영은 귀국 이후 이로 인해 어떤 추궁도 받지 않았고 그 일이 있은 뒤 반초도 더는 다른 사람을 안식국으로 보내지 않았다. 이런 점에서도 반초는 반드시 대진과 외교 관계를 맺으려 생각하지 않았고 한나라 조정에서도 그에게 그런 일을 하도록 명령하지 않았다는 사실을 알 수 있다. 앞뒤 상황을 살펴보면 그것은 우연하게 일어나서 그대로 흘러간 일일 뿐이었다.

따라서 감영이 고난을 두려워하며 물러난 일을 두고 청나라 때까지 어떤 학자도 논평하지 않았으며 또 그가 중대한 잘못을 저질러 한나라가 아주 중요한 기회를 놓쳤다고 인식한 사람이 하나도 없었다. 우리는 이 사실에 주의해야 한다.

뿐만 아니라 감영 이후로는 특수한 군사 임무나 특수한 외교 활동을 제외하고 중국은 역대로 국경 밖 상황을 알기 위해 어떤 전문가도 파견한 적이 없다. 즉 중국은 서구 국가나 어떤 지역 사람들처럼 부지런히 새로운 교통 노선이나 새로운 항구를 찾거나 새로운 식민지를 찾아 나서거나 대외 침략에 진력하지 않았다. 근본적인 원인은 바로 중국이 장기적으로 대외 개척 동력이 부족했거나 심지어 해외를 알고 싶어 하는 흥미와 적극성조차 존재하지 않았기 때문이다.

중국 고대 문명의 주요 발상지가 황하 중하류 지역이었음은 현재 '중화 문명 근원 탐구 프로젝트[中華文明探源工程]'의 제1차 결론이 우리에게 알려준 바다. 중국 문명은 온전히 5천 년 역사를 가지며 초기 문명은 심지어 5천 년을 넘어선다고 말할 수 있다. 초기 문명의 발원지는 하늘에 가득한 별처럼 중국 각지에 흩어져 있었지만

4천 년 전후 시기에 이르면 초기 문명이 황하 중하류로 모여들어 중국 문명의 주체가 형성되었다. 왜 그곳으로 집중되었을까? 근본적인 원인은 그곳이 황토로 이루어진 고원이거나 황토가 퇴적된 평원이었기 때문이다. 당시는 생산력이 낮았고 효과적인 도구도 없었다. 예를 들어 가장 이른 시기에는 석기만 있었고 이후에는 목제 농기구만 있었다. 그러나 그곳은 토질이 부드럽고 빽빽한 나무숲이 없었으며 더더욱 광대한 산림이 존재하지 않았고 기껏해야 초원만 드문드문 분포했으므로 개발하기가 비교적 쉬웠다. 만약 열대 밀림이나 수목이 빽빽한 산림, 점성 토양이나 소택지였다면 당시 효과적인 도구도 없던 상황에서 어떻게 땅을 개간할 수 있었겠는가? 게다가 황하 유역은 기온이 근대에 비해 높았고 강수량도 비교적 풍부했으므로 그곳 지형에 의지해 비교적 쉽게 물을 끌어들일 수 있었다. 또 토지 면적이 커서 하나의 농토로 연결하기 쉬웠으므로 개발하기도 편리하고 관리하기도 편리해 중앙집권제 체제를 받쳐주는 지리적·물질적 기반이 될 수 있었다. 그곳 토지의 총면적은 나일강 삼각주에서 메소포타미아 유역에 이르는 지역보다 훨씬 넓다. 이 두 지역은 지구상의 중국 이외 지역 중에서 가장 중요한 농업 지구로 공인되어 있다.

따라서 중국의 초기 선주민은 황하 중하류 지역에서 충분한 식량과 생활 재료를 생산할 수 있었다. 인구가 끊임없이 증가하는 상황에서도 개발할 수 있는 여지가 많이 남아 있었다.

한나라에 이르러 한 무제는 군사적으로 흉노족을 압도해 결정적인 우세를 점했다. 한나라 군대는 여러 번 몽골고원을 쳤지만 끝내 그곳에 머물지 않았으며 장기적으로 그곳을 점령하지도 않고 신속하게 후퇴했다. 또한 한나라가 영토를 개척하는 기준은 바로 그곳이 농업 생산 조건에 부합하는지였다. 그렇지 않으면 군사 행동을 종결한 후 자신의 안전을 보장받고 나서 바로 그 땅을 포기했다.

중국이라는 농경 사회에서 황하 중하류 지역은 확실히 장기적으로 충분한 식량과 물자를 생산해 인구의 기본적인 수요를 만족시킬 만한 곳이었다. 이른 시기에 인구가 몇 차례 남하한 것은 인구의 압력이나 토지 자원의 부족 때문이 결코 아니었으며 전쟁과 동란 때문에 황하 중하류 일대 사람들이 외지로 이주했다. 그러나 전쟁이 끝나거나 동란이 종식된 이후에는 대부분 고향으로 돌아갔다.

바로 이와 같았기 때문에 이른 시기의 중국인은 대외 확장에 대한 소망이나 동력이 없었고 외부 세계를 탐색하거나 이해하려는 흥미와 용기도 없었다. 감영 같은 현상이 나타난 것은 우연이 아니었기 때문에 그의 행동을 추궁하지 않았으며 후세에 그를 질책하는 사람도 전혀 나타나지 않았다.

한 걸음 물러나 이야기해보면 감영이 로마에 도착했다 해도 한나라에서 로마와 밀접한 외교 관계를 맺을 수 있었을지는 장담하기 어렵다. 한나라는 그럴 필요가 없었다. 로마와의 거리가 그처럼 멀어서 로마가 한나라에 전혀 위협이 될 수 없었기 때문이다. 다른 한편으로 말해보더라도 한나라는 로마제국에 구체적으로 요구할 것이 아무것도 없었다.

아마 다음과 같은 의문이 들 수도 있을 것이다. 왜 서역, 메소포타미아, 유럽 등과 같은 외부 세계 사람들은 그처럼 강렬한 확장 욕구를 품고 있었을까? 왜 메소포타미아 지역의 밀, 소, 양, 청동이 아주 이른 시기인 4천 년 이전부터 이미 중국에 전해졌을까?

양 지역을 비교해보는 것도 무방할 듯하다. 서양의 여러 지역은 기실 대부분 반건조 지대에 위치해 있어서 개간하고 관개할 수 있는 땅이 매우 제한적이다. 인구가 증가해 일정한 정도에 이르면 그곳의 자원과 농업 생산이 그곳 사람들의 수요를 채우지 못하거나 겨우 그들의 생존을 유지하기에 급급하기 쉬워 그들에게 더 많은 재산을 안겨줄 수 없다. 이러한 상황에서는 사람들이 외부로 확장을 추구해 외부에서 새로운 땅과 자원을 찾거나 외부에 자신의 생산품을 팔아서 더 많은 이익을 얻으려 한다.

애초에 청동기는 일종의 귀중한 물자로 메소포타미아 지역에서 천천히 동쪽으로 전파되었다고 나는 생각한다. 이것은 주로 이익에 의해 발동된 일이었지 절대 외부를 향한 과시나 소위 평화와 우호를 위한 일로만 그치지 않았다. 그들은 처음에는 선명한 목적지도 없이 현실적 수요에 따라 한 걸음씩 동쪽을 향해 청동기를 팔았다. 그리하여 황하 유역에서 더 많은 수요가 있었고 많은 상인이 고액의 이윤을 얻기 위해 더 많은 청동기를 동방으로 싣고 왔다. 밀도 이와 같았을 것이다. 밀은 다른 농작물에 비해 더 큰 우위를 점해 높은 가격으로 팔거나 더 귀중한 물품과 교환할 수 있었기 때문에 한 걸음씩 동방으로 확산하다가 마침내 황하 유역에까지 도달할 수 있었을 것이다.

역사에서 지속된 인류의 왕래와 대외 확장은 모두 아래와 같은 몇 가지 목적을 가지고 있었다.

먼저 오늘날 우리도 때때로 외부 세계를 구경하고 싶어 하는 것처럼 개인의 호기심에서 나온 경우다. 이것은 본래 인류의 천성이므로 대부분의 사람이 이런 마음을 갖고 있지만 호기심의 조건을 만족시키지는 못한다. 그러나 호기심만 있고 다른 이익 추구가 없다면 멀리까지 갈 수 없다. 멀리까지 가려면 밑천이 필요하기 때문이다. 특히 고대에는 현대적 동력을 사용하는 교통수단이 없었고 많은 경우 닦아놓은 도로도 없었다. 일반적으로 개인은 호기심에서 출발하지만, 본인의 힘이나 통치자의 도움 혹은 더욱 풍부한 인력과 물력을 동원할 수 있는 사람이 있어야 하며 그렇지 않으면 멀리까지 갈 수 없다. 이와 같더라도 만약 호기심으로만 그친다면 최종적으로 어떤 이익이나 예상한 결과를 얻을 수도 없고 오래 지속할 수도 없다.

따라서 더욱 강한 동력은 이익 추구에서 나오거나 생존 문제를 해결하려는 동기에서 나온다. 이른 시기에 아직 생산력을 제대로 갖추지 못한 사람들은 오로지 채집이나 수렵에 의지해 생활해야 했다. 만약 그들 근처에 이용할 수 있거나 잡을 수 있는 작은 동물과 채집할 수 있는 열매가 다 고갈되면 생존을 위한 스트레스로 인해 외부로 이주하거나 생존 영역을 확장할 수밖에 없다. 자원 생산 능력이 있는데도 원래 땅과 자원이 황폐해지거나 본인과 식구를 부양할 수 없게 되었을 때는 필연적으로 토지 확장과 외부 이주를 선택할 수밖에 없다.

또 무역이 동력이 되기도 했다. 자신이 만든 상품으로 더 높은 이윤을 얻기 위해서는 반드시 새로운 시장과 고객을 찾아야 했다. 이 목적을 달성하기 위해 왕왕 육상과 해상의 새로운 노선을 찾고 더욱 고효율의 교통수단을 만들고 끊임없이 새로운 상품을 생산하고 더욱 새로운 판매 방식을 개척해야 했다. 만약 무역이 막히거나 예상한 목적에 도달하지 못하면 무력에 호소하거나 전쟁으로 문제를 해결하기도 했다.

그리고 소수인의 탐욕에서 동력을 얻기도 했다. 즉 영토 확장, 전쟁, 약탈을 통해 새로운 토지, 자원, 노예, 노동력을 찾고 점유하는 방식이 그것이다.

어떤 경우는 종교적인 신념에서 동력을 얻기도 한다. 경건하고 열광적인 신도는 자신의 종교를 세계로 확장하려 한다. 이런 확장도 때때로 경제적인 힘과 군사적인 역량을 배경으로 삼거나 직접 종교전쟁을 발동하기도 한다.

중국은 고대에 비교적 뛰어난 지리적 환경을 향유했고 충분한 생존 공간을 확보했으며 또 위에서 거론한 몇 가지 수요가 필요 없었기 때문에 감영과 같은 현상이 나타난 것은 결코 우연이 아니었다.

제2절
고대 중국의 대외 영향은 어떠했나?

중국인은 줄곧 중국 문명은 원류가 유장하며 중국 문화는 드넓고 정밀하므로 고대에는 중국 문화와 중국 문명이 대외적으로 틀림없이 큰 영향을 끼쳤고 주변이나 심지어 세계 발전에 막중한 역할을 했을 것이라고 여겨왔다. 그러나 우리는 주변 지역, 외국, 세계 역사를 성실하게 연구하면서 그 결과가 전혀 이와 같지 않다는 사실을 발견하게 되었다.

1980년대 개혁 개방 이후 중국인은 비교적 자주 외국이나 세계로 나갈 기회가 있었다. 이런 기회를 통해 대다수 국가에서 고대 중국이나 중국 문화의 영향을 찾을 수 없었다. 물론 아시아의 '한자 문화권'에 속하는 한국, 베트남, 오키나와, 일본은 예외다. 그러나 화교 비율이 높은 국가를 포함한 다른 국가에서 그들의 주류 문화는 중국 문화가 아니었고 종교와 신앙도 중국을 통해 전해진 불교가 아니었다.

정보가 발달하지 않은 고대에는 문화가 사람에 의해서 전해지고 그 영향도 주로 사람에 의해 조성된다. 중국에서 해외로 나간 집단 이민의 믿을 만한 사례는 16세기 명나라 중기로 거슬러 올라갈 수 있다. 당시 동남아의 인도네시아 등지로 수만 명의 중국인이 이주해 정착했다. 그러나 그들의 대다수는 하층 빈민이었고 일부분은 여러 가지 원인으로 도망친 사람들이었다. 이들은 모두 불법으로 국경을 나갔기에 명나라의 인정과 보호를 받을 수 없었다. 이들이 해외에 전파한 것은 하층의 통속 문화와 지역 문화에 불과했으며 그 영향도 그들 취락에 제한되어 있었을 뿐이다.

원인은 어디에 있을까? 우리는 고대 중국이 처한 환경과 주변 민족과의 관계를 총체적으로 이해할 필요가 있다.

앞에서 이미 언급한 바와 같이 중국의 초기 문명은 황하 중하류 지역을 중심과 발판으로 삼고 발전했다. 이 지역은 세계에서 가장 넓은 농업 지역으로 나일강 삼각주에서 메소포타미아 지역에 이르는 농경지 면적보다 넓다. 초기에 황하 유역에서 농업이 발전함으로써 많은 인구를 양육할 수 있었을 뿐 아니라 농업 인구의 신속한 증가를 이끌었고 또 농업과 목축업의 분화를 가속화했다. 본래 황하 유역에 섞여 살던 목축업 인구는 그곳에서 농업으로 전환하거나 그곳을 떠날 수밖에 없었다. 이로써 농업과 목축업 경계선의 기본 바탕이 마련되었다.

농업의 범위가 끊임없이 확장되면서 농업에 종사하던 사람들은 중원에 모여 살았는데, 그들의 후손은 스스로를 '하(夏)' 또는 '제하(諸夏, 여러 하족夏族이라는 뜻)'로 일컬었다. 하(夏)나라 이후 그들의 우월한 지위가 변하지 않았고 시종일관 상나라와 주나라 인구의 주체가 되었기 때문에 스스로를 '화하(華夏)'라고 칭했다. '화(華)'는 '화(花)'와 같은 글자여서 아름답고 위대하다는 뜻이 생겨났다. '화(華)'자로 '하(夏)'나 '제하(諸夏)'를 수식하므로 매우 타당하다고 할 수 있다.

농업 지역이 중원의 가장 살기 좋은 땅을 차지했고 목축업 지역은 몽골고원 및 그 남쪽 변방, 서북과 동북 지역에 넓게 퍼져 있었다. 목축업 지역은 본래 건조하고 한랭해 유목민은 물과 풀을 따라 살아야 했으므로 생존하기가 쉽지 않았다. 그러다 천재지변을 당하면 장거리 이주를 하거나 남하해 약탈을 생활 수단으로 삼을 수밖에 없었다.

남방의 적지 않은 부족은 머리를 풀어헤치거나 문신을 했으며 원시적인 도구를 쓰고 화전민으로 생활하거나 수렵 채취 단계에 머물러 있었다. 동부 해안에는 아직도 이족(夷族) 부락이 남아 있다.

일찍이 춘추시대에 화하족은 주변의 목축 인구와 비화하 부족을 칭해 '동이(東夷)', '서융(西戎)', '북적(北狄)', '남만(南蠻)'이라고 했다. 혹은 그들을 통칭해 '융적(戎狄)', '이적(夷狄)', '만이(蠻夷)', '사이(四夷)'라 부르기도 했다. 사이와 화하의 경계를 분명히 하고자 화하에 의해 중요한 원칙이 정해졌는데, 그것을 '대방(大防)'이라 불렀고 사이와 화하를 섞어서 말하는 것을 허락하지 않았다. 예를 들어 공자가 말한 "사해 안은 모두 형제(四海之內皆兄弟)"라는 말도 화하족이 사는 곳만 가리킬 뿐 이적은 결코 여기에 포함되지 않았다. 이적 중에도 개별적으로 중국화한 사람, 즉 완전히 화하 문화를 수용한 사람도 있었지만 이족에서 화하족으로 진입하는 과정을 완성한 사람이어야 화하족의 일부로 변모할 수 있었다.

진(秦)나라에서 청나라에 이르기까지 설령 자국의 통치 범위 안에 있는 사람이더라도 정식으로 호적에 편입되지 않은 사람이나 정식 행정 구역에 살더라도 화하족이 아니면, 예를 들어 도호부, 기미주(羈縻州), 기미부(羈縻府),[2] 토사(土司)[3] 경내 부족은 여전히 만이로 간주했다. 외국인은 조선, 베트남, 오키나와를 제외하고는 더욱 야만인으로 여겼으며, 개화(開化) 정도에 따라 조금 차등을 두었을 뿐이다. 그들이 거주한 곳과 소재한 국가는 통상적으로 '사예(四裔)', '사이' 또는 '만황지지(蠻荒之地)'로 간주했다.

이와 같은 관념은 뿌리가 깊어서 역대로 중원 왕조는 군주에서

---

2 '기(羈)'의 본뜻은 굴레, '미(縻)'의 본뜻은 고삐다. '기미'는 제약과 구속을 뜻한다. 한나라 이래 중국 대외정책의 일환이다. 중국은 중원에서 비교적 멀리 떨어진 나라에 무력과 포용 정책을 동시에 구사하며 외교관계를 끊지 않았다. 기미부주(羈縻府州)에는 현지 이민족 고유의 통치방식과 생활습속을 계속 유지하게 했다. 이 지역 주민은 '호적에 편입되지 않았으며' 조세나 부역의 부담도 지지 않고 고도의 자치권을 가졌다. 특히 당나라 때는 800여 곳의 기미부주를 설치했다.
3 중국에서는 변방 이민족 지역에 '토사(土司)' 또는 '토관(土官)'직을 적지 않게 설치했다. 이들 관직에는 보통 토착 이민족의 우두머리를 임명했지만 그 임명과 세습은 모두 조정의 확정을 거쳤다. 그들은 현지 독무(督撫)와 거기에 속한 부, 주, 현에 귀속되어 관리를 받았는데 다만 내부 관리 체계는 현지 풍속을 따랐다.

신민에 이르기까지 자신이 사는 곳이 '천하의 중심'이라고 여겼으며 이 천자의 나라에는 없는 것이 없으므로 외국 사람을 쳐다볼 필요가 없다고 생각했다. 또 주변부는 모두 아직 화하의 교화를 받아들여 화하의 일부가 되지 않은 만이이며 만황지지이므로 점유할 가치도 없고 더더욱 그곳으로 이주해서는 안 된다고 여겼다.

문화적으로 화하족은 만이를 가리켜 화하족의 문화를 누릴 자격이 없으며 화하족의 문명 생활을 영위할 자격이 없다고 하면서 그들이 자발적으로 화하의 문명을 수용하고 화하의 교육을 받아들여 이른바 '향화(向化)'를 해야 그들을 가르칠 수 있다고 인식했다. 이 때문에 화하족은 역대로 자발적으로 외국에 사람을 보내 자신의 문화를 전파한 적이 없을 뿐만 아니라 국내 소수민족 지역에 거주하는 이민족이라 해도 자신들이 사는 곳에 정식으로 부, 주, 현 같은 행정 기구를 설치할 때까지 기다려서야 비로소 학교를 열고 과거시험의 급제 정원을 배정했다. 이렇게 하지 않으면 화하 문화를 전파할 범위에 속하지 않는 지역으로 간주했다.

역사적으로는 '비단 길[絲綢之路]' 같은 교통 노선이 존재해 사람들의 왕래에 편리함을 제공하기도 했지만, 고대 중국에서는 줄곧 외국으로 문화 사자(使者)나 문화 교사를 한 명도 파견한 적이 없으며 더더욱 오늘날처럼 외국에 공자학원(孔子學院)을 설립한 적은 한 번도 없다. 한국, 베트남, 오키나와, 일본 사람들은 모두 자발적으로 중국에 와서 중국 문화를 학습했다.

일본은 당나라 각 부문의 선진 문화를 잘 알고 있었는데 특히 제도와 문화 부문에 앞서거니 뒤서거니 몇십 번의 '견당사(遣唐使)'를 파견했다. 그들은 거센 풍랑도 두려워하지 않고 계속해서 당나라로 사절을 보냈다. 그중에는 관리, 유학생, 학자, 승려, 기술자도 포함되어 있었으며 그들은 당나라에 도착해 전방위적으로 문화를 학습했다. 어떤 사람은 장기적으로 당나라에 체류하며 당나라 관리에 임명된 적도 있으므로 당나라에 대한 학습과 고찰이 매우 심도 있는 수준에까지 이르렀다. 그러나 당나라에서 자발적으로 문화사자나 문화 교사를 일본에 파견한 적은 없다. 감진화상(鑑眞和尙, 688~763)⁴이 일본으로 건너가 불법을 편 것도 일본 측 요청에 따른 것이었다.

이전에 중국인은 한나라와 당나라의 개방 정도를 과장하고 상상에 의지해 당나라를 가장 개방적인 시대로 칭송했다. 기실 한나라와 당나라의 개방은 다른 시대의 폐쇄성에 대비해 상대적으로 개방적이라고 말한 것일 뿐 여전히 '이적과 화하의 구별[夷夏之辨]'이라는 한계에서 벗어나지 못했으므로 진정한 개방 시스템은 존재하지 않았다. 나는 이러한 상황을 종합해, "외국인 입국은 허용하면서도 중국인 출국은 불허하고, 중국에 온 외국인에게는 중국 문화를 전하면서도 중국인을 외국에 보내 문화를 전파하지 않았다(開而不放, 傳而不播)"라는 말로 개괄했다.

한편으로는 당나라의 대문이 확실히 넓게 열려 있어 당시 정궁인 대명궁(大明宮)에 "만국 의관을 갖춘 사절이 황제에게 절을 하는"성대한 상황이 벌어졌고, 조정에 진출한 돌궐족과 외국인이 관리의 절

---

4 당나라 승려로 일본 유학승 요에이(榮叡)와 후쇼(普照)의 요청으로 천보(天寶) 12년(753년) 일본으로 건너가서 일본 율종(律宗)을 개창했다. 게다가 감진화상은 다량의 한약재, 불교 경전, 건축 기술, 의약 서적 등을 가지고 가서 일본에 새로운 문물을 전파했다. 일본 나라(奈良)의 도쇼다이지(唐招提寺)에 그의 유적이 남아 있다.

반을 차지하기도 했다. 장안성 도처에는 번장(番將),[5] 호상(胡商),[6] 호희(胡姬),[7] 곤륜노(崑崙奴)[8]가 활보했고, 장안성 사람들은 호악(胡樂)[9]을 들었으며 호선무(胡旋舞)[10]를 보았고, 호병(胡餠),[11] 호과(胡瓜, 오이), 호두(胡豆, 잠두蠶豆), 호마(胡麻, 검은깨)를 먹었다.

　　그러나 당나라에서는 본국인을 외국으로 보낸 적이 없다. 다만 더러 본국인의 무역, 유람, 고찰, 학습, 불경 취득을 위한 출국은 허용하기도 했다. 지금까지 손으로 꼽을 정도의 출국기록을 조사했는데, 이 기록도 모두 우연이나 예외적인 경우에 해당하는 것이었다. 예컨대 당나라 현장(玄奘, 602~664)의 경우는 불경을 얻기 위한 소망이 있어 변경에서 법을 어기며 관문을 통과했다. 현장은 돌아올 때 고창국(高昌國)에 도착해 사람을 보내 당 태종에게 편지를 전하고 죄를 청했다. 당 태종은 당시 서역 상황을 알지 못해 고심하고 있었으므로 현장이 외지에서 10여 년간 생활했다는 사실을 알고 그를 사면했을 뿐 아니라 사람을 보내 그를 영접하게 했다. 그렇지 않았다면 아마도 그는 다시 고국 땅을 밟지 못했을 것이다. 또 두환(杜環,

---

5　고대 중국에서는 중원 지역 이외의 이민족을 '만자(蠻子)' 또는 '번인(蕃人, 番人)'이라고 칭했다. 이 때문에 중국 변방 부족 장수를 '번장(番將, 蕃將)'이라고 불렀다.
6　호객(胡客), 호고(胡賈), 번상(蕃商), 번료(蕃僚)라고도 한다. 중국 고대에 중원으로 와서 상업에 종사한 서역, 중앙아시아, 서아시아, 아랍, 페르시아 등 이민족 출신 상인을 가리킨다.
7　호상(胡商)이 개설한 주막에서 술을 팔던 이민족 여인.
8　남양(南陽), 즉 지금의 동남아 출신 노예.
9　고대 중국에서 서역 및 북방 이민족의 음악을 가리키는 말이었다. 『자치통감(資治通鑑)』「당기(唐紀)」숙종 지적(至德) 원년: "호악이라는 것은 쿠차, 소륵, 고창, 천축 등 여러 부족의 음악이다(胡樂者, 龜玆, 疏勒, 高昌, 天竺諸部樂也)."
10　중국 고대에 서역에서 전래된 민간 무용이다. 박자가 빠르고 발을 구르며 선회하는 동작이 많아서 호선무(胡旋舞)라 불렸다.
11　위구르족이나 카자흐족이 주식으로 먹는 구운 빵의 일종이다.

?~?)은 당나라 때 달라사(怛邏斯, 지금의 카자흐스탄 잠빌Zhambyl) 전투에서 아랍인에게 포로가 되었는데 다행히 좋은 대우를 받다가 12년 뒤 아랍 상인의 배를 타고 광주로 귀환했다. 근래에 또 시안(西安)에서 발견된 묘비 1기에는 그 묘의 주인이 대식(大食, 지금의 아라비아반도)으로 간 적이 있다고 했는데, 그 내용에도 당나라의 사신으로 파견되었다고 분명하게 써놓았다. 따라서 당나라는 나라의 대문만 열어놓았을 뿐 자국 사람들을 마음대로 외국으로 나가도록 내버려두지는 않았다. 이것이 바로 '개이불방(開而不放)'이다. 게다가 당나라 사람들 스스로도 외국으로 나가겠다는 의식이 없었으며 자국의 변방으로 가는 것조차 부득이해서 가는 것이라고 생각했으므로 무엇하러 오랑캐가 사는 황폐한 땅[蠻荒之地]으로 가려 했겠는가?

소위 '전이불파(傳而不播)'는 외국인이 중국으로 들어와서 배우면 내가 가르쳐주겠지만[傳] 중국인이 자발적으로 외국으로 나가서 문화를 선전하거나 가르쳐줄 필요가 없다는 뜻이다. 이 때문에 중국은 역대로 한 번도 자발적으로 외국에 문화 사절을 보낸 적이 없다.

예를 들어 중국의 제지술은 2세기에 이미 성숙한 경지에 도달했다. 그러나 대외 전파를 하지 않았기에 이 중요한 발명이 실크로드의 다른 한 끝에 전혀 영향을 끼치지 못했고, 더더욱 전 세계에는 아무 영향도 미칠 수 없었으므로 서양에서는 계속해서 고대 이집트의 파피루스 제지술로 종이를 만들었다. 그러다가 751년 달라사 전투 때 아랍인이 당나라 군대의 포로 속에서 제지 기술자를 발견하고서야 그들에게 제지술을 배워 파피루스를 대체했고 이후 유럽으로 전파했다.

또 거란족은 흥성한 이후에 요(遼)나라를 세웠고, 요나라는 송나라와 지금의 허베이성과 산시성(山西省) 중간 지역을 경계로 삼았다. 이치대로 말하자면 송나라에서 출간한 책은 가까운 요나라로 쉽게 전해질 수 있었지만 송나라에서는 서적 수출을 허락하지 않았으며 거란족은 한자를 배우지도 않고 사용하지도 않으면서 자신의 문자를 창조했다. 거란 문자는 한자를 기초로 복잡하게 만들었기에 요나라가 멸망한 뒤 실전되어 죽은 문자가 되었다. 송나라는 또 서하(西夏)로도 서적 수출을 금지했고, 이에 서하의 탕구트족(Tangut)도 자신의 문자를 만들었다. 서하 문자도 한자의 네모꼴 기초 위에서 복잡화한 문자인데 결국 서하가 멸망한 뒤 죽은 문자가 되었다.

왜 일부 국가와 민족은 고대에 자신의 문화를 전파하고 문화를 확장하기 위해 큰 힘을 기울였을까? 이들 국가와 민족의 관념은 고대 중국과 확연히 달라서 종교와 전쟁의 힘을 빌리는 것조차 마다하지 않았다.

예를 들어 기독교의 교의(教義)는 하느님의 복음을 모든 사람에게 전파하고 세계 구석구석까지 전하는 것이다. 그들은 이를 위해 야만이나 낙후 지역, 즉 야만인의 황폐한 땅으로 들어가는 것도 꺼리지 않는다. 선교사는 궁벽한 시골로 깊이 들어가서 각종 수단을 동원해 기독교를 전파했다. 그들은 언어, 문자, 음악, 예술을 응용해 그들의 문화가 널리 그리고 깊이 전해지도록 했다.

어떤 종교는 이교도와 그들의 문화는 존재해서는 안 된다고 인식해 자신의 종교를 확장할 때 무력이나 행정 수단을 동원하고 강제 귀의, 강제 수용을 감행했기에 마침내 신속한 확장이 가능했다.[12]

---

12 서양 제국의 무력에 의한 문화와 종교의 전파, 그리고 식민지 개척은 비판의 대상이 되어

어떤 정권은 어떤 곳으로 세력을 확장하면 자신의 언어와 문자, 문화 예술, 가치관을 그곳에 강제로 시행했다. 기원전 6세기 페르시아제국은 파미르고원으로 세력을 확장했고, 아직까지도 타지키스탄 언어는 페르시아 어족에 속한다. 러시아제국도 중앙아시아로 세력을 확장해 그곳에 러시아어를 보급했다. 오늘날까지도 러시아어는 그곳의 통용 언어로 존재하고 있다. 그곳의 어떤 국가는 독립 후에 모국어를 공식 언어로 지정했지만 모국어 사용 인구가 러시아어 사용 인구보다 많지 않다.

이와 같은 비교를 통해 한편으로는 중국 문화가 강대한 생명력을 갖추어 자국 인민과 자국 영토 안에서는 끊임없이 생명을 이어왔지만, 다른 한편으로는 선진 시대에 형성된 '이적과 화하의 구별[夷夏之辨]'이라는 관념으로 인해 '개이불방(開而不放), 전이불파(傳而不播)'의 태도를 유지해왔음을 분명하게 알 수 있다. 상황이 이와 같았으니 고대 중국과 중국 문화가 어떻게 대외적으로 영향을 발휘할 수 있었겠는가?

제3절
당나라 장안은 세계의 중심이었나?

최근 한동안 당나라와 당나라 도성 장안에 대한 평가가 나날이

야 하지 흠모와 모방의 대상이 되어서는 안 된다.

높아져 일부 사람들은 심지어 당나라와 당나라 도성을 당시 세계의 중심이라고 말하기도 했다. 그러나 이 결론은 역사적 사실과 부합하지 않는다.

먼저 당시에는 세계가 아직 하나로 연결되지 않아서 세계라는 개념이 형성되지 않았는데 어떻게 세계의 중심이 있을 수 있겠는가? 다음으로 정치적 혹은 군사적 시각을 막론하고 당나라가 중심 역할을 한 범위는 매우 제한적이었고 당시 세계의 다른 부분은 전혀 포괄하지 못했다.

당나라 강역이 중국 역대 왕조 중에서 비교적 컸음은 확실한 사실이지만 당나라가 시종일관 그렇게 큰 강역을 보유했던 것은 결코 아니다. 또 일찍이 당나라가 점령한 지역에서도 진정으로 주권을 행사하거나 행정적으로 관리한 적이 전혀 없는 곳도 있었다. 당나라가 가장 서쪽으로 아랄해 연안까지 당도해 아무다리야강과 시르다리야강 유역을 통제한 것은 확실하지만 그것은 주로 군사적으로 서돌궐을 격파한 결과일 뿐 당나라가 진정으로 그곳을 자신의 영토로 관리하거나 경영한 적은 전혀 없다. 당나라의 소수 군대가 그곳에 주둔한 일을 제외하고는 그곳에 효과적인 이민 정책을 시행하거나 자신의 제도와 문화를 전파한 일도 전혀 없다. 기본적으로 겨우 그곳의 부족 수령이나 군사 장관을 이용해 그들에게 기미부 도독이나 자사 명의를 주었을 뿐 그들 내부의 구체적인 사무에는 관여하지 않았다.

게다가 이 강역을 유지한 기간이 비교적 짧았다. 예컨대 당나라가 아랄해 연안에 당도했던 기간은 3년에 불과했다. 그 땅의 본래 주인은 페르시아의 어떤 왕자였는데, 페르시아에 내란이 발생하자 그 왕자가 그 땅을 갖고 당나라에 투항했고 당나라는 그에게 계속 그곳을 관리하게 했다. 3년 뒤에 페르시아 내란이 평정되고 아랍인이 다시 세력을 확장하자 당나라는 그 땅을 상실했다.

또 751년, 즉 안사의 난이 발생하기 4년 전에 고선지(高仙芝, ?~756)가 이끈 당나라 군대는 석국(石國, 지금의 우즈베키스탄 타슈켄트Toshkent 일대)의 군대를 공격하다가 갑자기 흑의대식(黑衣大食, 아라비아 아바스왕조)의 군대를 만났다. 당나라 군대는 전혀 준비가 되지 않아 전체 군사가 전멸했다. 고선지가 소수 군사를 대동하고 도망쳐 온 걸 제외하면 수만 명의 장졸이 피살되거나 포로로 잡혀갔다. 그후 당나라는 더 이상 그곳을 회복하지 못하고 총령(蔥嶺, 파미르고원)으로 후퇴했다.

안사의 난 이후 지금의 신장 대부분, 허시쩌우랑, 칭하이, 간쑤, 쓰촨 서부, 윈난 서북, 심지어 산시(陝西) 일부도 모두 토번 영토였으며 한번은 토번 군대가 장안을 공격해 점령하기도 했다. 그런 시기에 당나라나 장안이 여전히 이 중국의 중심이라도 되었겠는가?

예를 들어 허시쩌우랑은 한때 장의조(張義潮, 799~872)가 그곳 일대 봉기군을 이끌고 토번 통제에서 벗어나 당나라로 귀의했지만 당나라 후기에 이르러서는 그곳이 다시 당나라 밖 지방 정권에 고립되어 당나라와의 관계가 근본적으로 단절되었다. 그런데도 당나라가 여전히 허시쩌우랑의 중심이었겠는가? 장안이 그들에게 어떤 중심 역할을 했는가?

또 예컨대 한반도 일부를 당나라가 한때 정복한 적이 있고 그곳 백제와 고구려의 국왕과 몇만에 이르는 백성을 중국으로 옮기고 그곳에 안동도호부를 설치한 적이 있는데, 그때는 장안이 한반도의 중심이었다고 말할 수 있다. 그러나 3년 뒤 안동도호부는 평양에서 압록강 이북으로 옮기지 않을 수 없었고 이후에는 심지어 요하(遼河) 동쪽에서 요하 서쪽으로 퇴각했으며 한반도의 유민과 말갈족이 연합해 발해국을 세워 실제적으로 당나라에서 이탈했다. 그때도 장안이 한반도와 요동의 중심이었다고 말할 수 있을까?

당나라 강역이 극성기에 이르렀을 때는 장안이 당나라 강역의 중심이었다고 말할 수 있지만 형세가 변해 안사의 난이 발생한 이후에는 당나라가 더 이상 극성기의 강역을 회복하지 못했기 때문에 장안은 겨우 남은 산하의 중심 노릇을 할 수밖에 없었다.

예를 들어 당시 아랍은 끊임없이 동쪽으로 세력을 확장했는데, 현재 남아 있는 사료에 근거해보면 당나라는 아랍과 전혀 왕래가 없었다. 그러므로 당나라가 아랍에 영향을 끼쳤다고 언급할 수 없다. 또 당나라는 아랍과 벌인 유일한 전쟁에서도 대패했고 그 후 아랍은 계속해서 동쪽으로 세력을 넓혔다. 그렇다면 당나라와 아랍 중에서 어디가 중심이었겠나? 장안이 아랍의 중심일 수 있겠는가?

일반적으로 고대에 건국된 대제국의 수도와 행정 중심은 그들만의 중심이라고 할 수는 있지만 당시 세계의 중심이라고 말할 수는 없다. 그 제국이 일찍이 유럽과 아시아 대륙에 걸쳐 있었거나 유럽, 아시아, 아프리카 세 대륙에 걸쳐 있기도 했지만 기실 그것은 세 대륙의 일부를 이은 것에 불과하고 어떤 제국은 어떤 한 대륙의 구석만 점유했을 뿐이다. 예컨대 페르시아제국은 동쪽으로 파미르고원에까지 닿았을 뿐 당시 중국에 영향을 끼치지 못했다. 또 알렉산더제국은 동쪽으로 카이버 고개[13]를 넘지 못해서 동아시아에는 아무

---

13 인도와 아프가니스탄 사이에 있는 고개다.

영향도 끼치지 못했다.

칭기즈칸의 몽골군은 서쪽으로 원정을 나선 이후 거대한 땅을 연결해 원나라와 사한국(四汗國)[14]을 세웠다. 몽골의 통제 범위는 줄곧 확장되어 동유럽에까지 이르렀고 이는 인류 역사에서 처음으로 유라시아대륙을 진정으로 관통한 사건이었다. 이와 같은 상황에서도 어떤 한곳이 유라시아대륙의 중심이라고 말할 수는 있지만 원나라와 사한국은 결코 통일 정권이 아니었으므로 어떤 한 나라의 수도는 여러 중심 중 하나였을 뿐이다. 당나라 때는 아직 원나라와 같은 형세도 출현한 적이 없으므로 여러 중심의 하나로 기능할 조건조차도 갖추지 못했다. 세계의 중심은 세계가 형성된 이후에야 출현할 수 있다. 당시에는 세계라는 개념이 없었으므로 당연히 세계의 중심은 있을 수 없다.

어떤 사람은 당나라와 당나라 장안이 경제적인 면에서 당시 세계의 중심이라고 말할 수 있다고 주장한다. 한쪽 면만 살펴보자. 성당 시기는 경제가 번영하고 상업이 발달했다. 장안, 양주(揚州), 천주(泉州), 광주(廣州) 같은 몇몇 도시에는 확실히 외국에서 온 상인과 상품이 많았고 이러한 무역, 상업활동 그리고 국제 상인이 주변 지역에 영향을 끼치기도 했다. 그러나 당나라가 경제 중심이었다고 말할 수는 없다. 그 주요 원인 중 한 가지는 당나라가 외부를 향한 경제활동을 하지 않았기 때문이다. 당나라는 수입 활동이든 수출 활동이든 막론하고 자발적으로 나선 적이 없었으며 당시 국제 무역에

---

14 칭기즈칸이 아시아와 유럽에 걸쳐 대제국을 건설한 뒤 그 후손을 원나라와 사한국에 분봉해 제국을 관리했다. 러시아 일대의 킵차크한국, 중앙아시아의 차가타이한국, 차가타이한국 북쪽의 오고타이한국, 이란과 이라크 일대의 일한국이 그것이다.

종사한 사람은 거의 대부분 외국인이었다. 예컨대 당시 장안에서 장사를 한 사람은 소그드인[粟特人]이 가장 많았다. 그들은 오늘날 중앙아시아 페르가나 분지의 카자흐스탄과 우즈베키스탄 일대 상인이었다. 또 당나라 후기에 광주와 천주에서 장사를 한 사람들은 주로 아랍인 및 아랍인으로 인식된 페르시아인이었다. 기록에 의하면 광주 성안의 외국 상인과 그들의 가족 및 수행원이 10만을 넘었다고 한다. 그런데 당나라 상인이 아랍이나 페르시아 또는 다른 외국으로 장사를 하러 간 적이 있는가? 지금까지 그런 증거는 발견되지 않았다. 이미 발견된 중국 왕복 무역 침몰선 중에서 어떤 것은 중국 양식이거나 중국에서 만든 것이지만 기본적으로 그것은 외국 국적의 배거나 선주가 외국인이었다. 저명한 침몰선 '흑석호(黑石號, Batu Hitam)'[15]는 1990년대에 인도네시아 근처 해상에서 발견되어 인양에 성공했다. 이 배에 보존된 당나라 후기의 수많은 동전과 도자기를 살펴보면, 이 배는 아랍에서 중국을 오가던 무역선이었는데 당시 아랍 상인이 당나라에서 화물을 판 뒤에 도자기, 비단, 찻잎 등 상품을 다량 매입한 것으로 보인다. 그들은 아직 다 쓰지 않은 당나라 동전을 가지고 남양으로 가서 향료와 후추를 산 뒤 아랍으로 돌아갈 준비를 하다가 불행하게도 인도네시아 부근 해역에서 침몰한 것으로 추정된다. 이것은 아랍 배다. 또 지금의 광둥성 양장(陽江)에서

---

15 9세기에 아랍에서 중국을 왕래하던 무역선이다. 당시 인도네시아 근처 벨리퉁(Belitung) 해역에서 검은 바위(黑石, Batu Hitam)라는 암초에 부딪쳐 침몰한 것으로 추정한다. 따라서 이 침몰선을 벨리퉁 난파선, 바투 히탐 난파선, 또는 흑석호라고 부른다. 1998년 해삼을 캐던 잠수사에 의해 발견되었고 인도네시아 정부가 성공적으로 인양했다. 당나라 도자기 6만여 점과 금은제 고급 용품 등 수많은 보물이 발견되었다.

발견되어 온전하게 인양에 성공한 '남해일호(南海一號)'도 그 선주는 틀림없이 아랍인이었을 것이다.

이처럼 일방적으로 외국 상인이 외국 상품을 당나라에 가져오고 그들의 필요에 따라 당나라 상품을 사서 운송해간 행위는 그 주도권이 당나라에 있지 않다. 이런 무역이 상대방에게 얼마나 큰 영향을 끼쳤든 간에 상대의 필요에 의해 무역의 성격과 양이 결정되므로 당나라가 주도권을 행사한 것이 아니다. 따라서 직접 무역 관계를 유지한 이들 국가나 지역에 대해서도 당나라나 장안이 그들의 경제 중심이었다고 말할 수는 없다.

문화적인 측면에서도 당나라는 자발적으로 외국에 자신의 문화를 전파하거나 영향을 확대한 적이 없다. 당나라는 한 번도 문화 사자나 관리를 외국에 파견해 자신의 제도, 문화, 기술을 전파한 적이 없다. 감진화상이 동쪽 바다를 건너 일본으로 간 것도 일본의 몇 차례 요청에 의한 것이었지 중국 관방에서 파견한 것이 아니었다. 또 주요 목적도 불법을 널리 펴기 위한 것이었고 문화 전파는 불법에 묻어간 것이었다. 일본이 '견당사'를 당나라로 파견해 공부하게 한 것은 완전히 자발적인 행위였다. 파견해야 할지 하지 말아야 할지, 언제 파견할지, 누구를 파견할지, 당나라에서 무엇을 배울지, 몇 년간 배울지, 돌아가서 어떻게 응용할지, 어느 정도 범위까지 추진할지, 취사의 기준은 어떻게 마련할지, 어떤 것을 배워야 하고 어떤 것을 배우지 말아야 할지 등등 이 모든 것이 일본의 자주적 결정에 의지했지 당나라와는 아무 상관이 없었다. 당나라 문화와 장안의 문화는 당시 일본이 배우고 모방해야 할 중요한 근원, 심지어 유일한 근원이었다고 말할 수 있지만 장안이 일본 문화의 중심이 되었다고 말할 수는 없다.

실사구시적으로 말해서 당나라는 확실히 중국 역사에서 비교적 국력이 강성하고 강역이 넓었으며 상대적으로 개방적인 시기이기도 했다. 당나라 장안도 당시 세계에서 가장 번영하고 발달한 도시의 하나였음에 틀림없다. 그러나 당나라와 장안성이 경제, 문화, 정치 등 어느 부문을 막론하고 적극적이고 자발적으로 외부 세계에 영향을 끼친 적이 없고 당나라 이외의 어떤 국가나 지역의 중심이 된 적이 없으므로 세계의 중심은 더 말할 필요조차 없다.

이전에 중국은 개방하지 않고 나라의 대문을 닫아건 채 자위에만 급급하며 항상 고대 중국이 세계 제일이었으며 세계 최고였다고 말하곤 했다. 이런 말이 자국민에게는 어느 정도 긍정적인 효과를 발휘해 약간의 자부심이나 자신감을 높여줄 수 있을 것이다. 그러나 오늘날에는 이미 전면적인 개방 정책을 실시해 역사 연구 부문에서도 세계 각국과 연대와 교류를 하게 되었다. 그런데도 아직 진실하게 조사하지 않거나 비교 분석하지 않고 경솔하게 사람의 귀를 솔깃하게 할 만한 '새로운 발견'이나 '새로운 관점'을 제기해 계속해서 자아도취나 자위에만 만족한다면 전혀 긍정적인 효과를 이끌어낼 수 없다. 일단 민중이 이와 같지 않다는 사실을 발견해 그들이 직접 외국에서 이와 상반된 관점을 알게 되거나 비교를 통해 원래 갖고 있던 관점을 전복하게 되면 부정적인 후과만 초래하게 할 뿐이고 심지어 문화적 자신감마저 잃게 될 수 있다.

말 위에서 얻었지만 어찌 말 위에서 다스릴 수 있겠는가?
탕왕(湯王)과 무왕(武王)은 역(逆)으로 취하여 순리대로 지켰으며
문(文)과 무(武)를 병용하였으니,
이것이 오래 보존할 수 있는 방법이었다.

제3편

고대 중국의
정신 중추

영명한 개국 황제는
왜 폭군이 되기도 하나?

기원전 202년 유방이 천하를 통일하자 제후들이 합동으로 그를 황제로 높였다. 즉위식을 정도(定陶, 산둥 허쩌시荷澤市 딩타오구定陶區)에서 거행한 뒤 숙손통(叔孫通, 기원전 245?~기원전 190?)은 어명을 받들어 조정의 의식과 제도를 제정했다. 그러나 유방은 진(秦)나라가 남겨놓은 의례가 너무 번잡하다고 여겨 전부 제거한 후 간단하게 할 것을 요구했다. 그 결과 한 무리 대신이 조정에서 술을 마시며 공을 다투기도 했고 술에 취한 뒤에는 고함을 치고 울부짖는 자도 있었으며 칼을 빼들고 기둥을 함부로 내리치는 자도 있었다. 유방은 체통이 사라졌다는 것을 깨닫고 이런 혼란을 수습할 방법이 없을까 걱정했다.

숙손통은 유방이 이런 현상을 매우 싫어한다는 사실을 알고, 독서인은 천하를 얻을 때는 큰 역할을 하지 못하지만 건국 후에는 수성(守成)을 할 수 있다고 하면서 노나라 땅의 유생을 초빙해 자신의 제자와 함께 폐하를 위해 조회 의식을 제정하겠다고 건의했다.

유방이 물었다 "너무 어렵지 않겠소?" 숙손통이 말했다. "신이 비교적 간단한 방법을 쓸 수 있습니다." 유방은 한번 시험해보자고 동의하면서도 이렇게 요구했다. "반드시 쉽게 배울 수 있어야 하오. 내가 실행할 수 있을 정도로 약속해주시오."

한 고조 7년(기원전 200년) 장락궁(長樂宮)이 완공되자 제후들과 문무백관이 일제히 새로운 궁궐에 모여 완전히 새로운 의식에 따라 조회를 거행했다. 날이 밝자 궁전을 경호하는 병거, 기병, 보병이 궁전 마당에 나란히 늘어서서 무기와 깃발을 들었다. 지휘와 배치를 책임진 관리 알자(謁者)가 인원을 검사해 제후와 백관을 순서대로 궁궐 문으로 들여보냈다. 대전의 계단 양쪽에는 낭중 수백 명이 늘어서서 '추(趨)'라고 외쳤다. 그것은 빠른 걸음으로 올라가라는 뜻이다. 백관들이 물고기를 한 줄로 꿴 것처럼 들어왔는데 공신, 열후, 장수와 기타 무관은 서쪽 반열에서 동쪽을 바라보며 섰고, 승상 이하 문관은 동쪽 반열에서 서쪽을 바라보고 섰다. 모든 준비를 마친 후 대전 위 전례관(典禮官)이 백관의 등급별 보고를 접수해 릴레이로 소리를 전하면서 황제께서 납시기를 요청했다. 황제가 가마를 타고 거처를 떠나면 의장대가 앞에서 길을 열고 연도에서 경계를 펼쳤다. 황제가 대전에 좌정하자 전례관은 제후왕에서 녹봉 600석 이상에 이르는 관리를 이끌어 차례대로 축하 배례를 올리게 했다. 제후왕과 백관은 겁을 먹고 감히 숨조차 쉴 수 없을 정도였으며 이에 극진하게 공경을 표하지 않는 사람이 없었다. 황제를 알현한 이후 황제가 술을 하사하자 대전 위에 앉을 자격이 있는 대신들은 모두 고개를

숙이고 몸을 굽힌 채 지위와 관직 고하에 따라 아홉 차례로 나눠 황제에게 축수를 했으며 그 뒤에 알자가 술자리를 파하라는 명령을 내렸다. 음주 과정도 시종일관 어사(御史)가 감독했고 의식을 준수하지 않는 사람을 발견하면 즉시 끌어냈으므로 조당에서 감히 소란을 피우며 의례를 어기는 자가 없었다. 그제야 유방은 득이양양하게 말했다. "짐은 오늘에야 황제가 존귀하다는 사실을 체감했노라."

당시에 또 한 명의 대신이던 육가(陸賈, 기원전 240?~기원전 170)는 새로 건국한 한나라를 오래 유지할 수 있게 하려면 유방에게 치국의 도리를 알게 해야 한다고 생각했다. 이 때문에 항상 유방의 면전에서 『시경(詩經)』과 『서경(書經)』에 나오는 말을 인용했다. 유방은 심하게 염증을 느끼다가 어느 날 소리를 질렀다. "이 몸은 말 위에서 천하를 얻었는데 『시경』·『서경』에만 의지해서 뭘 어쩌자는 건가?" 육가가 반문했다. "말 위에서 천하를 얻었다고 말 위에서 다스릴 수 있겠습니까?" 그리고 다시 한바탕 중요한 이치를 설파해 유방의 말문을 막았다. 유방은 불쾌한 가운데서도 죄책감을 느끼며 육가에게 이렇게 말했다. "시험 삼아 짐을 위해 진나라가 천하를 잃을 까닭과 짐이 천하를 얻은 까닭 그리고 고대 각국이 드러낸 승패의 교훈과 경험을 좀 써주시오."

이에 육가는 흥망성쇠의 규칙을 개괄적으로 논술해 12편의 글을 썼다. 육가가 매번 한 편씩 올리자 유방은 훌륭하다고 칭찬하지 않은 적이 없었고 좌우 시종도 황제가 기뻐하는 것을 보고 일제히 만세를 불렀다. 육가가 황제에게 올린 글을 모은 것이 바로 『신어(新語)』라는 책이다.

유방이 물이 흘러가는 것처럼 선(善)을 따르며 육가의 의견을 받아들인 까닭은 말 위에서 천하를 얻었더라도 말 위에서 천하를 다스릴 수 없다는 사실을 인정했고 아마도 천하를 다스리는 일이 쉽지 않다는 사실을 이미 체험했기 때문인 듯하다. 그리고 숙손통이 그를 위해 성대한 의례를 제정해 유방으로 하여금 황제의 존엄을 향유하게 하고 천하를 다스리는 일의 오묘한 점을 체감하게 한 점도 중요하게 작용한 듯하다.

그런데 천하를 다스리는 일의 어려움이 어느 정도였을까? 역사책에도 명쾌한 설명이 없고 역사책을 읽은 사람도 구체적으로 이해하기 어려우므로 한 가지 비교를 해봐도 괜찮을 듯하다.

민주 정치 제도가 마련되기 전에 중국은 역대로 중앙집권식 전제제도를 시행했다. 이러한 상황에서 천하를 얻으려면 현 정권을 타도하고 정권을 빼앗거나 대체해야 하므로 자연히 무력과 음모에 의지할 수밖에 없었다. 정정당당하게 정치 투쟁을 진행한다는 것은 호랑이에게 그 가죽을 벗기자고 논의하는 것과 다를 바 없어서 성공할 수 없었을 뿐 아니라 오히려 멸망을 자초하는 일이었고 그 가능성을 시험하는 것조차 현실적이지 못했다. 그러나 이런 것은 오히려 천하를 탈취하려고 시도하는 자의 우위로 귀결될 수 있었다. 왜냐하면 목적을 달성할 수 있으면 수단은 불문에 부칠 수 있기 때문이다. 극단적인 방법까지 모두 쓰게 되면 어차피 무슨 정치적, 도의적 책임은 질 필요가 없게 된다. 설령 진상이 폭로되더라도 각종 핑계나 희생양을 찾기도 어렵지 않게 되는 것이다.

천하를 다스리는 사람은 너무 과도하게 일을 처리해서는 안 되므로 적어도 사회가 공인한 마지노선을 넘어서는 안 된다. 예를 들어 청나라 초기에 산해관 밖에서 명나라를 반대하는 활동이 벌어지자 명나라 장군 원숭환(袁崇煥, 1584~1630)이 변방을 지키며 청나라 군대를 여러 번 격파했다. 이에 청나라는 반간계를 이용했다. 사람을 북경으로 보내 유언비어를 유포하며 고의로 원숭환이 청나라와 결탁했다는 비밀 편지를 폭로

했다. 명나라 숭정 황제는 뜻밖에도 그 유언비어를 진실이라고 믿었고 거기에 당시에 파벌 간 투쟁이 더해져서 원숭환은 희생물이 되었다. 그는 나라를 배반한 매국노라는 오명을 썼을 뿐 아니라 숭정 황제에 의해 잔인하게도 능지처사라는 혹형에 처해졌다. 그러나 천하가 치세를 이룬 청나라 건륭 연간에 이르러 청나라에서는 스스로 사실을 밝히고 원숭환의 억울함을 풀어줬다. 왜냐하면 통치자가 그렇게 해서는 안 되고 이후로는 그의 오명을 벗겨줄 수 없을 테니, 그렇게 되면 천하를 다스리는 황제의 신분으로 스스로 표방했던 "자고로 천하를 얻은 자 중에서 본조의 어짊과 같은 자가 없었다"는 형상과 부합하지 않기 때문이다.

천하를 얻는 과정에는 파괴를 위주로 하며 후과를 불문에 부칠 수도 있고 심각한 파괴를 자행하면 할수록 자신에게 유리한 결과를 가져올 수도 있다. 이 때문에 천재지변이든 인재든 크게 벌어지기를 간절히 바라면서 혼란이 가중될수록 더욱 유용하다고 생각한다. 그러나 천하를 다스리는 사람은 무슨 일이든 자기 책임에서 벗어나기 어렵다. 인재가 발생하면 통치자의 다스림이 타당하지 못했든가 사전 예방에 힘을 기울이지 않았든가 정책에 오류가 있었든가 관리들의 부패로 야기된 일로 간주되었다. 천재지변이 발생하면 더더욱 하늘의 경고와 징벌로 인식되어 군주 스스로 '천명'을 잃은 결과 하늘의 미움을 초래한 것으로 설명되었다. 이렇게 되면 생명과 재산의 막대한 손실을 야기할 뿐 아니라 민심을 동요하게 만들어 반대파에게 이용당할 수도 있게 되는 것이다. 어떤 때는 파괴가 건설에 비해 더욱 쉽다는 사실을 알지 못하기도 한다.

따라서 천하를 얻으려 할 때는 흔히 식량을 끊기도 하고 성을 도륙하기도 하고 포로를 죽이기도 하고 수공(水攻)으로 적을 막다른 지경에 빠뜨리기도 하고 유언비어를 퍼뜨리기도 하고 미인계를 쓰기도 하고 반간계를 쓰기도 하는 등 각종 극단적인 수단까지 동원하지 않는 것이 없다. 그러나 천하를 다스리는 사람은 미리 방비를 잘한다 해도 모든 일을 다 방비할 수는 없으므로 피동적으로 공격을 당할 수밖에 없게 된다.

천하를 얻으려는 사람은 민심을 얻기 위해 백성의 불만을 선동하면서 실현 가능성은 고려하지도 않고 과도하고 과다한 보상을 약속하거나 자기 지지자와 옹호자에게 현찰의 이익을 안겨주면서 타인의 분노를 유발하기도 한다. 그러나 천하를 다스리는 사람은 모든 일을 자기 역량에 맞게 실행할 수밖에 없다. 물질적 기반이 유한한 조건하에서는 일부 사람의 요구를 만족시키면서도 반드시 여지를 남겨두어야 한다.

전한 말기 왕망은 집정관이 된 초기, 사회 각계각층에 온갖 약속을 하며 한결같이 혜택을 주겠다고 하여 호감을 끌어내고 보편적인 지지를 얻었다. 이를 바탕으로 그는 순조롭게 보위를 찬탈하고 황제가 되어 천하를 얻었다. 그러나 천하를 다스리게 되었을 때 그는 거짓 통계와 텅 빈 국고에 직면해 빈말과 거짓말로 천하 사람들에게 응대하면서 신료와 백성에게 각고의 노력으로 분투해 채소로 식량을 대신하자고 호소했다. 그러나 결과적으로 본래 그를 옹호하던 사람들도 모두 반대자로 돌아섰다.

마찬가지로 명나라 말기 이자성은 민중이 자신을 지지하도록 다음과 같은 구호를 널리 퍼뜨렸다. "먹을 것 말인가 니미럴, 입을 것 말인가 니미럴, 틈왕(闖王)이 오시면 세곡(稅穀)을 안 내도 된다네(吃他娘, 著她娘, 闖王來了不納糧)." 문인들이 이 구호를 이렇게 가공했다. "틈왕을 우러르며 틈왕을 영접하려네. 틈왕이 오시면 세금을 안 내도 된다네(盼闖王, 迎闖王, 闖王來了不納糧)." 그리고는 도리어 명나라 관영 창고를 열어 다른 사람의 재산만 나눠줬다. 그러나 이자성은 일단 북경으로 진입하고 나서는 뇌물을 받아먹고 금은보화 챙기기에 바빴으며 나중에 허겁지겁 도주할 때도 보물을 차마 버리지 못했다. 만약 정말 그가 천하를 다스렸다면 백성의 부담이 아마도 명나라 때보다 절대 가볍지 않았을 것이다.

천하를 얻으려 할 때는 가장 광대한 통일전선을 결성할 수 있고 목표를 정권 탈취에만 맞추므로 서로가 서로를 도울 수 있다. 다른 부문의 의견 차이나 충돌도 잠시 뒤로 미뤄둔다. 내부 권력 투쟁은 피하기 어렵지만 공동의 적과 마주해 수령을 외톨이로 내버려둘 수 없으므로 전제적이고 잔혹한 수단은 자제하지 않을 수 없게 된다. 그러나 천하를 다스릴 때는 황제와 현 정권이 오히려 다른 정적의 유일한 공격 목표와 탈취 대상으로 바뀐다.

송나라 태조 조광윤은 공신들에게 술을 하사하며 병권을 내놓게 할 때[1] 이렇게 말했다. "황제가 되고 싶지 않은 사람이 그 누가 있겠소? …… 경들은 그렇고 싶지 않더라도 경들의 부하가 그렇지 않다고 누가 장담할 수 있겠소? 때가 되어 황포(黃袍)를 경들 몸에 입힌다면 과연 떨쳐버릴 수 있겠소?" 이 말에는 좀 논리적 비약이 있지만 지극한 명언이라 할 수 있다. 한편으로 오대(五代)의 단명한 황제들도 본래는 천하를 얻고 싶어 했지만 천하를 잘 다스릴 수 없어서 잠깐 사이에 실각하거나 목숨을 잃었다. 다른 한편으로는 황제가 되면 지고무상의 절대 권력을 갖게 되므로 옛날의 전우, 동향, 동학, 형제 등 자신과 관계가 있는 사람들을 아무 거리낌 없이 모두 죽였다. 이에 대대적으로 살육을 자행하며 몇만 심지어 몇십만을 죽이고도 눈 하나 깜짝하지 않았다.

천하를 얻는 과정에서는 윗자리에서 아랫자리에 이르기까지 아직 그렇게 과다한 요구는 하지 않는다. 본래 빈민이었고 범죄자였던 사람들

---

1 이 일을 역사에서는 "배주석병권(杯酒釋兵權)"이라고 한다.

은 목숨만 이어가기를 원한다. 여러 가지 원인으로 투항해온 사람들도 장기적인 이익에만 마음 쓰고, 무력에 의해 정복당한 사람이나 음모에 의해 굴복한 사람들은 잠시 은인자중하며 때를 기다린다. 물자가 한정적이고 전쟁이 빈번한 때에는 각급 수령이 아직 까다로운 조건을 내걸 수 없거나 심하게 부패할 겨를이 없다. 그러나 천하를 얻어 다스리는 때가 되면 각 개인은 자기 요구만 만족시키려 하고 통치자도 아랫사람에게 계속 어렵고 소박한 생활을 제창하며 신료와 백성에게 마치 태평 시절이 아닌 것처럼 "함께 고난을 극복하자"라고 요구할 수만은 없다. 천하를 태평하게 하려면 일부 사람에게는 보상 정책을 시행해야 하고 막강한 토호에게도 양보하는 모습을 보여야 한다. 이런 조치는 모두 금과 은을 필요로하기 때문에 흔히 강산을 얻자마자 진퇴양난의 곤경에 직면하는 경우가 많다.

바로 이 같은 연유로 영명한 개국 황제가 천하를 다스리게 되었을 때 폭군이 되는 사례가 종종 있으며, 보위를 이어 바로 황제가 된 사람도 적지 않게 혼군(昏君)이 되거나 권신과 환관의 꼭두각시와 노리개가 된 경우가 많고, 불행하게 한 왕조의 마지막 황제가 되면 더욱 비참하게 물러나기도 한다. 이런 사례는 전제제도로 천하를 다스리는 한 피할 수 없는 결과물이다.

천하

천하를 얻음과 천하를 다스림

제1절

호복 입고 말 위에서 활쏘기 그리고 기병 시대

전국시대 조(趙)나라 무령왕(武靈王, 기원전 340~기원전 295) 초년 (기원전 326년)에 나날이 강대한 국력을 자랑하던 진(秦)나라는 조나라를 가장 강력하게 위협하던 주요 적국이었다. 조나라는 한(韓), 위 (魏), 연(燕), 초(楚)나라와 5국 연합군을 결성해 진나라에 대항했다. 또 위, 한과 연합해 진나라 함곡관(函谷關)을 공격했지만 결국 실패하고 말았다. 조 무령왕 9년(기원전 317년) 진나라 군대는 조, 위, 한 연합군을 대파하고 조나라 군사 8만 명을 죽였다. 조나라의 손실은 심각하고 막대했다. 이어서 진나라는 조나라 중도(中都, 산시山西 평야오平遙 서남쪽)와 서양(西陽, 산시山西 중양中陽) 등지를 공격해 점령했다. 그러나 조 무령왕은 아무것도 하지 못하는 평범한 사람이 아니었다. 그는 이와 같은 정세에 직면해 끊임없이 근본적인 개혁을 시행하며 조나라의 국력을 강화하려 했다.

무령왕 19년(기원전 307년), 그는 군대를 이끌고 중산국(中山國)[1]을 공격해 일부 지역을 점령했다. 그 뒤 그는 친히 군사를 이끌고 북상해 대북(代北) 지역에서 서쪽으로 진출했다. 그는 하투(河套) 일대에서 황하를 건너 황화산(黃華山)에 올랐다. 이 원정으로 조나라는 넓은 땅을 얻었을 뿐 아니라 무령왕도 호족의 습속을 좀 더 깊이 알게 되었으며 특히 호족의 전투력이 강한 원인을 이해하게 되었다. 이에 그는 모사 누완(樓緩, ?~?)을 불러 정식으로 자신의 개혁 방안을 제시했다.

무령왕은 당시 조나라의 전통 복장을 개혁하기 위해 '호복(胡服)' 즉 북방 호족의 옷을 입어야 한다고 했다. 누완은 전적으로 찬성했지만 신료들은 한결같이 반대했다. 이에 무령왕은 또 다른 모사 비의(肥義, ?~기원전 295)와 다시 한 번 상의해야 했다. 이런 중요한 시각에 노신(老臣) 비의는 결정적인 조언을 했다. "자신감이 없으면 큰일을 이루지 못합니다. 자신의 행동을 의심하면 명실상부한 말을 할 수 없습니다. 대왕께서 이미 전통 파괴에 대한 질책을 이겨낼 준비를 하셨다면 더는 천하 사람들의 분분한 반대를 돌아볼 필요가 없

---

1 춘추시대에 북방 이민족의 하나인 백적(白狄) 일파가 세운 나라로 선우(鮮虞)라고도 한다. 지금의 허베이성(河北省) 동북 일대에 위치했고 도성은 영수(靈壽)로 지금의 허베이성 평산현(平山縣) 동북쪽에 있었다.

습니다. 지자(智者)로서 스스로 이미 정확한 예측을 하셨는데 무엇 때문에 주저하십니까?" 무령왕이 말했다. "나는 호복 입기를 주저하는 것이 아니라 천하 사람들이 나를 웃음거리로 삼을까봐 걱정하는 것이오. 호복의 장점은 무한하니 천하 사람들이 나를 비웃더라도 호족의 땅과 중산국은 틀림없이 내 수중에 떨어질 것이오." 그는 결심을 하고 자신이 먼저 호복을 입었다. 그러나 무령왕은 반대 세력이 강대함을 잘 알고 호복 착용을 순조롭게 추진하기 위해 일부 중요 인물들의 지지를 얻으려고 했다. 그중 한 사람이 바로 그의 숙부 공자(公子) 성(成, ?~?)이었다. 그는 사자를 보내 자신의 의견을 숙부에게 전달했다.

과연 공자 성은 반대 의견을 표시했다. 사자가 돌아와 보고하자 무령왕은 이렇게 말했다. "숙부께서 몸이 편찮으시다니 내가 직접 가서 말씀드려야겠다." 공자 성이 병을 핑계 삼았지만 기실 무령왕의 의견을 받아들이고 싶어 하지 않았기 때문이다.

공자 성의 집에 도착하여 무령왕은 또 간절하게 자신이 이런 조치를 내린 이유를 한바탕 설명했다. 또 숙부께서 먼저 호복을 입으면 매우 중요한 효과를 발휘할 수 있을 것이라고 말했다. 공자 성은 그의 말을 듣고 사과하면서 말했다. "내가 너무 멍청하여 주상이 시행하려는 조치의 이치를 이해하지 못했습니다. 그것은 나의 죄입니다. 지금 선왕의 계획을 계승하고 선왕의 유지(遺志)를 실행하려는데 내가 어찌 어명에 따르지 않을 수 있겠습니까?" 그는 공손하게 무령왕이 하사하는 호복을 받은 뒤 다음 날 호복을 입고 조회에 참석했다. 이에 무령왕은 정식으로 전통 의복을 호복으로 바꿔 입으라고 명령을 내렸다.

그래도 반대하는 대신이 있었다. 조문(趙文, ?~?), 조조(趙造, ?~?), 주소(周紹, ?~?), 조준(趙俊, ?~?) 등은 본래 복장이 좋으므로 호복으로 입으라는 명령을 거두어달라고 무령왕에게 극력 권고했다. 이 때문에 무령왕은 호복 착용 이유를 재차 강조하는 동시에 대신들의 반대는 아랑곳하지 않고 단호하게 "호복을 입고 말 위에서 활을 쏘는[胡服騎射]" 정책을 단호하게 실행해 오래지 않아 효과를 보기 시작했다.

무령왕 20년(기원전 306년) 그는 친히 군사를 이끌고 중산국을 공격해 영가(寧葭, 허베이 휘루獲鹿 북쪽)를 점령한 뒤 다시 서쪽으로 임호(林胡)²를 정벌하고 유중(楡中, 내몽골과 산시陝西 경계 일대)을 탈취하자 임호왕이 그에게 말을 공물로 바쳤다. 무령왕 21년(기원전 305년) 조나라는 크게 군사를 일으켜 중산국을 공격하고 넓은 토지를 빼앗았는데, 무령왕이 친히 군대를 거느리고 석읍(石邑, 허베이성 휘루 동남) 등의 도시를 공격하자 중산왕이 네 성(城)을 바치고 화친을 요청했으며 이에 조나라 군대는 잠시 공세를 멈췄다. 무령왕 23년(기원전 303년)과 무령왕 26년(기원전 300년)에도 조나라 군사는 계속해서 중산국 땅을 탈취해 북쪽으로 연나라·대(代)나라(허베이 서북부 및 그 인근 내몽골 지역)와 경계를 맞댔으며, 서쪽으로는 운중(雲中, 내몽골 퉈커퉈托克托 동북)·구원(九原, 내몽골 인산陰山 남쪽)의 땅을 하나로 연결했다. 4년 뒤 중산국은 멸망하고 그곳 군주는 부시(膚施, 산시陝西 위린楡林 동남)로 옮겨갔다. 이에 이르러 조나라의 강역과 국력은 극성

---

2 전국시대에 활동한 북방 호족(胡族)의 일파다. 주로 삼림에서 살았기에 임호라고 칭해졌다. 임인(林人), 첨림(儋林)으로도 불렸다. 『사기』 「흉노열전(匈奴列傳)」에 "진(晉) 땅 북쪽에 임호와 누번(樓煩)이 있다(晉北有林胡·樓煩)"라는 기록이 있다.

기에 도달했다.

오늘날 사람들은 아마도 일국의 군주가 신민(臣民)의 복장을 바꾸는 것이 그렇게 어렵고 또 호복이 그렇게 큰 위력을 발휘했다는 사실을 이해하기 어려울 것이다. 기실 복장을 호복으로 바꾼 것은 의복 개혁에 그치지 않고 근본적으로 새로운 전투 방식, 즉 기병(騎兵)을 운용한 전투 방식을 도입한 것이다. 그것은 군사제도의 근본적인 개혁이었다.

중국에 말이 유입된 것은 비교적 이른 시기였고 일찌감치 가축으로 부렸다. 그러나 농경민족과 유목민족이 말을 이용하는 방식은 서로 달랐다. 중원의 여러 화하 계열 민족은 수레를 끄는 데 말을 이용했지만 호족은 주로 기마용(騎馬用)으로 썼다. 춘추시대 및 전국시대 전기 각 제후국 군대를 포함한 화하 계열 여러 민족의 군대는 병거(兵車) 부대를 주력군으로 삼았고 보병은 병거 부대의 보조 역량이었다. 그러나 북방 호족은 기본적으로 모두 기병 부대만 보유했다. 기병의 기동성과 전투력은 당연히 병거 부대보다 훨씬 뛰어났으며 특히 장거리 이동과 복잡한 지형에서는 더욱더 그러했다. 예를 들어 병거는 도로 요건에 대한 요구가 비교적 까다롭기에 병거의 기동성은 기병처럼 신속하지 못했다. 제후국 간의 전쟁에서도 쌍방이 병거만 사용했기 때문에 병거와 기병의 우열이 분명하게 드러나기 어려웠다. 그러나 중원의 화하족과 북방의 호족 간에 전쟁이 발생하자 기병에 대한 병거의 열세가 매우 뚜렷하게 드러났다. 조나라 무령왕은 이 점을 다른 제후들보다 더 깊이 체험했다. 왜냐하면 당시 조나라는 이미 북쪽에서 호족과 접촉하고 있었고 무령왕 자신도 호족의 전선 안으로 깊이 쳐들어가서 호족의 기병을 성실하고 자세히 관찰했기 때문이다.

중원에서는 마차가 보편적으로 사용되었기에 '어(御, 수레 몰기)'라는 기술은 당시 성년 남자가 반드시 익혀야 할 기예(技藝)였다. 빈부귀천을 막론하고 사람들은 모두 수레를 몰 기회와 필요성이 존재했기 때문이다. 예컨대 일상생활, 혼례와 상례의 의례, 행군과 출정 때모두 수레에서 벗어날 수 없었다. 귀족이나 군주 대신 수레를 모는사람도 일정한 신분을 가졌고 전시에 총사령관이나 사령관을 위해수레를 모는 사람은 더욱 보통 군인이 아니었다. 이 때문에 공자가당시 제자들에게 가르친 여섯 가지 과목인 '육예(六藝)'[3]에도 '수레몰기'가 들어 있었으며 공자 자신도 수레 몰기의 고수였다.

활쏘기는 호족의 전유물이 아니었다. 예를 들어 공자의 육예에도'활쏘기[射]'라는 과목이 있었다. 상이한 것은 호족은 말을 타고 활을 쏘는 것이 습속이었지만 화하족은 모두 수레를 타거나 걸으면서활을 쏘았다는 점이다. 두 가지 방식 중에서 효율이 어느 것이 높은지는 따로 설명할 필요조차 없다. 호족은 언제나 말을 타고 사냥을하면서 날아가는 새나 달리는 짐승을 활로 쏘았다. 그들이 보인 활솜씨의 위력도 화하족이 따라갈 수 없었다. 화하족은 전쟁 때를 제외하고는 활을 사용하는 기회가 그리 많지 않았고 일종의 장식이나단순한 기예로 간주되어 구경거리로만 기능했을 뿐 현실적으로는쓸모없는 것으로 여겨졌다.

무령왕이 특별히 말을 타고 활을 쏘는 호족의 장점을 의식할 수

---

3 춘추전국시대에 군자가 익혀야 할 여섯 가지 필수 과목이다. 예(禮, 예절), 악(樂, 음악), 사(射, 활쏘기), 어(御, 수레 몰기), 서(書, 서예), 수(數, 셈법)가 그것이다.

있었던 것은 물론 조나라의 지리적 위치가 호족과 인접해 있었기 때문이기는 하지만 더욱 중요한 점은 그가 일을 추진하기 전에 오랫동안 깊이 있게 호족을 관찰했다는 사실이다. 예를 들면 무령왕은 재위 17년(기원전 309년)과 19년(기원전 307년)에 "도성 밖으로 나가 들판에 누대를 높이 쌓고 제나라와 중산국의 경계 지역을 관찰했다." 그리고 중산국의 상황을 관측했으며 또 대나라 땅에 당도했는데 "북쪽으로는 끝없는 사막에 직면했고, 서쪽으로는 황하에 이르렀고, 또 황화산에 올라갔다." 그는 물론 산수를 유람한 것이 아니라 10년 동안 착실하게 미래를 준비한 것이다. 이 때문에 그는 '호복 입고 말 위에서 활쏘기를 하라'는 명령을 내릴 수 있었다.

무령왕이 추진하려던 '호복 입고 말 위에서 활쏘기' 방식은 공개적으로 반대할 사람이 없었고 근본적으로 반대할 수 없었으며 반대의 이유도 찾을 수 없었다. 그러나 호복을 입으라는 명령은 드넓은 반대 의견에 부딪혔고 그 반대는 상당히 격렬했다. 이 두 가지는 도대체 무슨 관계였을까? 왜냐하면 호복을 입으라는 것은 말 위에서 활쏘기를 하기 위한 전제였고 호복으로 바꾸지 않고는 말 위에서 활 쏘는 기술을 널리 보급할 수 없었기 때문이다. 당시 남자의 복장은 "위는 의(衣, 도포 형태), 아래는 상(裳, 치마 형태)"이었는데, 하의인 '상'은 바짓가랑이를 나누지 않은 치마였다. 수레 위에 서거나 수레에 앉을 때는 당연히 문제가 없지만 이 옷을 입고 어떻게 말 위에 걸터앉거나 말을 타고 달릴 수 있겠는가? 상의인 '의'도 귀족용은 옷자락이 넓고 소매가 큰 의복으로 수레 위에서 창을 휘두르며 지휘를 할 때는 크게 방해가 되지 않으나 말을 타고 활을 쏘거나 격투가 벌어질 때는 전투에 적합하지 않았다.

그러나 복식은 또 등급의 표지, 지위의 상징, 종족의 전통, 가족의 영예이기도 했다. 그런데 귀족과 평민·노예에게 복장이 거의 같은 양식, 즉 몸에 달라붙는 바지 형태 옷을 입으라고 요구하는 것은 받아들일 수 없었다. 당시에 일반 선비들은 복식을 생명의 일부분으로 간주하기도 했고 심지어 생명보다 더 중시하기도 했다. 예를 들어 공자의 뛰어난 제자 자로(子路, 기원전 542~기원전 480)는 격투를 하던 도중에 관모(冠帽)의 끈이 끊어졌다. 그는 위험하다는 사실을 분명히 알고도 전투를 멈추고 이렇게 말했다. "군자는 죽어도 관모를 벗어서는 안 된다."[4] 관모를 온전하게 보존하기 위해 그는 관모를 다시 쓰고 끈을 맸는데 이 과정에서 상대방에게 피살되었다.

게다가 화하족은 오랑캐보다 우월하다는 관념이 이미 뿌리 깊게 자리 잡고 있었다. 이 때문에 무령왕의 숙부 공자 성을 포함한 대신의 반대 이유가 바로 중국은 오랑캐보다 선진적이어서 여태껏 중국이 오랑캐를 배운 선례가 없다는 것이었다.

물론 귀족들이 분명하게 말하지 않은 또 한 가지 사실이 있다. 당시에는 문무 관리가 아직 분화되지 않았고 일반 귀족 대신은 반드시 문과 무를 겸해야 했다. 그런데 호복을 입고 말 위에서 활을 쏘는 기예는 귀족 개인에게 뛰어난 솜씨를 요구하는 일이었다. 즉 호복을 입고 말 위에서 활을 쏘는 기예는 병거전의 기술보다 더욱 수준이 높아야 했고 전투 과정에서 개인이 맞닥뜨리는 위험성이 병거전보다 훨씬 컸다. 따라서 평소에 주위 사람들에게 높이 떠받들려 우대를 받던 귀족이나 허장성세를 부리던 사람 입장에서는 호복을 입

---

4 『사기』 「중니제자열전(仲尼弟子列傳)」: "君子死而冠不免."

는 일이 일대 난관이었던 셈이다. 바로 이와 같았기 때문에 호복을 입고 말 위에서 활을 쏘는 정책이 시행되자 귀족 대신은 정신을 기울여 말타기와 활쏘기를 익혀야 했을 뿐 아니라 이에 관한 소질이 없거나 실력을 높일 수 없었던 사람들은 관직에서 도태될 수밖에 없었다. 이러한 연유로 개혁 후의 조나라는 비로소 그처럼 강대한 군사력을 보유할 수 있게 되었다.

호복을 입고 말을 타고 활쏘기를 한 조나라의 정책은 자신을 강대하게 하여 영토를 개척하고 중산국을 멸하고 강역을 조나라 역사상 최대로 넓혔을 뿐만 아니라 다른 제후국이 따라 배우고 모방하는 본보기로 작용해 말을 타고 활쏘기를 하는 기예가 각국으로 널리 퍼져 나갔다. 전국시대 후기에 이르면 병거전은 기본적으로 도태되었고 그 대신 각국에서는 새롭게 기병 부대를 조련했다. 이에 말을 타고 활을 쏘는 일이 보편적인 전투 수단이 되었다.

하지만 호복은 단지 장졸에게만 보급되었으며 군주, 귀족, 평민 백성은 여전히 화하족의 옷을 입고 관모를 썼다. 다만 행군하고 출정할 때나 군인이 되어 전쟁을 할 때는 호복의 군복으로 바꿔 입었다. 이런 점에서도 의관이 일종의 문화이자 의례이며 전통임을 알 수 있고 상당히 바꾸기 어렵다는 사실을 확인할 수 있다.

제2절
중국 고대의 대규모 학살, 장평 전투

진 소왕(秦昭王, 기원전 325~기원전 251) 45년(기원전 262년) 진나라 대장 백기(白起, ?~기원전 257)는 한(韓)나라를 공격해 야왕(野王, 허난 신양시沁陽市)을 점령하고 한나라 본토와 상당군(上黨郡, 산시山西 장쯔현 長子縣 서남쪽) 사이의 교통 노선을 봉쇄했다. 상당군 군수 풍정(馮亭, ?~기원전 260)은 진나라에 투항하려 하지 않고 조나라에 귀의했다. 조나라에서는 대장 염파(廉頗, 기원전 327~기원전 243)를 장평(長平, 산시山西 가오핑시高平市 서북)에 주둔하게 하고 진나라 군대에 항거했다. 쌍방은 1년을 대치했고 염파는 몇 차례 작은 전투에 패배하고는 성을 굳게 지키며 밖으로 나오지 않은 채 적이 지치기를 기다렸다.

진 소왕 47년(기원전 260년)에 이르러 진나라는 범저(范雎, ?~기원전 225)의 계책을 써서 사람을 조나라로 보내 반간계로 다음과 같은 유언비어를 유포했다. "염파는 전투를 잘하지 못해 곧 적에게 투항할 것이다. 기실 진나라에서 가장 두려워하는 장수는 바로 조괄(趙括, ?~기원전 260)인데, 염파 대신 조괄이 나서면 진나라도 군사를 뒤로 물릴 것이다." 조나라 왕은 유언비어를 믿고 염파 대신 조괄을 대장으로 임명했다. 그러나 조괄은 공리공담만 일삼았을 뿐 군사를 거느린 경험이 전혀 없었고 장졸을 아끼는 마음도 없었다. 이 때문에 그는 함부로 성을 나가 적을 공격하다가 대패해 진나라 군사에게 포위되었다.

진나라는 이번 전쟁이 매우 중요함을 알고 국내의 열다섯 살 이상 남자를 징발해 모두 장평으로 보내 조나라 군대를 단단히 포위했다. 조나라 군사의 군량 운송로도 진나라 군사에게 단절되어 조나라 군사는 40여 일 동안 굶주림에 시달리다가 결국 악전고투하며 포위를 돌파할 수밖에 없었다. 이 전투에서 조괄은 전사했고 조나라 40만 대군은 전부 진나라에 투항했다. 진나라 대장 백기는 항복한 조나라 군사를 모조리 생매장해서 죽이기로 결정했다. 그중에서 나이가 어린 240여 명만 뽑아 조나라로 돌려보내고 참혹한 소식을 전하게 했다.

조나라는 이 시기를 전후해 45만 병력을 잃었으며 진나라 군대도 이 전투에서 병력의 과반을 잃었다.

이 전투의 진실성을 두고 역대로 많은 사람이 논쟁을 벌였다. 일부 사람은 짧은 시간에 그렇게 많은 사람을 생매장해서 죽일 수 없다고 여겼다. 근래에 산시성(山西省) 가오핑(高平) 일대에서 고대인의 유골이 다량 발견되었고 DNA 감정을 거친 결과 기본적으로 당시 생매장당한 조나라 군사임이 입증되었다.

왜 진나라 군대는 생매장이라는 방법을 썼을까? 왜냐하면 냉병기 시대에는 사람을 죽이는 일이 그렇게 쉽지 않았기 때문이다. 한 사람을 짧은 시간에 완전하게 죽이려면 목을 자르는 것이 가장 간단한 방법이었다. 일단 몸과 머리가 잘리면 죽지 않을 수 없다. 그러나 당시에는 품질이 뛰어난 강철 칼이 아직 없었으므로 설령 피살자가 목을 늘이고 완전히 협조한다 해도 날카로운 칼로 목을 치면 몇 사람도 지나지 않아 칼날이 무뎌져서 계속 사용할 수 없게 된다.

따라서 40만 명을 짧은 시간에 전부 도살하려면 생매장하는 것이 가장 편리한 방법이었다. 특히 장평 일대는 본래 땅의 형세가 기복이 심하고 토석(土石)도 부족하지 않으므로, 적당한 지점을 찾거나 큰 구덩이를 파고 포로를 묶어서 밀어 넣기만 하면 대규모 학살이 가능했다.

이와 같은 '갱살(坑殺, 구덩이에 묻어 죽임)'이 당시에 신속하게 대규모로 포로를 학살하는 효과적인 방법이거나 유일하게 효과적인 방법이었다. 역사책에는 이런 기록이 이 한 번에 그치지 않았지만 장평 전투에서 갱살된 사람 수가 가장 많았다.

조나라 군사는 이미 투항해서 명실상부하게 포로가 되었는데 왜 진나라에서는 그처럼 잔혹하게 그들을 살해하지 않으면 안 됐을까? 그것은 물론 백기 개인의 잔혹성과 관련이 있다. 그러나 그 사건 배후의 진정한 원인은 그 전쟁이 진나라와 조나라의 생사를 건 악전고투였기 때문이었다. 가장 구체적인 원인은 바로 식량 공급이 부족했기 때문이다.

장평 전장은 진나라 본토와 식량 공급 기지에서 멀리 떨어져 있었고 설상가상으로 쌍방의 대치가 이미 2년을 넘기고 있었다. 진나라에서는 성년 남자를 거의 전부 동원한 것은 물론 열다섯 살 이상의 미성년 남자도 모두 전선에 투입했다. 이 때문에 후방의 농업 생산에 악영향을 끼칠 수밖에 없었다. 식량 운송로는 잘 뚫려 있었지만 2년 연속으로 몇십만에 이르는 진나라 군대와 막대한 운송 인력의 식량까지 조달해야 했으므로 진나라의 식량 생산과 비축은 더 이상 여유가 없었다. 전쟁이 끝났을 때 진나라 군대의 남은 식량은 많아야 귀환할 때 먹을 분량뿐이었다. 조나라 군대의 식량은 일찌감치 고갈되어 그 포로들은 이미 40여 일을 기아에 시달렸다. 진나라 군대에서 조나라의 일부 포로를 바로 자신의 부대에 편입하든 아니면 그들을 모두 진나라로 압송하든 적어도 그들에게 목숨을 이어갈 약간의 식량은 제공해야 했다. 하물며 진나라 군대도 이미 인원이 절반으로 줄고 피로를 견디지 못하는 상황인데, 다시 그중에서 일부 장졸을 차출해 대규모 포로를 관리하고 압송하게 한다면 어느 장수가 그들의 안전을 보장할 수 있겠는가?

만약 포로를 즉석에서 석방한다 해도 마찬가지로 그들에게 약간의 식량을 제공해야 한다. 그렇게 하지 않으면 대부분 굶어 죽을 것이고 그중 강포한 자들은 목숨을 걸고 진나라 군대와 싸우려 들거나 최소한 골치 아픈 행패를 부릴 것이다. 그들을 석방해 조나라로 돌아가게 하면 일부는 길에서 죽을 테지만 다행히 귀국에 성공한 자들은 그 숫자가 얼마든 간에 장차 조나라의 인력과 자원을 강화하는 데 기여할 것이다. 그들이 계속 군대에서 복무하든지 아니면 고향으로 돌아가 농사를 짓든지 간에 어떤 경우라도 진나라에는 불리하게 작용하게 된다.

이와 같은 분석을 통해 우리는 도덕적으로 백기의 잔혹성을 비난할 수는 있지만 당시 진나라의 실제 상황에 서서 바라보면 진나라의 국익을 위해서 담당 장수를 바꾼다 해도 이와 같이 잔혹한 선택을 할 수밖에 없었을 것이다.

중국 역사에는 포로나 항복한 사람을 대거 학살한 일이 여러 차례 발생했는데 대부분 피아간의 군사 형세와 식량 공급이라는 두 가지 요소와 관련을 맺고 있다. 이에 일찍이 고효율의 살인 무기가 없을 때는 흔히 생매장이라는 방법을 썼다.

진이세(秦二世, 기원전 230~기원전 207) 즉위 2년(기원전 208년), 초회왕(楚懷王, ?~기원전 296)은 항우·유방 등과 "먼저 관중으로 들어가는 자를 관중 왕으로 봉한다"라고 약속했다. 그 다음 해 항우는 거록(鉅鹿, 허베이 핑샹현平鄕縣 서남쪽)에서 진나라 군대를 대파하고 진나라 장수 장함(章邯, ?~기원전 205)과 몇 달을 대치했다. 장함은 몇 차례 전투에서 모두 패배해 결국 항우에게 투항했다. 항우는 장함을 옹왕(雍王)으로 삼고 그로 하여금 항복한 군대를 그대로 이끌고 전진하게 했다. 오래지 않아 유방의 군대가 무관(武關)을 통과해 먼저 함양으로 진입하여 진나라를 멸망시켰다. 그러나 항우의 군대는 아직 함곡관 밖 신안(新安, 허난 신안현新安縣 서쪽)에 머물러 있었다. 그날 밤 항우는 신안 성 남쪽에서 항복해온 진나라 군사 20만 전부를 기습해 생매장했다. 기실 진나라 군대에서도 일부는 항복한 장함에게 불만을 가졌을 수도 있고 자신의 장래에 근심을 품었을 수도 있지만 그들이 폭동이나 반란의 마음을 먹었던 것은 결코 아니다. 학살의 진정한 원인은 바로 항우와 부장들이 다음과 같이 상의한 내용에 있었다. "항복한 진나라 군사가 너무 많고 그들은 아직 불복의 마음을 품고 있다. 관중으로 진입한 뒤 우리 지휘를 따르지 않으면 형세가 위험해진다. 차라리 지금 습격해 그들을 죽이는 편이 더 낫다. 장함 등 장수만 데리고 관중으로 들어가자." 항우는 시급히 함양으로 쳐들어가서 관중을 두고 유방과 패권을 다퉈야 했지만 자신의 병력만으로도 충분히 여유가 있었다. 그러나 짧은 기간에 항복해온 적군 20만을 통제하려면 완전히 제압할 수도 없을 뿐 아니라 자신의 병력도 분산해야 했다. 항우는 이미 유방에게 기선을 제압당한 상태였으므로 어떻게 또 항복해온 적군 때문에 시간을 끌 수 있겠는가? 항우는 당시에 안정된 후방이 없었다. 따라서 항복해온 군사를 본래 땅에 남겨둘 수도 없고 관중으로 데려간다 해도 안심할 수 없었다. 이리저리 저울질해보다가 그는 그들을 철저하게 죽이는 방법을 선택했다.

　항우와 부장들은 식량 공급 문제를 거론하지 않았지만 이것도 틀림없이 중요한 요인으로 작용했을 것이다. 항우 휘하 부대처럼 끊임없이 작전을 펴고 신속하게 이동하는 군대는 넉넉한 식량을 휴대할 수 없다. 이전에 항우 부대는 장수(漳水)를 건널 때 "솥을 깨고 배를 침몰시킨[破斧沉舟]" 뒤 사흘 치 식량만 휴대하게 했다. 장함 부대는 항우에게 줄곧 패배했고 진나라까지 멸망한 상태였으며, 게다가 진나라 행정 기구와 지방 정부도 해체되고 있었으니 식량 공급을 보장받기 어려웠을 것이다. 따라서 항복해온 군사 20만을 줄이는 것이야말로 장차 식량 공급 대책에 이롭게 작용할 것임은 의심할 바 없다.

　하룻밤에 20만을 모조리 죽이려면 쥐도 새도 모르게 신속한 수단을 동원해야 했다. 이에 돌연한 기습으로 그들을 제압한 뒤 집단으로 생매장하는 방법밖에 없었다.

　항우는 여러 번 성을 도륙한 기록이 있고 유방도 이런 방법을 피하지 않았다. 근본적인 원인은 바로 위에서 분석한 두 가지 요소 때문이었다.

　또 다른 예로, 몽골 군대가 남하해 금나라를 멸한 뒤 다시 서쪽으로 중앙아시아와 서아시아를 정벌하는 과정에서 일찍이 매우 잔혹한 결정을 내린 적이 있다. 즉 몽골 군대가 지나가는 연도의 성들 중에서 3일 내에 항복하지 않는 성이 있으면 성을 함락한 후 성안 사람들을 모두 죽이든지 적어도 청장년 인구를 깡그리 죽이라는 명령이었다. 이것이 유목민족의 야만성이나 칭기즈칸 및 부하들의 잔혹성에서만 나온 명령일까? 기실은 위에서 분석한 두 가지 요소를 고려해야 한다.

몽골 군대는 몽골고원의 근거지를 떠나왔으므로 황하 유역으로 남하하든 아니면 서쪽으로 중앙아시아나 서아시아로 정벌을 가든 안정된 후방이 없었다. 예를 들어 몽골 군대가 금나라 연경(燕京, 지금의 베이징)을 포위할 때는 이미 몽골고원과 연경 사이의 땅을 완전히 통제할 수 없었다. 몽골 군대와 그들의 총인구는 많지 않아서 연도에 자신의 부대를 배치하거나 몽골족을 이주시킬 수 없었다. 멀고 먼 서방 정벌 길은 더더욱 이와 같았다. 만약 어떤 성의 성주가 자발적으로 귀의해오거나 사흘 안에 투항하면 몽골군은 후환 걱정 없이 계속 전진할 수 있고 그 성에서 일정한 인원과 물자도 공급받을 수 있으며 심지어 그곳을 자신의 후방 기지로 삼을 수도 있으므로 약탈하거나 학살하지 않는 것이 자신에게 유리하다.

그러나 만약 사흘 안에 항복하지 않아서 공격해 함락했다면 몽골 군대가 마음 놓고 그 성의 군대와 백성을 후방에 남겨둘 수 있겠는가? 감히 그곳의 인원을 징발해 자신의 군대를 따르게 할 마음이 나겠는가? 몽골 군대의 전투력을 보증하기 위해서는 그들로 하여금 신속하게 전진하고 습격하는 몽골군의 전술에 적응하게 해야 하고 또 일부 군사를 남겨서 그들의 반란을 방비하게 해야 한다. 이 때문에 몽골군 입장에서 가장 합리적인 선택은 죽일 수 있는 사람을 모두 죽이고 가지고 갈 수 있는 식량을 모두 휴대한 뒤 남은 것은 모두 소각하고 파괴해 가능한 한 후환을 남기지 않는 것이다. 그렇지 않으면 자신에게 아무 이득이 없고 적의 역량만 강화해줄 뿐이다.

몽골 군대는 자신의 근거지를 떠날 때 많지 않은 육류와 유류 그리고 식량을 휴대했고, 그 이후에는 주로 연도에서 식량을 수집하거나 약탈했으므로 자체적으로 믿을 만한 식량 공급원이 부족했다.

어떤 성을 점령하거나 함락한 뒤 노획한 식량과 물자는 먼저 자신의 수요에 제공했다. 만약 항복한 군사와 포로를 데리고 가거나 본래 성에 남겨 놓으면 자신의 식량과 물자가 줄어들게 된다. 이런 점만 고려하더라도 몽골군은 자신과 식량을 다퉈야 할 사람들을 전혀 주저하지 않고 죽일 수 있었을 것이다.

같은 현상이 역사의 대동란 기간에 몇 번 출현한 적이 있다. 예를 들어 후한 말기, 삼국시대, 오호십육국시대, 남북조시대, 당나라 말기 오대십국시대, 금나라와 원나라 교체기에 모두 대규모 학살 사건이 일어났다. 당시에는 포로와 항복한 군사들이 학살의 주요 대상이었다. 분쟁이 치열하고 전쟁이 잔혹했던 이유 이외에도 극심한 식량 부족이 학살의 가장 중요한 또는 결정적인 요소로 작용했다.

그러나 통일 과정에 일어난 전쟁, 특히 통일 전쟁 후기에 이르면 승기를 잡은 편이 흔히 뒷날의 평화를 위하고 이미 안정된 후방을 확보한 바탕에서 자신에게 악영향을 끼치지 않을 것이라는 조건으로 포로나 항복한 군사에게 식량을 제공하기도 했다. 그럴 때는 비교적 온화한 방법을 쓰기도 했다.

마찬가지로 몽골 통치자 쿠빌라이(Khubilai, 忽必烈, 1215~1294)도 남송을 멸할 때 반포한 조서에서 농민과 상인을 보호하라고 요청했다. 이에 남송 멸망 과정에서는 어떤 대규모 학살도 발생하지 않았다. 왜냐하면 쿠빌라이는 남송 땅이 이후에 자신의 통치 구역이 되고 그곳 인구와 물자도 모두 자신에게 귀속된다는 사실을 알았기 때문이다. 동시에 당시 원나라는 이미 황하 유역과 장강·회수 사이에 안정적인 통치 기반과 믿을 만한 후방을 건설했고, 특히 백만 금을 상회하는 금전과 남송의 포로, 항복한 장수, 항복한 병졸을 모두 잘 아울러서 안정적인 조치를 취했다. 따라서 더 이상 포로와 항복한 장졸을 살해하는 도살 정책을 쓸 필요가 없었고 부드럽게 위무하고 손실을 줄이는 정책이 자신의 이익에 부합했다.

제3절
진시황과 표준화 정책

기원전 221년, 진시황은 육국을 멸한 이후 국가의 통일을 실현했다. 진나라 때부터 시작해 분열보다 통일이 역사의 주류가 되었다. 표면적으로 보면 진시황의 통일은 군대로 정복한 결과이며 육국을 멸망시킨 결과다. 그러나 하나의 통일된 제도를 만들고 이 제도가 향후 오래 존속되게 하려면 군사 정복이나 무력 통일에만 의지하는 조치로는 불충분하다. 실제로 진시황은 통일 이후 재위 기간이 결코 길지 않았지만 의미 깊은 조치를 내렸다. 간단하게 말해서 그것은 바로 일련의 표준화 정책인데, 이를 통해 국가 내부가 진정한 통일에 도달했다.

진시황은 도량형 통일 같은 몇 가지 중요한 조치를 시행했다. 그것은 국가를 다스림에 있어서 매우 중요한 조치였다. 한 국가에 통일된 도량형, 즉 길이, 용량, 중량의 표준이 없으면 조세를 걷고 화물을 유통하고 자원을 조달하고 관리하는 일에서 상업 교역에 이르기까지 통일된 기준을 마련할 수 없다. 또 중앙 정부 및 각급 지방 정부도 중요한 식량이나 무기와 같은 물자의 수량을 정확하게 파악할 수 없으며 중요한 물자를 비축하고 조달하고 제공하고 소모하는 등의 통계도 파악할 수 없다. 이러한 점을 해결하기 위해 당시 조정에서 표준을 마련하고 일련의 표준 척(尺), 용기, 저울 등을 제작했다. 그것을 전국 각지로 보내 사람들이 비교하고 준수하는 표준으로 삼게 했다. 오늘날 우리는 지금까지 전해온 혹은 출토된 유물 중에서 진시황 시기에 제작된 표준 용기와 저울을 목도할 수 있다. 당시에 틀림없이 많은 인력과 물력을 소모했지만 그것은 반드시 필요한 일이었다. 한 국가에 하나로 통일된 표준 도량형이 없으면 전국의 재정, 조세, 물류, 창고, 무역, 상업 시스템을 유지할 수 없고 정상적인 사회생활도 유지할 수 없다.

또 그는 '서동문(書同文), 거동궤(車同軌)' 정책을 시행했다. '서동문'은 바로 전국 문자의 표준을 말한다. 본래 중국 각 지역에는 오랫동안 분리된 나라가 있었기에 같은 글자라 해도 각국마다 상이한 필법(筆法)이 있었다. 문자가 통일되지 않았을 때는 나라와 나라 간 교류가 한정적이라 해도 양국 문자의 차이에만 주의하면 문서를 교환할 때 상이한 문자를 바꿔 쓰기만 하면 되었다. 그러나 통일 뒤에는 각종 문서를 상부로 올리고 하부로 내려보내야 하므로 중앙과 지방, 지방과 지방, 전국 사람들 사이에도 문서 교류가 필요했다. 그런데 상이한 필법을 쓰면 의미 차이와 오해가 발생할 수 있으므로 크게는 국가 대사와 군사 기밀에 장애가 되고 작게는 인간관계와 개인 감정에까지 악영향을 끼칠 수 있다. 이 때문에 진시황은 문자 필법의 표준을 마련하라고 명령을 내렸는데 그것이 바로 '서동문'으로 모든 글자를 통일된 필법으로 쓰자는 것이다. 그럼 누구의 문자를 표준으로 삼았을까? "관리를 스승으로 삼았다(以吏爲師)." 즉 공무원을 문자 스승으로 삼았다는 뜻이다. 실제로 진나라는 국가를 통일한 뒤 각급 '관리[吏]'를 통해 명령을 공포하고 집행하고 추진했다. 또한 '관리'의 필법 표준은 먼저 통일되어 있었으므로 공문 속에 쓰는 글자도 모두 통일할 수 있었고 이에 정부 명령의 상하 소통을 가장 먼저 보장할 수 있었다.

강역이 넓고 인구가 많은 고대 중국에서 '서동문'은 더욱 특별하고 중요한 의미를 내포하고 있다. 전국시대에 각 제후국이나 큰 제후국 사이에 이미 각종 방언이 존재했다. 각종 방언은 뚜렷한 차이가 있었을 뿐 아니라 거리가 먼 방언 간에는 교류가 불가능한 경우도 흔했다. 또한 강역 확장, 인구 이동, 민족 혼거에 따라 방언이 더더욱 많아졌고 방언 간 차이도 갈수록 커졌다. 특히 지형이 복잡하고 교통이 불편한 남방 사람들은 한평생 외부 사람과 접촉할 기회가 없었고 심지어 평생토록 현 소재지에 들어가본 사람도 없었다. 어떤 곳은 산을 사이에 두고 이쪽과 저쪽, 강을 사이에 두고 이쪽과 저쪽 사람들이 서로 다른 방언을 썼다. 황하 유역에서는 일찍부터 뚜렷한 방언 구역이 형성되었다. 예를 들어 전한 초기에 유방은 아들 유비(劉肥, ?~기원전 189)를 제왕(齊王)에 봉하면서 방언 구역을 경계로 삼는다고 규정했다. 제어(齊語)를 말하는 지역의 백성을 모두 제국(齊國)에 편입한다는 것이다. 음성 복제나 음성 전파 수단이 없을 때, 특히 인간과 인간의 교류가 상대적으로 드문 상황에서는 한 가지 표준어를 확정할 수 없고 하나의 공용어를 시행할 수 없다. 하지만 '서동문' 정책을 시행한 결과 중국 내에서는 전체 백성이 소통 도구로서의 통용 문자를 갖게 되었다. 통일된 표준 한자는 중원 왕조 밖에도 영향을 끼쳤다. 조선과 베트남은 중국에서 독립한 뒤 본토 언어를 형성하고 각자의 경내에서 상이한 방언을 형성했다.[5] 그러나 조선과 베트남은 모두 한자를 사용하며 한자를 통해 중국과 교류했고 중국의 정치제도, 과거제도, 예악문명, 유가문화를 지속적으로 유지했다. 근대에 이르기까지도 한자는 이들 국가의 관방 통용 문자였다.

만약 통일된 통용 문자가 없다면 언어가 다른 사람들은 통일 국가를 이룰 수 없다. 이러한 의미에서 진시황의 '서동문' 정책이 없었다면 오랫동안 통일 중국을 형성할 수 없었을 것이라고 말할 수 있다. 유럽의 소국(小國)은 국민이 서로 상이한 언어를 쓰기 때문에 지금도 서로 다른 지방 정부를 이루고 있다. 이들의 언어 차이는 여러 가지 중국 방언 간의 차이보다 훨씬 적은 데도 말이다.

수레는 당시의 주요 교통 도구였다. '거동궤'는 바로 각 제후국 수레의 바퀴 폭이 통일되지 않아 전국에 표준 도로 시스템을 추진할 방법이 없었기에 수레바퀴 폭을 한 가지로 통일한 것이다. 수레바퀴 폭을 비교적 넓은 궤도로 확정하면 바퀴 폭이 좁은 수레는 운행할 때 힘이 많이 들고 좁은 궤도로 확정하면 바퀴 폭이 넓은 수레는 다닐 방법이 없게 된다. '거동궤' 정책을 시행한 이후 중국 전역의 도로 시스템을 통일된 표준에 따라 건설할 수 있었으므로 통행 효율이 높아져서 자원과 인력·물력을 절약할 수 있게 되었다.

이런 점을 오늘날 세계 철도 시스템에서는 아직도 실현하지 못하

---

5 조선은 중국에서 독립한 뒤 본토 언어를 형성한 것이 아니라 근본적으로 중국어와 다른 언어군에 속하는 언어를 고대로부터 써왔고 지금도 그렇다. 조선의 언어는 중국어의 방언이 아니라 완전히 상이한 언어다. 중국 학자들의 안이하고 편협한 인식을 잘 보여주는 주장이다.

고 있다. 현재 중국의 '일대일로(一帶一路)'[6] 노선의 중국과 유럽 간 열차가 이와 같은 문제에 직면해 있다. 이전의 소련은 넓은 궤도[寬軌]의 열차를 사용했지만 중국과 유럽 등 다수 국가에서는 표준 궤도를 사용해왔다. 중국 신장에서 출발하는 열차가 카자흐스탄 등 구소련 국가로 진입하면 궤도가 달라서 통행할 수 없다. 이에 화물을 내려서 상대방 열차에 옮겨 실어야 한다. 그리고 이들 열차가 유럽으로 진입할 때는 다시 열차를 바꿔야 한다. 두 차례나 궤도를 바꾸고 열차를 바꾸는 과정에 인력, 물력, 시간을 많이 허비하게 되므로 교통 효율에 악영향을 끼치게 된다.

다행히 진시황은 '거동궤'의 중요성에 주의해 적절한 조치를 실시했다. 그렇지 않았다면 중국 역사 2천 년 동안 인적 물적 낭비가 심하여 교통 운송 효율에 좋지 않은 영향을 끼쳤을 것이다.

세계는 이미 모던 사회, 포스트모던 사회로 진입했지만 아직도 통일을 이루지 못하고 표준화되지 않은 다양한 문제가 존재하고 있다. 예를 들어 통용 전압, 전기 플러그, 통행 규칙(좌측통행, 우측통행) 등이 통일을 이루지 못하고 있는데, 그 원인은 애초에 각국이 자국 규칙에만 따를 때 그것을 조정할 범국가적 기구가 존재하지 않았기 때문이다. 세계적인 사안이 형성되면 막대한 이익을 두고 다투므로 권위적인 관리 기구가 없으면 서로 협조할 방법이 없게 된다.

---

6 중국이 추진 중인 신 실크로드 전략이다. 중국에서 중앙아시아와 유럽을 잇는 육상 실크로드, 즉 '일대(一帶)'와 동남아, 유럽, 아프리카를 연결하는 해상 실크로드, 즉 '일로(一路)'를 합쳐서 부르는 말이다. 중국 국가 주석 시진핑(習近平)이 2013년 9월에서 10월까지 중앙아시아와 동남아시아를 순방하면서 처음 제시해 현재 추진 중이다. 중국은 이 전략을 통해 일대일로에 연결된 국가와 함께 협력 경제와 우호 외교를 강화하여 공동 번영을 달성한다고 했으나 한편에서는 중국 중심의 중화주의(中華主義) 부활이 아니냐는 우려의 시선도 받고 있다.

진시황이 전국을 통일한 초기에 과감한 조치를 시행하지 않고 상이한 수레바퀴 폭이 각 지방의 표준으로 굳어졌다면 다시 통일하기가 쉽지 않았거나 막대한 대가를 지불해야 했을 것이다.

진시황의 표준화 정책은 이 몇 가지에 그치지 않았다. 그는 또 역법을 표준화해 전국에서 동일한 역법을 사용하고 동일한 날짜에 설을 쇠야 한다고 규정했다.

진나라 이전에 이미 세 가지 상이한 역법이 존재했다. 하력(夏曆), 은력(殷曆), 주력(周曆)이 그것이다. 이 세 가지 역법은 세수(歲首), 즉 한 해의 시작 날짜가 모두 달랐다. 하력은 정월을 세수로 삼았고, 은력은 12월을 세수로 삼았으며, 주력은 11월을 세수로 삼았다. 진나라가 육국을 통일하기 전에는 상이한 국가에서 상이한 역법을 사용했고 상이한 시간에 각각 새해를 맞았다. 예를 들어 노나라는 주력을 사용했으므로 11월 초하루에 새해를 맞았다. 초나라는 하력을 썼으므로 노나라가 새해를 맞을 때 초나라 사람들은 두 달을 더 기다려 정월 초하루에 비로소 설을 쇘다. 진시황은 '건해지월(建亥之月)', 즉 하력의 10월을 세수로 삼았고, 이로부터 전국에서 모두 10월 초하루를 새해의 시작으로 삼았다.

한 무제 태초(太初)[7] 원년(기원전 102년)에야 이 제도를 고쳐서 하력 정월을 세수로 삼고 전국에서 정월 초하루에 설을 쇠도록 개정했다. 이후 청나라 말기에 이르기까지 2천여 년 동안 왕망, 위명제(魏明帝, 206?~239), 무측천(武則天, 624~705), 당 숙종(唐肅宗,

---

7 한나라 무제의 일곱 번째 연호. 기원전 104년에서 기원전 101년까지 사용했다.

711~762) 등 네 시기만 예외였다. 왕망의 초시(初始)[8] 원년에서 지황(地皇)[9] 4년(8년~23년)까지, 위 명제 경초(景初)[10] 원년(237년)에서 경초 3년(239년)까지는 12월을 세수로 바꿨다. 무측천 재초(載初)[11] 원년에서 성력(聖曆)[12] 2년(689년~699년)까지와 당 숙종 상원(上元)[13] 2년(761년)에는 11월을 세수로 삼았다. 이외에는 전국에서 모두 정월 초하루를 새해의 시작으로 삼았다.

묵은해를 보내고 새해를 맞이하는 날은 고대 중국에서 가장 중요한 명절이어서 이미 공동체의 신앙을 형성했고 설을 쇠면서 공동 생활 방식과 동일한 정감을 유지했다. 따라서 세수도 국가의 법정 표준일, 즉 법률로 규정한 새해의 기점이었다. 정월 초하루는 '정삭(正朔)'으로 칭해졌는데, 한 무제가 연호를 사용하면서부터 정상적인 기년(紀年)과 개원(開元)은 모두 정삭에 시작했다. 정삭은 어떤 왕조가 천명 및 합법성을 얻었다는 상징이었다. "정삭을 받든다(奉正朔)"는 것은 한 왕조의 통치와 제도에 복종한다는 의미였다. 한 왕조의 모든 일상 운행은 정삭에 시작했고 정삭을 표준으로 삼았으며 그렇게 한 해를 돌아서 다시 한 해를 시작했다. 만약 한 국가에 역법이 통일되지 않아서 동일한 세수가 없고 이에 국민이 서로 상이한 시간에 설을 쇤다면 국민의 공동생활 방식과 문화 심리 형성에

---

8 전한 마지막 황제 유영(劉嬰)의 연호. 서기 8년 11월 1개월만 사용했는데, 왕망이 보위를 찬탈했기 때문이다.
9 전한을 멸망시킨 왕망의 연호. 20년에서 23년까지 사용했다.
10 삼국시대 위나라 명제(明帝)의 세 번째 연호. 237년에서 239년까지 사용했다.
11 당나라 예종(睿宗)의 연호지만 무측천이 실권을 장악한 시대였다. 689년에서 690년까지 사용했다.
12 당나라 무측천의 연호. 697년에서 700년까지 사용했다.
13 당나라 숙종의 연호. 760년에서 761년까지 사용했다.

불리하게 작용할 뿐 아니라 정치적인 통일도 결국 와해되고 말 것이다. 당시 역사를 회고해보면 진시황 및 그 모신(謀臣)들의 심원한 생각을 긍정하지 않을 수 없다.

이밖에도 진시황의 표준화 정책이 많이 있지만 남아 있는 사료가 한정적이어서 온전하게 다 파악할 수 없다. 진시황의 이런 표준화 조치는 당시에 틀림없이 일부 사람들의 반대와 저항에 부딪혔을 것이고 기존 습관에 젖은 세력에게는 수용되지 않았을 것이다. 그러나 역사적 흐름에 부합하고 현실 수요에 부응했기 때문에 진나라는 2세만에 멸망했어도 한나라가 계승하고 강화해 그 이후 왕조도 줄곧 계승했다. 역사적 사실이 증명한 바와 같이 통일 국가 입장에서는 반드시 표준화가 필요하고 표준화의 범위를 조금 더 확대해나가는 것이 국가와 국민에게 모두 유익하다고 말할 수 있다.

물론 전제 군주로서 진시황은 모든 일을 지존으로서 자신 한 사람에 의해서만 결정되도록 하여 과도한 표준화 정책을 야기했음에 틀림없다. 그는 또 학술, 사상, 민심도 통일하려고 생각했지만 기실 그것은 근본적으로 도달할 수 없는 목표였으므로 결국은 길고 긴 전제제도의 암흑시대를 열었다.

제4절
항우는 초·한 쟁패의 실패자인가?

『사기』「회음후열전(淮陰侯列傳)」에 "진나라가 사슴을 잃자 천하 사람들이 모두 그것을 쫓았는데 뛰어난 재주와 빠른 발을 가진 자가 먼저 잡았다(秦失其鹿, 天下共逐之, 于是高才疾足者先得焉)"라는 구절이 있다. "뛰어난 재주와 빠른 발을 가진 자"가 누구인가? 최후의 승리자 한 고조 유방이다. 그러나 우리가 유방과 그의 강력한 적수 항우를 비교해보면 유방이 뛰어난 재주를 가진 사람이 아니며 또 빠른 발을 가진 사람이라고도 할 수 없다는 사실을 발견할 수 있다.

유방이 한나라의 '태조 고황제'가 된 후 사관들이 그를 위해 일련의 신화를 날조했지만 그의 미천한 신분은 가릴 수 없었다. 유방은 보통 백성의 가정에서 태어났고 그의 부모는 이름조차 없었다. 역사책에도 유방의 부친을 '태공(太公, 어르신, 기원전 282~기원전 197)'이라 칭했으며, 유방의 모친도 '유온(劉媼, 유 씨 댁 아주머니, ?~?)'이라고만 칭했다. 유방 본인도 최하급 관리인 정장(亭長)을 지냈을 뿐이다. 그러나 항우의 가문은 대대로 초나라 장수를 역임했고 항우 자신은 명장 항연(項燕, ?~기원전 223)의 손자이며 항량(項梁, ?~기원전 208)의 조카이기도 하다.

거병 전 유방은 아무 능력도 없이 먹기만 좋아하고 일을 게을리하며 집안일을 하지 않았다. 한번은 그가 친구들을 집으로 이끌고 와서 밥을 먹으려 했다. 그러자 그의 형수가 싫어하며 고의로 솥 바닥을 소리 나게 긁어서 솥에 먹을 것이 아무것도 없음을 알렸다. 그는 술을 좋아했지만 돈이 없어서 항상 왕(王) 씨와 무(武) 씨 집으로 가서 외상술을 마셨다. 전설에 의하면 왕 씨와 무 씨 두 사람은 유방이 취해 쓰러져 잘 때 그의 몸 위에 용이 한 마리 서려 있는 것을 보았고 이에 항상 자발적으로 그의 외상 장부를 모두 탕감해주었다고 한다. 이것은 물론 그가 황제가 된 이후의 기록이므로 사실은 늘

외상 독촉에 시달렸을 것으로 추측된다. 그는 또 여색을 좋아해 큰 아들 유비는 그가 조(曹) 씨와 불륜으로 낳은 사생아였다. 그는 정장이 된 뒤에도 동료들과 먹고 마시며 좋은 관계를 유지했다. 그러나 죄수를 함양으로 압송할 때 현의 경계도 나가지 않은 상태에서 벌써 적지 않은 죄수가 도주했다는 것으로 봐서 그의 능력에 문제가 많았음을 알 수 있다.

선보(單父, 산둥 산현單縣 남쪽) 사람 여공(呂公, ?~기원전 203)은 패현(沛縣) 현령의 친구였는데, 그가 패현에 오자 하객이 대문 안에 가득 찼다. 축하금을 받던 담당자 소하는 이렇게 규정했다. "축하금이 1천 이하이면 당(堂) 아래에 앉으시오." 유방은 대문으로 들어와서 "축하금 1만이오!"라고 외쳤지만 기실 그는 한 푼도 가지고 있지 않았다. 소하는 그의 내막을 간파하고 자신이 난처해질까봐 이렇게 말했다. "유방은 늘 큰소리만 치면서 일 처리를 제대로 하지 않았지." 그러나 유방은 소하와의 친분에 기대 거드름을 피우며 상좌에 앉았다. 이 행동이 뜻밖에도 여공의 호감을 샀다. 여공은 자신의 딸 여치(呂雉, ?~기원전 180), 즉 뒷날의 여후(呂后)를 그에게 시집보냈다. 그는 이와 같이 행동했기 때문에 자신의 부친에게도 무뢰한이라는 꾸지람을 듣곤 했다.

이에 비해 항우는 어릴 때 책을 읽거나 검술 배우기를 좋아하지 않았지만 "일만 명을 대적할(萬人敵)" 기술을 배우고 싶어 해서 대강이나마 병법을 알았다. 그의 키는 8척이 넘었으며 힘은 가마솥을 들어 올릴 정도였고 재주와 기상도 남보다 뛰어난 데다 무공도 강하지 않다고 말할 수 없었다. 기세등등한 진시황의 순행을 보고 유방은 "대장부는 마땅히 저와 같아야 한다(大丈夫當如此)"라고 말한 반면 항우는 "내가 저 자리를 빼앗아 대신할 것이다(彼可取而代也)"라고 말했다. 여기에서도 그의 기상이 유방보다 높고 지향도 뛰어나다고 하지 않을 수 없다. 전쟁 기록, 특히 마지막 해하(垓下) 전투 기록을 살펴보면 항우는 당시 가장 용감한 장수로 유방보다 무예가 훨씬 뛰어났다고 할 수 있다. 자결할 때 그의 나이 서른한 살이었지만 자식이 없었으므로 아마 유방처럼 꽃을 찾는 나비 같이 무절제하게 생활하지 않았던 것으로 보인다. 또한 유가의 예의를 독실하게 신봉하는 노성(魯城, 산둥 취푸曲阜)의 부로(父老)들이 뜻밖에도 그를 위해 목숨을 걸고 성을 지키려 한 것을 보면 그는 실패자였음에도 추악한 소문을 남기지 않았다는 것을 알 수 있다. 이런 기록을 보면 항우의 인품이 유방보다 훨씬 고결했다고 할 수 있다.

유방은 거병하면서 패현에서 겨우 2천~3천 명의 군사를 모집했지만 항량과 항우는 장강을 건널 때 이미 8천 자제(子弟)를 군사로 거느렸다. 유방은 고향 풍읍(豊邑)도 함락하지 못해 항량이 원조해준 5천 병졸과 장수 10명을 받은 뒤에야 겨우 승리했다. 항량이 살아 있을 때 유방은 그의 배치에 따라야 했다. 항량이 죽은 뒤 진나라 주력군 대장 장함과 대항한 장수는 항우였으며 유방이 참전한 격전은 많지 않았다. 관중으로 들어간 이후 유방의 군대는 겨우 10만이었지만 항우는 당시 40만 대군을 보유했다. 유방이 한중(漢中)으로 갈 때 항우는 그에게 겨우 3만 병졸을 보내줬으나 그마저도 연도에서 도망친 자가 적지 않았다. 초·한 쟁패 기간 동안 유방은 여러 번 패전해 부모와 처자식까지 포로가 되었고 자신도 가슴에 화살을 맞는 등 수차례 사지에서 도망쳐야 했다. 그러나 공교롭게도 역사에서는 유방이 진나라가 놓친 '사슴'을 얻어 최후의 승리자가 되었고 항우는 결국 비극적인 결말을 맞았다.

우리는 진나라 통치를 타도하고 새롭게 통일 정권을 세운 일이 역사의 흐름에 부합한다고 말할 수 있다. 그러나 진나라를 타도한 군사 봉기는 진승(陳勝, ?~기원전 208)과 오광(吳廣, ?~기원전 208)이 시작했고 유방 이전에도 이미 많은 사람이 군사 봉기에 참가했으며 항량과 항우도 유방과 같은 시기에 군사를 일으켰다. 진나라 주력군을 소멸시키거나 견제한 사람은 유방이 아니었으므로 당시에 유방의 참전이 없었다 해도 진나라는 더 이상 명맥을 이어갈 수 없었을 것이다. 유방은 관중으로 진격한 후 진나라의 폭정을 폐지했지만 다른 제후들이 통제한 지역에서도 아마 진나라 정책을 계속 시행하지는 않았을 것이다. 항우를 포함한 다른 사람이 다시 중국을 통일했다 해도 유방이 세운 한나라에 비해 큰 차이가 나지는 않았을 것이다. 진나라의 파멸과 새 왕조의 건립은 역사의 필연이라고 말할 수 있다. 그러나 꼭 유방만이 그 일을 완성할 수 있었던 것은 아니다.

또 어떤 사람은 항우의 실패가 그 스스로 제후를 분봉했기 때문이라고 말하기도 한다. 그러나 유방도 항우와 항쟁할 때 대대적으로 제후를 봉했고 한나라 건국 초기에도 적지 않은 동성(同姓) 제후를 봉했다. 유방의 분봉이 임기응변의 계책이라고 해명한다면 항우는 왜 임기응변의 계책을 시행해서는 안 되는가?

이전에 또 어떤 사람은 항우는 초나라 귀족 출신이고 유방은 노동 인민 출신이기 때문에 유방이 농민 봉기의 과업을 계승할 수 있었다고 설명했다. 이것은 더욱 가소로운 설명이다. 이 사람은 유방의 최종 목표 역시 황제가 되는 것이며 그가 건립한 한나라도 진나라와 본질적으로 차이가 없다는 것은 말하지 않는다. 설령 진실로 이와 같다 하더라도 진승, 오광 그리고 당시 제후로 분봉 받은 경포(黥布, ?~기원전 196), 한신(韓信, ?~기원전 196), 팽월(彭越, ?~기원전 196), 노관(盧綰, 기원전 256~기원전 194) 등도 모두 노동 인민 출신이었는데 반드시 유방이 황제가 되어야 한다는 법이 있는가?

따라서 역사가 결코 유방 한 사람에게만 기회를 제공한 것이 아니며 유방이 그 기회를 잡았다고 말해야 한다. 이러한 시각에서 살펴보면 유방의 성공도 물론 우연이 아니다.

유방은 황제가 된 이후 휘하 제후들에게 자신이 천하를 얻은 원인과 항우가 천하를 잃은 원인을 거리낌 없이 말해보라고 한 적이 있다. 마지막에 스스로 결론을 내리기를 "대저 장막 안에서 계책을 마련해 천 리 밖에서 승패를 가르는 일은 내가 장량보다 못하오. 행정 기구를 장악하고 백성을 관리하면서 군량 공급을 보증하고 군량 운송을 끊기지 않게 하는 일은 내가 소하만 못하오. 100만 대군을 거느리고 싸울 때마다 이기고 공격하면 반드시 승리하는 일은 내가 한신만 못하오. 이 세 사람은 모두 뛰어난 인걸인데 내가 그들을 다 쓸 수 있었소. 이것이 내가 천하를 얻은 까닭이오. 항우는 범증 한 사람도 쓰지 못했소. 이것이 그가 내 손에 패배한 까닭이오."[14] 유방은 자신의 한계를 알아채는 현명함이 있었다. 그는 자신의 능력이 항우보다 훨씬 모자란다는 사실을 알았으므로 항우에게 승리하기 위해 뛰어난 인물을 중용해 그들이 능력을 발휘하게 하고 그것으로

---

14 『사기』 「고조본기(高祖本紀)」: "夫運籌策帷帳之中, 決勝於千里之外, 吾不如子房. 鎭國家, 撫百姓, 給餽饟, 不絶糧道, 吾不如蕭何. 連百萬之軍, 戰必勝, 攻必取, 吾不如韓信. 此三者, 皆人傑也, 吾能用之, 此吾所以取天下也. 項羽有一范增而不能用, 此其所以爲我擒也."

자신의 단점을 보충할 수 있었다.

하지만 인재를 등용하고 선행을 따르는 것만으로 천하를 통일할 수는 없다. 건국 황제로서 유방은 확실히 자신만의 독특한 재주가 있었다. 아마도 그 자신은 그런 점을 드러내려 하지 않았고 지난날 역사가들도 그런 점에 충분히 주의를 기울이지 않았다. 그것은 바로 그가 "천하를 쟁취하려는" 굳건한 목표하에 상당히 융통성 있는 책략을 구사하며 모험을 감수한 것이다. 또 스스로 운신을 자유롭게 하며 심지어 수단을 가리지 않고 공명정대함이라든가 언행일치 같은 덕목은 전혀 강구하지 않았으니 정말 '무뢰한'이란 말에 부끄럽지 않게 행동했다. 그러나 우리는 비천한 신분 출신인 유방의 입장에서 말하자면 이런 행동이 그가 성공할 수 있는 유일한 방법이었음을 인정하지 않을 수 없다.

예를 들어 초 회왕이 군대를 관중으로 파견해 진나라를 정벌하려 할 때, 진나라 군대는 아직도 강대해 장수들이 감히 선두에 서려 하지 않았지만 유방은 용감하게 회왕의 명령을 받아들였다. 이는 유방이 죽음을 두려워하지 않는 용감함과 대담함을 지닌 사람임을 설명해준다. 항우는 유방과 함께 관중으로 들어갈 생각이었으나 시종일관 회왕의 허락을 얻지 못했다. 왜냐하면 회왕 측근 노신들의 반대 때문이었다. 노신들은 항우의 사람됨이 사납고 간악해 지나가는 곳을 모두 불태우고 파괴하는 데 비해 유방은 줄곧 관대하고 덕망 있는 사람으로 행동해왔다고 인식했다. 기실 유방에 대한 노신들의 이해는 전혀 총체적이지 못하고 깊이도 없었다. 유방은 겉모습을 잘 꾸미고 공공관계만 중시할 뿐이었다. 예를 들어 노신들은 항우가 일찍이 양성(襄城, 허난 샹청현襄城縣)에서 온 성을 도륙했다고 인식했지만 기실 유방도 군사를 처음 일으켰을 때 패현(沛縣)의 백성을 위협하면서 그에게 호응하지 않으면 "아버지와 아들을 모두 죽이겠다"고 했다. 또 서쪽으로 진공해 영양(穎陽, 허난 덩펑시登封市)을 함락하고는 성안 백성을 도살했는데 그 수단이 항우보다 관대했다고 볼 수 없다.

유방이 사람들에게 가장 칭송받는 입관(入關) 후의 행동도 선전적인 요소가 훨씬 많이 포함되어 있다. 유방은 호화로운 궁전에 거주하고 싶어 하지 않은 적이 없지만 장량 등의 권고에 따라 멈췄을 뿐이다. 그는 진나라의 보물 창고를 봉쇄했지만, 함양으로 진입한 초기에는 휘하 장수들이 보물을 다투어 탈취했고 소하는 그 틈을 타서 진나라 승상부와 어사부에 소장된 '율령과 도서'를 접수했다. 홍문연(鴻門宴)15에서 유방이 항우에게 선물한 벽옥(璧玉)과 범증(范增, 기원전 277~기원전 204)에게 선물한 옥가(玉斝, 옥 술잔의 일종)는 당연히 진나라 궁전에서 가져온 것이다. 유방은 항우처럼 대놓고 약탈과 파괴를 자행하며 창고를 깡그리 털지 않았을 뿐이다. 그는 그래도 항우와 다른 제후들을 위해 일부분을 남겨놓았다.

'약법삼장(約法三章)'16도 표면적으로는 진나라의 가혹한 법률을 폐지하는 조치였지만 나라를 다스릴 때 어떻게 이 단순한 법령만

---

15 진나라 말기 초·한 쟁패 기간 중 항우가 진나라 도성 함양으로 진입한 후 홍문(鴻門)에서 개최한 승전 축하 잔치다. 항우는 본래 범증의 계책에 따라 이 연회에 유방을 초청해 죽이려고 했다. 그러나 유방은 장량의 기지, 번쾌의 용기, 항백(項伯)의 도움 등으로 위기를 벗어났다.

16 한 고조 유방이 진나라 도성이 있는 관중으로 들어가서 처음 백성과 약속한 법률이다. 진나라의 가혹하고 번잡한 법률을 가볍고 단순하게 줄여서 백성을 너그럽게 대한다는 의미를 담고 있다. 그 내용은 다음과 같다. "살인한 자는 죽인다. 사람을 해친 자 및 도적질한 자에게는 죄를 준다(殺人者死, 傷人及盜抵罪)."(『사기』「고조본기(高祖本紀)」)

쓸 수 있겠는가? 또한 유방이 관중에 체류한 시간은 모두 합해봐야 2개월뿐인데 도대체 어떤 효과를 발휘했는지 하늘만이 알 뿐이다.

유방은 백성이 그를 위로하기 위해 바친 소고기와 양고기 그리고 술과 밥을 사양했지만 그 스스로 "창고에 곡식이 많아서 부족하지 않으므로 남에게 폐를 끼치지 않겠다"[17]라고 말했으므로 무슨 위대한 덕치(德治)를 펼쳐서 백성의 환심을 샀다고 할 수 없다. 그는 오직 관중 지역의 왕이 되지 못할까 두려워했다.

유방이 이렇게 행동한 진정한 목적은 당연히 관중의 왕이 되려는 것이었다. 이 때문에 군대를 보내 함곡관을 지키며 항우와 다른 제후가 관중으로 들어오지 못하도록 막았다. 다만 유방은 병력이 완전하지 못해 항우의 단 한 번 공격에 굴복했다. 항우가 대군으로 경계를 압박해오자 유방은 함곡관 폐쇄 책임을 모두 자신에게 계책을 제공한 자에게 돌렸고 또 항우에게 함곡관을 지킨 일은 도적 방지와 치안 유지를 위한 것이라고 둘러대며 다음과 같이 밝혔다. "저는 밤낮으로 공께서 관중으로 들어오시길 바랐는데 어떻게 감히 공을 배반하겠습니까?" 이후 유방은 원통함을 참고 항우의 약속 위반을 감수한 채 한중이라는 먼 변방 봉토를 받아들였다.

유방은 군사를 되돌려 관중을 점령할 때도 항우가 자신의 취약한 기반을 틈타 반격해올까 봐 매우 두려워했다. 이에 특별히 장량으로 하여금 서찰을 전하게 했다. "한왕(漢王, 유방)은 관중을 취해 자신의 봉토로 삼고 싶어 할 뿐입니다. 본래 약속을 회복하면 바로 군사 행동을 중지하고 동쪽으로 전선을 확대하지 않을 것입니다." 또 제

---

17 『사기』「고조본기」: "倉粟多, 非乏, 不欲費人."

나라와 한(韓)나라의 소위 '반란 고발 서찰[反書]'[18]을 항우에게 보냈다. 항우는 과연 이들에게 속아서 관중으로 들어가 유방에 대응하지 않고 병력을 집중해 제나라를 공격했다. 이 때문에 유방은 편안하게 관중 전 지역을 점령해 후방을 튼튼하게 했다.

유방은 관중을 튼튼하게 한 뒤 바로 항우가 의제(義帝, 楚懷王)를 살해했다는 평계를 대고 "무도한 자를 정벌한다(伐無道)"는 깃발을 들었다. 유방은 의제를 위해 장례를 치르며 사흘 연속으로 의제 영전에서 대성통곡했다. 그리고 사자를 곳곳의 제후에게 파견해 다음과 같이 통보했다. "의제는 천하 사람들이 함께 옹립했고 모두가 한마음으로 그분에게 신복했는데 지금 항우가 그분을 강남으로 추방해 살해했소. 정말 대역무도한 짓이오! 과인이 직접 의제를 위해 발상(發喪)하고 전군에 상복을 입게 했소. 이제 전체 병력을 모두 일으켜 각 제후들과 함께 의제를 살해한 흉수(凶手)를 토벌하고자 하오."[19] 이처럼 분명히 자신이 천하를 탈취하겠다는 욕망을 의제를 대신해 정의를 펼친다는 말로 바꿨다.

형양에서 항우에게 포위되어 탈출할 방법이 없을 때 유방은 기신(紀信, ?~기원전 204)으로 하여금 자신의 수레를 타고 자신의 모습으로 가장해 동문으로 나가 투항하게 하면서, 자신은 그 틈에 서문으로 도주했다. 만약 항우가 그런 상황에 처했다면 차라리 죽을지언정

---

18 원본에는 제나라와 한(韓)나라가 반란을 일으킨 것처럼 서술했지만 기실은 제왕(齊王) 전영(田榮)과 양왕(梁王) 위표(魏豹)가 반란을 일으켰다고 고발 서찰을 꾸며 항우가 유방을 공격하지 못하게 하고 전영을 공격하게 한 것이다.

19 『사기』「고조본기」: "天下共立義帝, 北面事之. 今項羽放殺義帝於江南, 大逆無道. 寡人親爲發喪, 諸侯皆縞素. 悉發關內兵, 收三河士, 南浮江漢以下, 願從諸侯王擊楚之殺義帝者."

도주하지는 않았을 것이다.

항우는 전황이 불리해지자 유방의 부친을 높다란 나무 더미 위에 올려놓고 유방에게 경고했다. "군사를 물리지 않으면 네 아비를 삶아서 죽이겠다." 유방은 뜻밖에도 이렇게 대답했다. "나와 너는 일찍이 초 회왕 앞에서 의형제를 맺었으니 우리 아버지는 네 아버지이기도 하다. 네가 꼭 네 아버지를 삶아 죽인다면 내게도 고깃국 한그릇을 나눠다오."[20] 이런 말은 오직 유방이라야 할 수 있는 말이다. 항우가 끝내 유방의 부친 태공을 죽이지 않은 것은 물론 항백 등의 권고에 따른 것이지만, 기실 항백이 유방을 가리켜 "천하를 차지하려는 자는 가정을 돌보지 않는다"라고 한 말이 유방의 실상을 잘 보여준다. 유방의 인품이 이런 지경에 이르렀는데 그의 부친을 죽여봐야 무슨 소용이 있겠는가?

한신은 제나라를 멸한 뒤 주위 형세가 복잡하다는 구실로 가왕(假王, 임시왕)이 없으면 제나라를 통치하기 어렵다고 하며 자신을 '가왕'에 봉해달라고 요구했다. 유방은 바야흐로 초나라 군대에 의해 형양에서 포위된 상태였는데, 한신의 사자가 갖고 온 서찰을 보고 화가 나서 큰소리로 꾸짖었다. "나는 지금 이곳에 포위되어 밤낮으로 네놈이 도우러 오길 눈이 빠지게 기다리는데, 네놈은 도리어 자립해 왕이 되려 한단 말이냐?" 장량과 진평(陳平, ?~기원전 179)은 유방의 발을 슬쩍 밟으며 그의 귓가에 대고 속삭였다. "지금 우리는 처지가 불리한데 어떻게 한신이 자립해 왕이 되려는 걸 막을 수

---

20 『사기』「항우본기(項羽本紀)」: "吾與項羽俱北面受命懷王, 曰'約爲兄弟,' 吾翁卽若翁, 必欲烹而翁, 則幸分我一桮羹."

있겠습니까? 차라리 대왕께서 친히 그를 왕으로 세워주고 좋은 관계를 유지하는 것이 더 낫습니다. 그렇지 않으면 반란이 일어날 것입니다." 유방도 사태를 깨닫고 아예 꾸짖음을 빙자하여 이렇게 말했다. "대장부가 한 제후국을 평정했으면 진왕(眞王)이 되어야지 무슨 놈의 가왕(假王)이란 말이냐?" 그리고 바로 장량을 파견해 한신을 제왕에 봉하고 한신의 군대를 동원해 초나라 군대를 공격하게 했다.[21] 유방이 이런 술책을 부리지 않고 단도직입적으로 한신의 분수 넘친 생각을 거절했다면 한신은 틀림없이 원군을 보내지 않았을 것이다. 또 스스로 제왕이 된 후 강 건너 불구경하는 태도를 유지하며 항우가 유방을 멸하는 상황을 방치하거나 심지어 항우 편에 가담했을 가능성도 크다.

만약 유방이 유가의 인의도덕이나 예의염치를 성실하게 지켰다면 이상과 같은 대결의 승자가 될 수 없었을 것이고 당연히 한나라의 태조 고황제(高皇帝)가 될 수 없었을 것이다. 어떤 사람이 말하기를 건국 황제의 80~90퍼센트는 건달이거나 무뢰한이며, 건달이거나 무뢰한이어야 성공할 수 있다고 했는데 일리가 있는 말이다. 유방이 이와 같았기 때문에 신분이 미천한 후대 다른 건국 황제도 이와 같지 않은 사람이 없었다.

이치는 매우 단순하다. 어떤 전제 사회에서든 미천한 신분의 사람

---

21 『자치통감』「한기(漢紀)」: "韓信使人言漢王曰, '齊僞詐多變, 反覆之國也. 南邊楚. 請爲假王以鎭之.' 漢王發書, 大怒, 罵曰, '吾困於此, 旦暮望若來佐我, 乃欲自立爲王.' 張良·陳平躡漢王足, 因附耳語曰, '漢方不利, 寧能禁信之自王乎? 不如因而立之, 善遇, 使自爲守. 不然, 變生.' 漢王亦悟, 因復罵曰, '大丈夫定諸侯, 卽爲眞王耳, 何以假爲?' 春, 二月, 遣張良操印立韓信爲齊王, 徵其兵擊楚."

이 정상적인 길을 통해 권력 중심으로 진입하는 것은 절대 불가능하기 때문이다. 한 집안에서 천하를 차지하고 대대로 세습하는 제도에서는 합법적으로 황제가 될 수 없다. 이때 두 가지 비정상적인 경로가 있다. 그 한 가지는 무력이고 또 한 가지는 음모다. 무력은 절대 빠뜨릴 수 없지만 무력만으로는 불충분하기에 무력과 음모를 결합해야 한다. 문제는 신분이 미천한 사람이 군사 행동을 시작할 때는 대규모 무력을 보유할 수 없다는 것이다. 유방은 처음 거병할 때 군사가 2천에서 3천 명에 불과했다. 그것도 그가 정장을 지낸 덕에 모은 군사였고 초야에서 몇백 명을 모았으며 또 소하와 조참(曹參, ?~기원전 189) 등 현직 관리의 도움도 받았다. 이런 소수 병력으로는 다른 어떤 무장 부대와도 거의 대적할 수 없는데, 최종적으로 어떻게 그들을 수합하거나 멸할 수 있겠는가?

물론 소위 '천명'을 빌릴 수도 있다. 유방은 황제가 된 이후 그가 천명을 받았다는 이야기를 적지 않게 날조했지만 그러한 이야기는 승자가 된 그가 사람들에게 설파했기에 믿게 된 것이다. 천명을 핑계로 삼은 사람은 꽤 많았지만 대다수는 구체적인 재능과 무소불위 책략이 없었기 때문에 결국 웃음거리로만 남게 되었다.

앞에서 유방의 무뢰한 행위를 지적한 것은 결코 그의 역사적 공헌을 부정하려는 것이 아니다. 한 사람이 역사에서 어떤 역할을 했는지는 긍정적인 평가와 부정적인 평가가 있을 수 있다. 그것은 주로 그 사람 개인의 인품에 달려 있는 것이 아니라 그가 역사의 진보를 추동했는지 여부에 의해 결정된다. 또 그가 어떤 수단을 동원해 목적을 달성했느냐에 달려 있는 것이 아니라 그 목적이 역사의 진전과 일치하는지 여부에 의해 결정된다. 그리고 그가 그렇게 행동한 동기에 의해 좌우되는 것이 아니라 그의 행동으로 이루어진 객관적인 효과에 의해 결정된다.

"진나라가 사슴을 잃자 천하 사람들이 모두 그것을 쫓았는데" 최종적으로 그 '사슴'을 얻은 사람은 단 한 사람뿐이었다. 하지만 사슴이 누구 손에 죽는지 결정되기 전에는 통일 정권이 존재하지 않고 전란이 부단히 이어지며 생명과 재산의 손실도 그 수치를 계산하지 못할 정도에까지 이른다. 이 때문에 조속히 분쟁을 끝내는 것이 가장 중요한 일이지, 누가 승리자가 되는지는 부차적인 일에 불과하다. 진정으로 전쟁을 끝내려면 우세를 점한 한 편이 모든 수단을 아끼지 말고 다른 한 편을 철저히 소멸시켜야 한다.

초·한 간에 벌어진 최후 대결을 예로 들어보자. 홍구(鴻溝)에 초·한의 경계를 확정한 이후 항우는 곧이곧대로 갑옷을 벗고 동쪽으로 돌아가려 했다. 그때 유방은 항우의 의표를 찌르며 추격을 개시했다. 바로 유방이 협약을 어김으로써 전쟁이 몇 달이라는 짧은 기간에 종료되었고 다시 통일이 이루어졌다. 만약 유방이 신용을 강구하고 협약를 지키면서 항우가 한숨 돌리기를 기다렸다면 적어도 몇 년 동안 다시 전쟁을 겪어야 했을 것이다. 누가 승리하든 생명과 재산의 대규모 손실을 피할 수 없었을 것이다. 만약 쌍방이 그 협약을 준수했다면 당시 중국은 두 나라로 분열되었을 것이다. 만약 모두 대대로 그 협약을 준수했다면 오늘날의 중국이 있을 수 있겠는가?

초·한 전쟁이 가장 어려운 대치 단계로 들어섰을 때 항우는 일찍이 유방에게 이렇게 제의한 적이 있다. "천하가 여러 해 동안 흉흉해진 것은 우리 두 사람 때문이다. 이제 한왕에게 도전해 자웅을 겨루고 싶다. 더 이상 천하 백성의 아버지와 아들들을 고생시키지 말자."[22] 그러나 항우는 유방을 사지에 몰아넣지 못했고 천하 백성의 이익을 위해 역사 무대에서 물러날 생각도 없었다. 천하 탈취에 뜻을 두었던 유방은 한때의 영광과 치욕을 돌보지 않고 백절불굴의 정신으로 마지막 승리를 쟁취했다. 따라서 유방이 통일을 촉진하며 역사에 남긴 공헌을 우리는 긍정해야 한다.[23]

제5절
유방이 백성에게 반포한 '약법삼장'은 믿을 만한가?

고사성어 '약법삼장'은 오늘날 뜻이 명확하다. 쌍방 간 혹은 다자 간에 간명한 약정이나 계약을 맺는다는 의미다. 예를 들어 "나와 네가 약법삼장을 맺는다", "나와 여러분이 약법삼장을 맺는다", 또는 "상호 간에 약법삼장을 맺는다"라고 할 때 바로 이런 뜻이 들어 있다. 그러나 본래 출처의 뜻은 이와 같지 않다.

『사기』「고조본기」기록에 의하면, 유방은 군대를 이끌고 진나라 도성 함양으로 진격한 후 인근 각 현의 노인과 호걸을 소집해 법률 삼장(三章) 시행을 약속했다고 한다. "살인한 자는 죽인다. 사람

---

22 『사기』「항우본기」: "天下匈匈數歲者, 徒以吾兩人耳. 願與漢王挑戰, 決雌雄. 毋徒苦天下之民父子爲也."
23 통일을 위해서라면 수단과 방법을 가리지 말라는 패권주의적 논리가 정의와 진리를 숭상해야 할 학계에까지 깊이 스며 있으니 우려할 만한 일이다.

을 해친 자 및 도적질한 자에게는 죄를 준다." 전설에 의하면 그가 매우 가혹하고 번잡한 진나라 법률을 폐지하고 간단한 3조 법률을 시행한다고 하여 호걸과 노인의 지지를 이끌어냈다고 한다. 우리가 만약 이 몇 마디 말에 근거해 역사를 복원한다면 그것은 일종의 사기이거나 공식적인 언급에 불과함을 발견할 수 있다. 왜냐하면 기실 이 세 조항의 법률만으로 나라를 다스릴 수는 없기 때문이다.

살인죄, 상해죄, 절도죄는 그렇게 쉽게 확정하기 어렵다. 살인죄는 그래도 비교적 쉽게 처리할 수 있다. 어떤 사람이 피살되었는지는 판단하기가 어렵지 않기 때문이다. 그러나 상해죄와 절도죄를 확정하려면 번거로운 과정을 거쳐야 한다. 왜냐하면 범행 정도에 매우 큰 차이가 있기 때문이다. 상해 정도에 경상, 미미한 상처, 중상, 종신 장애 그리고 치명상에 오래 고통을 받다 결국 죽음에 이르는 상처도 있다. 절도죄 정도는 더욱 복잡하다. 한 푼을 훔친 경우, 많은 돈을 훔친 경우, 거액의 재산을 훔친 경우, 값을 매길 수 없는 물건을 훔친 경우 등 이런 다양한 차이를 어떻게 구별해 죄를 줘야 할까? 모든 상해죄와 절도죄를 구별하지 말아야 할까? 구별하지 말아야 한다면 어떻게 죄를 확정하고 얼마만큼의 벌을 줘야 할까? 범죄 행위가 명확하게 밝혀졌다면 어떻게 판결해야 할까? 남의 다리 하나를 부러뜨렸다면 그 범인의 다리도 똑같이 부러뜨려야 할까? 그렇게 할 수 없다면 어떻게 처리해야 할까?

예를 들어 살인자의 목숨을 빼앗는 경우도 여러 가지 상황이 있을 수 있다. 일부 범죄는 고의로 살인을 한 것이 명백한 경우도 있지만 전혀 고의가 아닌 경우도 있고 우연한 원인으로 살인을 하는 경우도 있다. 또 심지어 원인 불명인 경우도 있고 의사가 환자를 치료하다가 결과적으로 죽음에 이르게 한 경우도 있다. 이 모든 경우도 고의 살인과 똑같이 사형을 집행하는 것이 합리적일까? 사형을 집행할 경우에는 어떤 방법을 써야 하나? 진나라가 정한 사형 집행 방법은 여러 가지인데 그중 어떤 것을 써야 할까? 자살까지 포함해야 할까?

또 범죄자에게 자신이 지은 범죄를 어떻게 자발적으로 인정하게 할 수 있을까? 또 어떻게 조사하고 심리해야 할까? 심리 과정 중에 형벌을 시행할 수 있을까? 증거가 확실한데도 범인이 자신의 혐의를 죽어도 인정하지 않으면 죄를 확정할 수 있을까? 게다가 사회에서 발생하는 범죄 행위는 세 가지에 그치지 않고 매우 많은데, 다른 범죄를 저질렀을 때는 어떻게 해야 할까? 예를 들어 위의 세 가지 범죄 외에 강간, 방화, 사기, 구타 그리고 기타 범죄는 처벌하지 않아도 될까? 처벌해야 한다면 무슨 죄명을 적용해야 할까? 왜냐하면 '약법삼장'에는 위의 세 가지 죄명밖에 없기 때문이다.

다시 당시 기록을 자세히 살펴보면 이러한 분석이 기실 지나친 우려임을 알 수 있다. 당시 순수한 선전을 위해 한나라 관방 역사가들이 유방을 미화하려고 고의로 '약법삼장'의 가치와 의의를 강조했기 때문이다. 실제로 유방이 함양에 입성한 이후부터 항우가 관중으로 들어가 그의 통제권을 대신할 때까지의 기간은 모두 합쳐봐야 2개월에 불과했다. 그가 '약법삼장'을 공포한 당일에 어떤 사람이 어떤 사건을 고발했다 하더라도 유방은 자신의 권력을 항우에게 박탈당할 때까지 아마도 그 사건의 심리를 다 끝낼 시간이 없었을 것이다.

그 기간에 유방과 그의 부하들은 진나라 정권을 인수하기에 바빴다. 장수들은 "황금과 비단 등 재물을 저장한 창고로 달려가 그것을 나누기에 급급했다." 그들은 모두 창고와 관청에서 황금과 비단 등 재물을 약탈해 함께 나눴다. 비교적 계략이 있는 부하, 예컨대 소하 같은 사람은 그 틈을 타서 진나라 승상부와 어사부에 소장된 율령, 도서, 공문서, 호적 등을 모두 접수했다. 게다가 곧 관중으로 들어올 항우와 다른 제후의 군대에 대응할 준비를 해야 했기에 유방 진영에서는 근본적으로 백성의 작은 분란에 신경 쓸 겨를이 없었고 이에 근본적으로 '약법삼장'을 집행하는 일에는 거의 관심을 기울이지 않았다.

그리고 유방이 실제로 통제한 지역은 함양 일대였으므로 설령 '약법삼장'을 시행했다 해도 영향을 미친 지역은 아주 좁았고 시간도 매우 짧아서 그리 큰 효과는 발휘할 수 없었을 것이다. 그러나 '약법삼장'의 선전 효과는 아주 좋아서 이 고조 황제가 '혼란을 평정하고 정도를 회복한' 개국 역사에 유리한 기록으로 남아 오늘날까지도 전해지고 있다.

그럼 유방이 통제한 지역이나 그가 천하를 얻은 이후에는 '약법삼장'을 시행했을까? 전혀 시행한 적이 없다. 당시에 "삼장의 법으로는 간악한 범죄를 막을 수 없었다"[24]는 것을 인정하지 않을 수 없었기에 소하에게 『한률(漢律)』을 제정하게 해야 했다. 그것은 진나라 『진육률(秦六律)』에다 세 편을 더하여 『한구장률(漢九章律)』로 완성한 법률이다. 지금은 『한률』의 전체 문장을 볼 수 없지만 그것을 이어받은 당나라 법률 『당률(唐律)』을 통해 그 대강을 살펴볼 수 있는데 물론 삼장보다 훨씬 많다. 따라서 "진나라의 가혹하고 번잡한 법률에 비해 얼마나 간단한가?"라고 선전하며 백성을 일시적으로 기쁘

---

24 『한서』 「형법지(刑法志)」: "三章之法不足以御奸."

게 할 수는 있다. 그러나 진정으로 천하를 다스리게 되었을 때 한나라 법률은 진나라 법률보다 간단하지 않았을 뿐만 아니라 오히려 더욱 엄밀해졌다. 후인들이 선전을 사실로 간주한다면 유방과 한나라 사관의 속임수에 당하게 된다.

유방 자신도 황제가 된 이후 '약법삼장'에 전혀 구속되지 않았고 심지어 자신이 '약법삼장'이라는 약속을 했는지도 일찌감치 망각했다.

예컨대 유방은 맏사위 조왕(趙王) 장오(張敖, 기원전 241~기원전 182)에게 걸핏하면 욕설을 퍼부어 조나라 상국 관고(貫高, ?~기원전 198) 등의 불만을 야기했다. 관고 등은 음모를 꾸며 유방을 살해하려다 미수에 그쳤고 일이 발각된 이후 자발적으로 자수했다. 유방은 장오의 책임을 찾아내기 위해 관고에게 가혹한 형벌을 가하며 심문했다. 예순 살에 가까웠던 관고는 채찍을 몇천 대나 맞고 달구어진 쇠꼬챙이로 고문을 당했다. 그의 피부는 완전한 곳이 없어서 더 이상 형벌을 가할 부위가 없을 정도였다. 관고는 차라리 자신이 죽더라도 장오를 모함하지 않고 어떻게든 사면받게 하려고 했지만, 장오는 결국 자신과 삼족까지 모두 멸문지화를 당했다. 관고는 살인을 한 적이 없는데도 유방은 그와 그의 삼족을 모두 죽였다.

유방이 동원성(東垣城, 허베이 스자좡시石家莊市 구청촌古城村)을 공격할 때 수비군이 성 위에서 유방에게 욕설을 퍼부었다. 나중에 이 성이 항복하자 유방은 자신에게 욕을 한 병졸 전부를 살해했다. '약법삼장'에는 욕설에 관한 죄가 한 구절도 없다. 욕설은 가장 가혹하게 처벌한다 해도 '상해죄' 정도에 넣을 수 있을 것이다. 그러므로 자신에게 욕을 한 자에게 법을 적용할 수는 있겠지만 아무리 해도 사형죄를 적용할 수는 없다. 당시 유방은 자신이 서약한 '약법삼장'을 일찌 감치 망각했고 또 춘추전국시대 이후로 각국 간에 형성된 약속, 즉 전쟁 중에 항복한 사람은 죽이지 않는다는 마지노선까지 상관하지 않았다.

공신 한신과 팽월은 모두 유방에 의해 모반죄로 판정되었고 그들을 살육할 때 지극히 잔혹한 방법을 써서 소문을 들은 사람조차 놀라움을 금치 못했다. 기실 그들이 모반했는지 아닌지는 유방의 한마디 판결로 끝이 났다. 예를 들어 한신의 경우, 몇십만 대군을 장악하고 있을 때는 모반하지 않다가 이미 모든 권력을 박탈당하고 실제적인 연금 상태에 있을 때 어떻게 모반을 일으킬 수 있단 말인가? 모반이 사실인지 아닌지는 기실 전혀 중요한 문제가 아니고 유방이 그들에게 무슨 죄를 판정하면 그 죄가 그대로 확정되었을 뿐이었다. 그들은 삼족이 멸문지화를 당했을 뿐만 아니라 본인들도 모두 '오형(五刑)'을 당했다. 즉 먼저 얼굴에 먹으로 범죄 사실을 새기고 코를 베고 두 다리를 자르고 곤장으로 때려죽이고 목을 베어 시신은 육장을 담갔다. 그리고 시신을 각지로 보내 조리돌림하고 심지어 육장을 사람들에게 맛보게 해 제후들에게 경각심을 심어줬다.

사마천이 『사기』를 쓰면서 '약법삼장'을 역사에 넣었는데, 그때가 한 무제 시대였고, 당시 한나라 법률과 사법 체계에서 '약법삼장'의 흔적을 찾기는 어렵다. 대신 진나라의 가혹한 법률보다 훨씬 엄하고 번잡한 법률을 시행하고 있었다. 『한서』「형법지(刑法志)」에 다음 기록이 있다.

이에 장탕(張湯, ?~기원전 116)과 조우(趙禹, ?~기원전 100?) 무리를 불러

조목조목 법령을 제정하고 범죄 사실을 분명하게 알고도 고의로 풀어준 자나 그것을 감독해야 할 주관 관리를 함께 처벌하는 법률을 만들었다. 이에 법을 가혹하게 적용했거나 고의로 얽어 넣은 죄는 완화해주고 관대하게 보내준 죄는 더 엄격하게 다뤘다. 그 뒤 간악하고 교활한 관리들이 법을 교묘하게 이용했으므로 여러 가지 사례를 비교해 법망을 더욱 엄밀하게 만들었다. 율령은 모두 359장(章), 사형에 관한 조항은 모두 409조(條) 1,882가지였으며, 사형 판결에 관한 것은 1만 3,472가지였다. 문서가 문서고에 가득 차서 담당 관리가 두루 다 살펴볼 수 없을 정도였다.[25]

간악한 관리가 법률 조항을 근거로 흥정을 하면서, 살려주고 싶으면 생환 조항을 적용하고 죽이고 싶으면 사형 조항을 적용했다.[26]

유방이 당년에 선포한 '약법삼장' 중 제1장인 "살인자는 사형에 처한다"는 항목은 이미 1,880여 가지 죄명으로 늘어났으며 1만 3천여 건의 판례를 참고하고 비교해야 했다. 그런 시절에 어떻게 '사(死)' 자 하나만으로 문제를 해결할 수 있겠는가?

이런 점에서 알 수 있다시피 우리는 역사를 읽을 때 단지 어떤 사건의 기록 자체만 봐서는 안 된다. 전후 인과 관계도 살펴야 하고 그것이 주관적인 소망인지 객관적인 사실인지도 구별해야 하며 또 그것이 선전용인지 준비하여 실행한 것인지 그리고 특수한 사안인지

---

25 『한서』「형법지」: "於是招進張湯·趙禹之屬, 條定法令, 作見知故縱·監臨部主之法. 緩深故之罪, 急縱出之誅. 其後奸滑巧法, 轉相比況, 禁罔浸密. 律令凡三百五十九章, 大辟四百九條, 千八百八十二事, 死罪決事比萬三千四百七十二事. 文書盈於几閣, 典者不能遍睹."
26 『한서』「형법지」: "奸吏因緣爲市, 所欲活則傅生議, 所欲陷則予死比."

보편적 사안인지도 따져봐야 한다.

특히 미래의 승리자가 정적과의 경쟁 과정이나 황위에 오르기 전에 승낙한 일, 선포한 정령, 시행한 임시조치는 절대로 진실로 여겨서는 안 되고 적어도 그가 승리한 뒤 그리고 황위에 오른 뒤 어떻게 했는지, 그 효과가 어떠했는지를 잘 살펴보고 긍정하거나 찬양해도 늦지 않을 것이다.

제6절
'추은령' 배후의 정치적 지혜

항우와의 쟁패 과정에서 유방은 제후왕을 대거 봉하지 않을 수 없었다. 예를 들어 한신은 유방 진영 총사령관이 된 이후 성을 함락하고 땅을 공략해 큰 공을 세웠으며 본래 제나라 땅이던 넓은 토지를 점령했다. 한신은 대군을 거느리고 은인자중하다가 결정적인 시기에 유방을 압박했다. 그는 자신을 제왕(齊王)에 봉해주지 않았으면 군사를 보내지 않으려 했다. 유방은 그를 제왕에 봉할 수밖에 없었다. 이렇게 하여 항우를 격파했을 때도 많은 '타성 왕'이 탄생했다. 이들 타성 왕은 유 씨 황족이 아니었지만 그들이 통치하고 관할한 지역은 한나라 강역의 대부분이었다. 태항산 동쪽에서 강남에 이르는 땅이 기본적으로 이미 한신, 팽월, 영포(英布, ?~기원전 196)와 같은 타성 왕의 봉토로 주어졌다.

유방이 이런 현상을 오래 존재하도록 허용할 수 없음은 당연한 일이다. 이 때문에 그는 음모를 이용하거나 고의로 반란을 조장해 타성 왕을 계속 제거했다. 모반죄의 빌미를 찾아 살해하지 않으면 계속 압박해 국외로 도피하게 만들고 그 제후국을 취소했다. 이렇게 하여 계속 충성을 바친 오예(吳芮, 기원전 241?~기원전 201)의 장사국 (長沙國) 하나만 남았다. 그러나 장사국이 위치한 강남은 "땅이 낮고 습해 남자가 요절하는 곳"이어서 중원 사람들이 모두 그곳으로 가기를 두려워했다.

이런 과정에서도 유방은 자신의 역량을 강화하고 황족의 세력을 확대해 타성 제후왕을 대체하기 위해 또 다시 자기 조카나 아들과 같은 동성 제후왕을 대거 봉했다. 그는 아들 유비를 매우 사랑해 그를 제왕(齊王)에 봉했다. 유비에게 광대한 봉토를 나눠주고자 그는 무릇 제나라 방언을 쓰는 곳을 모두 유비에게 준다고 규정했다. 이렇게 하여 한 무리 동성 제후왕이 탄생했다. 유방이 사망할 무렵 한나라 조정에서 직접 통치할 수 있고 군현제를 시행할 수 있는 곳은 겨우 관중 땅뿐이었다. 함곡관 서쪽과 남쪽 및 일부 변방 땅, 그리고 경제가 가장 발달하고 인구가 가장 조밀하고 가장 부유한 관동(關東, 함곡관과 태항산 동쪽) 땅은 기본적으로 모두 동성 제후왕이 통치하는 구역이 되었다.

한나라 문제와 경제 때 분란이 더욱 두드러졌다. 제후왕들은 흔히 항렬이 높고 나이도 많았으며 분봉 받은 땅의 면적도 광대해 경제 자원을 농단했다. 예컨대 오왕(吳王) 유비(劉濞, 기원전 215~기원전 154)는 유방의 친조카[27]이므로 한 문제와는 같은 항렬이고 한 경제

---

27 유비(劉濞)는 한 고조 유방의 둘째 형 유중(劉仲)의 아들이다.

보다는 한 항렬이 높다. 그는 자신의 봉토에서 동(銅) 광산을 개발하고 동전을 주조하고 바닷물로 소금을 제조하는 등 자원을 독점하며 군대를 확충해 중앙 정부의 통치권에 도전했다. 한 경제는 중앙정부를 강화하기 위해, 또 군현제를 널리 확대하기 위해, 조조(晁錯) 등의 건의를 받아들여 '삭번책(削藩策)'을 시행했다. 삭번책은 제후왕의 봉토를 축소하거나 빌미를 찾아 폐지하는 정책이다.

이 정책은 당연히 동성 제후왕의 격렬한 반항을 불러일으켜 결국 기원전 154년에 '오초칠국의 난'이 발발했다. 오왕 유비를 우두머리로 삼은 7명의 동성 제후왕은 공공연히 무장 반란을 일으켜 황제 주위 간신을 제거하라는 명분을 내걸었다. 한 경제가 조조를 죽인 이후에 그들은 이미 명분을 잃었지만 여전히 군사를 물리지 않았다. 그들의 목적은 분명히 한나라 조정을 타도하는 것이었다. 한 경제는 대장 주아부(周亞夫)를 임용한 뒤 해자를 깊이 파고 보루를 높여 굳게 지키는 방법을 썼다. 반란군이 지치고 양식이 고갈되자 군대를 보내 일거에 반란을 평정했다.

이들 제후국은 취소되었지만 새로운 제후왕을 봉하지 않을 수 없었다. 지금 황제에게도 형제와 아들이 있었기 때문에 관례에 따라 그들을 제후왕으로 봉해야 했다. 때로는 태후가 특별히 어떤 황자(皇子)를 총애해 그에게 넓은 봉토를 줄 것을 고집하는 경우도 있었기 때문에 제후국을 완전히 취소할 수 없었다. 어떤 제후왕은 관례대로 불법을 저질렀고 어떤 제후왕은 조정과 이익을 다퉜으며 어떤 제후왕은 많은 문무 관리를 기르고 널리 인재를 모으며 조정의 의심과 근심을 야기했다. 더욱 골치 아픈 것은 제후왕의 봉토에서는 조정이 군현제를 효과적으로 실시하지 못한다는 점이었다. 이 때문에 한 무제 때 제후국의 권력을 좀 더 약하게 하기 위해 제후국의 정무를 모두 조정에서 임명한 제후국 상(相)이 관리하도록 명확하게 규정했다. 이에 제후왕은 겨우 봉토 안의 세금과 녹봉만 향유하고 행정에는 간여할 수 없었다. 제후국의 상은 실제로 한 군(郡)의 태수와 같아서 각 속현(屬縣)의 정무까지 관할했다. 형식상의 제후국은 점차 조정 직속의 군현과 거의 차이가 없어졌다.

이와 같았음에도 제후국은 흔히 광대한 봉토를 보유했으며 큰 제후국은 몇십 개 현을 거느렸고 이들 현에서 내는 세금을 모두 조정으로 보내지 않았다. 또한 제후국의 상은 제후왕에게 간섭할 수 없는 경우가 있었고 어떤 제후왕은 기세를 올리고 발호하며 불법적인 만행을 저지르기도 했다. 한 무제가 어떻게 제후왕의 힘을 좀 더 약화시킬 수 있을까 고민할 때 주보언(主父偃, ?~기원전 126)이 매우 현명한 계책을 건의했다. 그것이 바로 한 무제 원삭(元朔)²⁸ 2년(기원전 127년)에 정식으로 반포한 '추은령(推恩令)'이다. "제후에게 명령하노니 제후왕 개인의 은혜로 자신의 땅을 분할해 자제에게 분봉하면 한나라에서 그들을 위해 봉호를 제정해주고 바로 한나라 군(郡)으로 속하게 하겠노라."²⁹

소위 추은령의 원리는 간단하다. 제후왕으로 하여금 자신의 봉토를 스스로 축소하게 만드는 것이다. 표면적으로 매우 당당한 논리를 내세웠다. "지금 황제가 너희에게 명령을 내리노니, 황제의 은택을 너희 자손에게까지 널리 미치게 하라." 그런데 제후왕은 보통 처첩

---

28 한나라 무제의 세 번째 연호. 기원전 128년에서 기원전 123년까지 사용했다.
29 『한서』 「중산정왕전(中山靖王傳)」: "令諸侯以私恩自裂地分其子弟, 而漢爲定制封號, 輒別屬漢郡."

(妻妾)이 무리를 이루어 자손이 매우 많았다. 본래 법률에 따르면 그는 자신의 제후국을 일반적으로 적장자인 태자에게만 전할 수 있다. 그러므로 다른 아들과 손자는 한 치의 땅도 분봉받지 못한다. 이밖에도 황제조차 마음대로 제후왕의 봉토를 줄이지 못한다. 제후왕이 무슨 죄를 저질렀거나 무슨 과실을 범해야 비로소 봉토를 삭감하거나 왕국을 취소할 수 있었다. 그렇지 않으면 제후왕과 종실의 불만을 야기하거나 심지어 반란을 초래할 수도 있었다.

황제가 이와 같은 명령을 내리자 제후왕의 자손들은 자연히 황제의 정책을 옹호했다. 봉토를 받아 후작(侯爵)을 세습하고 그 봉토를 자기 자손에게 물려주고 싶지 않은 사람이 누가 있겠는가? 제후왕이 만약 이 명령 집행을 거부한다면 황제를 업신여기는 죄를 범하는 것일 뿐 아니라 자기 자제들의 압력에도 직면해야 했다. 그러나 '추은(推恩)'의 결과는 제후국의 봉토가 날이 갈수록 줄어든다는 것이었다. 왜냐하면 제후왕이 자손에게 베푸는 '은혜'는 황제가 별도로 제공하는 봉토가 아니라 자신의 봉토를 분할하는 것이었기 때문이다. 매번 자기 자손에게 하나의 '후국(侯國)'을 분봉해줄 때마다 자기 봉토 일부를 떼줘야 하는데, 큰 것은 하나의 현(縣)에 해당하고 작은 것도 하나의 향(鄕)에 해당했다. '후국'이 된 뒤에는 제후국 아래에 다시 다른 후국으로 분할할 수 없으므로 그 땅은 다시 제후국으로 귀속되거나 이웃 군(郡)으로 소속이 바뀌어 군 휘하 현급 단위가 되었다. 매 세대 제후왕이 모두 추은을 실행해 몇 개의 후국으로 분할하면 설령 호수가 많다 해도 수백 혹은 1천 호 정도에 불과한 향(鄕)이지만 그것이 점점 쌓여 몇 대 이후에는 제후국의 봉토가 크게 축소되기 마련이었다.

예를 들어 한나라 제후국 노(魯)나라는 원삭 3년(기원전 126년) 노 공왕(魯共王, ?~기원전 128)의 다섯 아들을 후(侯)로 봉했다. 그 후국은 영양(寧陽), 하구(瑕丘), 공구(公丘), 욱랑(郁桹), 서창(西昌)이었다. 한 소제(昭帝, 기원전 94~기원전 74) 시원(始元)[30] 5년(기원전 82년)에는 노안왕(魯安王, ?~?)이 세 아들을 후로 봉했다. 그 후국은 난기(蘭旗), 용구(容丘), 양성(良成)이었다. 한 선제 감로(甘露)[31] 4년(기원전 50년)에는 노 효왕(魯孝王, ?~?)의 여덟 아들을 후로 봉했다. 그 후국은 창려(昌慮), 평읍(平邑), 산향(山鄉), 건릉(建陵), 합양(合陽), 동안(東安), 승향(承鄉), 건양(建陽)이었다. 한 성제 양삭(陽朔)[32] 4년(기원전 21년)에는 노 경왕(魯頃王, ?~?)의 두 아들을 후로 봉했다. 그 후국은 오향(鄒鄉), 건향(建鄉)이었다. 한 성제 홍가(鴻嘉)[33] 2년(기원전 19년)에는 노 경왕의 아들 하나를 후로 봉했고 그 후국은 신양(新陽)이었다. 노나라에서는 추은을 통해 모두 19개 후국을 분봉해 전한 말기에는 겨우 6개 현만 남았다.

또 중원에 자리 잡은 한나라 제후국 양(梁)나라는 도성이 수양(睢陽, 허난 상추商丘 쑤이양구睢陽區)이었고 속현은 모두 큰 현이었다. 한 무제 원삭 2년(기원전 127년) 양 공왕(梁共王, ?~기원전 137)의 아들 하나를 후로 봉했고 그 후국은 장량(張梁)이었다. 한 원제(漢元帝) 건소(建昭)[34] 원년(기원전 38년)에는 양 경왕(梁敬王, ?~기원전 46)의 아

---

30 한나라 소제의 첫 번째 연호. 기원전 86년에서 기원전 80년까지 사용했다.
31 한나라 선제의 여섯 번째 연호. 기원전 53년에서 기원전 50년까지 사용했다.
32 한나라 성제의 세 번째 연호. 기원전 24년에서 기원전 21년까지 사용했다.
33 한나라 성제의 네 번째 연호. 기원전 20년에서 기원전 17년까지 사용했다.
34 한나라 원제의 세 번째 연호. 기원전 38년에서 기원전 34년까지 사용했다.

들 열넷을 후로 봉했다. 그 후국은 세향(貰鄕), 낙(樂), 중향(中鄕), 정(鄭), 황(黃), 평락(平樂), 치향(菑鄕), 동향(東鄕), 율양(溧陽), 고시(高柴), 임도(臨都), 고(高), 능향(陵鄕), 이향(厘鄕)이었다. 한 성제 영시(永始)[35] 2년(기원전 15년)에는 양 이왕(梁夷王, ?~기원전 40)의 아들 하나를 후로 봉했고 그 후국은 기향(祁鄕)이었다. 영시 3년(기원전 14년)에는 양 황왕(梁荒王, ?~기원전 25)의 아들 하나를 후로 봉했고 그 후국은 곡향(曲鄕)이었다. 양나라는 추은을 통해 모두 17개 후국을 분봉해 한 성제 원연(元延)[36] 3년(기원전 10년)에 8개 현만 남았으므로 봉토의 면적이 적지 않게 줄었다.

추은령의 가장 미묘한 점은 제후왕으로 하여금 자신의 살을 떼어내게 하면서도 그들이 저항할 이유를 찾지 못하게 했고 또 제후왕 자제의 호응을 폭넓게 받았다는 사실이다. 이 때문에 집행이 상당히 순조로웠고 제후왕이 반항하지 못했으며 조정에서는 직할 군(郡)을 확대하는 동시에 아무 대가도 지불하지 않을 수 있었다.

후국은 비록 현급 단위지만 후는 행정 수장이 아니고 단지 후국의 호수(戶數)에 따라 걷는 세금만 향유하며 그것을 자신의 녹봉으로 삼을 뿐이었다. 바로 이 녹봉도 제후왕의 봉토에서 나눠 받는 것이므로 조정의 부담이 증가하지 않는다. 현장(縣長)에 해당하는 후상(侯相)은 직접 군수에게서 명령을 받고 군수는 때때로 후를 감찰하는 책무를 맡는다. 이 때문에 후국의 존재는 조정에 어떤 위협도 주지 않았다.

---

35 한나라 성제의 다섯 번째 연호. 기원전 16년에서 기원전 13년까지 사용했다.
36 한나라 성제의 여섯 번째 연호. 기원전 12년에서 기원전 9년까지 사용했다.

하나의 후국을 폐지하는 것은 손바닥 뒤집기처럼 쉬웠다. 법률이나 관례에 따라 마음대로 이유를 찾아서 바로 후를 파면하거나 죄를 다스릴 수 있었다. 예를 들어 한 무제 원정 5년(기원전 112년), 한 무제는 열후들이 종묘에 바친 금의 분량이 부족하고 금의 색깔이 불량하다며 조종(祖宗)에 불경죄를 범했다는 이유를 들어 단번에 106명의 후를 파면했다. 파면할 수 있는 또 다른 죄목으로는 마음대로 봉토를 떠나는 일, 조회에 참가하지 않는 일, 도망자를 받아들인 일, 범인을 숨겨준 일, 고리대금을 받은 일, 음란, 살인 청부, 살인, 중병 등등이 있는데 이를 핑계로 후국을 취소할 수 있었다. 또 많은 제후국이 '후손이 없다'는 이유로 폐지되었다.

일련의 정책과 조치를 통해 중앙집권제에 가하는 분봉제의 위협이 완전히 해소되었다. 군현제는 효과적으로 전국에 시행되어 공고해지고 완전해졌다. 후한 말기에 이르러 몇몇 황자(皇子)를 제후왕으로 봉했지만 이들 제후왕은 녹봉을 받는 외에 어떤 행정적인 권력도 갖지 못했으므로 행정 제도로는 왕국과 군(郡)이 아무 구별도 없었다.

제7절
최초로 '중앙에서 파견한 순시 제도'

한 무제 원봉(元封)[37] 5년(기원전 106년), 몇 차례 성공적인 개척을

---

37 한나라 무제의 여섯 번째 연호. 기원전 110년에서 기원전 105년까지 사용했다.

거쳐 한나라 강역은 북으로 음산에 이르고, 남으로 베트남 중부에 이르고, 동으로 한반도 중부에 이르고, 서로는 감숙 돈황에 이르렀으며, 전국에 100여 곳의 군급(郡級) 행정구를 설치했다. 이보다 3년 전에 또 이미 23년간 범람한 황하의 터진 둑을 막았다. 또 2년 전에는 한나라 군대가 서역으로 진입해 거사국(車師國)[38]을 격파하고 누란국(樓蘭國)[39] 국왕을 포로로 잡았다. 한 무제는 여러 해 국내 순행을 다녔고 원봉 원년(기원전 110년)에는 북쪽으로 순행을 갔다. 원봉 5년(기원전 115년)에는 남쪽으로 순행을 나가서 구억산(九嶷山, 후난 닝위안현寧遠縣 남쪽)에 이르렀고 북쪽으로는 낭야(琅琊, 산둥 칭다오시青島市 동남쪽)에 이르렀다. 바로 이 해에 한 무제는 역사에 전례가 없는 직위인 부자사(部刺史)를 설치해 처음으로 자사 13명을 임명하고 그들에게 즉시 직권을 행사하라고 명령했다. 이로부터 이 직위는 통상적인 제도가 되어 후한 때까지 이어졌다.

본래 한 무제는 이와 같은 광활한 강역 안에서 조정이 동시에 전국 100여 곳에 이르는 군급 행정 조직을 관리하는 것은 힘에 부칠 때가 많다는 사실을 발견했다. 조정에서 직접 관리하고 감찰하는 곳만도 군급 지방 장관이 다스리는 100여 곳에 이르렀으므로 그곳의 구체적인 상황을 알 수 없는 경우가 많았지만, 그렇다고 제때 조사를 진행할 수도 없었다. 왜냐하면 정상적인 절차에 따르면 그들이 자발적으로 상급 기관에 보고하는 방식에만 의지해야 했기 때문

---

38 인도유럽 인종이 세운 나라로 알려져 있다. 도성은 교하성(交河城)이었다. 지금의 신장 투르판(吐魯番) 서북에 있었다.
39 실크로드에 위치한 성곽 국가로 도성은 우니성(扞泥城)이었다. 지금의 신장 웨이리(尉犁) 동쪽 로프노르(羅布泊, Lop Nor) 서북쪽 쿵췌허(孔雀河) 북안에 있었다.

이다. 즉 현에서 군에 보고하면 군에서 직접 조정에 보고해야 했다. 조정에서 그렇게 많은 군의 관리를 동시에 감찰하고 관리하려 한다면 당시 교통 형편으로는 아무리 해도 도저히 미칠 수 없는 일이었다. 예컨대 군사 공문 한 건을 도성 장안에서 돈황군 돈황현으로 보낸다고 가정할 때 가는 데만 빨라야 40일이 걸리고 왕복하려면 80일은 소요되었다. 그리고 수많은 군의 치소가 돈황보다 훨씬 멀었으며 도로 상황은 더욱 좋지 않았다.

특히 군 단위 관리의 실제 업적과 개인행동은 더욱 효과적으로 감찰하기가 어려웠다. 그러나 만약 군 위에 감찰 관리자를 하나 더 늘리려면 전국적으로 다수의 인원과 비용을 더 보태야 하므로 밑천이 너무 많이 들 뿐만 아니라 중앙집권제 효율에도 악영향을 끼치게 된다. 이 때문에 한 무제는 도성 주위 일곱 개 군을 제외하고 전국을 13개 부(部)로 나눴다. 예주(豫州), 연주(兗州), 청주(靑州), 서주(徐州), 기주(冀州), 유주(幽州), 병주(幷州), 양주(凉州), 익주(益州), 형주(荊州), 양주(揚州), 교지(交趾), 삭방(朔方)이 그것이다. 그리고 각 부에 자사 한 명을 파견해 경내 지방 관리와 토호를 순찰했는데 이것을 '십삼자사부(十三刺史部)'라 칭했고, 줄여서 '십삼부'라 불렀다. 그중 열한 곳은 이전부터 전해온 주(州)의 명칭을 그대로 써서 명명했기 때문에 '십삼주자사부(十三州刺史部)' 또는 '십삼주(十三州)'라고 부르기도 했다. 수도 인근의 7개 군은 조정에서 직접 관리했으므로 '사례교위부(司隷校尉部)'라 칭했으며, 그곳은 감찰하기가 편리했기에 별도로 사람을 파견하지 않았다.

자사는 명확한 직무 범위가 있었다. 총체적 임무는 "군국(郡國)을 두루 순행하며 다스림의 상황을 자세히 살펴 유능한 관리와 무능한 관리를 분별해 승진시키고 퇴출시키면서 원통한 옥사를 바로잡는"[40]는 것이었다. 그러나 순시 범위는 엄격하게 '육조(六條)'로 정해져서 이 '육조'에 속하지 않는 일은 순시를 허락하지 않았다.

육조로 감찰하는 행위는 무엇이었던가?

제1조, "강한 종족과 부유한 호족이 땅과 주택을 마련하느라 정해진 제도를 어기고 강한 세력으로 약자를 능멸하며 다수의 힘으로 소수에게 폭력을 가하는 행위."[41]

제2조, "연봉 2천 석 지방관이 조서를 받들면서도 법전과 제도를 준수하지 않고, 공무를 배반한 채 사욕을 추구하거나 조서를 빌미로 사익을 꾀하고, 백성을 침탈하여 불법으로 재물을 긁어모으는 행위."[42]

제3조, "연봉 2천 석 지방관이 의심스러운 옥사를 제대로 처리하지 않고 포악하게 사람을 죽이거나, 화가 나면 형벌을 마음대로 자행하고 기분이 좋으면 포상을 함부로 실시하고, 혼란을 조장하고 난폭한 짓을 하면서 서민을 살육해 백성이 한스럽게 여기고, 산과 바위가 무너지는 천재지변에 요설과 유언비어를 퍼뜨리는 행위."[43]

제4조, "연봉 2천 석 지방관이 불공정하게 속관을 선발하고 조정의 총신에게는 구차하게 아부하며, 현명한 인재는 가로막고 어리석은 자는 총애하는 행위."[44]

---

40 『자치통감』「한기」: "周行郡國, 省察治狀, 黜陟能否, 斷治冤獄."
41 『자치통감』「한기」: "强宗豪右田宅踰制, 以强陵弱, 以衆暴寡."
42 『자치통감』「한기」: "二千石不奉詔書, 遵承典制, 倍公向私, 旁詔牟利, 侵漁百姓, 聚斂爲姦."
43 『자치통감』「한기」: "二千石不卹疑獄, 風厲殺人, 怒則任刑, 喜則任賞, 煩擾苛暴, 剝戮黎元, 爲百姓所疾, 山崩石裂, 妖祥訛言."
44 『자치통감』「한기」: "二千石選置不平, 苟阿所愛, 蔽賢寵頑."

제5조, "연봉 2천 석 지방관의 자제가 영예와 권세에 의지하여 감독관에게 청탁하는 행위."[45]

제6조, "연봉 2천 석 지방관이 공법을 어기며 악인을 비호하고, 토호와 강자에게 아부하고, 뇌물을 유통하여 올바른 정령(政令)을 해치는 행위."[46]

이 육조는 주로 지방관과 그들의 자제를 겨냥해 그들이 부패했는지 여부, 공무를 빌미로 사욕을 추구하며 법률을 어지럽혔는지 여부, 지방관이 토호와 결탁했는지 여부를 조사하는 데 중점이 놓여 있다. 그리고 육조의 범위가 아닌 것은 자사가 순시하고 감찰하고 조사하지 못하도록 엄격하게 규정했다. 한편으로는 그들의 직무를 명확하게 규정했고 다른 한편으로는 그들이 황제의 권위를 이용해 정상적인 행정 체계와 일상 사무에 간섭하고 영향을 끼치는 것을 방지했다.

자사는 제도적으로도 품계는 낮으면서 실권은 막강하도록 아주 교묘하게 설계되었다. 자사는 행정적으로 품계가 높지 않아서 연봉이 큰 현 현령급인 600석에 불과했으므로 현령급 간부라 할 수 있다. 그러나 그의 감찰 대상은 지금의 성장(省長)급에 해당하는 연봉 2천 석 고위직 관리였다. 자사들은 본래 품계가 높지 않았기 때문에 황제가 그들에게 부여한 특권을 제외하고는 다른 직권이 없었으며 또한 그들보다 품계가 높은 군수의 정상적인 행정 업무에 간여할 수 없었다. 하지만 그들은 직접 황제에게 보고해 '2천 석 간부'를

---

45 『자치통감』「한기」: "二千石子弟怙恃榮勢, 請託所監."
46 『자치통감』「한기」: "二千石違公下比, 阿附豪强, 通行貨賂, 割損政令."

두려움에 떨게 하는 가장 막중한 권력을 갖고 있었다. 자사는 '2천 석 간부'와 나란히 앉을 수 없었고 2천 석 품계의 군수나 도위(都尉) 의 직책을 대신할 수도 없었지만 그들을 경악시킬 만한 권력을 지녔 던 것이다.

자사부의 효과는 뚜렷했다. 본래 지방관의 행위는 그들 스스로 상부에 보고할 때 자신도 모르게 약점을 노출하거나 그들이 보고한 자료에서 모순을 노정하거나 허점을 드러낼 때를 제외하고는 조정에 서 진상을 알 수 없었으며 더더욱 조사할 수 있는 방법도 없었다. 왜 냐하면 당시에는 정보 전달이 상당히 어려워서, 특히 지방관과 토 호의 실제 상황을 조정이나 황제에게 전달하는 것은 거의 불가능한 일이었다. 군 단위 관리의 부하나 현지 민중이 조정에 보고할 가능 성은 0퍼센트에 가까웠고, 설령 그들이 충분한 재력을 보유해 장거 리 여행 경비를 감당할 수 있더라도 합법적으로 현지를 떠나 장안 으로 들어가려면 지방관의 비준을 받아야 했다. 역사의 기록을 살 펴보면 군 단위 관리가 직접 조정에 보고해서 성공한 사례는 지극 히 드물었는데, 일반적으로 조정에서 그와 같은 수요가 있을 때에야 겨우 성공할 수 있었다.

만약 군 위에 다시 상설 행정 기구를 설치한다면 대규모 인력과 물력을 보태야 할 뿐 아니라 순시나 감찰 작용도 발휘할 수 없고 오 히려 중앙집권제 체제 아래에 직급만 하나 더 보탤 뿐이어서 행정 효율에 나쁜 영향을 끼칠 수 있었다.

바로 이와 같았기 때문에 자사부는 하나의 정해진 범위 안에서 자사 한 명이 몇 개 군을 순시하도록 규정했지, 군 위에 행정 관리 기구를 더 보탠 것이 아니었다. 자사는 고정된 치소(治所)가 없이 영원히 길 위를 오고갈 수 있을 뿐이었다. 이쪽 군의 순시를 마치면 바로 저쪽 군으로 가야 했다. 따라서 어떤 한곳에 의지할 이유가 없어서 일정한 하나의 군과 이익 관계를 맺기 어려웠고 또 한곳에 오래 머문다 해도 그곳의 행정적 지위를 높여줄 수 없었다.

후한에 이르러 자사 제도에 변화가 발생했다. 자사도 고정된 치소를 갖게 되어 항상 어떤 군의 치소에 머물거나 어떤 일정한 도시에 머물렀다. 이렇게 되자 필연적으로 자사의 순시 회수와 시간이 줄어들어 자사는 스스로 직접 조사하기보다 하부 보고에 의지해 일을 처리하는 경우가 더 많았다. 이 때문에 자사가 거주하는 지역의 행정적 지위가 크게 높아져서 실제로 전체 자사부의 행정 중심이 되었으며 마침내 어떤 군도 그 지위를 뛰어넘을 수 없었다. 또 다른 중대한 변화도 발생했다. 원래는 자사도 황제에게 직접 보고할 수 있고 군수도 조정에 직접 보고할 수 있는 쌍궤제(雙軌制)를 시행했지만, 자사의 보고 내용은 육조에 한정되어 있었으므로 자사가 군수의 보고를 대신할 수 없었다. 그러다가 후한 때에 쌍궤제를 하나로 합해 단궤제(單軌制)로 만들고 군수는 자사를 통해서만 상부에 보고하도록 규정했다. 명목으로는 군수가 자사를 통해서 보고할 수 있다고 했지만, 자사가 어떤 것을 대신 보고할지, 언제 보고할지, 어떻게 보고할지는 모두 자사에 의해 결정되었다. 따라서 자사가 보고권을 마음대로 농단해도 군수의 실제 지위가 자사의 부하로 강등되었기 때문에 어떻게 할 수 없었다.

명칭은 변하지 않았지만, 이 자사는 이미 저 자사가 아니었으므로 순시와 감찰 기능은 점차 행정 관리 기능으로 대체되었다. 후한 후기에 내우외환이 빈번하게 발생하자 하나의 군이 단독으로 대처하기 어려워졌고 이에 이웃한 몇 개 군이 인력과 재력을 집중해 함께 대처하는 것이 효과적이었다. 자사부는 이러한 수요에 적응해 야 했으므로 마침내 자사는 주목(州牧), 즉 명실상부한 군 위의 일급 행정 장관이 되었다. 목(牧)은 목민(牧民)으로 마치 양치기가 양 떼를 관리하는 것처럼 백성을 관리한다는 뜻이다. 주목의 소재지는 군 위 의 일급 치소, 즉 주치(州治, 주 소재지)가 되었다. 진시황으로부터 시작 된 군현제는 2급제로 조정 아래에 군과 현이라는 두 행정 단위만 있 었지만 후한 말기에 이르러 조정 아래에 주─군─현을 두는 3급제로 변화했고, 이후 중국 역대 행정 제도의 일반적인 형태가 되었다.

제8절
유수는 어떻게 한나라를 연장할 수 있었나?

후한 원년(25년) 8월 5일, 호현(鄗縣, 허베이 바이상현柏鄕縣 북쪽) 남 쪽 토단(土壇) 위에서 유수(劉秀)가 황제 보위에 올라 연호를 건무 (建武)[47]라고 선포했다. 하지만 당시 유수의 일부 모사와 장군을 제 외하고는 그가 십몇 년 후 천하를 통일하고 한나라를 회복해 국운 을 다시 200년 더 연장하리라고 믿은 사람은 거의 없었다.

왜냐하면 당시 경시제(更始帝) 유현(劉玄, ?~25)[48]이 명목상 '천하

---

47 후한 광무제의 첫 번째 연호. 25년에서 56년까지 사용했다.
48 전한 경제의 5대손이다. 어려서 평림병(平林兵)에 참가했고 서기 23년 녹림군(綠林軍)의 추대로 황제가 되어 연호를 경시(更始)로 썼기 때문에 흔히 경시제로 불린다. 왕망의 신(新)

의 주인'이었고, 황제를 칭하기 전 유수도 그의 부하였으며 경시제 정권이 전국 대부분 지역을 통제하고 있었기 때문이다. 유수가 황제를 칭하기 전, 전국에 할거한 정권만도 쇠털처럼 많았고 그중에서 왕이나 황제를 칭한 군벌도 적지 않았으며 실력이 유수와 비슷하거나 유수를 능가한 정권도 10여 곳을 넘었다.

유수가 다른 사람보다 좀 우세를 점할 수 있었던 것은 그가 줄곧 한나라 종실이라고 칭했기 때문으로 보이기도 한다. 그러나 이 점은 기실 매우 한정된 효과에 그쳤다고 봐야 한다. 왜냐하면 당시에 경시제 유현, 유분자(劉盆子, 10~?),[49] 유영(劉永, ?~27)[50] 등이 모두 한나라 종실이었기 때문이다. 유수 이전에도 어떤 종실은 이미 천하의 주인이 되었고 어떤 종실은 이미 자신의 정권을 세웠다. 또한 유수는 겨우 한 고조 유방의 제9대 후손이었는데, 제6대 장사(長沙) 정왕(定王) 유발(劉發, ?~기원전 129) 이래로 대대로 몰락해 그의 부친 유흠(劉欽, ?~3)은 겨우 작은 현의 현령을 지내다가 그가 아홉 살 때 세상을 떠났다. 전한 말기에 유 씨 종실 인구는 이미 10만을 넘었고 유수와 같은 종실은 헤아릴 수 없이 많아서 이미 수천 수만을 넘었으므로 그가 종실을 칭한 것은 그렇게 큰 의미가 없었다.

물론 유수도 황제를 칭할 때 이론적인 기반이 있었다. 전설에 의

나라가 멸망하고 장안으로 입성해 천하의 주인이 되었다. 경시 3년(25년) 적미군(赤眉軍)과 광무제 유수의 협공을 받고 패배해 정권이 붕괴된 뒤 적미군에게 피살되었다.
49 한 고조 유방의 손자인 성양(城陽) 경왕(景王) 유장(劉章)의 후손이다. 적미군(赤眉軍)에 의해 황제로 추대되어 연호를 건세(建世)라고 했다. 적미군이 패배한 뒤 유수에게 투항했다.
50 한나라 종실 양 효왕(梁孝王)의 8세손이다. 경시제가 실각한 후 스스로 천자를 칭하며 후한 광무제 유수와 한나라 정통을 놓고 다투다가 건무 3년(28년) 부장 경오(慶吾)에게 피살되었다.

하면 도참설에 "유수가 군사를 일으켜 무도한 자를 잡아들이고, 묘금(卯金)⁵¹이 덕을 닦아 천자가 되리라(劉秀發兵捕不道, 卯金修德爲天子)"라는 말이 있었으므로 그것이 하늘의 뜻을 증명하는 것이라고 한다. 그러나 당시 도참설에 익숙한 사람들은 모두 현실 상황을 잘 알고 있었고, 다른 할거자도 거의 모두 자신을 속이고 남을 속이는 도참설을 갖고 있었다. 도참은 사람이 만들고 사람에 의해 해석된다. 만약 실재로 도참설에 맞는 사람을 찾을 수 없으면 큰일을 이룬 이후에 억지로 갖다 붙이기도 한다.

유수가 최후의 승리자가 된 요인은 물론 한두 가지에 그치지 않지만 가장 중요한 점은 바로 그가 시작부터 천하 통일의 목표를 갖고 있었다는 사실이다.

유수가 황제를 칭해야 할지 말아야 할지 망설이던 시기에 그의 부장 경순(耿純, ?~37)이 그를 설득해 결심을 굳히게 했다. 경순은 이렇게 말했다. "천하의 사대부가 친척과 토지를 버리고 화살과 돌멩이가 쏟아지는 곳에서 대왕을 따르는 것은 용의 비늘을 잡고, 봉황의 날개에 붙어서 자신의 뜻을 이루기 위함입니다. 지금 대왕께서 망설이다가 대중의 뜻을 거슬러 황제 보위를 바로잡지 않는다면 이 경순은 그것이 사대부의 희망과 계책을 끊어버리는 일이 될까 매우 두렵습니다."⁵² 유수가 '운대이십팔장(雲臺二十八將)'⁵³을 포함한 뛰어

---

51 유수(劉秀)의 성 유(劉)를 파자(破字)하면 묘(卯)+금(金)+도(刀)가 되고 그것을 줄여서 묘금(卯金)이라고 했다. 유수를 가리킨다.

52 『자치통감』 「한기」: "天下士大夫, 捐親戚, 棄土壤, 從大王於矢石之間者, 其計固望攀龍鱗, 附鳳翼, 以成其所志耳. 今大王留時逆衆, 不正號位, 純恐士大夫望絶計窮."

53 광무제 유수가 후한을 건국할 때 큰 공을 세운 장수 28명을 가리킨다. 하늘의 별자리인 이십팔수(二十八宿)가 현현했다고 알려져 있다. 후한 명제(明帝)가 낙양 남궁에 운대각(雲臺

난 인재를 휘하에 망라한 것도 물론 그의 남다른 장점이라고 할 수 있지만, 이들 모신과 장수를 흡인할 수 있었던 최대 매력은 그들에게 건국 황제를 위해 공을 세울 기회를 줄 수 있었다는 점이다.

이후에도 유수는 결코 순조롭게 전진하지 못했고 그의 적수도 모두 초야의 오합지졸이 아니었다. 그러나 한때 적수를 멸하지 못하거나 잠시 용인하지 않을 수 없었지만 유수는 자신의 목표를 바꾸거나 낮추지 않고 시종일관 그들과 '군신(君臣) 간의 대의'를 견지했다.

수많은 유수의 적수 중에서 그를 가장 강력하게 위협했던 자는 서북의 두융(竇融, 기원전 16~62)과 외효(隗囂, ?~33) 그리고 서남의 공손술(公孫述, ?~36)이었다. 유수를 더욱 근심하게 한 것은 세 사람이 연합하면 전체 서북과 서남이 더는 한나라의 소유가 되지 않을 뿐만 아니라 관중 땅도 앞과 뒤에서 적을 맞을 수밖에 없게 된다는 점이었다. 당시에 서북은 두융과 외효의 세력권이었고, 서남은 공손술이 한중(漢中)과 파촉(巴蜀)을 점거하고 있었다. 유한한 역량을 집중해 중원에 할거한 세력을 제거하기 위해 유수는 먼저 그들을 극력 위무하고 지지와 복종을 이끌어냈다. 그런 때도 그는 천하 통일의 목표를 조금도 양보하지 않았다.

유수와 반대로 이 세 사람은 모두 강한 군대를 보유했고 막중한

閣)이란 공신각을 지어 이들의 화상(畵像)을 봉안했으므로 흔히 운대이십팔장(雲臺二十八將)이라 부른다. 등우(鄧禹), 오한(吳漢), 가복(賈復), 경엄(耿弇), 구순(寇恂), 잠팽(岑彭), 풍이(馮異), 주우(朱祐), 채준(祭遵), 경단(景丹), 개연(蓋延), 견심(堅鐔), 경순(耿純), 장궁(臧宮), 마무(馬武), 유륭(劉隆), 마성(馬成), 왕량(王梁), 진준(陳俊), 부준(傅俊), 두무(杜茂), 조기(銚期), 왕패(王霸), 임광(任光), 이충(李忠), 만수(萬脩), 비동(邳彤), 유식(劉植)이 그들이다.

지위를 누리고 있었음에도 천하 통일의 웅대한 포부를 품지 않았다. 세 사람의 결말은 서로 달랐다. 두융은 자발적으로 할거를 포기하고 유수에게 귀순해 한나라 공신으로서 귀족이 되었다. 외효와 공손술은 감히 유수와 천하를 다투지도 못하는 상황에서 장기 할거하며 자신을 보전할 길을 망상했지만 결국 패망해 몸도 죽고 명예도 잃었다.

두융은 한나라 외척의 후예[54]로 전한 말기 왕망이 정권을 잡았을 때 천하의 형세를 분석하고 중원이 위험에 처할 것을 알았다. 이때문에 그는 관동으로 가서 태수직을 수행하려 하지 않고 온갖 계책을 꾸며 하서(河西) 땅의 관직을 얻으려 했다. 그리하여 마침내 그는 경시제에 의해 장액속국도위(張掖屬國都尉)로 임명되었다. 그는 즉시 온 집안 식구를 서쪽으로 옮긴 뒤 하서 땅에서 널리 호걸을 모으고 강족(羌族) 두령들을 위무하면서 자신의 정치적 기반을 확장했다. 경시제 정권이 해체될 때 그는 주천(酒泉), 금성(金城), 장액(張掖) 등지의 태수·도위와 연합하고 자신을 '하서오군대장군(河西五郡大將軍)'으로 천거하게 해 권력을 행사했다. 무위(武威) 등지의 태수는 고립무원 상태가 되어 관모를 벗어놓고 떠나갈 수밖에 없었고 이에 하서 전역이 두융의 명령에 따르게 되었다. 인근 지역인 안정(安定), 북지(北地), 상군(上郡), 즉 지금의 간쑤(甘肅)·닝샤(寧夏)와 산시(陝西) 서북부의 난민도 그곳으로 들어와 두융의 인력을 대규모로 보충해줬다. 두융은 하서에서 웅대한 실력을 갖췄고 지위도 튼튼했

---

54 두융의 7세조 두광국(竇廣國)이 전한 문제의 황후인 효문황후(孝文皇后)의 동생이었다. 또 한 경제 때 오초칠국의 난을 평정한 위기후(魏其侯) 두영(竇嬰)은 효문황후의 조카였다.

으며 또 전란 지역에서도 멀리 떨어져 있었다.

두융은 할거를 시작할 때부터 바로 유수에게 복종하며 그의 인수를 받았고 유수의 연호인 건무를 썼다. 외효도 겉으로는 두융과 같은 태도를 보이며 유수가 황제를 칭한 사실을 받아들였지만 실제로는 할거 국면을 유지하려고 했다. 유수는 힘을 다해 두융을 위무하고 외효와 공손술에 대한 압력을 강화했다. 이에 그는 두융에게 자신의 드넓은 기상과 고도의 전략을 담은 '새서(璽書, 황제 옥새를 찍은 조서)'를 보냈다. 유수는 당시 형세를 조목조목 지적한 뒤 자신에게 복종할 것인지 외효와 공손술을 지지할 것인지 선택하라고 요구했다. 유수는 솔직하게 다음과 같이 인정했다. "천하가 아직 하나가 되지 못했지만 나는 그대와 멀리 떨어진 곳에 있으므로 서로 병탄해야 하는 나라가 아니오."[55] 그리고 마지막에는 이렇게 공언했다. "제후왕은 땅을 나눠가질 수는 있지만 백성을 나눠 갖지는 않으니 자신이 해야 할 일을 타당하게 해야 할 것이오."[56] 이 말은 장래에 두융 등에게 땅을 나눠 주어 제후왕으로 삼을 수는 있지만 백성을 나누는 일에는 절대 동의할 수 없다는 뜻이다.

'옥새를 찍은 조서'가 하서에 당도하자 그곳 사람들은 깜짝 놀랐다. 사람들은 유수의 입장이 분명하다는 사실을 간파했고 또 외효 등의 음모도 확실하게 알았다. 따라서 두융은 즉시 서찰을 보내 충성을 다짐함과 동시에 친형 두우(竇友, ?~?)를 사자와 함께 보내 유수를 알현하게 했다.

---

55 『자치통감』「한기」: "天下未并, 吾與爾絶域, 非相吞之國."
56 『자치통감』「한기」: "王者有分土, 無分民, 自適己事而己."

외효가 공개적으로 한나라에 반기를 든 뒤 두융은 한편으로 질책과 설득을 이어가는 동시에 오군(五郡)에서 말을 기르고 군사를 조련하면서 상소문을 올려 조정의 출병 일정을 문의하고 군사 연합을 요청했다. 유수는 또 한나라 외척 계보를 기록한 '외속도(外屬圖)'와 『사기』의 「오종세가(五宗世家)」, 「외척세가(外戚世家)」 그리고 「위기후두영열전(魏其侯竇嬰列傳)」을 베껴서 두융에게 하사하고 두융이 한나라의 외척 신분임을 정식으로 인정했다.

건무 8년(32년), 유수가 친히 서쪽으로 정벌에 나서자 두융은 오군 태수와 강족 그리고 소월지(小月氏) 등의 보병과 기병 수만 명, 치중 5천 량(輛)을 이끌고 한나라 군사와 힘을 합쳐 융숭한 의례로 유수를 알현했다. 외효를 평정한 후 유수는 두융을 안풍후(安豐侯)에 봉하고 파격적으로 그에게 4개 현을 봉읍으로 삼게 했다. 두융은 군사를 거느리고 외지에 있으면 자신의 지위가 위험해진다는 사실을 깊이 알고 몇 번 서찰을 올려 자기 대신 다른 사람을 파견해달라고 요청했다. 그러나 유수는 "나와 장군의 관계는 마치 왼손과 오른손이 있는 것과 같소. 이렇게 여러 번 겸양하시니 혹시 내 마음을 몰라주는 것이 아니오? 군사와 백성을 잘 관리하며 직무에서 벗어나지 마시오"[57]라고 답했다.

4년 뒤, 한나라 군대가 공손술의 마지막 거점인 성도를 공격할 때 두융과 오군 태수는 비로소 경사로 들어오라는 조서를 받았다. 낙양성에 당도한 뒤 두융은 자신이 가진 양주목(涼州牧), 장액속국, 안풍후 인수를 모두 반납했다. 유수는 두융의 녹봉을 대표하는 안풍

---

57 『자치통감』 「한기」: "吾與將軍如左右手耳, 數執謙退, 何不曉人意? 勉循士民, 無擅離部曲."

후 인수는 돌려주고 군사와 정치권력을 행사했던 직위 사퇴에는 동의하면서 별도로 그를 기주목(冀州牧)에 봉했다. 그러나 오래지 않아 곧 직급은 가장 높지만 실권이 없는 문관직 대사공(大司空)으로 자리를 옮겨주었다. 이로부터 두융은 특별한 대우를 받으며 일흔여덟 고령으로 편안하게 일생을 마쳤다. 두 씨 가문에서는 동시에 "일공(一公), 양후(兩侯), 삼공주(三公主), 사이천석(四二千石)"[58]을 배출해 지극한 부귀영화를 누렸다.

외효는 상당히 오랫동안 천명을 알고 행동했다. 그는 자신이 천하를 통일할 능력을 갖추지 못했음을 알고 자발적으로 유수에게 충성을 바쳤다. 또 줄곧 겸손한 태도로 선비를 아끼고 전심전력으로 포의(布衣)와 사귀었으므로 명망이 높았다. 경시제가 멸망한 뒤 장안 일대 노인과 사대부가 분분히 그에게 귀의해 그로 하여금 다양한 인재를 대거 거둬들이게 했다. 당시 유수의 세력은 아직 관중까지 진출하지 못해서 외효는 서북 일대를 통제했을 뿐 아니라 장안을 점거할 조건도 가장 잘 갖추고 있었다. 그럼에도 그는 분명히 한나라를 대신할 마음을 품지 않았다.

그러나 유수가 결정적인 승리를 거둔 뒤에도 그는 자신이 할거한 지위를 유지하려 하면서 유수에게 협력하지 않았을 뿐 아니라 오히

---

58 일공(一公)은 두융(寶融)이 삼공(三公)의 하나인 대사공(大司空)에 오른 것, 양후(兩侯)는 두융은 안풍후(安豊侯), 두융의 아우 두우(寶友)는 현친후(顯親侯)에 봉해진 것, 삼공주(三公主)는 두융의 아들 두목(寶穆)이 내황공주(內黃公主)와 혼인한 것, 두목의 아들 두훈(寶勳)이 동해(東海) 공왕(恭王)의 딸 자양공주(沘陽公主)와 혼인한 것, 두우의 아들 두고(寶固)가 광무제의 딸 열양공주(涅陽公主)와 혼인한 것을 가리킨다. 또 사이천석(四二千石)은 녹봉 2천 석 고위 관리가 4명 나왔다는 뜻이다. 두융을 제외하고도 두우가 성문교위(城門校尉)와 무위태수(武威太守), 두목이 성문교위, 두훈이 무위태수(武威太守), 두고가 중랑장(中郎將)을 지냈으므로 모두 2천 석 이상 품계에 해당한다.

려 유수를 다방면으로 견제했다.

공손술이 황제를 칭하고 자립한 뒤 몇 차례 한중에서 출병해 외효에게 대사공과 부안왕(扶安王) 인수를 보내줬다. 외효는 자신이 공손술 같은 대열의 제후왕이므로 그에게 신하를 칭할 수 없다 여겨 사자를 죽이고 군사를 일으켜 공손술의 군대를 격파하고 그가 북쪽으로 진출할 수 없게 했다. 그러나 외효는 천하의 승패가 아직 정해지지 않았으므로 한 마음으로 한나라에 복종할 필요는 없다고 판단해 한나라가 그의 영역으로 길을 빌려 공손술을 평정하려고 할 때 온갖 방법을 동원해 방해했고, 이로 인해 그는 당시 분쟁 과정에서 매우 불리한 위치에 서게 되었다. 그는 자신이 유수에게 대항할 수 없다는 사실을 분명하게 알았으나 각종 수단을 동원해 할거 국면을 유지하려고 했다. 이 때문에 유수는 참지 못하고 그에게 서찰한 통을 보내 형세를 분명하게 인지하고 더는 수작을 부리지 말라고 했다. "외효, 그대는 문신이라 사리를 잘 알 테니 다시 그대에게 서찰을 내리는 것이다. 깊이 따지자니 그다지 예의가 없는 듯하고 간단하게 말하자니 문제를 해결할 수 없을까 두렵다. 지금 만약 손을 모으고 명령에 따르면서 다시 아들 외순(隗恂)의 아우를 보내 대궐에서 나를 배알한다면 작위와 녹봉을 보전할 수 있고 크나큰 복락을 누릴 것이다. 나는 곧 마흔에 이르는데 10년 간 군대를 거느리며 뜬구름처럼 공허한 말을 싫어했다. 만약 그대가 원하지 않는다면 답장을 보낼 필요가 없다."[59] 외효는 자신의 음모가 유수에게 간파당

---

59 『후한서(後漢書)』 「외효공손술열전(隗囂公孫述列傳)」: "以璽文吏, 曉義理, 故復書, 深言則似不遜, 略言則事不決. 今若束手聽命. 復遣恂弟詣闕, 則爵祿獲全, 有浩大之福矣. 吾年垂四十, 在兵中十載, 不爲浮語虛詞. 如不見聽, 盡可勿報."

했음을 알고 공손술에게 사자를 보내 신하를 칭했고 이 때부터 유수와 철저하게 갈라섰다.

솔직하게 말해서 외효는 유수에게 아무 피해도 끼치지 않았다. 한 지역에 할거하며 자신을 보전하려고 했지만 그것도 자신의 영역 안에서 벌인 일일 뿐이고 유수의 땅을 한 치도 침범한 적이 없다. 그가 공손술을 치라는 유수의 명령에 따르지 않은 것도 모두 자신의 힘을 보존하기 위한 행동이었고 공손술이라는 잠재적 동맹을 잃지 않기 위한 행동이었다. 그러나 그의 행동은 유수의 통일 진로를 방해했기에 유수는 그를 용인할 수 없었다. 유수는 신속하게 병력을 동원해 우세를 점하고 마침내 외효를 멸망시켰다. 외효는 덕망 있는 사람으로 민심을 두루 얻었고 그의 부하도 그를 위해 마지막까지 충성을 바쳤지만 해마다 이어진 전란을 거치는 동안 외효의 땅에는 이미 울부짖는 난민이 가득했으며 외효 자신도 식사조차 제대로 할 수 없었다. 건무 9년(33년) 봄, 병들고 굶주린 외효는 성밖으로 나가 먹을 것을 찾다가 비분(悲憤) 속에서 죽었다.

공손술은 처음부터 황제가 될 생각으로 사람을 시켜 도참을 만들게 하고 자신의 손바닥에 '공손제(公孫帝)'라는 세 글자를 새겨 넣었다. 유수가 황제를 칭하기 2개월 전에 공손술은 이미 자립해 천자가 되었다. 그가 장악한 지역은 대개 지금의 쓰촨, 충칭(重慶), 구이저우, 윈난과 친링(秦嶺) 남쪽의 산시(陝西) 지역으로 막강한 역량을 갖춘 곳이었다. 경시제가 패배한 이후 관중 지역에서 공손술에게 귀의한 사람이 수만 명을 헤아렸고 이에 그의 군대는 수십 만으로 확대되었다. 그는 한중에서 식량을 모으고 큰 배를 만들었으며 심지어 전국 각지 관리의 인수까지 미리 파서 마치 곧 정권을 탈취할 것처럼 행동했다. 그러나 그의 군대는 너무 투쟁심이 없어서 두 차례 관중 출정이 모두 실패로 끝났고, 삼협(三峽)에서 장강을 따라 내려간 군대도 형주의 속현조차 점령하지 못했다.

공손술은 본래 부명(符命)[60]과 도참에 흥미가 컸고, 여기에 경전을 인용해 이론적으로 그가 천명을 받게 될 필연성을 증명하고 사람을 중원으로 보내 그 이론을 퍼뜨렸다. 유수도 도참을 깊이 믿으면서 직접 공손술에게 서찰을 보내 그의 도참 해석이 잘못되었다고 지적하고 진정으로 천하를 얻을 사람은 유수 자신이라고 했다.

유수의 목표는 굳건해서 통일을 방해하는 세력은 무력으로 제거하는 것도 꺼리지 않았다. 공손술은 투항하려 하지 않으면서, 어떤 유예의 여지도 두지 않았다. 그러나 그는 성문을 잠그고 왕을 칭하는 일에 만족하다가 한 차례 한 차례 유수와 천하를 다툴 기회를 잃고 유수가 다른 할거 세력을 멸한 뒤 그에게 최후의 일격을 가할 때까지 앉아서 기다렸다.

건무 11년(35년), 한나라 군사는 승승장구하며 공손술의 근거지를 직격했다. 유수는 다시 공손술에게 편지를 보내 투항을 권하며 거듭 관대한 정책으로 그의 안전을 보증하겠다고 했다. 공손술이 편지를 주위 측근에게 보여주자 그들은 모두 그에게 투항하라고 권했다. 그러나 공손술은 "어디에 투항한 천자가 있었던가?"라고 말했다. 이로부터 그의 좌우에서 그에게 감히 다시 투항을 권하지 못했다.

경계를 압박해오는 한나라 군사를 맞아 공손술은 암살이라는 수단을 쓸 수밖에 없었다. 그는 먼저 자객을 보내 한나라 장수 내흡

---

60 천명의 교체를 알리는 상서로운 조짐.

(來歙, ?~35)을 암살하고 또 자객을 보내 잠팽(岑彭, ?~35)을 살해했지만 한나라 군사의 공세를 막을 수 없었다.

유수는 공손술의 투항을 바라고 다시 조서 한 통을 내려 그가 한나라 장수 둘을 죽인 죄를 추궁하지 않겠으니 스스로 투항하기만 하면 가족의 안전까지 보장하겠다고 했다. 그러나 만약 또 다시 스스로 깨닫지 못하고 잘못된 행동을 고집하면 비참한 결말만 기다릴 뿐이라고 강조했다.

9월에 오한(吳漢, ?~44)이 거느린 한나라 군사가 성도를 핍박했다. 공손술은 막대한 금전을 들여 결사대를 모집하고 비정규 전술로 적을 공격해 한 차례 승리를 거뒀다. 그러나 대세를 만회할 수 없었고 11월에 이르러 한나라 군사는 이미 성도 성 북쪽 함문(咸門)을 공격하기에 이르렀다. 당시에 공손술은 점술서를 뒤적이다가 "포로가 되어 성 아래에서 죽는다(虜死城下)"라는 구절을 찾았다. 그는 상대방 장수 오한이 그렇게 된다 여기며 친히 군사를 이끌고 성을 나가 싸움을 벌였다. 결과적으로 자신의 흉부를 칼에 찔려 말 위에서 떨어졌고 그날 밤 목숨을 잃었다. 오한은 성으로 들어가서 공손술의 처자식과 친족 전부를 죽였고 공손술의 머리는 베어서 낙양으로 보내 조리돌림을 했다. 오한은 또 군사들에게 마음대로 약탈을 하게 해 공손술의 궁전을 모조리 불태우고 성도 일대를 폐허로 만들었다.

건무 13년(37년) 정월, 오한은 한나라 개선군을 이끌고 장강을 따라 내려갔다. 당시에 유수는 낙양 궁에서 신료들의 축하를 받았다. 그 속에 대사공 두융은 있었지만 본래 그곳에 함께할 가능성이 있었던 외효와 공손술은 없었다. 만약 그들이 애초에 투항했다면 적어도 생명은 보전할 수 있었을 것이다.

도의적으로 말해서 외효·공손술과 유수의 쟁투에는 정의와 불의의 구별이 존재하지 않았다. 만약 그들에게도 능력이 있고 기회를 잡을 수 있었다면 그들도 천하를 통일할 가능성이 없지 않았을 것이다. 그러나 통일과 분열이라는 시각으로 바라보면 유수는 통일에 진력했지만 외효와 공손술은 유수의 통일을 방해했고 자신도 통일을 원하지 않았거나 통일할 능력을 갖추지 못했다. 그들의 멸망은 필연이며 그 잘못은 스스로 범한 것이다. 가련하게도 원통한 백골만 무수하게 양산했을 뿐이다. 반대로 만약 유수가 이러한 국면을 계속 존재하게 했다면 후한 정권이 안정을 이룰 수 없었을 것이며 전쟁도 끝낼 수 없었을 것이고 한나라 강역도 아마 분열되어 지금 우리가 보는 것과 다른 국가가 되었을 것이다.

제9절
조광윤의 송나라는 어떻게 오대를 끝냈나?

북송(北宋) 태평흥국(太平興國)[61] 3년(978년) 3월, 이전 남당국(南唐國) 군주로 3년 전 위명후(違命侯)에서 농서군공(隴西郡公)으로 봉호(封號)가 바뀐 이욱(李煜, 937~978)이 개봉의 주거지에서 마흔두 살 삶을 마감했다. "묻노니 그대는 시름이 얼마인가? 장강 봄 물결이 동

---

61 송나라 태종의 첫 번째 연호. 976년에서 984년까지 사용했다.

쪽으로 흘러가는 것과 같네."[62] 이욱은 이처럼 망국의 슬픔을 호소하는 명편을 남겼고 또 전설에 의하면 송 태종(宋太宗, 939~997)에 의해 독살되었다는 천고의 수수께끼를 남겼다. 설령 사후에 그가 태사(太師)로 존칭되었고, 오왕(吳王)으로 추존되었으며 황제가 그를 위해 "사흘 간 조회를 폐지하고" 애도를 표시했지만 말이다.

10년 후인 단공(端拱)[63] 원년(988년) 8월 24일, 막 등왕(鄧王)으로 봉호가 바뀐 전 오월국(吳越國) 군주 전숙(錢俶, 929~988)이 즐겁게 환갑잔치를 즐기고 있었다. 송나라 조정에서는 특별히 사자를 보내 그에게 하례(賀禮)하고 잔치를 베풀어주었다. 줄곧 송나라 조정에 지극히 공손했던 전숙은 사자와 함께 날이 저물 때까지 술을 마셨는데 그날 밤 갑자기 사망했다. 그에게는 진국왕(秦國王)의 봉작이 추증되었고 충의(忠懿)라는 시호가 내려졌으며 황제가 그를 위해 애도문을 발표했고 이레 동안 조회를 폐지했다. 그리고 특사를 보내 그의 영구를 낙양으로 호송하게 했으니 사후의 영예가 지극하다고 할 만했다. 당시는 오대십국 중 최후의 할거 정권인 북한(北漢)이 멸망한 지 이미 10년이 가까워 오던 시점이었다. 송나라에 투항한 이전 군주 중에서 북한 군주 유계원(劉繼元, ?~992)만 아직 생존해 있었으나 그는 이미 2년 전에 보강군절도사(保康軍節度使)로 임명되어 가장 벽지인 방주(房州, 후베이 주산현竹山縣)에 안치되었다가 3년 뒤 사망했다.

중국 역사에서 송나라가 망국 군주에게 아마 가장 큰 혜택을 베

---

62 이욱(李煜), 〈우미인(虞美人)·봄꽃과 가을 달은 어느 때 다하려나(春花秋月何時了)〉: "問君能有幾多愁? 恰似一江春水向東流."
63 송나라 태종의 세 번째 연호. 988년에서 989년까지 사용했다.

풀었을 것이다. 여러 명의 사인이 분명하게 밝혀지지 않았지만, 사후에 그들은 모두 봉작을 추증받았으며 또 융숭한 장례로 혜택을 받았고 자손들도 부귀영화를 누렸다. 하지만 통일에 대한 태도가 상이했기 때문에 이 군주들에 대한 대우는 상당한 차이가 있었다. 그중에서 가장 뚜렷하게 대비되는 사람이 바로 이욱과 전숙이다.

후주(後周) 현덕(顯德)[64] 3년(956년), 후주 세종(世宗) 시영(柴榮, 921~959)은 친히 남당을 정벌했고 현덕 5년(958년)에 이르러 남당의 장강과 회수 사이의 땅을 완전히 점거하고 후주의 군대가 장강 가에까지 이르렀다. 남당 군주 이경(李璟, 916~961)은 화친을 청하며 장강 북쪽 14주 60현을 전부 할양하고 장강을 경계로 삼겠다고 했다. 그리고 후주를 향해 신하를 칭했으며 국내에서 황제 칭호를 없애고 임금을 국주(國主)라 불렀다. 또 후주 연호를 사용하면서 속국의 지위로 신분을 낮췄다. 조광윤이 후주를 대신해 송나라를 세운 이후에도 이경은 계속 공손한 태도를 유지하며 매년 금은보화와 토산품을 대거 공물로 바쳤다.

건륭(建隆)[65] 2년(961년), 이욱이 보위를 이어받은 이후에도 송나라에 더욱 공손하고 근신하는 태도를 유지했다. 송나라 군대 안에 남당에서 항복한 적지 않은 사람들이 있었는데 송나라에서 그들을 남당 경내 친척들에게 보내라고 요구하자 이욱은 즉시 그 일을 처리했다. 매번 송나라 군대가 승리하거나 경사스러운 일이 있을 때마다 이욱은 반드시 특사를 파견해 축하함과 아울러 금은보화, 식량, 토

---

64 오대 후주(後周) 태조의 두 번째 연호. 954년에서 960년까지 사용했다.
65 송나라 태조의 첫 번째 연호. 960년에서 963년까지 사용했다.

산물을 진상했다. 송나라가 남한(南漢)을 멸한 이후에는 이욱이 자발적으로 국호를 없애겠다고 요구해 자신의 호칭을 '남당주(南唐主)'에서 '강남국주(江南國主)'로 바꿨다. 그리고 조서를 내릴 때 바로 자신의 이름을 부르라고 요청하면서 자국 경내의 기관도 모두 등급을 낮췄다.

이욱이 이렇게 한 유일한 소망은 바로 송나라가 속국으로서 남당의 지위를 유지해주고 그로 하여금 계속 작은 나라의 군주로 살 수 있게 해달라는 것이었다. 그러나 그것은 고양이에게 생선 가게를 맡기는 꼴이었다.

남당의 복종이 송나라의 통일 추진을 늦추지 못했다. 송나라는 개보(開寶)[66] 7년(974년)에 조서를 내려 이욱에게 개봉으로 와서 황제를 알현하라고 했다. 이욱은 이번에 '입조(入朝)'하면 다시 돌아오지 못한다는 사실을 알았기에 몸이 아프다는 평계를 대고 조서를 받들지 않았고 송나라는 이를 빌미로 군사를 일으켜 토벌에 나섰다. 남당의 군대는 아무 힘도 쓰지 못했고 이욱도 군사 형세를 전혀 몰랐다. 송나라 대군이 국경을 압박하자 이욱은 여전히 송나라에 연민을 바라며 자신의 5촌 조카를 파견해 비단 25만 필, 찻잎 25만 근, 금은 기물, 왕실 용품 등을 진상했다. 그러나 결과적으로 조카는 억류되었고 송나라 군대는 도성의 성 밑까지 다가왔다. 이욱은 또 서현(徐鉉, 916~991)을 보내 조광윤을 설득했다. "이욱은 죄가 없는데 폐하께서는 명분도 없이 출병하셨습니다. 이욱은 작은 나라 군주로 대국을 섬기며 마치 어린아이가 아버지를 대하는 듯

---

66 송나라 태조의 세 번째 연호. 968년에서 976년까지 사용했다.

이 했습니다. 여태껏 잘못을 저지른 적이 없는데 어찌하여 군사를 보내 공격하십니까?"[67] 조광윤은 직설적으로 대답했다. "그럼 말씀해보시오. 부자가 두 집 살림을 하는 것이 가능한 일이오?"[68] 한 달 뒤 남당 도성 강녕부(江寧府, 지금의 장쑤 난징南京)의 위기가 조석에 달렸다. 서현이 다시 사신으로 파견되어 마지막으로 조광윤에게 남당을 보전해달라고 요청했다. 그가 끊임없이 논쟁을 벌이자 조광윤이 대로해 보검을 잡고 말했다. "여러 말 할 필요 없다. 강남이 무슨 죄를 지었겠나? 다만 천하는 한 집일 뿐인데 그 침상 곁에서 다른 사람이 코를 골며 자도록 용인할 수 있겠는가?"[69] 이치는 너무나 명백했다.

개보 8년(975년) 겨울 강녕성이 함락되자 이욱은 궁궐을 나와 투항할 수밖에 없었다. 조광윤은 그를 심하게 괴롭히지 않고 그의 죄를 사면한 뒤 광록대부(光祿大夫), 검교태부(檢校太傅), 우천우위상장군(右千牛衛上將軍), 위명후(違命侯)에 봉했다. 앞의 직위는 모두 명예직이고 위명후만이 그의 봉작이었는데 그것은 빛을 잃은 정치적 관모에 불과했다. 다음 해 송 태종이 보위를 이은 후에 비로소 이욱을 농서군공(隴西郡公)에 봉했다.

이욱은 송나라에 항복한 이후 편안하게 생활할 수 없었다. 그는 일찍이 어려운 생활을 호소했고 이에 송 태종은 그의 녹봉을 올려주라고 명령을 내렸으며 일회성 보조금 300만 전을 보내주기도

---

67 『신오대사(新五代史)』 「남당세가(南唐世家)」: "李煜無罪, 陛下師出無名," "煜以小事大, 如子事父, 未有過失, 奈何見伐?"
68 『신오대사』 「남당세가」: "爾謂父子者爲兩家, 可乎?"
69 『자치통감』 「송기」: "不須多言, 江南亦有何罪, 但天下一家, 卧榻之側, 豈容他人鼾睡乎?"

했다. 송 태종은 황실 도서관 숭문원을 새로 세웠는데 그곳 소장 도서 상당수는 남당에서 가져온 것이었다. 어느 날 송 태종이 숭문원에서 책을 보다가 남당 군주 이욱과 남한(南漢) 군주 유장(劉鋹, 942~980)을 불러와 마음대로 책을 볼 수 있게 했다. 태종이 이욱에게 물었다. "소문을 들으니 그대는 강남에 있을 때 독서를 좋아했다는데 이곳의 많은 책도 그대 나라에서 가져온 것이오. 그대는 우리 조정에 온 뒤 늘 책을 읽었소?" 이욱은 대답할 말이 없어서 머리를 조아리며 사죄한다는 말만 했다.

고국에 대한 그리움을 끊지 못하고 망국의 고통을 참을 수 없었던 이욱은 눈물 속에서 애절한 사(詞)를 지으며 구차하게 여생을 연명했다.

이욱에 비해 전숙은 시무에 밝았고 천명을 알았다. 그러나 급박한 형세에 쫓겨 항복하지 않을 수 없었다. 오월국 영토는 오늘날의 저장성, 상하이시, 장쑤성 쑤저우 정도에 불과해서 군사적으로 전혀 중원에 대적할 수 없었다. 이 때문에 전숙은 후한, 후주, 북송을 막론하고 모든 중원 왕조에 복종했다. 후주가 남당으로 진격할 때 그에게 군사를 파견해달라고 요청했다. 그는 순망치한(脣亡齒寒)의 위험도 돌보지 않고 완전히 복종했고 이에 후주 조정으로부터 특별한 은총을 받았다.

북송이 후주를 대체한 뒤 전숙은 매년 헌상하는 공물 액수를 더 늘리고 아들을 보내 조공을 바쳤지만 이런 행동이 조광윤의 통일 시간표에 전혀 영향을 끼칠 수 없었다. 조광윤은 개봉의 훈풍문(薰風門) 밖에 위치가 좋은 곳을 잡아 대저택을 짓고 화려하게 장식해 가구 용품도 완벽하게 갖췄다. 그는 오월국의 조공 사신을 불러서 이렇게 말했다. "짐이 몇 년 전에 학사 승지 도곡(陶谷)에게 조서를 쓰게 하고 근래에 성 남쪽에 이궁(離宮) 한 채를 지어 '예현택(禮賢宅)'이라는 이름을 내렸소. 이는 남당의 이욱과 그대의 군주를 기다리기 위함이오. 누가 먼저 조현하러 오는지 보고 그에게 이 저택을 하사할 참이오."[70]

개보 7년(974년) 겨울, 송나라가 군사를 일으켜 남당을 정벌할 때 조광윤은 오월국 전숙에게 군사를 파견해달라고 요청했다. 남당 이욱이 일찍이 전숙에게 편지 한 통을 보내 "오늘 나를 없애면 내일 어찌 군주가 있을 수 있겠소?"라고 말했지만 전숙은 답장을 하지 않았을 뿐 아니라 이 편지를 송나라 조정에 바치고 충심을 보였다. 그는 대신들의 만류에도 불구하고 직접 5만 대군을 이끌고 남당 상주(常州, 장쑤 창저우常州)를 공격했고 대장 심승례(沈承禮, 917~983)로 하여금 송나라 군사를 따라 윤주(潤州, 장쑤 전장鎭江)를 공격하게 하고 다시 금릉(金陵, 장쑤 난징南京)으로 진군하게 했다.

조광윤은 큰 공을 세운 이 사령관에게 "그대는 지금 개봉으로 와서 짐을 만나야 하오"라고 말하며 자신이 절대 식언을 하지 않고 그대를 돌려보내겠다고 하늘에 맹세한다고 했다. 개보 9년(976년) 2월, 전숙은 아내 손(孫) 씨와 아들만 대동하고 송나라에 입조했다. 조광윤은 가장 융숭한 규모로 그들을 접대했는데, 먼저 황자(皇子)를 수양(睢陽)으로 보내 그를 영접하게 하고 친히 예현택으로 가서 접대 준비를 감독했다. 전숙은 개봉에 도착하자마자 예현택의 주인이 되

---

70 『송사(宋史)』 「열전(列傳)」 239권: "朕数年前, 令学士承旨陶谷草诏, 比来城南建离宫, 今赐名礼贤宅, 以待李煜及汝主先来朝者赐之."

었다. 기실 이욱이 그보다 먼저 개봉에 도착해 있었지만 그는 망국의 군주였기 때문에 예현택에 입주할 자격을 상실했다.

전숙은 조광윤이 그를 돌려보내지 않을까 염려해 거액의 보물과 물품을 가지고 갔기 때문에 끊임없이 이 보물을 조광윤에게 바쳤다. 조광윤도 그를 더욱 우대하면서 최고의 의례로 예우했다. 즉 전숙은 칼을 차고 대전으로 올라갈 수 있었고 황제가 조서를 내릴 때 오월국 왕이라고만 칭하고 이름을 말하지 않아도 되었으며 또 전숙의 아내를 오월국 왕비로 봉해주었다. 재상들이 조광윤에게 지금까지 타성 제후왕의 아내를 왕비로 봉한 제도가 없었다고 일깨우자 그는 "그럼 우리 조정부터 시작해 그에게 특별한 은총을 베풀자"라고 말했다. 집에서 잔치를 베풀 때 조광윤이 자신의 두 아우[71]로 하여금 전숙과 형제의 의를 맺으라고 하자 깜짝 놀란 전숙은 바닥에 머리를 찧으며 울면서 사양했다. 4월이 되자 조광윤은 전숙에게 날씨가 곧 더워질 테니 일찍 귀향하라고 했다. 그러자 전숙은 이후에 3년마다 한 번씩 알현하러 오겠다고 말했고 조광윤은 길이 너무 머니 짐이 조서를 내려 부를 때까지 기다리라고 했다. 그리고 그의 아들만 개봉에 남겨놓으라고 했다.

전설에 의하면 조광윤은 전숙과 이별할 때 그에게 밀봉한 보자기 하나를 주면서 길에서 풀어보라고 했다고 한다. 전숙이 풀어보니 모두 송나라 신료들이 그를 잡아두어야 한다고 주장한 상소문이었다. 전숙은 깜짝 놀라 식은땀을 흘리며 조광윤의 은혜에 더욱 감격했다.

---

71 나중에 송 태종이 되는 조광의(趙光義)와 또 다른 아우 조광미(趙光美)다.

기실 오월국 폐지는 시간문제일 뿐이었다. 조광윤이 전숙을 잡아두는 데 급하지 않았던 까닭은 신용을 지키지 않는다는 비난 때문이 아니라 오월국 남쪽 복건(福建) 땅 장주(漳州)와 천주(泉州)에 할거한 진홍진(陳洪進, 914~985) 때문이었다. 만약 평화적인 방법으로 이 두 할거 정권 문제를 해결할 수 있으면 그보다 더 좋을 수는 없는 것이다. 다만 조광윤은 문제 해결을 직접 목도할 틈도 없이 갑자기 세상을 떠났다.

2년 뒤인 송 태종 태평흥국 3년(978년) 3월, 전숙은 다시 입조를 요구받았다. 이번에도 그는 더 많은 금은보화와 재산 그리고 토산품을 가지고 갔고, 송 태종도 그를 더욱 융숭하게 접대했다. 4월, 동시에 입조를 요구받은 진홍진은 자신의 할거지 천주와 장주를 송나라 조정에 바쳤다. 전숙도 시간이 이미 도래했음을 알고 서둘러 자신이 갖고 있는 오월국왕, 천하병마대원수, 장군의 인수를 조정에 반납한 뒤 귀국을 허락해달라고 요청했으나 거절당했다. 전숙은 어쩔 수 없이 최후의 결심을 하고 표문을 올려 자신이 관할한 13개 주, 1개 군(軍), 86개 현을 모두 바쳤다. 송 태종은 즉시 그의 요청을 인준하고 그를 회해국왕(淮海國王)에 봉했다. 오래지 않아 송나라 조정에서는 큰 배 1,044척을 동원해 전 씨 직계 친족과 경내 관리를 전부 개봉으로 옮겼다. 이 때에 이르러 오대 이래 남방에 할거했던 정권은 전부 소멸되었다.

시무에 밝은 전숙의 결정은 그로 하여금 송나라 입조 이후의 처지를 이욱과 완전히 다르게 했다. 그는 모든 망국 군주 중에서 유일하게 왕작(王爵)을 하사받아 죽을 때까지 유지했다. 전 씨의 자손들은 모두 귀하게 되어 보기 드문 명문대가가 되었으며 지금까지도 번성해 명인들이 배출되고 있다. 어떤 사람은 전숙의 돌연한 사망이 황제가 내린 독약 때문이라고 의심하기도 하지만, 그는 송나라에 입조한 이후에도 10년 동안 부귀영화를 누리고 예순까지 살았다. 예순 살은 당시로서는 고령이었다. 그 자신도 만족했을 것이다. 또 주의해서 살펴봐야 할 것은 오월국 경내가 전란의 피해를 당하지 않고 당나라 후기부터 계속 경제가 살아나 소주 남쪽과 절강 이북 지역이 전국에서 경제가 가장 발달한 곳이 되었다는 사실이다. 송나라 때 이미 "하늘에는 천당이 있고, 땅에는 소주와 항주가 있다(上有天堂, 下有蘇杭)"는 말과 "소주와 상주에 풍년이 들면 천하가 풍족하다(蘇常熟, 天下足)"는 속담이 유행할 정도였다. 이후에도 이곳은 줄곧 경제적인 측면에서 전국을 영도했고, 이에 따라 문화도 가장 발달한 지역이 되었다. 이러한 역사를 종합해보면 송나라와 전숙 쌍방이 역사에 끼친 공헌을 긍정하지 않을 수 없다.

제10절
송나라 때는 왜 군사 정변이 드물었나?

959년 후주 세종 시영이 세상을 떠나고 그의 일곱 살 아들 시종훈(柴宗訓, 953~973)이 보위를 이었다. 이듬해 설날 조정에서는 요나라와 북한(北漢)의 연합군이 남하한다는 경보를 받고 즉시 전전도점검(殿前都點檢) 조광윤에게 대군을 이끌고 가서 적을 막게 했다. 조광윤의 군대는 개봉을 출발하는 당일 인근의 진교역(陳橋驛)에 주둔했다. 다음 날 이른 새벽 날이 아직 밝지 않았을 때 장졸이 조광윤의 군막을 포위했다. 조광윤의 부하 석수신(石守信, 928~984) 등이 병사를 거느렸고 일부 장수는 칼을 든 채 조광윤을 둘러싸고 말했다. "지금 천하가 위급한데 주상은 어려서 현재 국면을 통제할 수 없습니다. 오직 공이 보위를 이어야 대세를 만회할 수 있습니다." 말을 마치고 이미 준비한 황색 곤룡포를 다짜고짜 그의 몸에 입히고는 말에 오르게 하여 개봉으로 군사를 돌렸다. 조광윤은 바로 당일 황제 보위에 올라 송나라를 세웠다.

다음 해 조광윤의 모사 조보(趙普, 922~992)는 그에게 부하 장수의 병권을 회수하라고 여러 번 권했다. 조광윤이 말했다. "석수신 등은 나를 배반하지 않을 것이오. 걱정이 지나치시구려." 조보가 말했다. "신도 그들이 폐하를 배반할 것이라고 걱정하는 게 아닙니다. 다만 신이 볼 때 저들은 모두 대세를 통제할 능력이 없고 부하를 통제할 능력도 없습니다. 만일 아랫사람이 무슨 술수를 부리면 저들은 마지못해 따를 것입니다."

이에 어느 날 조광윤은 석수신 등을 궁궐 안으로 불러와 술을 마셨다. 모두 즐겁게 술을 마시다가 조광윤이 좌우를 물리치고 장수들에게 말했다. "공들이 아니었다면 나는 황제가 될 수 없었을 것이오. 그런데 황제 노릇 하기가 정말 쉽지 않구려. 차라리 절도사나 하면서 가볍게 사는 것이 더 좋을 듯하오. 나는 하룻밤도 편안하게 자 본 적이 없소."

석수신 등이 무슨 까닭인지 물었다. 조광윤이 말했다. "아직 그것도 모른단 말이오? 황제가 되고 싶지 않은 사람이 그 누가 있겠소?"

석수신 등은 그의 말을 듣고 얼른 무릎을 꿇고 머리를 조아렸다.

"폐하, 어찌 그런 말씀을 하십니까? 지금은 천명이 이미 정해졌는데 누가 감히 다른 마음을 품겠습니까?"

조광윤이 말했다. "경들은 물론 그러지 않겠지만 경들의 부하가 부귀영화를 누리려 하면 경들이 막을 수 있겠소? 어떤 자가 황색 곤룡포를 경들 몸에 입혀주면 과연 떨쳐버릴 수 있겠소?"

석수신 등은 공포에 떨며 끊임없이 머리를 조아리고 눈물을 흘리며 조광윤에게 간청했다. "신들이 너무나 어리석어 그 점까지는 생각하지 못했습니다. 폐하! 신들을 가련하게 생각하시어 살길을 열어주십시오."

조광윤이 말했다. "인생살이는 흰 망아지가 작은 틈을 지나가는 것처럼 순식간이오. 이 때문에 부귀영화를 추구하는 것은 돈을 좀 많이 벌어서 자신도 편안하게 살고 자손도 가난에서 벗어나게 하려는 일일 뿐이오. 공들은 어째서 병권을 반납하고 지방의 고관으로 가서 좋은 물건을 사고 좋은 집을 사서 자손들에게 영원 불후의 가업을 물려주려 하지 않소? 그런 뒤 스스로 노래 잘하고 춤 잘 추는 여인을 찾아 아침부터 저녁까지 술을 마시고 즐겁게 노닐면서 천수를 누리면 얼마나 좋소? 짐은 이제 공들과 사돈을 맺겠소. 군신 간의 관계도 이로부터 추호의 의심도 없게 되어 상하가 편안하게 될 테니 이 또한 좋은 일이 아니겠소?" 석수신 등은 조광윤의 뜻을 알아채고 폐하께서 자신들을 위해 그렇게 세밀하게 신경을 써주시어 백골난망이라고 하면서 얼른 감사 인사를 올렸다.

다음 날 조회에서 석수신 등이 분분히 아뢰었다. 어떤 사람은 나이가 많다 했고, 어떤 사람은 이전에 부상을 깊이 입었다 했으며, 어떤 사람은 지금 근력이 부친다고 했다. 그들은 각종 핑계를 대고 병권을 반납하겠다고 했다.

조광윤은 그들의 요청을 전부 인준하고 그들을 각각 서로 다른 지방의 절도사로 봉했다. 다만 석수신만은 중앙 관직에 머물게 했으나 기실 그는 이미 병권이 없었다. 그러나 오래지 않아 조광윤은 천웅절도사(天雄節度使) 부언경(符彦卿, 898~975)에게 궁궐 호위 부대를 맡길 생각이 있었다. 그러자 조보가 그에게 권유했다. "부언경은 이미 명망과 권세가 높습니다. 어째서 또 그에게 병권을 맡기려 하십니까?" 조광윤이 말했다. "짐이 그를 이처럼 두텁게 대하는데 그가 짐을 배반할 수 있겠소?" 조보가 냉랭하게 한 마디 덧붙였다. "그럼 폐하께서는 어찌하여 후주 세종을 배반하셨습니까?" 조광윤은 할 말이 없어 다시는 이에 대한 생각을 하지 않았다.

이후 왕언초(王彦超, 914~986) 등 장수들이 도성으로 황제를 알현하러 왔을 때 조광윤은 또 그들을 청해 후궁에서 술을 마셨다. 술기운이 돌자 조광윤이 그들에게 말했다. "공들은 모두 국가의 공신인데 오랫동안 외지에 머물게 했으니 얼마나 고생이 많소? 이것은 짐이 공들을 우대하려는 본뜻이 아니오." 왕언초 등은 황제의 뜻을 알아채고 즉시 요구했다. "신들은 본래 아무 공도 세우지 못했는데 줄곧 폐하의 은총을 입었습니다. 이제 나이도 많고 몸도 불편하므로 신들의 사직을 허락해주십시오." 조광윤은 물론 기뻤다. 여러 절도사가 분분히 사퇴를 표명하며 자신이 이전에 전투를 치르느라 얼마나 고생했고 지금 또 몸이 얼마나 좋지 않은지를 호소하면서 관직에서 물러나겠다고 요청했다. 조광윤은 이전의 일은 거론하지 말라고 하면서 다음 날 조회에서 그들의 절도사 직무 사퇴를 일률적으로 비준했다.

겉으로 보면 매우 간단하다. 술을 두 번 마시고 중앙과 지방 장수의 병권을 모두 제거했다. 기실 어떤 황제가 부하 장수의 병권을 제거하고 싶지 않겠는가? 그러나 몇 명의 병권을 제거하다 보면 다른 사람이 서서히 군대 통제권을 장악하게 되곤 한다. 그리고 일이 잘못되어 부하 장수의 병권을 제거하지 못하면 오히려 자신의 정권이 전복되고 만다. 일부 건국 군주가 또 다른 극단으로 치달아 갔다. 왜냐하면 그들은 전공을 세운 장수들에게 마음을 놓지 못했고 또 그들의 병권을 효과적으로 제거할 수도 없었기 때문에 차라리 살해 음모를 꾸며서 공신 대장을 모두 죽이고 가문의 명맥을 끊었다.

그럼 왜 조광윤은 성공할 수 있었을까?

기실 앞에서 서술한 두 차례 연회 배후에는 조광윤이 준비한 대규모 공작이 있었다. 먼저 시기 선택이 좋았다. 즉 황제가 된 지 오래지 않았으므로 그의 권위가 전혀 흔들리지 않았다. 당시에 그는 자발적으로 전대미문의 변혁 정책을 실행하면서 교묘한 조치를 취했는데 마치 번개가 치듯 신속하게 실천했기 때문에 성공할 수 있었다. 만약 나이가 많아져서 제어 능력에 차질이 생기거나 부하 장수들이 이미 막강한 권력을 갖게 되면 꼬리가 머리보다 커져서 때는 이미 늦게 된다. 더욱 중요한 점은 그가 일련의 부가 조치를 시행하며 자신의 말을 행동으로 옮기고 진정으로 장수들에게 큰 혜택을 베풀고 좋은 대우를 하고 심지어 그들에게 단서철권(丹書鐵券)[72]까지 발급해주었다는 사실이다. 단서철권은 지금도 실물이 전

---

72 철권단서(鐵券丹書)라고도 한다. 군주와 중신 간의 맹세를 새긴 것, 큰 공을 세운 공신의

해온다. 즉 네모 난 철판에 글자를 주조해 구체적인 내용을 쓰고 붉은색을 넣는다. 그리고 공을 세운 장수에게 하사해 그 자손이 모반이나 대역죄를 범하지 않는 한 이 증거물에 의지해 한 차례 또는 몇 차례씩 사형을 면제해준다.

그러나 장수들의 병권을 제거하고도 새로운 제도를 마련하지 않았다면 사람 몇 명만 바꾸는 데 불과해서 이후에 다른 장수들이 군사권을 통해 황권을 위협하는 상황이 발생할 수밖에 없었을 것이다. 그러나 조광윤은 병권 제거와 동시에 그에 상응하는 새 제도를 마련했다.

먼저 많은 사람들의 병권을 제거한 후 그들을 절도사에 봉했다. 그러나 주의해야 할 것은 당시의 절도사가 이미 당나라 후기에서 오대까지 존속했던 지방 할거와 분열 시기의 절도사가 아니라는 사실이다. 당나라 후기 절도사는 실제로 지방의 모든 권력, 즉 군사 권력, 정치 권력, 재정 권력을 독점했다. 권력이 모두 절도사의 수중에 장악되어 있었기 때문에 조정에서 통제하기가 매우 어려웠다. 게다가 절도사가 죽은 뒤 부장이나 후손이 조정을 끼고 권력을 계승하기도 했으므로 거의 세습제로 변모했다.

그러나 조광윤이 병권을 제거한 뒤에는 절도사 제도를 명예직처럼 바꿨다. 즉 절도사의 명칭에 상응하는 대우만 해주고 꼭 부임하라고 하지도 않았다. 나아가 군사를 거느릴 수 없었지만 절도사의 녹봉과 예우는 향유하도록 했다. 예를 들어 악비(岳飛, 1103~1142)는

공적을 새긴 것 등이 있다. 철판에 글자를 주조하고 주사(朱砂)로 붉은 색깔을 넣기 때문에 '단서철권'이라고 한다.

큰 전공을 세웠기 때문에 송 고종(宋高宗, 1107~1197)이 그를 청원군절도사(淸遠軍節度使)로 봉했다. 청원군은 지금의 광시 룽저우(融州)에 있었지만 악비는 광시에 간 적이 없다. 그는 청원군절도사의 직함을 가지고 절도사에 해당하는 대우만 받았으므로 청원군 대신무슨 군(軍)의 명의를 사용해도 아무 상관이 없었다. 악비는 물론청원군으로 부임할 필요가 없었고 또 그곳 병졸에 대한 지휘권도없었다.

그럼 송나라의 병권은 누구에게 돌아갔나?

황제가 직접 관장했다. 송나라 군대의 주력군은 황제를 보위하는 금군(禁軍)이었고 그들은 도성과 전략적 요지에 집중적으로 주둔했다. 금군에는 교관(敎官)만 두고 통수(統帥)는 두지 않아 평소에교관이 군사 훈련을 책임졌다. 조정에는 추밀사(樞密使)가 있어서 지금의 국방부 장관에 해당하는 직권을 행사했는데, 황제의 명령에 근거해 금군을 관리하고 움직였으며 추밀사는 문관(文官)이 담당했다.현대적인 개념으로 설명한다면 국방부 장관을 문관이 담당한다는뜻이다. 변방에 군사 작전이 필요하거나 전투가 벌어지면 임시로 조정에서 통수를 임명하고 금군을 발동해 그에게 지휘권을 맡긴다. 전투가 종료되거나 임무가 완성되면 통수는 다른 자리로 이동하면서군대는 조정으로 돌려준다. 이 때문에 송나라 때는 "병졸은 장수를모르고, 장수는 병졸을 모르는(兵不知將, 將不知兵)" 전통이 있었다.왜냐하면 장수는 모두 임시로 파견되었고 장수와 병졸은 일정한 기간에만 서로를 아는 데 그쳤기 때문이다. 따라서 다음에 파견된 장수는 대부분 다른 사람이고 같은 장수라 해도 그 아래에 거느린 병졸은 또 다른 병졸일 가능성이 크다. 이런 제도가 틀림없이 군대 전투력에 나쁜 영향을 끼칠 수 있었지만 장수가 자신의 군사를 만들거나 군사를 이용해 개인 목적을 이룰 가능성, 즉 모반이나 반란 가능성은 아주 미미했다. 따라서 직업 군인이나 장수들이 정치에 간여할 이유도 통로도 없었다.

지방에 주둔한 군대는 상군(廂軍)이라 불렀고 주로 치안을 책임지며 도적을 잡았다. 송나라는 전국을 15로(十五路)[73]로 나눴고, 그 내부 행정은 각각 서로 다른 네 명의 관리가 주관했다. 안무사(安撫使)는 군대와 민정을 관리하면서 상군도 지휘했다. 전운사(轉運使)는 재정을 관리하면서 감찰 업무를 겸했다. 제점형옥사(提點刑獄使)는 사법, 옥사, 소송을 관리했다. 제거상평사(提擧常平使)는 곡식 창고와 구휼을 관리했다. 또 각 사(使)의 관청도 각각 서로 다른 곳에 설치하도록 규정했고 조정의 비준을 받지 않고는 마음대로 각자의 임지를 떠날 수 없었으며 어떤 관할 구역은 완전히 중첩되지도 않았다. 상군은 안무사의 관리와 지휘를 받았지만 다른 각 사의 협조에서 벗어날 수 없었다. 경비 조달과 감찰은 전운사를 통해야 했고, 식량과 물자 분배는 제거상평사에서 벗어날 수 없었으며, 사법, 옥사, 소송에 관한 일이 있을 때는 제점형옥사를 찾아야 했다. 또 어떤 한 지역이 그곳 사의 관할 구역에 속하지 않으면 다른 로의 주관자를 찾아가야 했다. 분권 관리와 상호 견제 시스템은 어떤 한 로의 범위 안에서 한 통치자에게 대권이 집중되는 현상을 출현할 수 없게 만

---

73 송나라는 중국 전역을 '15로'로 나누어 다스렸다. 경동로(京東路), 경서로(京西路), 하북로(河北路), 하동로(河東路), 섬서로(陝西路), 회남로(淮南路), 강남로(江南路), 형호남로(荊湖南路), 형호북로(荊湖北路), 양절로(兩浙路), 복건로(福建路), 서천로(西川路), 협로(峽路), 광남동로(廣南東路), 광남로(廣南路)가 그것이다.

들 뿐만 아니라 안무사도 단독으로 상군을 지휘할 수 없게 했다. 따라서 상군을 한 개인의 사병(私兵)으로 바꾸거나 그 상군을 이용해 반란을 일으킬 방법이 없었다. 물론 외적의 침입을 방어할 때는 이런 시스템이 짧은 시간에 군대를 조직하고 서로 협조하는 측면에서 효과를 발휘할 수 없다. 이 때문에 상군은 외적 방어에 큰 역할을 할 수 없었고 심지어 유명무실한 면모를 드러내기도 했다.

조광윤이 술잔으로 병권을 제거한 이후 송나라에는 다소라도 규모 있는 군사 반란이 발생한 적이 없고 군사 정변이 발발한 적은 더더욱 없다. 북송과 남송 교체기나 금나라 군사가 남하할 때 몇몇 장수가 그 기회를 틈타 정변을 시도하기도 했으나 곧바로 실패했다. 바로 이와 같았기에 송나라가 창조한 군사 관리 시스템과 지방 행정 분권 제도는 기본적으로 이후 각 왕조에서도 계속 이용했다. 술잔으로 병권을 제거한 일은 흥미로운 옛날이야기일 뿐 아니라 중국 역사에 나타난 아주 중요한 변혁의 발단이고 표지였다.

제11절
애산 이후에는 중국이 없는가?

1279년 3월 19일, 송나라와 원나라 군대는 애산(厓山)[74] 해상에서 결전을 벌였다. 그 결과 송나라 군대는 패배했고 대장 장세걸(張

---

74 애산(崖山)이라고도 쓴다. 지금의 광둥성 장먼시(江門市) 신후이구(新會區) 남해 해상이다.

世傑, ?~1279)은 중군을 뒤로 물려서 지켰다. 날이 저물 무렵 바다에 비바람이 크게 일어나고 짙은 안개가 자욱해 장세걸은 그 틈에 배로 송나라 황제를 도주시키려 했다. 승상 육수부(陸秀夫, 1235~1279)는 이미 탈출할 방법이 없음을 알고 먼저 처자식에게 바다에 뛰어들라 명령한 뒤 여덟 살 먹은 어린 황제 조병(趙昺, 1272~1279)에게 말했다. "나라 일이 이렇게 되었으니 폐하께서도 나라를 위해 목숨을 바치셔야 합니다." 그리고 그를 업고 바다에 뛰어들어 순국했다.

7일 뒤 바다에 10만여 명의 시신이 떠올랐는데 어떤 사람이 황색 곤룡포를 입고 옥새를 맨 어린 아이 시신을 발견했다. 원나라 장수 장홍범(張弘範)이 이를 근거로 조병의 사망 소식을 선포했다. 소식이 전해지자 완전히 절망한 양태후(楊太后, ?~1279)도 바다에 뛰어들어 자결했다.

장세걸은 지방 호족에게 위협을 당해 광동으로 돌아가려고 해릉산(海陵山, 광둥 양장시陽江市 하이링도海陵島)에 정박했고 패배한 군사들도 계속 배를 타고 와서 합류해 장세걸과 광동으로 돌아가는 일을 상의했다. 그러나 당시 폭풍이 거세게 일어나자 장졸이 장세걸에게 배를 버리고 해안으로 올라가자고 권했지만 장세걸은 "이제 힘을 쓸 수 없다"라고 말했다. 그는 배의 조타실 위로 올라가 향을 피우고 기도했다. "나는 송나라 조(趙) 씨를 위해 전력을 다했습니다. 군주 한 분은 돌아가셨고 다시 한 분을 세웠지만 지금 또 돌아가셨습니다. 내가 죽지 않은 까닭은 만에 하나라도 적병이 물러가면 또 한 분의 조 씨 후예를 세워 정통을 이을 수 있지 않을까 생각했기 때문입니다. 그런데 지금 저렇게 강한 바람이 부니 이 또한 하늘의 뜻입니까?"[75] 시간이 지날수록 풍랑은 더욱 거세졌고 장세걸은 완전히 절망해 바다로 뛰어들어 자결했다.

여기에 이르러 남송의 잔존 세력은 완전히 원나라에 의해 소멸했다.

근대에 어떤 사람이 "애산 이후에 중국은 없다(厓山之後無中國)"[76]라는 말을 널리 퍼뜨렸다. 우리는 이 대목에서 애산 전투의 당사자들, 즉 송나라 마지막 충신 몇 명의 관점과 행동을 한번 살펴볼 필요가 있다. 먼저 문천상(文天祥, 1236~1283)이다. 문천상은 송나라 상흥(祥興)[77] 원년(1278년) 12월 원나라 군사에게 포로가 되었지만 불굴의 정신을 견지하며 각종 방법으로 자살을 시도하거나 고의로 원나라 측을 자극해 빨리 죽으려고 했다. 대도로 압송되어 간 초기에도 문천상은 여전히 빨리 죽으려 했지만 그의 말은 이미 원나라의 기성 지위를 부인하지 않았다. 예를 들어 그는 스스로 "남조 재상(南朝宰相)", "망국지인(亡國之人)"이라고 칭했지만, 원나라의 중서평장정사(中書平章正事) 아합마(阿合馬, ?~1282)를 "북조 재상"이라 칭하며 그가 북쪽 조정의 재상임을 인정했다. 원나라를 북조(北朝)로 간주한

---

75 『속자치통감(續資治通鑑)』 권184: "颶風忽大作, 將士勸世傑登岸, 世傑曰, '無以爲也.' 登柂樓, 露香祝曰, '我爲趙氏, 亦已至矣. 一君亡, 復立一君, 今又亡. 我未死者, 庶幾敵兵退, 別立趙氏以存祀耳. 今若此, 豈天意耶?'"

76 이것이 누구의 말인지는 명확하지 않다. 중국 Baidu를 비롯한 포털에서는 일본의 근대 학자 나이토 코난(內藤湖南)이 지어낸 말이라고 하지만 현재 사실이 아닌 것으로 밝혀지고 있다. 기실 근대 이전에 이미 중국 한족 지식인 사이에서 이와 유사한 언급을 발견할 수 있다. 명말(明末) 청초(淸初)의 지식인 전겸익(錢謙益)은 〈후추흥지십삼(後秋興之十三)〉 8수(八首) 기이(其二)에서 "바다 끝 애산에 한 줄기 양맥이 기우니, 지금부터 이곳은 중화에 속하지 않겠네(海角崖山一線斜, 從今也不屬中華)"라고 읊었다. 중국 한족 지식인이 소수민족에게 멸망한 송나라와 명나라를 애도하며 가슴 속 울분을 토로한 언급으로 보는 것이 타당할 듯하다.

77 남송 마지막 황제 조병(趙昺)의 시호. 1278년에서 1279년까지 사용했다.

것은 북조가 남조인 송나라와 평등한 지위를 갖고 있음을 인정한 것이다.

이후 문천상의 태도에 미묘한 변화가 발생했다. 어떤 사람이 그에게 원나라 세조 쿠빌라이가 그의 출사(出仕) 의향을 물어보라 한다고 말을 전하자 그는 이렇게 말했다. "나라가 망했으므로 나의 본분은 죽는 것이오. 만약 용서를 받는다면 황관(黃冠)[78]을 쓰고 고향으로 돌아가 뒷날 방외(方外) 고문 노릇을 하는 것은 가능할 것이오. 만약 갑자기 관직을 받는다면 망국의 대부와는 국가 존망을 도모하지 않는다는 말에 부합하지 않을 뿐만 아니라 내 평생의 지향도 모두 포기해야 하는 것이니 장차 나를 등용하여 무엇에 쓰겠소?"[79] 어떤 사람은 이 말을 믿을 수 없다고 여기지만 기실 다른 사료에서도 당시 문천상의 태도를 거론하고 있다. "수십 년 세월이 이런 지경에 이르렀으니 한 번 죽는 것이 나의 본분이오. 내 평생의 지향을 모두 포기해야 하는 것이니 장차 나를 등용하여 무엇에 쓰겠소?"[80] 따라서 그도 이미 원나라가 송나라를 대체했다는 사실을 인정했음을 알 수 있다.

또한 문천상이 포로가 되기 전 그의 아우 문벽(文璧, 1238~1298)은 이미 혜주(惠州, 광둥 혜주시惠州)에서 원나라에 투항했고 이후에 또 임강로(臨江路) 총독 벼슬을 했다. 전설에 의하면 문천상은 그의

---

78 도교 도사들이 쓰는 관모다. 은사(隱士)를 비유한다.
79 『송사』「문천상전(文天祥傳)」: "國亡, 吾分一死矣. 儻緣寬假, 得以黃冠歸故鄉, 他日以方外各顧問, 可也. 若遽官之, 非直亡國之大夫不可與圖存, 舉其平生而盡棄之, 將焉用我?"
80 『문산선생전집(文山先生全集)』 권17「기년록(紀年錄)」: "數十年于玆, 一死自分, 舉其平生而盡棄之, 將焉用我?"

아우 셋째에게 보낸 편지에서 "나는 충성을 바쳐 죽을 것이고 둘째는 효도를 위해 벼슬할 것이니, 막내는 은거하라"[81]고 하며 삼형제의 분업을 명확하게 했다.

실제로 문 씨 가족은 확실히 문벽이 부양했다. 문천상이 피살된 이후 그의 아내 구양부인(歐陽夫人)도 문벽이 봉양했고 문천상의 제사를 받든 사람도 문벽의 아들이었다. 왜냐하면 문천상 자신은 후손이 없었기 때문이다. 문 씨 가족이 계속 번성한 것은 주로 문천상의 두 아우 덕분이었다. 두 사람은 모두 원나라의 관리와 백성이었다.

이는 문천상이 자신의 가치관에 입각해 승상을 지낸 적이 있는 송나라의 신하로 송나라가 망한 뒤 순국하거나 적어도 원나라에 투항해 관직을 받지 않겠다고 결심했음을 설명해준다. 그러나 그는 원나라가 송나라를 대체했으므로 자신의 아우와 자신의 아내를 포함한 다른 사람은 원나라에 순종하는 백성이 되거나 심지어 출사할 수 있음을 인정했다. 문천상이 보기에 이것은 조정을 바꾸는 것이고 북조가 남조에 승리한 것이며 새로운 조정이 이전 조정을 대신한 것이었다.

또 다른 송나라 충신의 태도도 문천상과 같았다. 일찍이 송나라 강서초유사(江西招諭使)를 지낸 적이 있는 사방득(謝枋得, 1226~1289)은 다섯 차례나 원나라의 초빙을 거절했다. 어명을 받들고 자신을 초빙하러 온 관리에게 사방득은 분명하게 대답했다. "대원(大元)이 세상을 제패하여 백성과 만물이 모두 새롭게 되었소. 송

---

81 『문산선생전집』 권15 「음소집(吟嘯集)」: "我以忠死, 仲以孝仕, 季也其隱."

나라의 외로운 신하는 명하니 죽음을 기다릴 뿐이오. 나 방득이 죽지 못한 까닭은 아흔셋 노모께서 살아계셨기 때문이었소. …… [어머니께서 금년 2월에 정침에서 천수를 누리고 돌아가셨으니 나는 그 이후로 인간 세상에 살 생각이 없어졌소.]"[82] 그는 심지어 "세상 사람들이 나를 송나라의 도망친 신하라 해도 좋고, 원나라의 떠돌이 백성이라 해도 좋고, 송나라의 고집 센 백성이라 해도 좋고, 황제의 일민(逸民)이라 해도 좋소."[83] "또 공들에게 묻겠나니, 이 사(謝) 아무개 한 사람을 용서하여 원나라의 한적한 백성이 되도록 해주신다 해도 원나라의 치도(治道)에 무슨 손해가 되겠소? 또 이 사 아무개를 죽여서 송나라를 위해 절개를 이루어주신다 해도 원나라의 치도에 무슨 보탬이 되겠소?"[84] 그러나 원나라 복건(福建) 지방관은 줄곧 그를 핍박해 북쪽으로 가게 했고 그는 결국 대도에서 단식 끝에 죽었다. 여기에서도 그는 그의 절개를 훼손하려 하고 그를 핍박해 관직을 받게 하려는 행위에 항거했지 원나라 자체에 항거한 것이 아님을 알 수 있다. 그도 이제는 항거할 수 없고 원나라의 존재가 이미 기성사실이 되었음을 알고 있었다.

태도가 가장 단호했던 사람은 정사초(鄭思肖, 1241~1318)였다. 송나라가 망한 이후 그는 여전히 송나라 연호를 쓰면서 원나라를 인

---

82 『첩산집(疊山集)』 권2 「상정설루어사서(上程雪樓御史書)」: "大元制世, 民物一新. 宋室孤臣, 只欠一死. 某所以不死者, 九十三歲之母在堂耳. …… [先妣以今年二月二十六日, 考終于正寢, 某自今無意人間事矣.]"
83 『첩산집』 권2 「상승상류충재서(上丞相留忠齋書)」: "世之人有呼我爲宋逋播臣者, 亦可呼我爲大元游隋民者亦可, 呼我爲宋頑民者, 亦可呼我爲皇帝逸民者亦可."
84 『첩산집』 권2 「여참정위용재서(與參政魏容齋書)」: "且問諸公容一謝某, 聽其爲大元閑民, 于大元治道何損? 殺一謝某, 成其爲大宋死節, 于大元治道何益?"

정하지 않고 송나라의 중흥과 부흥을 희망했다. 그러나 덕우(德祐)[85] 9년(1284년), 문천상이 사망한 그 다음해에 그는 더는 구체적인 연호를 쓰지 않았다. 이를 통해서도 그가 송나라 부흥에 대해 완전히 절망했으며 원나라의 존재를 받아들이지 않을 수 없었음이 증명된다. 하지만 정사초와 같은 사람은 송나라 유민 중에서 거의 드물었다.

결국 송나라에 가장 충성을 바친 당사자들도 이미 원나라가 송나라를 대체해서 그것이 또 하나의 '중국'이 되었다는 사실을 인정할 수밖에 없었다.

우리는 원나라와 송나라를 구별하는 가장 중요한 점이 통치자가 몽골인으로 바뀌었고 통치민족이 몽골족으로 바뀐 사실에 있으며, 다른 각 분야, 즉 토지, 인구, 제도 심지어 주류 가치관은 모두 뚜렷하게 변화하지 않았음을 잘 살펴야 한다.

우리가 지금 어떤 왕조가 중국인지 아닌지를 이야기하려면 이 '중국'에 포함된 의미가 현재 일부 사람들이 말하는 것과 같은지 다른지를 살펴야 한다. 기실 앞에서 서술한 바 있는 중국의 함의는 끊임없이 변화해왔고 총체적인 추세로 볼 때 그것이 포괄하는 범위도 시간이 지날수록 더욱 넓어져서 마침내 한 국가의 대명사가 된 것이다.

이러한 과정에서 애초에는 중원 왕조만 스스로 중국이라고 인식했고 또 외부에서도 그것을 중국으로 인정했다. 그러나 주변 이민족이 끊임없이 중원으로 세력을 확장하거나 심지어 중원으로 들어와

---

85 남송 공제(恭帝)의 연호. 1275년에서 1276년까지 사용했다.

주인이 됨에 따라 그들은 문화적, 제도적, 가치적인 면에서 모두 점진적으로 '중국'과 중원 왕조의 가치관을 수용했다. 이러한 민족이 건립한 정권이 일단 중원을 점령하거나 심지어 중원의 일부만 점령하더라도 스스로 '중국'이라고 칭했다.

분열 시기에 어떤 정권이 통일을 목표로 삼았거나 최종적으로 통일을 실현했다면 그 정권은 반드시 자신을 '중국'으로 간주하는 동시에 상대방을 '비중국'으로 간주했다. 다시 통일을 이룬 뒤 앞의 정권은 이후 정권에 의해 중국으로 인정되었다. 예컨대 당나라는 『북사(北史)』와 『남사(南史)』를 동시에 편찬했고 원나라도 『송사(宋史)』와 『요사(遼史)』를 동시에 편찬했다. 이 역사책들이 후세에 모두 '정사(正史)'로 인정된 것은 이들 정권의 포괄 범위가 일찍부터 중국으로 인정되었음을 말하는 것이다.

명나라의 법통은 원나라에서 왔기에 역시 원나라를 위해 '이십사사(二十四史)'[86]의 하나인 『원사(元史)』를 편찬했다. 원나라가 중국이 아니라면 명나라는 무슨 나라인가?

기실 일찍이 당나라 때에 이미 어떤 사람이 '중국'이란 개념을 해설한 적이 있다. 즉 황보식(皇甫湜, 777~835)은 「동진원위정륜론(東晉元魏正閏論)」이라는 글에서 다음과 같이 지적했다. "이 때문에 중국이 되려는 자는 예의로써 다스려야 한다. 소위 오랑캐[夷狄]라는 자

---

86 중국 전체 역사를 아우르는 스물네 가지 정사를 가리킨다. 즉 『사기(史記)』, 『한서(漢書)』, 『후한서(後漢書)』, 『삼국지(三國志)』, 『진서(晉書)』, 『송서(宋書)』, 『남제서(南齊書)』, 『양서(梁書)』, 『진서(陳書)』, 『위서(魏書)』, 『북제서(北齊書)』, 『주서(周書)』, 『수서(隋書)』, 『남사(南史)』, 『북사(北史)』, 『구당서(舊唐書)』, 『신당서(新唐書)』, 『구오대사(舊五代史)』, 『신오대사(新五代史)』, 『송사(宋史)』, 『요사(遼史)』, 『금사(金史)』, 『원사(元史)』, 『명사(明史)』가 그것이다. 여기에 『청사고(淸史稿)』를 보태 '이십오사(二十五史)'라고 한다.

들은 예의가 없다. 이것이 어찌 땅에 매인 일이겠는가?"[87] 즉 중국과 오랑캐의 구별은 예의에 달린 것이지 거주하는 땅에 달린 것이 아니라는 말이다.

또 다른 학자 진암(陳黯, 805?~877)은 더욱 분명하게 말했다. "만약 땅으로 말해서 중화와 오랑캐[華夷]의 구별이 있다면 가르침으로 말해도 또한 중화와 오랑캐의 구별이 있을 것이다. 대저 중화와 오랑캐란 그 판별이 마음에 달려 있고, 마음을 판별하는 것은 그 지향을 자세히 살핌에 달려 있다."[88] '마음[心]'이란 문화, 의식 등의 가치관을 가리킨다. 즉 중화와 오랑캐의 구별은 어떤 사람의 문화와 의식을 포함한 행위 규범, 생활 방식에 의해 차이가 난다는 것이다. 따라서 외부에서 온 이민족을 계속해서 오랑캐로 간주한 적은 없고 그들이 일단 중원으로 들어와서 중원 문화를 받아들이고 중원의 전통적 가치관을 받아들이면 바로 화하(華夏), 즉 '중국'으로 인식했다.

만약 중국을 하나의 제도 개념으로 본다면 몽골인이 중원의 주인이 되었다는 것은 기본적으로 이전 각 왕조의 제도를 계승했다는 의미다. 원나라에 이르렀다고 해도 이전 금나라와 송나라 통치 지역과 한족 지역에서 시행한 제도는 전혀 변화가 없었다. 다만 전제 제도와 권력이 더욱 몽골인, 색목인에 집중되었고 송나라의 문치(文治)와 이치(吏治, 관료 통치) 제도가 후퇴해 이후의 명나라와 청나라 때

---

87 『전당문(全唐文)』 권686 「동진원위정륜론(東晉元魏正閏論)」: "所以爲中國者, 以禮義也. 所謂夷狄者, 無禮義也. 豈系于地哉?"
88 『전당문』 권767 「화심(華心)」: "苟以地言之, 則有華夷也, 以敎言, 亦有華夷乎? 夫華夷者, 辨在乎心, 辨心在察其趣向."

까지 영향을 끼쳤을 뿐이다. 그러나 다른 한편으로는 농경과 유목이 일체화된 광활한 대국을 다스려야 한다는 수요에서 출발해 원나라는 창의적인 제도를 시행했다. 예를 들어 원나라가 제정한 행성(行省) 제도는 이후 명나라, 청나라, 중화민국에도 이어졌고 오늘날 중국에까지 영향을 끼쳤다. 그런데도 이것이 중국의 제도가 아니란 말인가?

요컨대 '중국'이라는 명칭이 출현하고 나서 지금까지 3천여 년 동안 중국으로 대표되는 강역은 점차 넓어지고 안정화되어 왔지만 한때 분열되고 축소되고 부분적인 상실을 겪은 적도 있다. 중국이 포용한 민족과 문화는 날이 갈수록 더욱 다양하고 풍부해지면서 총체적으로 공존과 융합의 길을 걸었지만 또한 충돌과 변이가 나타나기도 했다. 중국에서 형성된 제도는 나날이 완전해지는 과정에서 파괴된 적도 있고 후퇴한 적도 있다. 그러나 어떻든 중국은 시종일관 중단되지 않고 이어졌다.

진(秦)나라에서 청나라에 이르기까지, 천명을 받았든 민심에 부응했든, 통일되었든 분열되었든, 중원으로 들어와 주인 노릇을 했든 변경 밖으로 나아가 영역을 개척했든, 의로운 봉기든 사사로운 반란이든, 선양이든 찬탈이든 막론하고 '이십사사(二十四史)'로 이미 전체 역사를 포괄했으므로 여기에는 당연히 원나라, 즉 애산 이후의 역사도 포함되어 있다. 그러므로 애산 전후를 막론하고 모두가 중국이 되는 것이다.

제왕

황제의 사생활

제1절
태자: 가장 결정하기 어려운 황실 구성원

하나라에서 청나라에 이르기까지 중국 왕조는 모두 '한 집안이 천하를 다스리는[家天下]' 제도를 유지했고 국군(國君)이나 황제는 모두 자신의 보위를 아들에게 전했다. 만약 아들이 여럿이라면 그 중 하나를 태자로 삼아서 계승자로 세워야 했다. 정상적인 상황에서는 태자가 바로 다음 황제가 되므로 태자를 세우는 것은 황제의 사생활일 뿐 아니라 국가 대사이기도 했다. 따라서 황족, 비빈, 대신은 공적이든 사적이든 막론하고 모두 자신에게 가장 이상적인 대상을 태자로 세우기 위해 투쟁했다. 이런 상황에서는 황제조차 어쩔 수 없이 진퇴양난의 곤경에 처하거나 자신의 뜻에 반하는 태자를 결정하기도 했다.

일반적으로 말하면 적자와 장자를 태자로 세우는 것이 전통에 부합했다. 예를 들어 황후가 낳은 맏아들이 이 두 가지 조건에 부합하는 가장 이상적인 태자였다. 그러나 황후가 아들을 낳지 못해 황제의 아들이 모두 서출인 경우도 흔했다. 혹은 황후에게 아들이 있어도 장자가 아니거나 나이가 너무 어린 경우도 있었다. 이런 상황에서는 적자를 태자로 세워야 하는지 서장자(庶長子)를 태자로 세워야 하는지를 두고 심한 분쟁이 벌어졌으며 쌍방 모두 구체적인 이유를 들어 자신들의 주장을 정당화했다.

또 진 무제의 아들 사마충(司馬衷, 259~307)처럼 황후의 아들이 적자이면서 장자라 하더라도 명확하게 바보인 경우도 있었다. 이런 때는 현명한 아들을 태자로 세워야 한다고 주장하는 사람이 있기 마련이었다. 혹은 황제의 적장자라 해도 품행이 너무 좋지 않으면 지공무사(至公無私)함을 내세우는 대신들이 역시 현명한 아들을 태자로 세우자고 주장하기도 했다.

사실 황제 본인도 어떤 아들이 '현명'한지 판단하기 어려울 수도 있었다. 왜냐하면 황제의 아들은 태어난 이후 황제와 직접 접촉하는 경우가 드물었으며 심지어 그의 모친과도 접촉하는 경우가 드물었기 때문이다. 일반적으로 황자(皇子)는 모두 유모와 보모 혹은 비빈(妃嬪)이 길렀고 자란 이후에는 환관이 그를 보살폈으며 어떤 경우는 성년이 된 이후 궁궐 밖으로 거주지를 옮기거나 제후왕에 봉해져 그의 왕부(王府)에서 지냈다. 청나라는 모자 간에 특별한 감정이 생기거나 관계가 너무 밀접해지는 것을 방지하기 위해 황후의 아들이든 비빈의 아들이든 막론하고 모두 다른 비빈에게 맡겨 서로 교차 양육하도록 규정했다. 이 때문에 자기 아들의 언행이 어떤지 인품이 어떤지는 친모조차도 잘 알기 어려웠으며 황제는 더욱 알기 어려웠으니 궁궐 밖 대신은 더 말할 필요조차 없었다.

어떤 황자는 일찍 궁궐에서 나갔는데 그들은 흔히 외지로 나가 변방을 방어하거나 제후왕에 봉해졌다. 따라서 그가 도대체 현명한지 어리석은지 논하려면 확실한 근거가 부족했고 구체적인 기준조차 잡기 어려웠다. 이 때문에 사심(私心)을 배제한 대신들도 이 문제에서는 흔히 의견이 갈리기 일쑤였다. 태자 책봉 과정은 각종 정치 세력에게 권력 다툼의 기회로 작용했다. 이렇게 책봉된 태자는 처음부터 공고한 기반을 갖기 어려웠다.

또 하나의 상황은 황제가 죽었을 때 아들이 없거나 아들이 너무 어린 경우도 있었다. 황제 자신에게 성기능 장애가 있는 경우 수많은 비빈이 있다 해도 아들을 낳을 수 없었기 때문이다. 어떤 황제는 성년이 되기 전에 죽거나 나이가 너무 어려서 죽기도 했다. 또 다른 상황은 완전히 인위적으로 만들어진 경우로 후궁의 암투로 야기된 상황이 그것이다. 황후나 총비(寵妃)가 아이를 낳지 못했거나 양육에 실패한 결과 질투심이 일어난 나머지 자신만을 위해 기회를 포착하려고 온갖 방법으로 상대를 방해하고 파괴해 아이를 가질 수 없게 만들고 심지어 음험한 수단으로 상대의 아이를 살해하기도 했다. 보위를 이은 황제가 아직 미성년이면 모후(母后)가 집정(執政)의 기회를 얻는데, 그것은 바로 정실 황후나 황제의 모친이 태후의 신분으로 수렴청정하는 것을 말한다. 어떤 때는 두 명의 태후'가 동시에 수렴청정을 하기도 했다. 하지만 절대다수의 태후는 나이가 많지 않았고 치국 능력도 전혀 없었으므로 외척(태후의 부친이나 형제)에게 집정을 부탁할 수밖에 없어 여기에서 외척 전제 정치가 야기되었다.

후한 중기 이후로 대부분의 황제가 단명해 전후 6명의 황제가 미성년에 죽거나 아들을 두지 못했기에 황실 종친 중에서 후계자를 선택해야 했다. 권력을 장악한 대신이나 외척은 자신의 이익에서 출발해 대개 황실의 어린아이를 찾았다. 나이가 어리면 쉽게 통제할 수 있고 황제가 아직 성년이 되지 못했으므로 태후가 떳떳하게 수렴청정할 수 있으며 이를 통해 외척도 당연히 조정의 실권을 장악할 수 있었기 때문이다. 황실에서 어린아이를 찾지 못하면 촌수가 비교적 먼 종실 아이를 찾거나 줄곧 도성 밖 벽지에서 생활한 친척을 찾아 황제로 옹립했다. 적어도 한동안 황제를 비교적 쉽게 조종할 수 있기 때문이다. 또 어떤 후계자는 평소에 가난했기 때문에 황제가 된 뒤에 있는 힘을 다해 재물을 긁어모으며 심지어 스스로 작은 금고까지 만들어 관리하기도 했다.

만약 황제의 아들이 하나가 아니라 여러 명이거나 황제의 재위 기간이 길어지면 태자 문제가 권력 투쟁의 초점으로 변하기도 한다. 태자가 자라서 성인이 되면 황제는 흔히 그에게 정무를 맡겨 치국 능력을 조련하기도 하므로 태자가 어쩔 수 없이 국가 대사에 개입하게 된다. 그런데 태자의 이념과 일 처리 방식이 황제와 다르면 곧 황제의 불만을 야기하거나 심지어 황제와 태자 사이에 충돌이 발생하

---

1 황제가 후궁의 아들일 경우 정실 황후와 황제의 생모가 모두 태후가 된다.

기도 한다. 이 때문에 어떤 황제는 태자를 바꿀 생각을 하면서 다른 황자에게 기회를 제공하기도 한다.

명 태조 주원장은 특히 자신의 맏아들 주표(朱標, 1355~1392)를 좋아해서 그를 태자로 세운 뒤 그에게 자신의 정무 처리를 돕게 했지만 그에게 큰 약점이 있다는 사실을 금방 발견했다. 주표는 타고난 품성이 유약하고 인자했기에 주원장의 강경한 성격 및 일처리 방식과 완전히 상이했다. 주원장이 불만을 품은 것은 당연했고, 이에 어느 날 가시가 달린 회초리를 땅바닥에 던져놓고 태자에게 주워 오게 했다. 태자가 말했다. "가시가 저렇게 많은데 어떻게 잡을 수 있겠습니까?" 주원장이 대답했다. "잘 알아두거라! 짐이 지금 너를 도와 가시를 제거하고 네가 회초리를 주울 수 있게 하겠다. 너는 내가 살인을 너무 많이 한다고 이상하게 생각하지 말아라. 네가 지금 이후로 안정된 권력을 잡아 저 많은 사람들을 다스릴 수 있게 하기 위해서다." 다행히 주원장의 태자는 일찍 죽었지만 만약 죽지 않았다면 유약한 태자를 용납하지 못하고 아마도 태자를 바꿀 생각을 했을 것이다.

태자가 자라면 본래 사람들이 주의하지 않았거나 조심스럽게 감춰뒀던 태자의 또 다른 일면이 드러나게 마련이었다. 당 태종은 당초에 자신의 맏아들 이승건(李承乾, 619~645)을 태자로 세웠지만 이승건은 성장하면서 이중적인 언행을 드러냈다. 즉 그는 음악, 여색, 명견, 명마를 좋아했으나 당 태종에게 그 사실을 숨겼고 외부 사람도 알지 못했다. 만약 어떤 대신이 그 사실을 알고 타이르면 그는 겸허하게 받아들이고 불쌍한 표정을 지어 보였으므로 대신도 더는 추궁하기가 민망했다. 그러나 황제가 조만간 그 사실을 알게 되면 다른 황자도 그 기회를 이용할 것이므로 태자의 황위 계승에 위기가 박두할 수밖에 없게 된다.

태자와 다른 황자는 신변에 자신을 보좌하는 사람이 필요했으므로 일부 사람들은 자신의 앞날과 이익을 미래 군주의 몸에 기탁하곤 했다. 태자를 보좌하는 사람들은 태자가 순조롭게 보위에 오르기를 희망했고 심지어 황제가 일찍 죽기를 간절히 바라기도 했다. 그렇지 않고 황제가 너무 오래 살면 그 보좌진이 태자에 비해 더욱 조급하게 굴었다. 다른 황자를 곁에서 모시는 사람은 당연히 황제가 태자를 폐위해 자신과 자신의 주군에게 두각을 나타낼 기회가 생기기를 희망했다. 태자와 다른 황자들은 모두 그들 나름의 이익 집단을 형성하고 서로 목숨을 건 권력 투쟁을 벌였다. 태자는 수시로 형제들을 방어했고 다른 형제들은 밤낮으로 태자가 황제에게 죄를 짓기를 학수고대했으며 심지어 태자가 모반했다고 모함해 자신이 태자 지위에 오를 기회를 잡으려 했다.

대신들은 공평한 마음에서든 아니면 자기 이익을 위한 생각에서든 태자의 일에 관여하지 않을 수 없었고 때로는 황제도 어쩔 수 없는 상황에 직면하기도 했다. 당 태종은 이승건을 태자로 세운 뒤 정관 17년(643년)에 이르러 태자를 폐위하지 않을 수 없었지만 누구를 다시 태자로 세워야 할지 정하지 못했다. 그는 또 다른 아들 이태(李泰, 620~652)를 좋아했고, 이태도 직접 당 태종에게 태자가 되고 싶다고 요청했으며 당 태종도 승낙했다. 그러나 몇몇 대신은 진왕(晉王) 이치(李治, 628~683), 즉 뒷날의 당 고종을 지지했으며 이치는 자신의 노력으로 태자의 자리를 쟁취했다. 이승건은 폐위된 뒤 또 다시 당 태종의 아우 이원창(李元昌, 618~643)과 반란을 도모했고 당 태종의 또 다른 아들인 제왕(齊王) 이우(李佑, ?~643)도 갑자기 공개적으로 반란을 일으키자 당 태종은 마음이 우울하고 정신이 어지러워졌다. 한번은 당 태종이 장손무기(長孫無忌, ?~659), 방현령(房玄齡, 579~648), 이적(李勣, 594~669), 저수량(褚遂良, 596~658) 네 명만 남게 한 뒤에 생각할수록 울화가 치미는지 이렇게 말했다. "세 아들과 아우 하나가 이런 지경에 이르렀으니 나는 아무리 생각해봐도 살아갈 의욕이 없소." 당 태종은 그런 말을 계속하다가 갑자기 보좌에 엎어졌고 사람들이 서둘러 그를 부축해서 일으켰다. 그때 당 태종은 자신의 패도(佩刀)를 빼서 자살하려 했고 저수량이 그의 칼을 빼앗아 곁에 있던 진왕 이치에게 건넸다. 장손무기 등이 그에게 도대체 무슨 생각을 하시느냐고 묻자 당 태종이 말하기를 "진왕을 태자로 세우려 하오. 그렇게 정합시다"라고 했다. 당 태종은 아마 정말 자살할 생각은 없었을 테지만 그런 수단을 동원해 네 중신에게 이치를 태자로 세우는 일에 동의하게 하여 태자를 둘러싼 분쟁을 잠재웠다. 그럼에도 그 일은 그가 봉착한 가장 큰 난제였기에 그런 방법을 동원하고서야 해결의 실마리를 찾을 수 있었다.

재위 기간이 길고 아들이 많은 황제는 거의 대부분 이와 같은 어려움에 맞닥뜨렸다. 태자를 폐위하고 다른 황자를 태자로 세우는 과정에서 왕왕 피비린내 나는 권력 투쟁이 벌어져 심지어 황제 자신이 목숨을 잃기도 했다. 예컨대 수 문제가 세운 태자는 본래 양용(楊勇, ?~604)이었는데 그는 참언을 믿고 양용을 폐위하고 수 양제 양광(楊廣)을 태자로 세웠지만 결국 양광에게 살해되었다.

한 무제는 재위 기간이 무려 54년에 달했고 만년에는 몸에 병이 많았으며 의심증도 심했다. 그러자 소인배들이 그 기회에 편승해 중간에서 시비를 뒤집으며 태자를 모함했다. 공교롭게도 당시에 한 무제는 도성 장안이 아니라 이궁(離宮)에 있었다. 태자는 너무나 다급했고 자신의 결백을 분명하게 해명하지 못할까 두려워서 직접 소인배 강충(江充, ?~기원전 91)을 죽였다. 한 무제는 단편적인 보고에 근거해 태자가 반란을 일으킨 것으로 단정하고 군대를 파견해 진압에 나섰다. 그는 태자를 압박하여 장안성에서 반란을 일으키지 않을 수 없도록 한 뒤 마침내 태자를 진압하고 자결하게 만들었다.[2] 이 사건으로 한 무제의 아들과 손자가 피살되었고 그의 증손자, 즉 나중에 보위에 오르는 한 선제도 자칫하면 감옥에서 피살될 뻔했다.

한 무제는 만년에 기실 이 일 때문에 매우 고통스러워했으며 그 자신도 태자가 반란을 일으킬 생각이 없었다는 사실을 알았지만 자신의 체면 때문에 피살된 태자를 끝내 복권하지 않았다. 한 선제가 황위에 오른 뒤에야 자신의 조부이면서 한 무제의 아들에게 '여태자(戾太子, 기원전 128~기원전 91)'라는 시호만 내렸다. '여(戾)' 자는 뜻이 좋지 않은 글자이지만 한 무제가 그의 죄명을 확정했고 그 결과를 바꿀 수 없었으므로 좋지 않은 글자를 쓸 수밖에 없었다.

청나라 강희제는 재위 기간이 무려 61년에 달했으며 아들도 많았다. 그는 태자를 세웠다가 폐위하고 또 다시 세웠다가 폐위했다. 마지막에도 태자를 폐위한 뒤 자신의 죽음이 닥쳐왔는데도 다시 태자를 세우지 못해 결국 옹정제 형제 간 잔혹한 권력 투쟁을 야기하게 만들었다.

때로는 태자가 죽고 나서 황제가 손자에게 정을 쏟아 직접 황태

---

2 이 사건이 한나라 역사에서 유명한 '무고지화(巫蠱之禍)'다.

손에게 보위를 전함으로써 큰 혼란을 조성하기도 했다. 명 태조 주원장의 태자 주표는 그보다 먼저 죽어서 그는 주표의 아들 황태손, 즉 건문제를 후사로 삼았다. 결과적으로 건문제가 즉위하자마자 주원장의 넷째 아들 연왕 주체(朱棣)가 '정난(靖難)', 즉 황제 곁의 간신을 제거한다는 명목으로 군사를 일으켰지만 그것은 기실 공개적인 무장 반란이었다. 주체가 3년 뒤 명나라 도성 남경으로 쳐들어가자 건문제는 스스로 불을 지르고 죽었다.

이는 태자, 황태손, 황자들만의 비극이 아니라 '한 집안이 천하를 다스리는 제도'하에서 불가피하게 발생할 수밖에 없는 비극이라고 할 수 있다.

제2절
황후: 황제에게 가장 영향력이 큰 사람

서진 태시(泰始) 7년(271년), 진 무제의 총신 가충(賈充, 217~282)은 도독진량이주제군사(都督秦凉二州諸軍事)에 임명되어 관중 땅을 진무하게 되었다. 문무백관은 그를 위해 석양정(夕陽亭)에서 융숭한 환송연을 베풀었다. 기실 가충은 도성을 떠나고 싶지 않아서 연회가 끝난 뒤 순욱(荀勖, ?~289)과 함께 어떻게 해야 좋을지 상의했다. 순욱은 그에게 "태자가 지금 태자비를 고르고 있지 않소? 만약 공의 딸이 태자비가 된다면 공은 황제의 사돈이 되므로 자연히 공을 곁에 두려고 할 것이오." 가충이 말했다. "그렇군요. 내가 왜 일찍이 그 생각을 못 했을까요? 그런데 그 일을 이루기 위해서 어떻게 하면 좋소?" 순욱이 말했다. "내가 손을 써보겠소."

가충은 일찍이 사마 씨 정권을 위해 큰 공을 세웠다. 진 무제의 부친 사마소(司馬昭, 211~265) 시대에 위(魏)나라의 허수아비 황제 조모(曹髦, 241~260)는 혈기왕성한 젊은 나이에 사마소의 통제와 업신여김을 참지 못해 직접 무기를 들고 친위대와 환관을 거느린 채 사마소의 승상부를 공격하려고 준비했다. 당시에 가충과 그의 부대는 궁궐 남쪽에서 조모를 막았지만 황제가 직접 무기를 들고 공격해오자 장졸이 어찌할 바를 몰랐다. 당시 가충의 부하 성제(成濟, ?~260)가 가충에게 "어떻게 할까요?"라고 묻자 가충이 이렇게 대답했다. "주군께서 너희를 기르신 건 오늘을 위함이 아니야? 뭘 꾸물거리느냐?" 이에 성제는 앞으로 돌진해 손에 들고 있던 창으로 황제 조모를 찔러 그 자리에서 즉사하게 만들었다.[3]

사마소는 명목상으로 위나라 간판을 계속 유지하기 위해 황제 조모의 시신 앞에서 통곡하고 명령을 내려 성제를 잡아 처형하게 하고 그의 가족까지 모두 죽였다. 하지만 가충은 그 일로 큰 공을 세웠다. 만약 당시에 가충이 그 명령을 내리지 않아서 장졸이 머뭇거리며 결단을 내리지 못했다면 어쩌면 명목뿐인 황제 조모가 승상부로 진격할 수 있었을지도 모른다. 그렇게 되었다면 결과를 장담할 수 없었을 것이다. 이 때문에 그는 줄곧 진 무제가 가장 총애하는 대신이 되었다. 그러나 당시 관중의 형세가 비교적 위급했다. 강

<hr />

3 『삼국지(三國志)』 「삼소제기(三少帝紀)」 '배송지주(裴松之注)': "中護軍賈充又逆帝戰於南闕下, 帝自用劍. 衆欲退, 太子舍人成濟問充曰, '事急矣. 當云何?' 充曰, '畜養汝等, 正謂今日. 今日之事, 無所問也.' 濟卽前刺帝, 刃出於背."

족, 저족이 반란을 일으키자 그의 정적들이 그 참에 진 무제에게 관중 같은 중요한 곳은 가충만이 지킬 수 있다고 건의했다. 황제도 일리 있다 생각하고 조서를 내렸으므로 가충은 사양할 수 없었다. 그러나 그는 일단 도성을 떠나 외지에 주둔하게 되고 정적들이 그 틈을 타서 그와 황제 사이를 갈라놓으려 하면, 또 그들에게 권력을 주게 되면, 아주 불리한 형편에 놓일 수밖에 없었다. 그런 상황에서 순욱이 그에게 제시한 의견이 그의 마음에 딱 맞았다. 이 때문에 그는 잠시 시간을 끌며 임지로 부임하지 않았다.

진 무제는 자신의 아들(나중의 진 혜제) 사마충에게 태자비를 간택해주려고 전국 혼인 적령기 여성의 혼인을 금지한다고 명령을 내렸다. 이는 태자비 간택의 여지를 더욱 넓히려는 조치였다. 본선에 오른 태자비 후보 중에는 가충의 딸을 포함한 몇몇 대신의 딸도 들어 있었다. 조정에서는 전문적으로 간택 심사단을 만들어 전면적인 조사와 평가를 진행했다. 심사단에서는 최종적으로 태자비로 가장 적합한 여성이 위관(衛瓘, 220~291)의 딸이라고 의견을 모았다. 그녀는 다섯 가지 장점을 갖고 있었는데 그것은 바로 가충의 딸에게 다섯 가지 단점으로 작용하는 것이었다. 예를 들어 위관의 딸은 성격이 온화하고 사람됨이 현명하고 키가 크고 피부가 희고 아들을 많이 낳을 수 있다고 판단되었지만, 가충의 딸은 심보가 고약하고 질투심이 강하고 키가 작고 피부가 검고 아들을 많이 낳을 수 없다고 판단되었다. 이치대로라면 가충의 딸은 본선에 들 수 없었지만 가충의 부인이 양 황후(楊皇后, 238~274)와의 연줄을 동원했다. 진 무제는 양 황후의 말을 잘 듣기 때문에, 양 황후는 진 무제 앞에서 가충의 딸이 지닌 장점을 크게 칭찬했다. 순욱도 연회에서 진 무제에게 가충의 딸을 태자비로 추천했다. 궁궐 안에서는 양 황후가 지지하고 궁궐 밖에서는 순욱이 추천했으며 다른 사람들도 황제의 면전에서 거듭 가충의 딸을 칭찬하자 진 무제는 마침내 그들의 의견을 받아들였다. 또 당시 마침 낙양성에 폭설이 내려서 가충의 군대가 장안으로 출발할 방법이 없었고 오래지 않아 태자가 혼례를 올리게 되어 가충도 혼례에 참가해야 할 정당한 이유가 생겼으므로 그렇게 시간을 끌며 가충은 장안으로 부임하지 않았다. 이에 황제는 그에게 조서를 내려 본래 직위로 복귀하라고 명령했다.

당시 태자의 혼인은 처음부터 정치적 도박이었다. 따라서 태자와 태자비는 기실 자신들이 자유롭게 상대를 선택할 수 없는 바둑판의 바둑돌에 불과했다. 과연 가충의 딸 가남풍(賈南風, 257~300)은 입궁한 이후 상상을 초월하는 질투심과 잔혹함을 드러냈다. 예를 들어 그녀는 다른 궁녀나 비빈이 아이를 낳을 기회를 저지하기 위해 황제의 아이를 임신한 여인을 발견하면 직접 아이를 유산하게 했는데 심지어 호위병의 긴 창을 빼앗아 임신한 여인의 배를 찔러 낙태하게 만들기도 했다. 게다가 태자는 본래 백치여서 진 무제가 일찍이 그를 폐위하고 다른 아들을 태자로 세울 마음을 먹기도 했다. 그러나 진 무제가 양 황후와 그 일을 의논하자 양 황후는 이렇게 말했다. "그 아이는 적자이고 장자입니다. 옛 법도에 의하면 태자를 세울 때는 적자를 세우고 장자를 세우지 현명함은 따지지 않는다고 했습니다. 그런데 어떻게 바꿀 수 있겠습니까?" 그는 양 황후의 아들이었기에 그녀가 그를 극력 옹호한 것은 당연한 일이었고 진 무제도 그녀가 장차 순조롭게 태후가 될 수 있도록 용인할 수밖에 없었다.

이후 양 황후는 죽기 전에 또 자신의 사촌 누이동생을 진 무제에게 추천했고 진 무제는 그녀를 새 황후로 삼았다. 새 황후는 기실이미 가남풍의 극단적인 질투와 폭력 그리고 음모를 알아챘지만 이며느리를 자신의 사촌 언니가 생전에 간택했고 게다가 자신은 아들이 없으므로 태자와 며느리를 보호할 수밖에 없었다. 이 때문에 그녀는 진 무제에게 "여자의 질투는 어쩔 수 없는 것이고, 태자비의 부친은 국가에 큰 공을 세웠습니다. 그러니 태자비의 결점만 보고 그부친이 국가를 위해 세운 큰 공을 생각하지 않아서는 안 됩니다"라고 권했다. 다른 한편으로 새 황후는 가남풍을 엄격하게 훈도하며잘못을 고치라고 타일렀다. 가남풍은 새 황후가 기실 자신을 돕고있다는 사실도 모른 채 오히려 시어머니가 자신을 너무 엄하게 단속한다 여기고 악독하게 원한을 품었다.

진 무제가 죽고 그의 백치 아들이 황제가 되자 가남풍은 거리낌없이 정치에 간여해 권력을 휘둘렀을 뿐 아니라 기회를 틈타 자신의 사사로운 원한을 풀기 시작했다. 당시에 양 황후는 이미 양 태후가 되었고 그녀의 부친 양준(楊駿)은 대장군의 신분으로 정권을 잡았다. 가남풍은 하수인을 찾아 양준을 모함해 그가 반란을 모의했다고 누명을 씌운 뒤 먼저 그의 일가족을 모두 죽였다. 그리고 계속해서 분명하게 조사한 결과라고 공언하며 양 태후도 기실 그 반란의 참여자이므로 태후를 폐서인해야 한다고 했다. 그전에 양준의아내, 즉 양 태후의 모친은 태후와 함께 살았고 처벌을 받지 않았다.그러나 양 태후의 모친도 반란 참여자라고 하면서 그녀를 태후의거처에서 끌어내 처형했다. 양 태후는 모친의 시신을 끌어안고 통곡하면서 자신의 머리카락을 자르고 꿇어앉아 살려달라고 간청했다.

게다가 태후는 가남풍에게 상소문을 올려 자신을 신첩(臣妾)이라고까지 칭했지만 사태를 되돌릴 수 없었다. 최후에는 양 태후를 곁에서 모시던 사람들까지 모두 끌고 나갔기 때문에 그녀는 혼자서 산 채로 굶어 죽었다.

가남풍은 얼마 지나지 않아 서진의 '팔왕지란'을 야기해서 서진의 멸망을 재촉했을 뿐 아니라 중국 역사에 일찍이 없었던 전란인 '오호란화', 즉 '다섯 호족이 중원을 어지럽힌 난리'와 '십육국분쟁(十六國紛爭)'을 조성했다.

이런 사례를 통해서도 태자비 간택이 매우 어려우며 그것이 확실히 국가의 치세와 난세에 관계된 일임을 알 수 있다.

태자비 간택이 이 정도였으므로 황후 간택은 더욱더 어렵고 중요한 일이었다. 중국 고대 사회에서는 한 젊은 여성의 인품이 어떤지, 용모가 어떤지를 두고 대중은 그 진실을 알 방법이 없었고 대신들조차 진실을 알 수 없었으므로 한 여인을 황후로 공정하게 간택하기가 매우 어려웠다. 이론적으로는 황후의 직권이 후궁을 관리하는 일에 그쳤지만 실제로는 황제에게 가장 큰 영향을 끼치는 사람이었다. 특히 황제가 유약하고 무능하거나 우유부단해 결단력이 부족하거나 혹은 진 혜제처럼 백치이거나 저능아라면 이전의 황후가 태후가 되어 실제적으로 정치를 좌우했다. 황후는 본래 정무를 처리해본 경험이 전혀 없었고 또 가족 이외에는 사회적 관계를 맺는 일도 불가능했으며 하물며 대부분의 황후는 태후가 될 때 나이도 많지 않았다. 이 때문에 태후는 외척, 즉 자신의 오빠나 부친에게 의지하지 않을 수 없었다. 만약 외척의 품성이 나쁘거나 사욕이 과도하거나 무능하면 반드시 정권을 좌지우지하다가 나라에 재앙을 야기했다. 슬프게도 역사에서 정권을 장악한 외척은 늘 이런 모습을 보였다.

이 때문에 사심이 없는 대신들은 황후를 간택하거나 태자비를 간택할 때 자신의 의견을 제시하며 수수방관하지 않았다. 그들은 간택 대상이 된 여성의 용모가 아름다운지 여부나 황제를 잘 모실 수 있을지 여부를 고려하는 것에 그치지 않고 그녀의 가정이나 가풍까지 고려 대상으로 삼았다. 문제는 여성에 대한 정보가 공개되지 않은 고대 사회에서는 필연적으로 가담항설이나 근거 없는 낭설 및 개인의 선입견이나 기호가 섞여 들 수밖에 없었다는 사실이다. 서로 다른 정치 이익 집단도 기회를 틈타 권력 투쟁, 이익 분쟁, 감정 다툼을 전개했다. 사심이 있는 대신들은 더욱더 누가 황후가 되는 것이 자신에게 유리하고 누가 외척이 되는 것이 자신의 친분관계에서 더 밀접한지 혹은 이후 자신과 정치적으로 한 패가 될 수 있는지를 고려했다.

황제는 평소에 간택 대상이 된 여성과 접촉할 수 없었고 황후를 간택할 때 대부분의 황제는 아직 성년에 이르지 못했기 때문에 흔히 황제 자신의 느낌에만 근거할 수밖에 없었다. 그러나 그 느낌과 소망은 태후나 대신의 의견과 꼭 일치하지 않을 수도 있어서 결과적으로 자신의 소망을 이룰 수 없는 경우가 흔했다. 황제는 흔히 "혼인은 나의 가정사이고 개인사인데 왜 나 자신의 뜻대로 할 수 없나?"라고 원망을 품곤 했다. 그러나 대신들은 "폐하께선 천자이시니 천하의 주인이고 따라서 황후를 간택하는 일은 천하 대사입니다. 황후는 '국모'로 천하의 모범이 되어야 합니다"라고 대답했다. 이것은 겉으로 내세운 이유이며 대신들이 속으로 감추고 있던 진정한 이유는 더욱 단순한 것이었다. 즉 지금 간택한 황후가 미래에 자신의 운명을 주관할 수도 있는데 어찌 자신의 이익을 고려하지 않을 수 있겠는가?

이 때문에 황제와 황후·비빈의 관계는 진정한 애정의 기반 위에 자리 잡을 수 없었고 황제의 개인적인 호오(好惡)는 정치적인 계산과 권력 관계에 양보하지 않을 수 없었다. 역사에는 자주 황제와 황후·비빈을 둘러싼 비극이 발생했는데 이는 '한 집안이 천하를 다스리는[家天下]' 제도하에서는 불가피하게 발생할 수밖에 없는 일이었다.

황후 간택 과정은 황후 폐위 과정에 수반된 일이었다. 어떤 황제는 재위 기간이 길어서 황후에게 이미 아무 감정도 남아 있지 않거나 감정이 다른 후궁에게 옮겨 간 경우도 있었다. 또 어떤 황후는 늙어서 용모가 시들거나 성격이 괴팍하게 변하기도 했다. 혹은 황제에게 새로 은총을 입은 비빈이 다급하게 지위 상승을 노리는 경우도 있었다. 어떤 황후는 오랫동안 아이를 낳지 못했고 어떤 황후는 법률이나 관례를 어겼으며 어떤 황후의 외척은 법률과 기강을 어지럽히며 발호하기도 했다. 이런 사유는 황후 폐위에 정당한 이유를 제공해주었다. 황후 자리는 하나뿐이어서 옛 황후를 폐위하지 않으면 새 황후를 세울 수 없었다. 대다수 비빈에게는 그런 기회가 오직 한 차례뿐이어서 반드시 전력을 다해 황후가 되려고 했다. 옛 황후를 폐위하고 새 황후를 책봉하는 절차를 마무리하려면 흔히 정치적 다툼과 권력 투쟁의 풍파가 휘몰아치기 마련이었다.

태상황: 황궁 안의 '유명무실한 직위'

지금도 사람들은 흔히 어떤 이가 어떤 곳의 태상황(太上皇)이라고 말하거나 어떤 이가 어떤 곳의 태상황 노릇을 한다고 질책하곤 한다. 그러나 기실 이렇게 말하는 사람들은 태상황의 진정한 의미가 무엇인지 전혀 모르거나 태상황의 권력이 황제에 비해 크다고 여긴다. 실제로는 건륭제가 마지막 3년 동안 태상황을 지낸 사례를 제외하고는 중국 역사에서 황제보다 더 큰 권력을 가진 태상황은 없었고 태상황을 자원해 계속 실권을 장악한 사례도 찾아볼 수 없다.

태상황은 황제의 부친인데 황제가 보위에 올랐을 때 부친이 살아 있는 경우는 매우 드물다. 건국 황제를 제외하면 현임 황제가 아들에게 양위하는 상황이 있을 수 있고 또 친아버지가 생존해 있는 황실 종친이 이미 고인이 된 황제의 대를 이어 양자로 대통을 잇는 상황이 있을 수 있다. 그러나 후자의 경우 역대 제도에 따르면 새 황제는 이미 고인이 된 황제의 보위를 이었으므로 그의 살아 있는 친아버지는 황제가 된 아들에게 '신(臣)'이라고 칭해야 한다. 따라서 황제의 친아버지라 해도 태상황이 될 자격이 없을 뿐 아니라 사후에도 일반적으로 황제로 추존할 수 없다.

명나라 세종 가정제(嘉靖帝, 1507~1566)는 자신의 친아버지를 황제로 추존하려다 '대예의(大禮議)'라는 격렬한 논쟁을 야기했는데 그것은 당시 나라의 근본을 흔든 대사건이었다.

청나라 마지막 황제 푸이(溥儀, 1906~1967)가 광서제를 계승해 황제가 되었을 때 그의 친아버지 짜이펑(載灃, 1883~1951)은 감국섭정왕(監國攝政王)이 되어 대권을 장악했지만 태상황이라 칭할 수 없었으며 그의 신분은 여전히 신하였다.

그러나 황제가 보위에 오를 때 그의 생모나 적모(嫡母)가 살아 있는 경우는 매우 흔했고 조모가 생존해 있는 경우도 있었다. 이 때문에 역대로 태후나 태황태후가 드물지 않았다.

황제라는 호칭은 진시황 때부터 시작되었지만 그가 '왕'이란 호칭을 '황제'로 개칭할 때 그의 부친 장양왕(莊襄王, 기원전 281~기원전 247)은 벌써 세상을 떠났기 때문에 태상황으로 추존할 수밖에 없었다. 살아서 태상황에 오른 첫 번째 인물은 한 고조 유방의 부친 태공이다. 당시는 선례가 없어서 한나라에서 처음 제도를 만들어야 했기 때문에 유방은 황제를 칭한 이후에도 부친에게 어떤 특별한 예의를 베풀어야 하는지 생각하지 못했다.

한나라는 관중으로 천도한 이후에도 새로운 도성 장안을 아직 다 건설하지 못했기 때문에 유방과 그의 부친은 임시 거주지에 머물러야 했다. 유방은 여전히 이전에 집안에서 지키던 예절에 따라 닷새에 한 번씩 부친을 뵙고 문안 인사를 했다. 어느 날 유방이 부친을 뵈러 가자 부친이 자루가 긴 빗자루를 공손하게 들고 대문 앞에 서 있다가 유방의 수레가 다가오는 것을 보고 몸을 굽혀 한 걸음씩 뒤로 물러났다. 유방은 깜짝 놀라 수레에서 뛰어내려 얼른 부친을 부축했다. 그러자 부친이 말했다. "황상께서는 만민의 주인이신데 어찌하여 나 때문에 천하의 법도를 어지럽히십니까?"[4]

---

4 『사기』 「고조본기」: "後高祖朝, 太公擁篲, 迎門却行. 高祖大驚, 下扶太公. 太公曰, '帝, 人主也, 奈何以我亂天下法?'"

본래 유방의 부친을 모시던 사람이 이렇게 권했다. "하늘에는 태양이 둘이 아니고, 땅에는 임금이 둘이 아닙니다. 황상께서는 태공의 아들이지만 만민의 주인이기도 합니다. 태공은 황상의 부친이지만 황상의 신하이기도 합니다. 그런데 어째서 임금께서 신하에게 문안 인사를 올 수 있겠습니까? 계속 이와 같이 한다면 지고무상한 황상의 권위가 손상될 것입니다."[5] 유방은 부친이 아침에 그렇게 행동한 원인을 알고 마음속으로 수긍한 뒤 그 의견을 제시한 사람에게 황금 500근을 상으로 내렸다.

어떻게 해야 부친을 모시는 예절도 유지하고 황제의 권위도 해치지 않을 수 있을까? 이에 유방은 조서를 내려 자신의 부친을 '태상황'으로 높였다. 태상황의 지위는 자연히 황제보다 높으므로 황제가 문안 인사를 간다 해도 황제의 권위에는 아무 손상될 것이 없는 것이다. 이와 같은 존호(尊號)를 만들자 태상황도 자연스럽게 중요한 전례에 참여할 수 있게 되었다.

한나라 정궁인 미앙궁(未央宮)을 준공한 뒤 유방은 제후와 신료를 크게 불러 모아 미앙궁 전전(前殿)에서 연회를 베풀었고 태상황도 참석했다. 유방은 몸을 일으켜 옥 술잔을 높이 들고 부친을 위해 축배를 올렸고 주흥이 도도해지자 이렇게 떠벌렸다. "아버지께서는 이전에 늘 나더러 변변치 못하여 돈을 벌 줄 모르니 재산이 작은 형님보다 못하다고 말씀하셨습니다. 지금 나와 작은 형님 중에서 누가 재산을 더 많이 벌었습니까?" 신료들은 박장대소하며 연회 자리가

---

5 『사기』「고조본기」: "太公家令說太公曰, '天無二日, 土無二王. 今高祖雖子, 人主也. 太公雖父, 人臣也. 奈何令人主拜人臣? 如此, 則威重不行.'"

떠나가도록 즐겁게 '만세'를 불렀다.[6]

유방은 태상황이 즐겁게 만년을 보내도록 전심전력을 다하며 자신의 재산을 조금도 아끼지 않았다.

유방은 태상황이 궁궐 안에만 거주하는지라 고향 말로 고향의 저잣거리 생활을 하지 못해 늘 울적해하는 모습을 발견했다. 이에 그는 명령을 내려 자신의 고향인 패군(沛郡) 풍읍(豐邑) 고을 전체를 관중으로 옮겨 오게 하고 이주민은 종신토록 각종 부역을 면제해주겠다고 했다. 새로운 성곽 축조는 완전히 풍읍의 모습을 그대로 재현하게 하고 닭장이나 개집까지도 본래 모양을 유지하게 했다. 이주민은 명령에 따라 이사올 때 닭과 개까지 모두 옮겨왔고 새 고을에 당도해 닭과 개를 풀어놓자 그것들은 모두 자신의 집으로 찾아 들어갔다. 태상황은 마치 고향처럼 그곳에 거주했다. 태상황은 사후에 이 새로운 고을 근처에 묻혔고 유방은 그곳을 정식으로 '신풍(新豐)'이라 명명했다. 하지만 이 태상황은 존중과 향락의 생활만 누렸을 뿐 권력과는 아무 관계도 없었다.

실질적인 면으로 말해보면 중국 역사에서 첫 번째로 태상황이 되려고 자원했던 군주는 전국시대 조(趙)나라 무령왕이었다. 당시에는 아직 황제가 없었기 때문에 '태상황'이란 명칭을 쓸 수 없었을 뿐이다.

조나라 무령왕은 웅대한 재주와 담략으로 '호복을 입고 말 위에서 활을 쏘는' 정책을 시행하고 영토를 개척해 조나라를 나날이 강

---

6 『사기』 「고조본기」: "未央宮成. 高祖大朝諸侯群臣, 置酒未央前殿. 高祖奉玉卮, 起爲太上皇壽, 曰, '始大人常以臣無賴, 不能治産業, 不如仲力. 今某之業所就孰與仲多?' 殿上群臣皆呼萬歲, 大笑爲樂."

성하게 만들었다. 그는 27년 동안 조나라 임금으로 재위하다가 갑자기 자발적으로 왕위를 어린 아들 공자 하(公子何, 즉 혜문왕惠文王, 기원전 309?~기원전 266)에게 양위하고 자신은 '주부(主父)'라 칭했다. 그것은 바로 '주상의 부친'이라는 뜻이다. 그 뒤에 그는 친히 장졸을 거느리고 중산국을 멸하기 위해 전력을 기울였다. 3년 뒤에 뜻을 이루었지만 그는 병권조차도 장악하지 않았다.

그러나 1년 뒤 그의 두 아들이 권력 투쟁을 벌이는 도중 아들의 부하에 의해 사구궁(沙丘宮)에 감금되었고 석 달 뒤 식량이 떨어져 아사했다.

태상황이 되기를 자원함과 아울러 정식으로 태상황이란 호칭을 사용한 황제는 송 휘종 조길(趙佶)이었다. 기실 그가 애초에 마음먹은 바와 달리 그의 말년은 조 무령왕보다 더욱 비참했다. 선화(宣化)[7] 7년 11월(1125년 1월) 하순 금나라 대군이 침입해 송나라 도성 개봉이 풍전등화의 위기에 처했다. 송 휘종은 아무 대책도 없이 경황 속에서 도주하기에 급급했다. 그러나 대신들의 설득에 막혀 태자 조환(趙桓)을 개봉목(開封牧)으로 봉하고 자신은 개봉 수비의 부담에서 벗어나 '동순(東巡)'이라는 명목으로 도주에 나섰다.

당시에 송나라 도성 개봉을 지키던 이강(李綱, 1083~1140)은 소식을 듣고 자신의 팔뚝을 칼로 찔러 혈서를 써서 송 휘종의 도주를 막았다. 이에 송 휘종은 태자에게 양위하고 스스로 '도군황제(道君皇帝)'라 칭하며 자신의 지위를 태상황으로 높였다. 금나라 군사가 남하하자 이 태상황은 먼저 박주(亳州, 안후이 보저우시亳州市)로 도주

---

7 송 휘종의 여섯 번째 연호. 1119년에서 1125년에 사용했다.

했다가 다시 진강(鎮江, 장쑤 전장시鎮江市)으로 도주했다. 그는 금나라 군사가 물러간 뒤인 다음 해 4월에야 개봉으로 돌아왔다. 정강(靖康)[8] 2년(1127년) 4월, 이 태상황은 아들 흠종과 함께 금나라 군사에게 포로가 되어 북쪽으로 잡혀가[9] 금나라 군주에 의해 '혼덕공(昏德公)'에 봉해졌고 결국 굴욕 속에서 여생을 보냈다.

남송에도 자원해서 태상황이 된 황제가 두 명 있다. 그중 한 사람이 송 고종인데 그가 스스로 태상황이 된 배경에는 특별한 사정이 있다.

송 태조 조광윤이 사망한 뒤 황제 보위는 그의 아우 송 태종에게 전해졌다. 전설에 의하면 그들의 모친 두태후(杜太后, 902~961)가 조서를 내려 후주(後周)는 황제가 어려서 황실을 잃었으므로 이런 상황을 개선하기 위해 조 씨 가문은 형이 죽으면 아우가 보위를 잇고 막내 아우가 죽은 뒤에 다시 보위를 큰형의 아들에게 전하라고 했다. 조광윤은 이에 자신의 보위를 아우 조광의에게 전했다. 그러나 송 태종은 보위를 이은 뒤 더는 조광윤 일파로 보위를 전하지 않고 계속 자신의 후손에게 전해 송 고종에 이르렀다. 송 고종 자신에게 아들이 없자 그는 보위를 조광윤 일파에게 전하기로 결정했다. 그는 조광윤의 후손을 찾아 자세히 조사해 그를 태자로 책봉하고 자발적으로 그에게 양위한 뒤 스스로 25년 동안 태상황으로 살았다.

송 고종이 도대체 무엇 때문에 그렇게 행동했는지는 줄곧 사학계

---

8 송 흠종의 연호. 1126년에서 1127년에 사용했다.
9 이 일을 역사에서는 '정강지치(靖康之恥)'라고 부른다.

의 논쟁거리가 되었다. 어떻든 그는 태상황으로 살면서 어떤 권력도 갖지 않았고 송나라 조정에 아무 역할도 하지 않았다. 그는 여든 살 고령으로 편안하게 세상을 떠났다.

태상황을 자원한 또 다른 인물은 송 고종의 계승자 송 효종(宋孝宗, 1127~1194)이었다. 송 효종은 보위를 자발적으로 자기 아들에게 물려주고 자신을 '수황성제(壽皇聖帝)'로 높인 뒤 '수황(壽皇)'으로 부르게 했다. 그러나 보위를 이은 송 광종(宋光宗, 1147~1200)은 뜻밖에도 5년이 넘도록 그를 돌보지 않았다. 대신들이 온갖 방법을 생각했지만 그는 시간을 끌며 갖가지 핑계를 대고 태상황 찾아보기를 거절했다. 예상할 수 있는 바와 같이 이 태상황은 만년을 쓸쓸하게 보낼 수밖에 없었다.

다른 태상황은 모두 자신은 태상황이 되고 싶지 않았지만 압박에 의해 태상황이 되었다. 예를 들어 당 고조(唐高祖) 이연(李淵, 566~635)은 태원에서 거병해 수나라를 대신하려 했다. 그러나 한편으로는 당시 형세가 충분히 안정적이지 못했고 다른 한편으로는 자신의 행위에 합법의 외투를 입히려 했기 때문에 장안을 점령한 뒤 수 양제의 아들 대왕(代王) 양유(楊侑, 605~619)를 황제로 삼고 수 양제를 태상황으로 높였다. 기실 수 양제는 당시 강도에 머물고 있었으므로 근본적으로 장안의 상황을 통제할 수 없어서 타의에 의해 태상황이 될 수밖에 없었다.

물론 그것은 하나의 과정에 불과했고 다음 해에 이연은 양유를 핍박해 황제 보위를 양보하게 하고 정식으로 당나라를 세운 뒤 스스로 황제가 되었다. 그러나 아마 그도 자신의 아들 이세민(李世民)이 현무문(玄武門)의 변란을 일으켜 태자 이건성(李建成, 589~626)

과 또 다른 아들 제왕(齊王) 이원길(李元吉, 603~626)을 죽이고 울지경덕(尉遲敬德, 585~658)으로 하여금 무장 병력을 이끌고 궁궐로 진입해 자신을 보호하게 할 줄 짐작도 하지 못했을 것이다. 전설에 의하면 이연은 기쁘게 자신의 보위를 양보하면서 "나는 일찍부터 이 자리를 세민에게 전해주려고 했다"라고 말했다 한다. 이렇게 이연은 10년 동안 태상황 지위에 있었지만 더는 어떤 권력도 가질 수 없었다.

우리는 정상적인 생각으로 다음과 같이 추측해볼 수 있다. 당 고조의 아들들이 서로 목숨을 걸고 싸우는 과정에서 맏아들과 또 다른 아들은 피살되었다. 이어서 이세민은 당 고조를 핍박해 자신이 살해한 두 형제의 아들, 즉 당 고조의 손자 10명을 죽이게 했다. 이런 상황에서 당 고조가 어찌 황제 보위를 이세민에게 물려주고 태상황이 되고 싶겠는가? 틀림없이 강제로 태상황이 되었다고 봐야 한다.

당나라에는 아마도 이런 전통이 있었기 때문에 당 현종이 안사의 난으로 성도(成都)로 도주할 때 태자 이형(李亨, 뒤의 당숙종唐肅宗, 711~762)과 다른 아들 몇 명에게 각각 반란군에 저항하도록 했고 태자 이형은 바로 영무(靈武, 닝샤 링우시靈武市)에서 황제 보위에 올라 당 현종을 태상황으로 높였다. 당시에 당 현종은 성도에 있었기 때문에 이 사실을 전혀 알지 못하다가 한 달이 지난 뒤에야 자신이 이미 태상황이라는 사실을 알게 되었다. 안사의 난이 평정되고 당 현종은 장안으로 귀환했지만 그 이후로는 쓸쓸하게 여생을 보냈다.

태상황이 된 뒤에 다시 복위해 황제가 된 사례는 매우 드문데 명 영종(英宗)만 이에 해당한다. 정통 14년(1449년) 몽골족이 침범하자

제9장 | 제왕 **397**

영종은 태감(太監) 왕진(王振, ?~1449)의 부추김으로 친히 출전했다
가 몽골군의 포로가 되었다. 당시에 영종의 아우 성왕(郕王) 주기옥
(朱祁鈺, 1428~1457)이 먼저 감국(監國)을 칭하다가 이어서 스스로
보위에 올랐다. 이 사람이 경태제(景泰帝)다. 경태제는 영종을 태상황
으로 높이고 대신 우겸(于謙, 1398~1457) 등의 지지를 받아 몽골군
에 반격을 가하며 북경을 굳건하게 지켰다.

다음 해에 영종이 송환되었지만 이미 황제가 된 아우는 황위를
물려주려 하지 않고 영종을 태상황 자리에 묶어둔 채 사실상 연금
했다. 그러나 뜻밖에도 8년 뒤 경태제가 중병을 앓게 되었다. 그때
영종에게 충성하던 석형(石亨, ?~1460), 조길상(曹吉祥, ?~1461), 서유
정(徐有貞, 1407~1472) 등이 기회를 틈타 '탈문지변(奪門之變)'을 일으
키고 태상황을 궁궐로 맞아들여 다시 보위에 올렸다. 이후 영종은
다시 8년간 황제에 재위했다.

태상황 중에서 유일하게 태상황이 되겠다고 자원했으면서도 계
속 권력을 유지한 사람은 오직 청나라 건륭제뿐이다. 건륭제는 스
물다섯 살에 보위에 올라 60년간 황제 자리에 있었다. 그는 61년간
재위한 자신의 조부 강희제를 뛰어넘을 수 없다 여기고 건륭 60년
(1795년)에 보위를 아들 가경제(嘉慶帝, 1760~1820)에게 물려준 뒤 스
스로 태상황이 되었다. 실제로 건륭제는 태상황으로 있은 3년 동안
모든 권력을 장악했고 가경제는 '자황제(子皇帝)'로서 전전긍긍하고
조심하며 자신의 일거수일투족을 건륭제의 감시 아래 두었다. 건륭
제야말로 진정한 태상황이었다. 그는 황제의 부친이었을 뿐 아니라
계속해서 조정의 대권을 장악한 실권자였다.

이 때문에 우리가 이후 절대권력을 장악한 인물을 태상황이라고

칭할 때 반드시 그 사람이 건륭제와 같은 태상황인지 설명할 필요가 있으며 모든 태상황이 건륭제와 같다고 여겨서는 안 된다.

제4절
종실: 결코 쉽지 않은 삶을 산 황실 친척

종실은 바로 황제의 자손과 그들의 가족을 말한다. 한 사람의 황제에게는 많은 황후와 비빈이 있었고 또 수천에 달하는 궁녀가 있었는데, 어떤 왕조의 궁녀는 1만~2만 명에 달하기도 했다. 이 때문에 황제는 정상적인 상황에서 많은 자녀를 둘 수 있었다. 몇십 명의 아들과 딸을 둔 황제가 드물지 않았다. 이들의 자녀와 자손도 수많은 출산 기회를 가질 수 있었다. 왜냐하면 생활 조건이 부유했고 처첩이 많아서 종실 인원을 더욱 많이 늘릴 수 있었기 때문이다.

예를 들어 전한 시대에 한 고조 유방은 아무 배경도 없는 한미한 가문 출신이었기 때문에 형제가 겨우 세 사람뿐이었다. 그러나 전한 말기에 한나라 종실 인구는 이미 10만 명을 넘었는데 여기에는 이미 출가한 유(劉) 씨 여성은 포함되지도 않았다.

전한 초기 전국 총인구는 대략 1,500만 내외였고 전한 말기에 이르러 6천만 내외로 증가했다. 전체 인구는 4배가 되었지만 연평균 인구 증가율은 겨우 1천분의 7에 불과했다. 그러나 유방의 가족은 삼형제에서 시작해 10만으로 늘었으므로 전국 인구 평균 증가율을 훨씬 상회했다. 그러나 전한 시대에 종실은 아직 무슨 특권을 향유하지 않았기 때문에 사회에 끼친 해악이 비교적 적었다. 만약 이런 종실을 모두 사회가 부양하거나 특혜를 주었다면 틀림없이 조정에 막대한 재정 부담을 안겼을 것이다. 명나라가 바로 그러했다.

종실은 권력 중심에 가까웠고 그중에서도 가장 가까운 종실은 황제나 황실과 긴밀한 관계를 유지했기 때문에 어떤 사람은 중요한 직위를 맡거나 병권을 장악하기도 했다. 한편으로 그들은 융숭한 특혜를 누렸으므로 황제도 그들을 조심해야 했다.

예를 들어 위 문제(魏文帝) 조비(曹丕, 187~226)는 황제 보위에 있을 때 자신의 형제와 가까운 종실에게 줄곧 마음을 놓지 못했다. 위나라 때 봉토를 받은 제후왕은 겉으로는 황제 지위보다 한 단계 낮았고 또 봉토도 다소 소유했지만 실제로는 거의 고위급 죄수와 같았다. 그들은 근본적으로 아무 권력도 갖지 못했고 녹봉도 많지 않았으며 봉토도 작았다. 그리고 봉토에 파견된 국상(國相)도 표면적으로는 제후왕의 부하였지만 실제로는 황제가 그들을 감시하기 위해 파견한 관리였다. 당시 제후왕은 자유롭게 봉토를 벗어날 수 없었고 고개를 돌리는 일조차 황제에게 허락을 받아야 했지만 대개 사소한 일조차 허락받지 못했다.

서진의 통치자들은 위나라 정책을 반면교사로 삼았다. 즉 그들은 위나라가 그처럼 쉽게 사마 씨에게 정권을 뺏긴 원인이 황실을 보위할 수 있도록 자신의 종실 권력을 기르지 않았기 때문이라 여기고 위나라의 정책을 바꿔서 종실 인원을 대거 제후왕에 봉했다. 사마의(司馬懿, 179~251)에서 제2대 사마소(司馬昭, 211~265)와 사마사(司馬師, 208~255), 제3대 진 무제 사마염, 제4대 진 혜제 사마충에 이르기까지 황제의 형제, 사촌 형제, 숙부와 백부를 모두 제후왕으로 봉했다. 서진의 제후왕은 봉토뿐 아니라 군대도 거느렸다. 더욱 좋지 않은 서진의 정책은 국가의 상비군을 폐지하고 군대를 모두 종실 제후왕이 장악하도록 했다는 점이다. 예를 들어 진 무제의 아들 사마영(司馬穎, 279~306)은 성도왕(成都王)으로 책봉되어 익주의 촉군(蜀郡, 쓰촨 청두시成都市 일대), 광한(廣漢, 쓰촨 광한시廣漢市 일대), 건위(犍爲, 쓰촨 첸웨이현犍爲縣 일대), 문산(汶山, 쓰촨 원촨현汶山縣 일대) 네 군의 식읍 10만 호를 자신의 봉토로 삼은 데다 그곳의 막강한 병력까지 장악했다. 이러한 제도는 이후 종실 제후왕이 주축을 이룬 '팔왕지란' 발생에 빌미를 제공했다.

명나라는 또 다른 방식을 썼다. 명 태조 주원장은 가난한 민중 출신이었기에 자신의 자손이 장차 불편한 생활을 할까봐 걱정하며 그들을 위해 매우 융숭한 혜택을 베풀었다. 그는 다음과 같이 규정했다. 모든 황자를 친왕(親王)으로 봉해 연봉 1만 석의 녹봉을 지급하고 독립된 관청을 열어 관리를 둔다. 호위 군사는 적어도 3천 명을 두는데 많을 경우 1만 9천 명까지 둘 수 있다. 이에 주원장은 자신의 아들 20여 명을 모두 친왕에 봉했고, 이들의 1년 녹봉만 해도 20여만 석에 이르렀다. 이들의 호위병은 친왕 1인당 평균 5천 명 이상으로, 계산해봐도 10여만 명에 달한다는 사실을 알 수 있다.

친왕의 적장자가 만 10세에 이르면 왕세자로 책봉되었고 장손(長孫)은 세손(世孫)으로 책봉되어 등급 1품의 관복을 입고 그에 해당하는 대우를 받았다. 또 적장자와 적장손 이외의 다른 아들은 만 10세에 군왕(郡王)으로 봉해졌고 군왕의 적장자는 군왕세자(郡王世子)로, 적장손은 장손(長孫)으로 봉해졌다. 이들은 2품 관복을 입고 그에 해당하는 대우를 받았다. 군왕(郡王)의 다른 아들에게는 진국장군(鎭國將軍)직을, 다른 손자에게는 보국장군(輔國將軍)직을, 증손자에게는 봉국장군(奉國將軍)직을, 제4대 손자에게는 진국중위(鎭國中尉)직을, 제5대 손자에게는 보국중위(輔國中尉)직을, 제6대 및 제6대 이하에게는 모두 봉국중위(奉國中尉)직을 수여했다. 이들은 대대로 녹봉을 향유했으며 이와는 별도로 장례비도 보조받았다.

이와 같이 특별한 대우를 받자 황실과 가까운 종실은 끝도 없이 증가해 마치 출산 경쟁을 하는 듯한 상황이 전개되었고 마침내 한 군왕이 이 부문의 최고 기록을 작성하게 되었다. 이 군왕은 황제의 제3세, 즉 친왕의 아들이었다. 그는 아들 100명을 모두 성장시켰고 그들 모두 봉토를 받았다.[10] 그의 슬하에 모두 얼마나 많은 아이가 태어났는지를 대략 계산해볼 수 있다. 만약 그의 자식 절반이 딸이고 당시 영유아의 사망률을 고려해보더라도 적어도 300명의 아이가 태어났을 것으로 짐작할 수 있다. 다른 종실도 이처럼 자식이 많지는 않았겠지만 각자의 출산 능력을 모두 발휘했을 테니 종실의 출생률은 총인구의 평균 출생률보다 훨씬 높았다고 확언할 수 있다. 제12대 황제 목종 융경 초년에 이르러 종실 인구는 이미 2만 8천여 명에 이르러서 종실에 지급해야 할 녹봉이 조정의 막중한 부담으로 작용했다.

예컨대 가정 41년(1562년), 전국에서 도성으로 보낸 식량이 400만 석이었고, 그것은 경항대운하를 통해 어렵사리 북경으로 운송되었다. 그러나 종실 왕부의 녹봉이 853만 석에 달해서 전국에서 북

---

10 왕세정(王世貞)의 『황명성사술(皇明盛事述)』에 의하면 명 태조 주원장의 손자 주제현(朱濟炫)은 경성왕(慶成王)에 봉해졌는데, 많은 희첩(姬妾)을 두고 100명의 아들을 낳아 모두 성장시켰다고 한다(慶成王生一百子, 俱長成).

경에 보낸 식량의 두 배 이상을 점했다. 구체적으로 각 성(省)의 상황을 살펴보면 산서성은 매년 현지에 남겨 놓는 식량이 152만 석이었지만 산서성에 봉토를 갖고 있는 종실에게 제공해야 할 녹봉이 312만 석이었으므로 규정 총량을 훨씬 초과했다. 또 하남성은 매년 현지에 남겨 놓는 식량이 84만 3천 석이었지만 하남에 봉토를 갖고 있는 왕이 한둘이 아니었기 때문에 그들 종실에게 지급해야 할 녹봉이 192만 석에 달했다.

이 두 성에서 매년 징수하는 식량을 전부 쓴다 해도 종실 녹봉의 절반도 제공할 수 없었으므로 이런 부담은 당연히 백성이 짊어질 수밖에 없었다. 그러나 가정 41년은 아직도 종실 인구수가 정점에 도달하지 않은 때였고 이후에도 그들의 인구와 호구 수는 끊임없이 증가했다.

다른 한편으로 이들 종실 구성원은 매우 불행한 삶을 살았다. 명 태조 주원장의 규정에 따르면 종실 사람들은 관직에 오를 수 없고 과거를 볼 수도 없고 이론적으로는 장사도 할 수 없었다. 그들은 백성에게 부양을 받는 삶 이외에 어떤 다른 직업도 가질 수 없었다. 이 때문에 종실 구성원 대다수는 모두 무위도식하는 삶을 살았는데, 어떤 사람은 존귀하고 우대받는 처지에서 아무 일도 하지 않았고, 어떤 사람은 황음무도한 생활을 즐겼고, 어떤 사람은 백성의 땅을 빼앗으며 그들의 고혈을 착취했고, 어떤 사람은 변칙적으로 장사에 나서 고리대를 놓기도 했고, 어떤 사람은 권세에 의지해 백성을 괴롭혔다. 평생토록 먹고 마시고 놀고 즐기는 삶을 제외하고 이 몇만 명의 사람이 당시 사회에 어떤 공헌도 하지 못했다. 또 이들은 종실의 공식 기록을 제외하고는 역사에 어떤 흔적도 남기지 못했다.

다만 몇몇 개별 인원만 넉넉한 생활 조건과 충분한 시간을 이용하고 자신의 천부적인 능력을 보태서 모종의 분야에서 뛰어난 인재가 되었을 뿐이다. 예를 들어 영왕(寧王) 주권(朱權, 1378~1448)은 도교, 희곡, 음악 연구 분야에 큰 업적을 남겼다. 또 정공왕(鄭恭王)의 아들 주재육(朱載堉, 1536~1611)은 뛰어난 음악이론가가 되어 '12음 평균율(十二平均律)'[11]을 증명했는데 이는 유럽보다 수십 년 빠른 성과였다. 주권의 7대손 주모위(朱謀瑋, 1564~1624)도 저명한 학자로 『수경주(水經注)』[12]에 전문적인 주석을 달았고 또 『수경주』 교정에도 큰 업적을 남겼다. 명나라가 멸망한 뒤에도 명나라 종실 주탑(朱耷, 1626~1705?)은 명말(明末) 청초(淸初)의 저명한 화가로 활약했는데, 팔대산인(八大山人)[13]이 바로 그의 호다. 그러나 누계 수십만 명에 이르는 종실 인원 중에서 위의 몇 사람은 기실 소수의 명인이었을 뿐 기타 대부분은 무명의 범속한 삶을 살다가 세상을 마쳤다.

게다가 촌수가 먼 종실 친척은 기실 전혀 평탄한 삶을 살지 못했다. 제6대 이후로는 대우가 달라졌기 때문이다. 물론 조정에서 여전히 녹봉으로 그들의 의식주를 걱정하지 않게 해줬지만 그들은 평민 백성의 자유를 누릴 수 없었다. 왜냐하면 중대한 일은 모두 조정

---

11 한 옥타브에 12개 음이 균등하게 들어가도록 만든 음계다.
12 중국 고대 지리서로 모두 40권이다. 북위(北魏)의 역도원(酈道元, 420?~527)이 『수경(水經)』에 주석을 단 책이다. 『수경』의 저자는 곽박(郭璞, 276~324) 또는 상흠(桑欽)으로 알려져 있다. 중국 전역의 하천 137곳의 원천과 흐름을 밝힌 책으로 역도원이 주석을 달아 원전의 소략함을 상세하게 보충했다. 후대 주석본으로는 명나라 주모위의 『수경주전(水經注箋)』, 청나라 조일청(趙一清)의 『수경주석(水經注釋)』 등이 유명하다.
13 주탑(朱耷)은 명나라가 망한 뒤 예순 살부터 '팔대산인(八大山人)'이라는 호를 썼는데, 이 네 글자를 교묘하게 연결해 마치 '소지(笑之)', '곡지(哭之)'처럼 보이게 했다. 즉 청나라 세상이 된 현실을 비웃고 통곡한다는 뜻을 담았다.

에 보고해 종인부(宗人府)의 비준을 얻어야 했기 때문이다. 예를 들어 아이가 태어나면 출생을 보고한 뒤 상부에서 아이의 이름을 하사할 때까지 기다려야 했는데, 때로는 아이가 성년이 될 때까지도 정식 이름이 내려오지 않는 경우도 있었다. 한편으로는 종인부의 업무 효율이 매우 낮아서 촌수가 먼 종실은 권세를 잃고 몰락하기 일쑤였고 다른 한편으로는 현실적인 어려움을 겪기도 했다. 그것은 바로 같은 항렬의 종실 인원이 너무 많아서 이름에 사용할 수 있는 글자를 찾을 수 없곤 했기 때문에 야기된 일이었다.

종실 이름의 첫째 글자는 동일한 글자로 고정되어 항렬을 나타냈고, 둘째 글자도 동일한 편방(偏旁)을 써야 했으므로 금(金), 목(木), 수(水), 화(火), 토(土) 중에서 골라야 했다. 예를 들어 명나라 가정제 주후총(朱厚熜)은 첫 번째 항렬 글자로 '후(厚)'자를 썼고 두 번째 글자는 '불 화(火)' 부수를 사용했다. 숭정제는 첫 번째 항렬 글자로 '유(由)'자를 썼고 두 번째 글자는 '나무 목(木)' 부수를 사용했다. 주유검(朱由檢, 즉 숭정제), 주유교(朱由校, 즉 천계제天啓帝, 1605~1627), 주유랑(朱由榔, 즉 영력제永曆帝, 1623~1662) 등이 그렇다.

그러나 '나무 목(木)' 부수는 글자가 매우 많아 주원장의 아들 20여 명이 쓰고도 남아서 이후 홍치제(弘治帝) 주우탱(朱祐樘)의 항렬도 이 부수를 썼는데, 남은 글자를 먼저 황제와 그 측근 종실이 쓸 수 있게 보장했다. 그러나 '나무 목(木)' 부수의 모든 글자를 인명에 사용할 수 있는 것은 결코 아니므로 자전(字典)에 있는 글자를 다 쓰고 나면 글자를 직접 만들어서 쓸 수밖에 없었다. '쇠 금(金)'자 부수는 정통제(正統帝) 주기진(朱祁鎮, 1427~1464)의 항렬에서 썼고, 만력제 주익균(朱翊鈞, 1563~1620)의 항렬에도 썼다. 그러나 이 부수의 글자가 많지 않아서 새로 글자를 만들어야 했다. 어떤 사람은 농담으로 명나라 종실의 이름은 흡사 멘델레예프(Dmitrii Ivanovich Mendeleev, 1834~1907)의 원소주기율표와 같다고 하지만 기실 부득이한 측면이 있었다. 이와 같은 방법을 쓰기는 했지만 일부 요절한 먼 종실 지손은 죽을 때까지 이름을 하사받지 못한 경우도 있었다.

혼인도 보고하고 비준을 받아야 했기 때문에 일부 촌수가 먼 종실 지손은 30~40세에 이르도록 혼인하지 못한 경우도 있었다. 왜냐하면 혼인 비준 문서가 계속 내려오지 않았기 때문이다. 이에 실제로 혼인을 했다 해도 종실 구성원으로 합법적 지위를 얻지 못했으며 아이를 낳아도 출생 등록을 할 수 없어서 종실 구성원으로서의 신분과 대우를 받을 방법이 없었다.

청나라는 명나라가 남긴 교훈을 다소 참조했다. 청나라 만주족은 모두 팔기(八旗)[14]에 편입되었고 종실 구성원도 각각 나눠서 팔기에 소속시켰다. 그러나 봉작을 받은 왕공 귀족 이외에는 아무런 특권이 없었고 특별한 제한도 없었다. 그들은 벼슬살이도 할 수 있고 과거에 응시할 수도 있고 복역에도 차등을 두었다. 게다가 만주족은 출생률이 비교적 낮아서 종실 인구가 명나라처럼 많지 않았다. 상황은 이와 같았지만 청나라 후기에 이르면 팔기 자제들의 부패와 무능

---

14 본래 깃발 색깔을 나눠 수렵 대열을 인솔하던 만주족 조직에서 연원했다. 이후 군사 편제와 사회 편제로 발전해 청나라의 근본적인 사회 조직이 되었다. 처음에는 황색(黃色), 백색(白色), 홍색(紅色), 남색(藍色) 사기(四旗)로만 나눴다가 명나라 만력 43년(1615년) 양황(鑲黃), 양백(鑲白), 양홍(鑲紅), 양람(鑲藍) 사기(四旗)를 증설해 팔기 체제를 확립했다. 또 청나라 천총(天聰) 9년(1635년) 몽골팔기(蒙古八旗)도 편성했고 지덕(至德) 7년(1642년)에는 한족을 위주로 한 군팔기(漢軍八旗)도 편성했다. 기본적으로 청나라의 신분제도는 이 팔기로 유지되었다.

이 종실에 악영향을 끼쳤다. 청나라가 멸망한 뒤 국가에서는 만주족 팔기에게 부양 물자를 제공해주지 않았다. 이 때문에 생존을 위한 한 가지 기술도 없는 데다 자력으로 살아갈 능력이 없는 종실 구성원은 하층 빈민으로 전락했고 심지어 가난 끝에 병을 얻어서 죽기도 했다.

명나라에 비해 청나라 종실 중에는 뛰어난 인물이 많이 출현했다. 저명한 시인, 학자, 서예가, 화가, 경극인, 대신, 장군 등에 청나라 종실이 많다. 그러나 그들의 성공은 주로 자신의 천부적 능력에 부지런함이 보태지고 아울러 좋은 기회를 잡아서 이룩한 성과이지 종실의 특권에만 의지한 결과는 결코 아니다.

제5절
사후의 일: '죽음을 삶처럼 여기는' 관념의 전승

진시황은 즉위하자마자 바로 자신의 능묘를 건설하기 시작했다. 공사 규모가 가장 클 때는 인부 80여만 명을 동원했다. 39년 동안 건설했고 그가 죽은 이후에는 그의 아들 진이세 때에 이르러서 비로소 완공했다. 2천여 년이 지났지만 진시황릉의 봉분 높이는 아직도 50여 미터를 유지하고 있으며 봉분 밑바닥 가장자리 둘레는 1,700미터를 넘는다.

『사기』의 기록에 의하면 진시황릉의 땅속 궁전에는 해와 달과 별자리, 강과 하천과 바다가 구비되어 있고, 강과 바다 대신 수은을 흘려 넣었으며, 또 방대한 양의 어유(魚油)로 오랫동안 내부를 밝게 비추게 했고, 각종 보물과 노리개도 극진하게 갖췄다고 한다. 몇 년 전 전문가들은 고고학적 탐사를 통해 진시황릉 주위에서 애완동물의 유골을 발견했다. 이는 진시황릉 내부에 애완동물까지 갖춘 적지 않은 규모의 동물원이 존재했음을 증명해준 발견이었다.

왜 그렇게 큰 무덤을 건설했을까? 왜 생전의 모든 물건을 무덤에 넣었을까? 그것은 진시황의 개인적인 애호품이 아니었다. 그와 같은 대규모 능묘 건설은 진시황이 처음 시작한 것도 아니었고 또 그가 끝낸 것도 아니었다. 일찍이 춘추전국시대, 심지어 더욱 이른 시기에 '죽음을 삶처럼 여기는 관념(視死如生)'이 형성되었다.

말하자면 사람이 죽는다 해도 그것은 기실 죽는 것이 아니라 여전히 지하에서 생활하므로 죽은 자도 산 자처럼 대접해야 한다는 것이다. 그가 생전에 황제였다면 죽은 이후에도 지하에서 관례에 따라 황제 생활을 영위해야 한다고 생각했다. 또한 생전 수명은 유한하지만 사후에는 지하에서 훨씬 더 긴 시간 혹은 무한한 시간을 살아야 하는데 어찌 충분한 용품을 준비하지 않을 수 있겠는가?

이러한 관념은 진나라가 멸망했다고 해서 전혀 바뀌지 않았다. 진시황의 대규모 능묘 건설 행위가 질책을 받는 까닭은 그것이 망국의 상징이 되었기 때문이다. 게다가 그것은 그가 저지른 일련의 죄의 일부분으로 인정되었다. 즉 장성 수축, 궁궐 건설, 능묘 건설에 한도를 훨씬 초과한 대규모 인력과 물력을 동원했다는 것이다.

이러한 관념은 줄곧 바뀌지 않았기에 한나라 때는 더욱 심해져서 제도화에까지 이르렀다. 한나라에서는 다음과 같이 규정했다. 매년 재정 수입을 세 몫으로 나누고 그중 3분의 1은 조정의 일상 경비로 제공해 정부의 판공비로 삼는다. 또 다른 3분의 1은 황실 비용으로 제공하고, 나머지 3분의 1은 황제 능묘의 건설비로 제공한다. 한나라의 관례에 의하면 어떤 황제가 등극하면 먼저 전임 황제의 능묘를 조속히 완공해 안장하고 이어서 자신의 능묘를 건설하기 시작해 죽을 때까지 계속한다. 그 후에는 후임 황제가 능묘 공사를 완공함과 아울러 전임 황제를 안장한다. 능묘 건설비는 매년 국가 수입의 3분의 1을 점했다. 많은 사회적 재산이 황제의 능묘 건설에 소비되었다.

만약 황제 재위 기간이 짧으면 능묘 공사도 제한을 받을 수 있었다. 그러나 황제 재위 기간이 길면, 즉 한 무제처럼 재위 기간이 54년에 이르는 황제는 국가가 54년 동안 재정 수입의 3분의 1을 모두 능묘 건설에 쏟아부었다. 누구도 황제의 재위 기간이 얼마나 길지 예측할 수 없으므로 능묘 설계도도 틀림없이 미리 그릴 수 없었을 것이다. 다만 전임 황제 능묘의 지하 궁전이 너무 좁아서 귀중품을 다 넣을 수 없었다면 지면의 넓이를 그보다 좀 더 늘리고 확장할 수 있었을 뿐이다.

진시황릉이든 아니면 다른 능묘든 능묘 건설의 상당 부분은 땅 위의 건축이 차지했다. 다만 나중에 무너지거나 파괴되어 지금은 볼 수 없을 뿐이다. 예를 들어 명나라 십삼릉(十三陵)[15]과 청동릉(淸東

---

15 지금의 중국 베이징 창핑구(昌平區) 톈서우산(天壽山) 기슭에 조성된 명나라 황제 열세 사람의 능묘다. 성조(成祖)의 장릉(長陵), 인종(仁宗)의 헌릉(獻陵), 선종(宣宗)의 경릉(景陵), 영종(英宗)의 유릉(裕陵), 헌종(憲宗)의 무릉(茂陵), 효종(孝宗)의 태릉(泰陵), 무종(武宗)의 강릉(康陵), 세종(世宗)의 영릉(永陵), 목종(穆宗)의 소릉(昭陵), 신종(神宗)의 정릉(定陵), 광종(光宗)의 경릉(慶陵), 희종(熹宗)의 덕릉(德陵), 의종(毅宗)의 사릉(思陵)이 그것이다.

陵)¹⁶과 청서릉(淸西陵)¹⁷에서 우리는 제사를 위한 궁전 등의 땅 위 건축을 목도할 수 있다. 한 무제는 만년에 자기 능묘의 땅 위 건축을 더 늘렸을 뿐이다. 즉 본래 지하에 건설하려던 것을 땅 위에 건설했다. 이렇게 해야 매년 재정 수입의 3분의 1을 다 쓸 수 있었다.

황제가 죽음을 삶처럼 여기자 귀족과 관리 및 평민 백성도 이러한 관념을 견지했다. 따라서 빈부와 귀천을 막론하고 모두 온갖 방법을 강구해 자신의 조상, 부모, 죽은 선배를 위해 다양한 준비를 했다. 사람들은 일반적으로 융숭한 장례[厚葬]를 치르려고 최대의 노력을 기울였다. 이유는 단순했다. 즉 사자가 지하에서 생활할 기간이 생전 기간보다 훨씬 길기에 사자가 편안한 생활을 할 수 있도록 모든 능력을 다 발휘해 더욱 많은 물건을 사자와 함께 능묘 안에 부장하려고 했기 때문이다. 사시사철 명절마다 제사를 올린 것은 사자에게 보급품을 보내는 행사였고 제수를 통해 사자가 더욱 좋은 생활을 유지할 수 있기를 바랐다. 이 때문에 제사의 규모도 사자가 생전에 누리던 지위와 비례했다. 비록 제수는 결국 살아 있는 사람이 먹지만 다른 제사용 물품과 인력은 모두 헛되이 낭비될 뿐이었다.

중국 고대의 후장(厚葬) 풍속은 이러한 관념에서 시작되었다. 그것은 사회에 매우 부정적인 영향을 끼쳐서 전체 사회가 상당한 재

---

16 지금의 중국 허베이성 쭌화시(遵化市)에 조성된 청나라 황실 능묘군이다. 모두 황제릉 5기, 황후릉 15기, 비빈 분묘 136기를 포함한 모두 161명의 황실 가족과 그 종친의 무덤이 조성되어 있다.
17 지금의 중국 허베이성 바오딩시(保定市) 이현(易縣) 융닝산(永寧山) 아래에 조성된 청나라 황실 능묘군이다. 황제릉 14기, 황후릉 3기, 기타 황실 종친 무덤 14기가 포함되어 있다.

물을 지하에 매장하고 말았다. 매장한 재물은 본래 사회 생산과 발전에 활용할 수 있고 인간 생활에 쓰일 수 있지만 결국은 지하에 매장함으로써 폐기물로 전락했다.

이 일은 도굴을 유발했다. 예를 들어 진시황릉은 진나라가 망한 뒤 바로 도굴이 시작되었고 이후에도 끊임없이 도굴이 이어졌다. 도굴범은 먼저 진시황릉의 지면을 팠고 그 뒤에는 비교적 얕은 곳의 매장물을 훔쳤으며 다시 점차 깊은 곳으로 파고 들어갔다. 그러나 지하 궁전의 구조가 치밀하고 견고했다. 과학자들의 탐사에 의하면 진시황릉의 지하 궁전은 아직도 밀봉된 상태라고 하는데 왜냐하면 내부의 증기 농도가 매우 높은 것으로 측정되었기 때문이라고 한다. 수은은 작은 틈만 있으면 새어 나가는데 만약 이전에 정말 틈이 생겼고 구멍이 났다면 일찌감치 모두 흘러서 말라버렸을 것이다. 그러나 진시황릉 주위에는 이미 발견된 병마용(兵馬俑) 같은 많은 부장 시설과 부장품이 있다. 그중에서 많은 시설이 아직까지 어떤 기능을 하는지 밝혀져 있지 않다. 이미 출토된 유물이 벌써 10만 점을 넘었으므로 역대로 반복된 도굴로 파괴된 것은 훨씬 더 많았을 것이다.

또 한 무제의 능묘를 예로 들어보면 전한 말기 전란이 발생했을 때 많은 도굴범이 한 무제의 능묘를 도둑질의 목표로 삼았다. 한 무제 능묘는 부장품이 너무 많아서 서진 시기까지도 다 밖으로 옮길 수 없었다. 일부분은 이미 파괴되어 사용가치가 없어졌지만 남은 것 중에서 쓸 만한 것도 시간이 지나면서 모두 도굴로 사라졌다.

중국에 남아 있는 수많은 제왕의 능묘와 기타 대묘(大墓) 중에서 도굴되지 않은 것은 극히 드물다. 이 때문에 중국에서도 상당한 수준의 도굴 기술을 갖춘 '도굴 계층'이 기생해왔다. 지금의 뤄양과 시안 같은 일부 지방에는 대대로 도굴을 가업으로 이어온 가족이 있고 그들에 의해 우수한 도굴 장비가 발명되기도 했다. 예를 들어 현재 고고학계에서 사용하고 있는 신비한 탐사 장비 '뤄양찬(洛陽鏟)'은 실제로 뤄양의 도굴범이 발명한 효과적인 도굴 도구다.

경험 있는 도굴범은 뤄양찬을 들고 땅속에 유물이 있는지 없는지, 텅 비었는지 가득 찼는지, 맨 땅인지 성토한 땅인지, 심지어 무덤을 도굴한 적이 있는지, 몇 차례 도굴했는지를 진단하는데, 이 뤄양찬으로 파낸 흙을 살펴서 매우 분명한 판단을 내릴 수 있다고 한다.

또 도굴범은 각종 도구와 기술을 동원한다. 무덤 안에 다량의 부장품이 있으면 시간이 오래 지날수록 대부분 귀한 유물로 인정받는다. 도굴로 얻는 유물의 가치는 헤아릴 수 없기 때문에 도굴이 계속해서 성행하며 그치지 않는 것이다.

후장의 또 다른 폐해는 생태 환경을 심각하게 파괴한다는 점이다. 대형 무덤, 특히 제왕의 능묘를 조성하려면 반드시 풍수가 좋은 곳을 찾는다. 그런 곳은 원시 환경이 아직 파괴되지 않고 식생이 완전하게 보존된 장소가 많다. 능묘를 건설하기 위해서는 나무를 모두 베어내고 넓은 땅을 평평하게 고른 뒤 지면에 신도(神道), 제전(祭殿) 등을 짓고 그 주위에도 제사, 수묘(守墓), 보수를 위한 부속 건축물을 지어야 한다. 또 넓은 도로를 닦아야 하고 그 도로 면을 단단하게 다져야 한다. 목재, 석재, 벽돌, 기와 및 각종 건축 자재를 마련하려면 먼 곳에서 운반해 와야 하는 경우도 있다. 또 많은 흙을 파서 성토하고 봉분을 만들어야 한다. 진시황릉은 지금도 높이가 50여

미터나 되는데 모두 인공으로 쌓아올린 것이다. 능묘의 지하 궁전이 지하수에 침식되지 않게 하고 또 건축, 보수, 운송, 제사, 수묘 인원에게 필요한 식수 문제를 해결하려면 흔히 기존의 수로나 수계(水系)를 바꾸기도 하고 수원(水源)을 끊기도 해야 한다. 이런 과정에서 능묘 소재지와 주변 지역 그리고 다른 지역의 환경까지 모두 파괴된다.

능묘에 다량의 목재가 필요한 것은 지하에 궁궐이나 호화주택을 짓는 것과 같고 여기에는 또 특별한 요구 사항이 많이 포함된다. 예를 들어 한나라 때 왕공 귀족의 장묘(葬墓) 제도는 '황장제주(黃腸題湊)'라는 제도를 써야 했다. 이른바 '황장제주'는 측백나무의 '심(心)'[18]이라는 특수한 목재를 관곽(棺槨) 주위에 겹쳐 쌓는 것을 말한다. 1974년 지금의 베이징 다바오타이(大葆臺)에서 한나라 연왕(燕王) 유단(劉旦, ?~기원전 80)의 분묘가 발견되었고 이 분묘 안에 '황장제주' 양식이 완전하게 보존되어 있었다. 관곽 주위에 설치한 '황장제주'는 측백나무 나무토막을 모두 30층으로 쌓았는데, 그 수량이 모두 1만 5천8백80 토막이었고, 나무토막의 길이는 대부분 90센티미터, 두께는 각각 10센티미터로 전체 목재 용적은 모두 150세제곱미터였다. 요구 수준이 높아서 오직 측백나무 '황심(黃心)'만 사용했으므로 실제로 소모된 목재 용적은 틀림없이 몇백 세제곱미터 또는 심지어 1천 세제곱미터를 넘을 수도 있다. 여기에는 방대한 관(棺), 곽(槨, 外棺), 전체 묘실(墓室)과 묘도(墓道)에 사용된 목재 용적은 들어가지도 않았다. 묘실과 묘도에는 그렇게 많은 목재 지지대를 사용

---

18 측백나무 껍질을 벗긴 목재를 심(心)이라 하고, 그것이 황색을 띠므로 황장(黃腸)이라고 한다.

해야 했지만 석재는 많이 사용하지 않았을 뿐 아니라 석재 지지대 폭도 그렇게 크게 만들 수 없었다.

게다가 이 연왕 유단이 모반죄를 범하고 자살한 자라는 점을 주의할 필요가 있다. 만약 황제가 총애한 제후왕이 죽었다면 장묘의 규격은 이보다 훨씬 더 컸을 것이다. 황제의 총애를 받은 일부 관리와 귀족의 장묘도 표준 규격을 초과할 수 있었다.

후한 영원 2년(90년), 중산왕 유언(劉焉, ?~194)이 죽자 당시 상산(常山), 거록(巨鹿), 탁군(涿郡)에 측백나무를 조달하라 명령을 내렸고 그를 위해 '황장제도' 장묘 제도를 시행했다. 이 세 군에서는 끝내 충분한 목제를 제공할 방법이 없자 6주 18군의 범위 안에서 목재를 조달해 겨우 장묘 요구를 맞출 수 있었다. 역사서에는 6주 18군의 구체적인 범위를 기록하지 않았지만 오늘날 화베이 지방 대부분을 포함했을 것으로 추측된다. 이 일은 당시 삼림이 이미 거의 대부분 벌목으로 황폐화해 고급 표준에 맞출 수 있는 목재가 그렇게 많지 않았으며 이에 전체 화베이 지방의 목재를 모두 동원하고서야 가까스로 조달 명령에 맞출 수 있었음을 설명해준다.

'황장제주'는 1급 제후왕의 장묘 제도였을 뿐이니 황제 능묘에 사용된 목재는 경악할 정도로 많았을 것이다.

진시황릉 곁의 병마용도 원래는 건축물 안에 조성된 것이어서 막대한 송백(松柏) 지지대로 지탱되었고 추측컨대 거기에 소모된 목재 용적은 모두 8천 세제곱미터에 달했을 것이다. 여기에는 능묘 자체 및 주위의 대형 부속 건축물에 사용한 목재는 포함하지도 않았다.

위에서 이런 제도를 쓰자 아래에서도 그것을 모방했을 터이니 모든 사람들이 분묘를 조성할 때 얼마나 많은 목재를 소모하고 얼마나 많은 삼림을 파괴했겠는가? 서기 초년에 해당하는 전한 말기 중국 전역의 인구는 이미 6천만 명에 이르렀고, 청나라 태평천국(太平天國) 이전에 이미 4억 3천만 명에 달했다. 이렇게 많은 사람들의 장묘에 얼마나 많은 목재를 소모하고 얼마나 많은 삼림을 파괴했겠는가? 이것이 중국의 식생을 심각하게 파괴한 중요한 원인의 하나다.

제6절
기록: 역사서의 '공식 판본'

정관 9년(635년), 10년 동안 태상황으로 살아가던 이연이 세상을 떠났다. 당나라 건국 군주였던 이연은 '고조태무황제(高祖太武皇帝)'란 존칭을 받고 융숭하게 안장되었다. 장례를 거행하기 10일 전에 당 태종은 사관에게 통지해 자신이 직접 고조황제와 자신의『실록(實錄)』을 열람하겠다고 했지만 사관들은 그의 요청을 완곡한 말로 거절했다.

정관 16년(642년) 4월, 당 태종은 다시 간의대부 저수량에게 물었다. "경은 아직도 『기거주(起居注)』[19] 기록을 담당하시오? 무엇을 기록했는지 짐에게 좀 보여줄 수 있겠소?" 저수량이 대답했다. "사관은 군주의 말과 행동을 기록합니다. 좋은 점과 나쁜 점을 모두 기록해야 군주가 감히 나쁜 일을 하지 않습니다. 군주께서 직접 그

---

19 기거랑(起居郎)과 기거사인(起居舍人)이 황제의 일상 언행을 기록한 사료다.

것을 봤다는 말은 들어본 적이 없습니다." 당 태종이 물었다. "그럼 짐이 무슨 나쁜 일을 했다면 경은 그것도 기록했소?" 저수량이 대답했다. "그것은 신의 직무이므로 과감히 기록하지 않을 수 없습니다."[20] 곁에 있던 황문시랑 유계(劉洎, ?~646)가 한마디 거들었다. "만약 저수량이 기록하지 않는다면 천하 사람들이 모두 기록할 것입니다."[21] 당 태종은 다시 기록을 보려던 시도를 중지할 수밖에 없었다.

다음 해에 당 태종은 또 국사(國史)를 편수하던 재상 방현령을 찾아서 세 번째로 요청했다. "짐의 마음은 이전의 군주와 다르오. 황제로서 직접 국사를 열람하고 짐의 과오를 알아서 이후의 경계로 삼고자 함이오. 경은 차례대로 써서 짐에게 올려주시오."[22] 간의대부 주자사(朱子奢, ?~641)가 극력 반대하며 말했다. "폐하께서 성덕(聖德)을 지니고 언행에 과실이 없으면 사관도 자연히 그 지극한 선(善)과 지극한 미(美)를 기록할 것입니다. 따라서 폐하께서 『기거주』를 열람하시려는 것도 타당하지 않다고 할 수 없으나 만약 이로부터 이 것이 제도가 되어 전해지면 증손과 현손 대에 이르러 아마도 '뛰어난 지혜'를 갖추지 못한 군주가 나타나 자신의 과실과 오류를 분식하지 않으리라 보증하기 어렵습니다. 그렇게 되면 사관은 처벌을 면치 못할 것입니다. 이에 사관은 자신의 목숨을 보존하고 재앙을 피

---

20 『정관정요(貞觀政要)』 「두참사(杜讒邪)」: "貞觀十六年, 太宗謂諫議大夫褚遂良曰, "卿知起居, 比來記我行事善惡?" 遂良曰, "史官之設, 君擧必書. 善旣必書, 過亦無隱.""
21 『정관정요』 「문사(文史)」: "設令遂良不記, 天下之人皆記之矣.""
22 『정관정요』 「문사」: "朕意殊不同古人. 今欲自看國史者, 蓋有善事, 固不須論, 若有不善, 亦欲以爲鑒誡, 使得自修改耳. 卿可撰錄進來.""

하기 위해 시세에 영합하고 군주의 뜻에 순종하지 않을 수 없게 될 테니, 유유한 천년의 역사 기록을 믿을 수 있겠습니까? 이것이 바로 역대로 제왕이 실록을 볼 수 없게 한 이유입니다."[23] 그러나 당 태종이 계속 보겠다고 고집을 부리자 방현령은 허경종(許敬宗, 592~672) 등에게 『고조실록(高祖實錄)』과 『태종실록(太宗實錄)』 요약해서 각각 20권씩 태종에게 올려 열람하게 했다.[24]

기실 방현령 등은 마음속으로 모두 당 태종이 가장 관심을 기울이는 대목이 어느 부분인지 알았고 그 대목의 글을 공들여 잘 다듬었다. 그러나 당 태종은 6월 초4일 기록을 본 뒤 사관들이 너무 은밀하게 기록했다고 나무랐다. "옛날 주공(周公)이 관숙(管叔)과 채숙(蔡叔)을 주살하고 나서야 주나라 왕실이 안정을 찾았고,[25] 계우(季友)[26]가 숙아(叔牙)를 짐독으로 죽인 뒤에야 노(魯)나라가 편안해졌소. 현무문(玄武門) 거사 당시에 짐의 행동은 이분들의 조치와 같소. 그것은 대체로 사직을 안정시키고 만민을 이롭게 하기 위한 방법이었을 뿐이오. 사관이 붓을 잡고 어찌하여 이런 사실을 숨기려

---

23 『자치통감』「당기(唐紀)」13: "陛下聖德在躬, 擧無過事, 史官所述, 義歸盡善. 陛下獨覽 『起居』, 於事無失, 若以此法傳示子孫, 竊恐曾玄之後, 或非上智, 飾非護短, 史官必不免刑 誅. 如此, 則莫不希風順旨, 全身遠害, 悠悠千載, 何所信乎? 所以前代不觀, 蓋爲此也."

24 『정관정요』「문사」: "玄齡等遂刪略國史爲編年體, 撰高祖'太宗實錄各二十卷, 表上之."

25 이 일을 역사에서는 '삼감의 난(三監之亂)'이라고 한다. 주나라 주공(周公)의 형제이고 성왕(成王)의 숙부인 관숙(管叔), 채숙(蔡叔), 곽숙(霍叔)은 은나라 유민을 감시하는 임무를 맡았으므로 삼감이라 불렸다. 무왕(武王) 사후 어린 성왕이 즉위하고 주공이 섭정을 맡자 관숙, 채숙, 곽숙이 반란을 일으켰다. 이것이 '삼감의 난'이다. '삼감의 난'은 주공에게 진압되고 관련자들은 모두 주살되거나 추방되었다.

26 춘추시대 노(魯)나라 환공(桓公)의 아들이며 장공(莊公)의 아우다. 현명하고 공정한 처신으로 공실을 보호했다. 노 환공의 서장자(庶長子) 경보(慶父)가 보위를 찬탈하려고 아우 숙아(叔牙)와 함께 반란을 도모하자 계우가 숙아를 짐독으로 죽이고 경보를 국외로 추방했다.

애쓴단 말이오? 의당 헛된 말은 바꾸거나 삭제하고 그 일을 직서하도록 하시오."[27]

당 태종이 이처럼 명확한 뜻을 표명하자 방현령을 중심으로 한 사관들은 자연히 성심을 살펴서 두 조정의 실록 가운데 관련 문장을 당 태종이 만족하도록 수정했다. 이것이 바로 우리가 당나라 정사 『구당서(舊唐書)』, 『신당서(新唐書)』, 『자치통감(資治通鑑)』 등의 기록에서 볼 수 있는 '현무문의 변[玄武門之變]'의 근거다.

이러한 여러 사서에 기록된 '현무문의 변'은 다음과 같다.

당 고조 무덕(武德)[28] 9년(626년) 6월, 돌궐이 침범하자 태자 이건성은 넷째인 제왕(齊王) 이원길을 파견해 북정(北征)을 하자고 건의했다. 아울러 진왕(秦王) 이세민의 대장 울지경덕과 진숙보(秦叔寶, ?~638) 등을 출정에 종군하게 하려고 당 고조의 비준을 얻었다. 진왕 이세민의 전공과 명망을 시기해온 이건성은 줄곧 그를 해칠 기회를 노렸고 이세민과 곤명지(昆明池)에서 전별할 때를 이용해 갑사(甲士)를 매복하고 그를 죽이려 했다. 그리고 일을 마무리한 뒤 상소문을 올려 이세민이 갑자기 병사했다 보고하고 울지경덕 등 진왕의 맹장도 한꺼번에 죽이기로 했다.

이세민은 이미 매수해놓은 태자의 부하를 통해 신속하게 정보를 알고 밤을 세워 자신의 모사들과 대책을 상의했다. 그들은 이세민에게 선제공격을 하라고 권했지만 이세민은 차마 골육상잔은 못하겠다며 머뭇머뭇 결정하지 못했다. 막료들이 한바탕 이치를 설파하

---

27 『정관정요』 「문사」: "昔周公誅管˙蔡而周室安, 季友鴆叔牙而魯國寧. 朕之所爲, 義同此類, 蓋所以安社稷, 利萬民耳. 史官執筆, 何煩有隱? 宜卽改削浮詞, 直書其事."
28 당나라 고조의 첫 번째 연호. 618년에서 626년까지 사용했다.

고서야 마침내 이세민은 행동하기로 결심했다.

공교롭게도 당시 몇 달 동안 태백성(太白星)이 여러 번 낮에 나타 났다. 6월 초1일과 초3일에는 두 차례나 나타났다. 부혁(傅奕, 555~639) 이 당 고조에게 비밀리에 보고했다. "태백성이 진(秦) 땅에 나타난 건 진왕 이세민이 천하를 얻을 징조입니다."

당 고조는 대로해 이세민이 보위 찬탈을 예시한 조짐이라 여기고 즉시 이세민을 불러 문책했다. 이세민은 이건성과 이원길 두 사람이 자신을 해치려 한다고 해명하고 내친 김에 비밀리에 이건성과 이원 길이 후궁들과 음란한 짓을 벌였다고 고소했다. 고조는 깜짝 놀라 다음 날 세 형제를 모두 궁궐로 불러 문책하려고 했다.

6월 초4일 이른 아침 이세민은 장손무기 등을 거느리고 현무문 에 매복했다. 이건성과 이원길 두 사람은 임호전(臨湖殿)에 당도했 을 때 수상한 분위기를 느끼고 바로 말머리를 돌려 동궁으로 달아 났다. 이세민은 사람들을 이끌고 뛰쳐나와 그들의 뒤를 추격했다. 이 원길은 이세민을 향해 활을 쏘았는데 경황 중에 실수를 거듭해 연 이어 세 발을 쐈으나 맞추지 못했다. 이세민도 큰 활을 들고 반격에 나서 단 한 발로 이건성을 쏘아 맞췄다. 그때 울지경덕이 기병 70여 명을 이끌고 추격해 이원길이 탄 말을 쏘고 이원길을 말에서 떨어 뜨렸다. 이세민의 말도 놀라서 숲속으로 달아나다가 나뭇가지에 걸 려 넘어졌다. 이원길은 그를 추격해 활을 빼앗아 이세민을 내리눌렀 고 울지경덕이 말을 치달아 가서 단 한 발의 화살로 이원길을 쏘아 죽였다. 이때 동궁과 제왕부(齊王府)의 정예병 2천여 명이 소식을 듣고 달려와 현무문에 맹공을 퍼부었고 형세가 매우 위급했다. 때마 침 울지경덕이 이건성과 이원길의 수급을 매달아 올리자 주군이 이미 피살되었다는 사실을 알게 된 상대 군사들이 즉시 흩어져 달아났다.

이세민은 울지경덕에게 완전무장을 하고 궁궐로 들어가 당 고조를 보위하게 했다. 본래 그날 아침 직접 삼형제를 심문하려 했던 고조는 매우 흥겹게 후원 해지(海池)에서 뱃놀이를 하고 있었다. 그러다가 긴 창을 들고 갑옷을 입은 울지경덕이 앞으로 달려오자 대경실색했다. 울지경덕은 고조에게 "태자와 제왕이 변란을 일으켰지만 이미 진왕에게 피살되었고, 지금 대신들이 국사를 진왕에게 주어 처리하게 해야 한다고 폐하께 권하고 있습니다"라고 보고했다. 당 고조는 매우 흔쾌하게 "좋다. 그것은 짐이 오랫동안 바라던 바다"라고 윤허했다. 그는 즉시 붓을 들어 조서 한 통을 쓰고 군사들에게 진왕의 명령에 따르라고 했다.

사태가 진정된 뒤 이세민은 궁궐로 달려와 고조를 만났고 두 사람을 머리를 끌어안고 통곡했다. 고조는 뒤이어 조서를 반포했다. "진왕 세민을 태자로 세우고, 건성과 원길의 아들 열 명은 모두 모반죄로 처형하라."

두 달 뒤 당 고조는 퇴위를 선포하고 편안하게 여생을 보내기 위해 태상황이 되었다. '현무문의 변'은 진왕 이세민이 앞당겨 황위에 오름으로써 종결되었다.

이세민과 당시의 사관들은 사실의 진상을 은폐하고 사료를 감쪽같이 고친 것으로 여겼지만 실제로는 온갖 모순점이 노출되고 있다. 사료를 잘 분석해봐야 그 모순점을 발견할 수 있다. 예를 들어 당나라 정사에서는 당초에 고조가 수나라에 반대하는 군사를 일으킬 것인지에 대해 우유부단한 태도를 보이며 결단을 내리지 못할 때 이세민이 부친을 재촉해 결심하게 했다고 선전해왔다. 그러나 당시 이세민은 겨우 열아홉 살이었으며 그의 형인 맏아들 이건성은 이미 스물아홉 살이었다. 이연은 이건성이 자신의 곁으로 돌아온 뒤에야 마지막 결심을 했으므로 근본적으로 이세민의 격려와 지지를 받았을 가능성은 없다.

또 예컨대 당나라 정사에는 모두 당나라를 세우고 천하를 평정한 공이 주로 진왕 이세민에게 있다고 선전하며 그를 일컬어 "공훈이 드높아 사해를 진동하고 민심이 그에게 쏠렸다"라고 했다. 그러나 실제로는 이건성이 태자가 되어 주로 고조를 도와 일상업무를 처리했다. 고조는 그가 정무에 익숙하지 못할까 걱정하며 자신을 따라 실무에 종사하라고 명령했다. 이 때문에 중대한 군국(軍國) 사무를 제외하고 다른 것은 모두 이건성이 처리했다. 이세민은 군사 정벌을 책임졌으므로 전공이 모두 그의 것으로 돌아간 것이다. 기실 이세민의 공적은 역사책에서 묘사한 것처럼 크지 않고 이건성도 역사책에서 폄하한 것처럼 멍청이가 아니었다.

예를 들어 두건덕(竇建德, 573~621)이 당나라 군사에게 패배한 뒤에도 그의 부하 유흑달(劉黑闥, ?~623)은 무덕 4년(621년)에 거병해 신속하게 옛 땅을 다시 점령했다. 이세민은 어명을 받들고 포위 공격에 나서 잔혹하게 진압하고 포로로 잡은 작은 두목들을 죽여 조리돌렸다. 그들의 처자식은 모두 당군에게 잡혀갔고 투항하려던 유흑달의 장졸은 받아들이지 않았다. 당나라 군대가 이들과 싸워 심각한 손상을 입고 가까스로 승리했기 때문에 잔혹한 보복을 자행한 것이다. 그러나 겨우 몇 달 뒤 유흑달이 다시 거병해 열흘 만에 다시 옛 성을 수복했고, 또 명주(洺州, 허베이 융녠현永年縣 광푸진廣府鎭)

에 도읍을 정하고 한동왕(漢東王)이라 칭했다.

당시에 이건성은 왕규(王珪, 570~639)와 위징(魏徵, 580~643)의 건의를 받아들여 자발적으로 토벌에 나섰다. 그는 이세민의 고압 정책을 개선해 관대하게 안무하는 책략을 시행했다. 잡은 포로를 전부 고향으로 돌려보내자 백성이 매우 기뻐했고 겨우 두 달 사이에 바로 산동을 평정했다. 이런 사실은 모두 당나라 정사에 기록되어 있으므로 말살할 수 없는 사실이다.

사리로 따져봐도 이건성은 고조와 두황후(竇皇后, 569~613) 사이에 태어난 적장자이므로 명실상부한 태자였다. 그는 당나라 건국에 혁혁한 전공을 세웠고 동궁에 독립적으로 배치된 무장 병력 장림군(長林軍)을 거느렸으며 병권을 장악하고 있던 넷째 이원길의 지지를 받았다. 고조가 가장 신임한 재상 배적(裴寂, 573~632)도 이건성의 든든한 지지자였으며 고조가 총애한 장첩여(張捷妤)와 윤덕비(尹德妃) 등도 항상 건성을 위해 좋은 말을 했다. 당시에 건성의 후계자 지위는 매우 튼튼해서 무슨 음모를 꾸밀 필요가 전혀 없었음이 분명하다.

이세민은 둘째 아들이었으므로 정상적으로는 황위를 이을 가능성이 전혀 없었다. 이외의 사태가 발생하거나 정변으로 권력을 탈취하지 않고는 황제가 될 수 없었으므로 그는 당 고조와 이건성을 배반하고 몰래 활동할 필요가 있었음을 알 수 있다. 또한 관련 사료를 통해 살펴볼 때 이세민은 줄곧 인재를 모았고 이들에게 '사방을 경영할' 능력이 있기를 희망했다.

현대 학자 천인커(陳寅恪, 1890~1969)는 파리도서관에 소장된 돈황문서 P2640 「이의부가 지은 상하 묘지명(李義府撰常何墓誌銘)」을 근거로 '현무문의 변'이 당 태종의 승리로 귀착된 관건이 이건성의 심복인 현무문 수비대장 상하(常何, 588~653)를 매수했기 때문이라고 고증했다. 이런 점에서도 현무문에 복병을 숨긴 것이 절대로 창졸지간에 나온 계략이 아니고 조만간 벌어질 피비린내 나는 싸움을 위해 미리 매복한 것이었음을 알 수 있다.

당 태종과 사관들의 모의가 있었기 때문에 지금 '현무문의 변'의 진상을 완벽하게 복원하는 것은 불가능하다. 그러나 그 사건은 당 태종이 오래 모의한 정변이었으며 황태자 이건성과 제왕 이원길은 아무 방비도 없었고 정확한 정보를 얻은 이후에도 대응 전략을 세우지 않고 있다가 당 태종의 기습을 받고 탈출하는 과정에서 죽임을 당했음을 추측할 수 있다. 이후 무력으로 위협당한 당 고조는 순종할 수밖에 없어서 아들 건성과 원길의 죄상을 선포하고 어린 손자 10여 명을 죽였다. 그리고 태자를 이세민으로 세우고 권력을 넘겨준 뒤 순순히 태상황이 되었다.

마찬가지로 수나라 인수(仁壽)[29] 4년(604년) 태자 양광은 폐위될 위험이 있었기 때문에 궁정 쿠데타를 일으켜 부친 수 문제와 폐위된 태자인 형 양용을 죽이고 자립했다. 서로 다른 것은 정변을 발동한 사람이 한 사람은 '법정 후계자'의 지위로 황제를 위협했고 다른 한 사람은 전혀 '계승자'가 될 가능성이 없었다는 점이다. 또 한 사람은 부친을 죽였고 한 사람은 부친을 태상황으로 만들었다. 그런데 만약 당 고조가 이세민에게 순종해 자발적으로 협조하지 않았다면 이미 예순 살에 이른 황상이 이세민의 장수 울지경덕에게 해를 당

---

29 수나라 문제의 두 번째 연호. 601년에서 604년까지 사용했다.

하지 않았으리라고 누가 장담할 수 있겠는가?

정사에 기록된 수 양제 양광은 황음무도하고 인성이 결핍된 폭군으로 묘사되어 있다. 하지만 이세민도 그처럼 궁정 쿠데타를 일으킨 같은 유형의 인물인데 이세민은 오히려 대당 제국의 건설자이며 역사에 드문 명군으로 기록되어 있다. 이렇게 천양지차가 난 까닭은 물론 두 사람이 보여준 정치 행위와 관련이 있지만 기실 수 양제는 망국의 군주였기 때문에 포악함이 강조되었을 가능성이 있다. 만약 수나라가 망하지 않았다면 수 양제도 당 태종처럼『실록』의 기록에 공을 들여 오늘날 우리가 알고 있는 양광처럼 묘사되지 않았을 것이고 또 절대로 '양제(煬帝)'와 같은 나쁜 시호를 만세에 드리우지 않았을 것이다.

어떤 역사 인물을 평가하려면 도덕 표준에만 의지해서는 안 되고 그의 전 생애를 살펴봐야 한다. 특히 제왕과 정치 지도자에 대해서는 응당 그가 당시 사회에서 수행한 역할과 영향을 주로 살펴야 하며 그의 개인적인 인품이나 사생활에 지나치게 주안점을 둬서는 안 된다.

이세민은 잔혹하고 비열한 수단으로 황제가 되었지만 당 태종으로 역사에 끼친 공헌은 충분히 긍정해야 한다. 그러나 이것은 우리가 그의 손으로 만들어진 역사서를 완전히 믿는 것과는 전혀 다른 문제다. '현무문의 변'의 진상은 역사의 짙은 안갯속에 침몰되어 있다.

오늘날 흥미진진하게 거론하는 당 태종의 '천가한(天可汗)'이란 존칭도 지나치게 사실이라고 여겨서는 안 된다. 그것은 한문 사료만 놓고 보면 이 존칭이 어떤 당나라 문인의 창작이거나 의도된 오역인지 어떻게 알겠는가?

몽골고원에서 발견된 '쿨 티긴 기념비(Kul Tigin Monument, 闕特勤 碑)' 정면에는 당 현종이 직접 쓴 비문이 있는데 그 비문은 당나라와 돌궐 수령 간의 부자와 같은 우호 관계를 찬양하고 있다. 그러나 이 비석의 양 측면과 배후에는 돌궐문자로 씌어진 돌궐인의 자찬(自撰) 역사가 실려 있다. 그 내용은 당 현종이 쓴 비문과 완전히 다르다. 이 때문에 만약 우리가 당초에 돌궐과 소위 '사이(四夷)'가 남긴 기록물을 볼 기회가 있다면 아마도 이세민이 진정으로 각 민족 백성에 의해 추대된 '천가한'이란 사실을 천진하게 믿을 수 없을 것이다.

우리는 중국의 역사서를
어떻게 보아야 할까?

세계 몇 대 문명 중에서 중국 문명은 가장 일찍 발생했다고 말할수 없다. 중국의 갑골문은 지금부터 3,700년 전에 출현했으므로 우리가 이미 알고 있는 세계의 고문자 중에서 최초에 속하지 않는다. 그러나 고대 중국인이 갑골문을 사용한 이후 계속 전해진 한자로역사를 기록한 전통은 거의 중단된 적이 없다. 이런 점에서 중국 문명은 세계에서 유일무이한 존재임이 확실하다. 다른 문명을 살펴보면 어떤 곳은 역사 기록이 아주 일찍 중단되었고 어떤 곳은 문자가일찍이 죽은 문자가 되었지만, 중국은 지금까지 세계에서 가장 많은역사서를 보유하고 있다.

예를 들어 '이십사사(二十四史)'의 분량은 3,300권 2,400만 자에달하고 『자치통감』은 294권 300여만 자에 달한다. 이외에도 분량이 아주 큰 역사서가 매우 많은데 지금까지 잘 보존되어 있다.

왜 고대 화하(華夏) 사람들은 역사를 중시했을까? 한 가지 학설이 있다. "그 나라를 멸망시키려면 먼저 그 역사를 없애라."[1] 나는 일찍이 우리 대학원생들과 이 문제를 토론한 적이 있다. 어떤 학생은 역사서가 중요한 것은 당연하지만 그 역사서를 훼손하거나 전승을 끊어버린다고 설마 국가가 멸망하겠는가라고 생각하며 명확한 인식을 갖지 못했다. 역사서가 없다면 다른 방법을 생각해 조사하고 연구한 뒤 다시 역사를 쓸 수 있다. 한 걸음 물러나 생각해보자. 역사 기록이 없으면 물론 큰 손실이라 할 수 있지만 그렇다고 어찌 국가가 멸망할 수 있겠는가?

그 학생은 중국의 최초 역사서 및 그로부터 형성된 전통이 무슨 역할을 했는지 전혀 이해하지 못했다.

기실 최초의 역사 기록은 후세 사람이 보라고 쓴 것이 결코 아니며 또 오늘날 우리 역사 연구자나 역사 이해자를 위해 제공된 자료가 아니었다. 그렇게 막대한 정력을 써서 전문적인 사관이 역사를 기록한 목적은 하늘, 신, 조상에게 보고하기 위해서였다. 갑골문 중에서 많은 내용은 무당이 기록한 것이고 오직 무당만이 하늘, 신, 조상과 소통할 능력을 갖고 있었다. 그들이 기록한 일은 하늘만이 알 수 있었고 하늘의 뜻도 오직 그들의 기록을 통하거나 점술을 통해서 전달할 수 있었다. 후대로 오면서 기록해야 할 일이 많아지자 무당은 그 모든 일을 기록할 겨를이 없었다. 그래서 비로소 기록을 전담하는 '사(史)'가 분화되어 나왔다.

---

1 공자진(龔自珍), 『고사구침이(古史鉤沉二)』: "滅人之國, 必先去其史."

'사(史)'는 상형문자로 사람이 서서 손에 기록을 위한 목판을 들고 있는 모습을 그렸다. 이것이 바로 '사(史)', 즉 '사관(史官)'이다. 소위 역사(歷史)의 '역(歷, 력曆과 통용)'은 바로 역법으로 시간에 따라 사건을 기록한다는 뜻이다.

일찍이 춘추시대에 통치자 신변에는 사관이 하나에 그치지 않고 기본적으로 업무를 나눠서 "좌사(左史)는 말을 기록하고, 우사(右史)는 일을 기록했다"[2]라는 설이 있었다. 기록한 내용은 군주 자신이 볼 수 없고 밀봉한 상자에 넣어뒀다가 군주가 죽거나 퇴위하면 비로소 대중에게 공개했다. 그 뒤에는 축적한 원시 기록에 근거해 역사서 1부를 완성했다. 예를 들어 공자가 편찬한 『춘추』는 바로 춘추시대 노나라 역사다. 각국의 역사서는 서로 상이한 명칭이 있었는데 노나라에서는 『춘추』로 불렸다.

이러한 기록은 공문서 기록관에 보존하거나 후인에게 남기기 위한 것일 뿐 아니라 가장 중요한 목적은 사관의 기록을 통해 하늘에 보고하기 위한 것이었다. 흔히 융숭한 의식을 거행하고 기록물을 불태우며 하늘에 보고하기도 했다. 때로는 높은 산에서 의식을 거행하기도 했는데 당시 사람들은 산 위가 하늘에 가까워서 하늘이 쉽게 받아들일 수 있기 때문으로 여겼다. 지금의 쑹산(嵩山) 정상에서 일찍이 무측천이 그곳에 묻은 금책(金冊)이 발견되었다. 이것이 바로 이와 같은 목적을 위한 유물이다. 따라서 사관은 하늘, 신, 조상에게 보고할 책임을 졌다. 군주나 통치자의 언론과 행위를 기록해 그들의 언행이 하늘의 뜻에 부합하는지, 그리하여 하늘, 신, 조상의 보

---

2 『한서』 「예문지」: "左史記言, 右史記事."

우를 얻을 수 있는지 비춰보았다. 만약 그들이 잘못을 저지르거나 나쁜 일을 자행하면 이 기록이 있기 때문에 하늘, 신, 조상의 징벌에서 벗어날 수 없다. 통치자의 입장에서 이러한 역사를 가장 중요하게 여긴 것은 당연한 일이다.

봉건제라는 조건하에서 각국 역사에는 또 한 가지 중요한 역할, 즉 왕실 계보를 명확히 하려는 의도도 포함되어 있었다. 각 제후국은 천자가 분봉하고 천자는 하늘의 뜻을 대표하기에 하늘이 제후를 분봉하는 것으로 여겼다. 그럼 어떻게 왕실의 계보가 이어졌을까? 당시의 예제에 의하면 세습으로 왕실이 이어졌다. 즉 제후의 많은 아들 중에서 적장자가 보위를 계승했다. 이러한 계보도 사관이 반드시 기록해야 할 중요한 내용이었다. 만일 어떤 사건이 발생해 나라가 멸망하거나 계승자가 없어지면 천자나 다른 제후국이 천명을 수호하려고 "멸망한 나라를 존속하게 하고 끊어진 계보를 이어줬다."[3] 그런 때에 이 나라의 계보에 관한 기록이 가장 중요한 근거로 작용했다. 그런데 이러한 역사서가 사라진다면 이 나라가 계보를 계속 이으며 존속할 수 있겠는가?

진한 시대 이후 '하늘과 사람이 하나 되는[天人合一]' 사상을 강조했는데 특히 '임금의 권한을 하늘이 내려준다'는 '군권신수(君權神授)' 관념을 강조했다. 이 때문에 역사가의 주요 임무는 바로 천명을 해석하고 천명을 증명하는 것에 놓이게 된다.

무엇을 근거로 황제가 되려 하나? 무엇을 근거로 어떤 왕조는 일어나고 어떤 왕조는 멸망하는가? 무엇을 근거로 앞 왕조를 대신할

---

3 『논어(論語)』「요왈(堯曰)」: "興滅國, 繼絶世."

수 있는가? 물론 수많은 역사 사실이 있지만 그 역사 사실이 꼭 빛나는 것만은 아니다. 어떤 것은 무력, 폭력으로 점철되어 있고, 어떤 것은 음모와 찬탈이 가득한데 어떻게 그런 행위를 합법화할 수 있는가? 바로 역사 기록에 의지해서다. 복잡한 사실에서 선택하고 여기에 합리적인 해석을 가해 이 왕조와 이 황제가 천명을 얻었다고 증명했다.

예를 들어 『사기』에는 주나라 시조 후직(后稷)에 대한 기록이 있다. 그 내용은 사마천이 지어낸 것이 아니라 주나라 이후로 전해 내려온 역사이지만 그가 그 내용을 채택한 것은 바로 그 사실을 자신이 받아들였음을 밝힌 것이다. 후직의 모친 강원(姜嫄)이 숲속을 달려가다가 실수로 거대한 발자국을 밟은 후 돌아가서 임신을 했으며 그 뒤 후직을 낳았다. 후직은 어떤 사람인가? 신의 아들이다. 주나라 천자는 신의 후예이므로 자연스럽게 천명을 받은 사람이 된다.

또 예컨대 『사기』에서는 유방이 부모의 이름조차 남아 있지 않은 한미한 가문 출신임을 인정하지 않을 수 없었다. 왜냐하면 유방은 황제가 되고 나서 그의 부친을 '태공(太公)'으로 존칭했는데 그것은 바로 '어르신[大爺]'이라는 뜻이고, 모친을 '유온(劉媼)'이라고 존칭했는데 그것은 바로 '유 씨 댁 아주머니[劉大娘]'라는 뜻이다. 그 자신은 요즘의 하급 공무원 파출소장에 해당하는 진나라의 일개 정장(亭長)이었다.

그런데도 유방은 무엇에 의지해 천하를 얻었을까? 『사기』에 다음 기록이 있다. 어느 날 유방의 모친이 야외로 나갔다가 어떤 연못 옆에 누워 쉬고 있었다. 그때 비바람이 크게 일어서 유방의 부친이 아내를 찾아갔다가 커다란 용이 아내의 몸 위에 도사리고 있는 것을 보았다. 집으로 돌아와보니 임신 상태였고 이후 유방을 낳았다. 이 이야기에서도 유방은 보통 사람이 아니라고 분명하게 말하고 있지 않은가? 그는 비록 한미한 가문 출신이지만 용의 아들이라는 것이다. 게다가 몸에 '제왕의 형상'이 많이 드러나 있었다. 이 모든 것은 유방이 천하를 얻어 한나라를 세우는 합법성을 증명하기 위한 장치인데 이는 그가 천명을 얻은 사람이기 때문이라는 것이다.

'이십사사'에는 거의 모두 이와 유사한 기록이 있다. 또 전문적인 장(章)을 두어 상서로운 조짐을 기록했다.[4] 한 왕조가 일어나고 진명천자(眞命天子)가 출생할 때는 여러 가지 길상(吉祥)의 조짐이 있다는 것이다. 예컨대 어떤 곳에 감로(甘露)가 내리고, 상서로운 구름이 일어나고, 영지(靈芝)[5]가 자라고, 가화(嘉禾)[6]가 자라고, 용과 기린이 나타나며, 어떤 곳에는 정(鼎)[7]과 도서(圖書)[8]가 발견되는데, 이런 것이 모두 길조로 인식된다. 미래의 황제가 출생할 때는 "붉은 빛이 방에 가득하고"[9] 그가 문을 나설 때는 "자줏빛 기운이 동쪽에서 오

---

4 『송서(宋書)』와 『남제서(南齊書)』에는 「부서지(符瑞志)」를 두어 상서로운 조짐을 기록했다.
5 영험한 지초(芝草)로 상서로운 조짐을 나타낸다.
6 뿌리는 하나지만 이삭은 여러 개 달린 벼로 상서로운 조짐과 태평성대의 상징으로 여긴다. 중국의 다양한 서적에 나타나지만 대체로 전설상의 식물로 봐야 한다.
7 세 발 달린 솥으로 역시 상서로운 조짐을 나타내는데 중국 한나라 무제가 보정(寶鼎)을 얻어 상서롭게 여기고 「보정지가(寶鼎之歌)」를 지었다고 한다.
8 '하도낙서(河圖洛書)'를 가리킨다. 중국 고대 각종 문헌에 보인다. 진(晉)나라 학자 서광(徐廣)은 『사기음의(史記音義)』에서 황제(黃帝)가 황하에서 용마로부터 그림을 얻었고, 낙수에서 거북이로부터 글씨를 얻었다고 했다. 이후 당나라 공영달(孔穎達)은 『예기(禮記)』「예운(禮運)」에 주석을 달아 복희씨(伏羲氏) 때 황하에서 용마가 등에 그림[河圖]을 지고 나타났고, 우임금이 치수할 때 낙수(洛水)에서 신귀(神龜)가 등에 글씨[洛書]를 지고 나타났다고 자세히 설명했다. 어느 것이 옳은지는 알 수 없다.
9 『송사』「본기(本紀)」 1에는 송 태조 조광윤이 태어날 때 "붉은빛이 방 안을 휘감았다(赤光繞室)"라고 했다.

고",¹⁰ 그가 어떤 일을 할 때는 "오성(五星)이 구슬처럼 나란히 늘어서는"¹¹ 등 여러 가지 길조가 천명을 드러낸다.

한 왕조가 장차 멸망을 향해 가는지 혹은 반드시 멸망하는지를 증명하려고, 또 그 왕조가 천명을 잃어 "하늘이 싫어했음"을 증명하기 위해 '이십사사'에는 거의 모든 왕조마다 전문적인 단락을 마련해 일식, 지진, 풍재(風災), 수재, 한재(旱災), 화재, 충재(蟲災), 역병, 기형아 출생, 기형 가축 출생, 유언비어, 변란 등 천재지변과 인재를 기록했고 그것이 모두 인간 활동이나 사회 현상과 일일이 대응함을 밝혔다.

모든 왕조를 건국한 이후에 즉시 추진했던 국가 대사는 바로 앞 왕조를 위해 정사를 편찬하는 일이었다. 청나라는 산해관으로 진입한 이후 천하를 아직 완전히 평정하지 않았음에도 바로 전문적인 『명사(明史)』 편찬 기구를 만들었다. 『명사』가 완성되자 청나라 황제는 이를 매우 중시하며 정사에 편입하고 '이십사사'의 마지막 기록물로 삼았다.

『명사』는 이후 어떤 작용을 했을까? 명나라가 일어나 주원장이 황제가 되어 원나라를 타도한 것은 그가 천명을 얻었기 때문임을 사람들에게 믿게 했다. 그리고 명나라 마지막 황제인 숭정 황제가

---

10 『구오대사(舊五代史)』 권110 「태조기(太祖紀)」에는 후주(後周) 태조 곽위(郭威)가 "전주(澶州)에 이르렀을 때, 태양이 솟아오르며 태양 가에서 자줏빛 기운이 날아와 황제의 말 머리에 멈췄다(至澶州,是日旭旦,日邊有紫氣來,當帝之馬首)"라는 기록이 있다.

11 『한서』 「고제기(高帝記)」에 "원년 겨울 10월에 오성이 나란히 모두 동정에 모였고, 패공이 패상에 이르렀다(元年冬十月,五星聚于東井,沛公至灞上)"라는 기록이 있다. 오성(五星)은 금성(金星), 목성(木星), 수성(水星), 화성(火星), 토성(土星)이다. 동정(東井)은 별자리 이름이다. 28수의 하나인 정수(井宿)를 가리킨다. 한나라 고조 유방이 패상(灞上)에 당도했을 때 오성이 나란히 동정을 비추자 점술가들은 유방이 천자에 오를 징조라고 여겼다.

이자성에게 쫓거나 자살할 수밖에 없었던 것은 천명을 잃었기 때문이고 청나라가 산해관으로 진입해 명나라를 대체한 것은 숭정 황제 개인이나 명나라 관리와 백성의 과실이 아니라 명나라가 하늘이 싫어할 정도로 천명을 잃어 그 천명이 청나라에게 갔기 때문이라고 인식했다. 겉으로는 명나라를 위해서 정사를 편찬하는 것으로 포장하지만 기실 내면으로는 『명사』 편찬을 통해 청나라가 명나라를 대체할 수밖에 없는 정치적 합법성을 증명하려는 행위였다. 공자가 당년에 『춘추』를 편찬한 것과 마찬가지로 '이십사사' 및 다른 관찬(官撰) 역사서는 모두 당시 주류 세력의 가치관을 선양하는 성격을 보인다. 많은 기록이 목적을 갖고 선택된 것이다.

예를 들어 청나라는 건륭 연간에 이르러 천하가 안정되자 건륭제는 자신의 '국사(國史)'를 쓰기 위해 자료를 준비하고 청나라 인물의 전기를 편찬하려 했다. 건륭제는 이를 위해 일찍이 청나라를 위해 큰 공을 세운 명나라 항신(降臣, 투항한 신하)을 홍승주(洪承疇, 1593~1665)를 필두로 모두 청나라 때 처음 창안한 「이신전(貳臣傳)」에 편입하라고 규정했다. '이신(貳臣)'이란 무엇인가? 기회를 틈타 두 임금을 섬긴 사람들이다. 명나라에 반역하고 청나라에 투항한 신하들을 모두 '이신'이라고 불렀다. 건륭 황제는 직접 지시하기를 이신들은 애초에 청나라로 귀순해 미미한 공을 세우기는 했지만 결국 절개에 큰 흠을 남겼으므로 가치관으로 볼 때 반역자라 하면서 자신의 국가와 황제에게 충성하지 않은 자들을 본받아서는 안 되고 영원히 치욕의 기둥에 그 이름을 못 박아 둬야 한다고 했다.

청나라의 천하가 안정된 뒤 건륭 황제는 여러 관념을 저울질 해보고 전통적 가치관을 계승하고 고양하는 것이 더욱 중요하다고 생각했다. 이 때문에 그 사람들을 이신으로 편입하는 동시에 사가법(史可法, 1602~1645) 등 당초에 청나라 군사에 저항하며 죽음도 아까워하지 않은 사람들은 그들이 청나라 군사에게 살해되었든 자살했든 병사했든 막론하고 모두 충신으로 편입했다. 또한 지방지를 편찬할 때도 이 원칙을 준수해 당년에 청나라 대군에 맞서 순절한 사람은 원래 신분에 따라 전부 충신, 의민(義民), 절부(節婦)라고 칭했다. 그러나 청나라에 항복한 신하의 역할은 아무 의미가 없으므로 전통적인 가치관을 옹호하고 통치 안정을 더욱 중시하는 일을 국사 편찬을 통해 이룩하려고 했다. 이 점은 확실히 큰 영향을 끼쳤다. 나중에 태평천국 군대를 진압할 때 어떤 사람들에게 의지했을까? 만주족의 팔기군도 아니고 몽골 기병도 아니고 일련의 한족 지식인에게 의지했다. 증국번(曾国藩, 1811~1871), 이홍장(李鸿章, 1823~1901), 좌종당(左宗棠, 1812~1885), 호림익(胡林翼, 1812~1861) 같은 사람들이 향토에서 조직한 무장 군대인 상군(湘軍)과 회군(淮軍)에 의지해 만주족이 세운 정권을 지켰다.

이들은 청나라가 이미 이민족 정권이 아니라 화하의 전통적 가치관을 계승하고 천명을 얻은 정통 왕조라고 인식했다. 즉 청나라가 이전의 한나라, 당나라, 송나라, 원나라, 명나라와 전혀 다르지 않다는 것이다.

이제 우리는 왜 역사서가 사라지면 국가도 멸망하는지 분명하게 이해할 수 있게 되었다. 왜냐하면 역사서는 정권과 국가의 정치적 합법성을 증명하고 천명을 증명하기 때문이다. 따라서 이러한 역사서가 단절되면 정권과 국가의 정치적 합법성을 증명할 수 있겠는가? 이것이 바로 요점이다.

이러한 역사서가 오늘날에는 필요 없을까? 우리 생각과는 달리 매우 쓸모 있다. 어떤 역사서든 후인들이 이미 발생한 사건을 의식적이고 선택적으로 기록한 결과물이다. 이러한 원리를 알면 사료 가운데서 표면을 뚫고 내면의 진상을 파악할 수 있으며 역사에 대한 오늘날의 가치관으로 옛 역사를 해석하고 인식할 수 있다. 하물며 이러한 역사서에 진귀한 원시자료가 다량 보존되어 있어서 다른 그 무엇으로도 대체할 수 없음에랴!

이밖에도 역사서는 오늘날 역사를 연구하고 복원하고 재구성하려는 우리에게 여러 가지 조건과 풍부한 도전성을 제공해준다. 이러한 과정도 우리가 역사를 연구하고 선택하고 인식하고 학습하는 과정이다.

따라서 중국의 역사서는 선인이 후대에 남긴 매우 귀중하면서도 대체할 수 없는 유산이므로 세계에서 유일무이한 것이다.

중국의 정사(正史) '이십오사(二十五史)'는 전체 분량이 모두 2,730만 자를 넘는다. 이를 완독하려면 하루에 8만 자를 읽는다고 해도 1년이 넘게 걸린다. 따라서 중국 역사의 특징을 명확하게 인식하기란 매우 어려운 일이다. 이처럼 복잡다기한 중국 역사를 소개하기 위해 이미 다양한 도서가 출간되어 있다. 왕조 교체의 시간 순서에 따라 하(夏), 상(商), 주(周)에서 원(元), 명(明), 청(淸)에 이르는 역사를 기전체(紀傳體)식으로 정리한 책이 있는가 하면, 정치, 경제, 사회, 문화, 문학, 예술, 제도 등의 영역을 분야별로 정리한 미시사(微視史) 저작도 출간되어 있다.

그런데 거젠슝(葛劍雄)의 이 저서는 위와 같은 기존의 역사 서술 방법과는 달리 땅과 인간과 정신의 어울림이야말로 역사의 주요 얼개라는 독특한 관점에 근거해 이와 연관된 키워드를 중심으로 새로운 역사 서술 방법을 선보이고 있다. 이 책의 저자가 특히 중국 고대 지리와 인구 연구에 평생을 바쳐온 만큼 이러한 얼개는 전문성과 대중성을 융합하는 매우 효과적인 장치로 기능하고 있다.

　　우선 저자는 땅을 다루면서 지금부터 3천 년 전에 출현한 '중국(中國)'이라는 어휘의 의미가 확대되어온 과정을 서술한 뒤 각 왕조의 강역이 어떻게 변화했는지를 밝히고 이에 수반해 중국의 역대 행정 구역이 어떤 과정을 거쳐 현재의 모습으로 변모해왔는지 드러냈다. 또한 중국 각 왕조 도성과 식량 수급 문제의 밀접한 연관성을 밝혔으며, 이어서 만리장성, 운하, 치도, 역참에 얽힌 난관, 사회적 장단점, 부패 상황, 유관 일화 등을 흥미롭게 서술했다.

　　아울러 저자는 중국 땅에서 역사를 일궈온 중국인의 모습에 관심을 기울이며 이민, 인구, 인물, 외교 등을 주제로 그들의 활동 양상에 시선을 집중하고 있다. 특히 중국인의 이주 과정을 서술하면서 현재 쓰촨, 윈난, 구이저우에 사는 사람들이 모두 자신들의 선조가 후베이 마청 샤오간향에서 왔다고 주장하는 점, 또 지금의 화베이 일대에 사는 사람들이 자신들의 선조가 산시(山西) 홍동 다화이수 아래에서 왔다고 하는 점 등 중국 고대인의 이주와 관련된 서사를 설득력 있게 풀어냈다. 이는 정사의 이면에 묻혀 있던 중국인의 이주사를 생생하게 복원한 내용이라고 할 만하다. 또 당나라 때는 과부의 개가를 자유롭게 허용하다가 송나라 이후로 과부의 수절을 강조한 것은 유가의 이념보다 인구의 포화 상태 때문이라고 주장한 부분도 매우 흥미롭다. 그리고 중국 정사에서 "수렵을 나갔다[狩]"로 기록한 역사의 이면에는 기실 천자가 외부 세력에 의해 치욕을 당한 역사의 실상이 숨어 있음을 밝힌 부분, 또 명나라 청백리 해서(海瑞)를 통해 관리 사회의 부패상을 드러낸 단락, 비정규 관리인 막료 왕이(王二)를 통해 중국 명·청 시대의 기형적인 관리 제도를 폭로한 대목도 매우 신선하다.

이어서 저자는 고대 중국의 정신적 중추라는 제목 아래 '천하'와 '제왕'이란 주제를 잡고 중국의 통일을 추구하고 유지해온 관념과 제도의 특징을 논술했다. 그중에서도 장평대전(長平大戰) 이후 수십만 명을 생매장해서 죽인 대학살의 주요 원인이 군량미 부족 때문이었다고 주장한 점, 초한 쟁패 시기에 유방이 함양을 점령하고 포고했다는 '약법삼장(約法三章)'이 기실 허구적인 선언에 불과했음을 논단한 점 등도 일반 독자의 역사 상식을 깨뜨리기에 충분한 견해라 할 만하다. 그리고 황제의 사생활을 다루는 마지막 장에서는 태자, 황후, 태상황, 종실, 능묘를 키워드로 화려한 황실 이면에 묻힌 인간 군상의 비극적 실상을 핍진하게 드러내고 있다.

또 하나 간과할 수 없는 것은 중국 관방에서 정사로 인정하는 역사서의 가식을 분명하게 인식해야 한다고 주장한 대목이다. 이미 앞에서 저자는 역대 사관(史官)들이 공자의 '춘추필법(春秋筆法)'을 준거로 정사를 편찬할 때 객관적 역사 사실을 있는 그대로 기록하기보다 집권 세력의 가치관을 선양하기 위해 일차 사료를 의도적으로 선택하고 분식했음을 논술했다. 이 대목에서 그는 이런 사실을 증명하기 위해 중국 역대 최고의 성군으로 평가받는 당 태종의 사례를 인용해 지금의 『구당서』와 『신당서』에 실린 '현무문의 변'의 진실이

438

당 태종의 정치적 욕망과 의도에 의해 왜곡되고 분식되었음을 설득력 있게 증명하고 있다. 그는 맺음말에서도 이렇게 주장한다.

어떤 역사서든 후인들이 이미 발생한 사건을 의식적이고 선택적으로 기록한 결과물이다. 이러한 원리를 알면 사료 가운데서 표면을 뚫고 내면의 진상을 파악할 수 있으며 역사에 대한 오늘날의 가치관으로 옛 역사를 해석하고 인식할 수 있다.

저자 거젠슝은 이러한 입장에 서 있으므로 중국 역사의 견고한 껍질을 뚫고 그 내면에 숨어 있는 진실을 밝혀내는 데 뛰어난 솜씨를 발휘하고 있다.

역사를 바라보는 저자의 이러한 관점은 그의 이 저서를 읽는 우리의 입장에서도 똑같이 견지해야 할 관점이다. 왜냐하면 저자가 다루는 중국 역사는 중국 사관(史官)의 관점에 의해 의도적으로 선택된 기록일 뿐만 아니라 저자 거젠슝도 의식적이든 무의식적이든 그렇게 형성된 중국 역사관에 의해 영향 받은 중국 역사학자이기 때문이다.

몇 가지 점이 눈에 띈다. 우선 저자는 중국 고대의 강역을 설명하면서 "한(漢)나라의 강역이 동쪽으로 오늘날 한반도 북부와 중부까지 포괄했고, 여기에는 한국의 수도 서울까지 포함되어 있었다"라고 주장했는데, 이는 중국 측의 일방적인 시각에 불과하다. 한나라가 위만조선(衛滿朝鮮)을 멸하고 한사군(漢四郡)을 설치한 일은 역사에 기록된 사실이지만 한사군의 정확한 위치에 대해서는 지금도 학계의 논쟁거리로 남아 있기 때문이다. 이를 둘러싸고 현재 한반도 이

남과 이북의 역사학자들이 견지하고 있는 입장을 이 짧은 「후기(後記)」에 소개하기는 어렵지만, 현재 논쟁의 대상이 되고 주제를 확정적이고 일반적인 견해로 진술하는 것은 진정한 역사학자가 취해야 할 태도가 아니다.

또 저자는 북위 효문제의 한화(漢化) 정책을 거론하는 가운데 효문제가 "자각적으로 한족과 융화하기 위한 중대 개혁을 단행했고 마침내 찬란한 성과를 거뒀다"라고 찬양했지만, 중국 소수민족 입장에서는 자기 문화의 고유성과 다양성을 스스로 폐기한 굴욕적인 조치로 인식할 수도 있다. 이는 소수민족의 다양성과 고유성을 인정하고 존중한다는 중국 정부의 정책이 사실은 매우 은밀하고 패권적인 동화 정책임을 드러내는 언설인 셈이다. 이는 인종과 문화의 다양성 유지에도 반하는 논리다. 이런 입장을 견지한다면 해외 화교도 중국 언어와 중국 문화를 유지하지 말고 가능한 한 빨리 현지인으로 동화되어야 마땅하다.

그리고 저자는 한 고조 유방, 후한 광무제 유수, 송 태조 조광윤 등이 수단과 방법을 가리지 않고 상대와의 신의조차 내팽개친 일을 천하 통일을 위해서는 어쩔 수 없는 상황이었다고 합리화하고 있다. 정의와 진리를 숭상해야 할 학계에까지 패권주의적 논리가 깊이 스며 있으니 우려할 만한 일이다.

우리는 5천 년 역사 동안 중국과 이웃해서 살았고 앞으로도 이웃으로 살아가야 한다. 따라서 이 책의 저자 거젠슝이 보여주고 있는 사관을 우리 입장에서 주체적으로 소화하고 이해하려는 노력이 반드시 필요하다. 그가 기존 사료의 표면을 뚫고 역사의 내면을 생생하게 분석해내는 것처럼 우리도 그가 지은 이 책의 표면을 뚫고 그 내면에 잠복해 있는 인식과 의도를 간파해야 한다. 이런 면에서 위에서 분석한 이 책의 장단점은 모두 우리에게 유용한 타산지석으로 작용할 수 있을 것으로 믿는다.

이 책의 번역을 의뢰해준 박종서 대표에게 깊이 감사한다. '역사산책'과는 이 책을 통해 첫 인연을 맺었다. 좋은 책을 출판하기 위해 노심초사하는 박 대표와 '역사산책'에 뜨거운 응원의 박수를 보낸다. 또한 이 책의 출간을 위해 수고하신 편집진 모두에게도 따뜻한 감사의 마음을 전한다.

청청재에서

김영문

찾아보기

[인명]

ㄱ

가남풍(賈南風) 385-387
가충(賈充) 382-385
감무(甘茂) 24
감영(甘英) 242-244, 246, 249
감진화상(鑑眞和尙) 254, 264
강원(姜嫄) 430
강충(江充) 381
강통(江統) 143
거비가한(車鼻可汗) 38
건숙(蹇叔) 24
경방(京房) 145
경순(耿純) 337-338
경포(黥布) 305
고공(高拱) 218
고도열(高道悅) 64
고선지(高仙芝) 260
고영상(高迎祥) 112
곤막(昆莫) 175
곤야왕(昆邪王) 142
공손룡(公孫龍) 22
공손술(公孫述) 338-341, 343-347
공손지(公孫支) 24
공영달(孔穎達) 431
공왕(恭王) 342
공자(公子) 성(成) 278, 283
공자(孔子) 108, 198-202, 204-206, 252,
281, 283, 428, 433, 438
공자진(龔自珍) 427
곽광(霍光) 142
곽박(郭璞) 404
곽숙(霍叔) 417
곽위(郭威) 432
곽환(郭桓) 219
관고(貫高) 318
관숙(管叔) 417
구양수(歐陽修) 178
기신(紀信) 309
김일제(金日磾) 142

ㄴ

나원(羅願) 183
내흡(來歙) 345-346
노 경왕(魯頃王) 326
노 공왕(魯共王) 326
노 안왕(魯安王) 326
노 효왕(魯孝王) 326
노관(盧綰) 305
노민(盧敏) 63
누경(婁敬) 50, 57
누완(樓緩) 277

ㄷ

다탁(多鐸) 221
당 고조(唐高祖) 이연(李淵) 396-397, 418-
423

당 고종(唐高宗) 이치(李治) 38, 67-68, 379
당 덕종(唐德宗) 69-70
당 소종(唐昭宗) 70
당 숙종(唐肅宗) 이형(李亨) 255, 298-299, 397
당 태종(唐太宗) 이세민(李世民) 38, 176-177, 181, 255, 378-380, 396-397, 415-425, 438-439
당 현종(唐玄宗) 67-68, 177, 397, 425
도곡(陶谷) 353
동탁(董卓) 54, 58, 209
동호(董狐) 205
두건덕(竇建德) 421
두고(竇固) 342
두광국(竇廣國) 339
두목(竇穆) 342
두영(竇嬰) 339
두우(竇友) 340, 342
두융(竇融) 338-342, 346
두태후(杜太后) 395
두헌(竇憲) 57
두환(杜環) 255
두황후(竇皇后) 422
두훈(竇勳) 342

ㅁ

마융(馬融) 146
마청위안(馬承源) 11-12
맹자(孟子) 20
명 건문제(明建文帝) 주윤문(朱允炆) 76, 80, 82, 382
명 광종(明光宗) 409
명 대종(明代宗) 경태제(景泰帝) 주기옥(朱祁鈺) 398
명 목종(明穆宗) 218, 402, 409

명 무종(明武宗) 409
명 선종(明宣宗) 77, 409
명 성조(明成祖) 주체(朱棣) 76-78, 80-81, 213, 382, 409
명 세종(明世宗) 가정제(嘉靖帝) 주후총(朱厚熜) 40, 390, 409
명 소종(明昭宗) 영력제(永曆帝) 주유랑(朱由榔) 405
명 신종(明神宗) 만력제 주익균(朱翊鈞) 197, 409
명 영종(明英宗) 정통제(正統帝) 주기진(朱祁鎮) 78, 204, 397-398, 409
명 의종(明毅宗) 숭정제(崇禎帝) 주유검(朱由檢) 112-113, 190, 272, 405, 409, 432-433
명 인종(明仁宗) 주고치(朱高熾) 77, 81, 409
명 태조(明太祖) 주원장(朱元璋) 72-76, 78-80, 123, 170, 190-192, 194-196, 217-220, 378, 382, 401-403, 405, 432
명 헌종(明憲宗) 409
명 효종(明孝宗) 홍치제(弘治帝) 주우탱(朱祐樘) 405, 409
명 희종(明熹宗) 천계제(天啓帝) 주유교(朱由校) 405, 409
명옥진(明玉珍) 126
모장(毛萇) 145
모형(毛亨) 145
몽가(蒙駕) 24
몽염(蒙恬) 24, 35
무측천(武則天) 67-68, 298-299, 428
묵특선우(冒頓單于) 145
문벽(文璧) 367-368
문성공주(文成公主) 29
문천상(文天祥) 366-368, 370

ㅂ

반경(盤庚) 134
반고(班固) 54, 209
반초(班超) 242, 244
방현령(房玄齡) 380, 416-418
방효유(方孝孺) 80
배적(裴寂) 422
백거이(白居易) 65
백기(白起) 285-288
백리해(百里奚) 24
범저(范雎) 24, 285
범증(范增) 305, 307
복생(伏生) 206-207, 213
부언경(符彦卿) 359
부의(傅毅) 209
부혁(傅奕) 419
북위 효문제(北魏孝文帝) 탁발굉(拓跋宏), 원
    굉(元宏) 58-66, 440
비의(肥義) 277
비표(丕豹) 24

ㅅ

사가법(史可法) 434
사령운(謝靈運) 210
사마경(司馬冏) 147
사마담(司馬談) 208
사마량(司馬亮) 147
사마륜(司馬倫) 147
사마사(司馬師) 400
사마상여(司馬相如) 107
사마소(司馬昭) 383, 400
사마영(司馬穎) 147, 401
사마예(司馬乂) 147
사마예(司馬睿) 120, 160
사마옹(司馬顒) 147

사마월(司馬越) 147-148
사마위(司馬瑋) 147
사마의(司馬懿) 400
사마천(司馬遷) 16, 107, 208, 319, 430
사방득(謝枋得) 368
상관걸(上官桀) 142
상앙(商鞅) 24
상하(常何) 423
상홍양(桑弘羊) 142
상흠(桑欽) 404
서광(徐廣) 431
서달(徐達) 240
서수휘(徐壽輝) 126
서유정(徐有貞) 398
서진 회제(西晉懷帝) 160
서청군(徐靑君) 240
서하객(徐霞客) 109-110
서현(徐鉉) 350-351
석륵(石勒) 144, 148
석수신(石守信) 357-359
석형(石亨) 398
성제(成濟) 383
소무(蘇武) 176
소하(蕭何) 168, 302, 305, 307, 312, 317
손전정(孫傳庭) 112
송 고종(宋高宗) 362, 395-396
송 광종(宋光宗) 396
송 인종(宋仁宗) 108, 182
송 태조(宋太祖) 조광윤(趙匡胤) 71, 120,
    274, 347, 349-361, 364, 395, 431,
    440
송 태종(宋太宗) 조광의(趙光義) 347-348,
    351-352, 354-355, 395
송 효종(宋孝宗) 396
송 휘종(宋徽宗) 조길(趙佶) 184, 204, 394

송 흠종(宋欽宗) 조환(趙桓) 204, 394-395
송찬간포(松贊幹布) 29
수 문제(隋文帝) 67, 211, 235-238, 380,
　　423
수 양제(隋煬帝) 양광(楊廣) 67-69, 92, 212,
　　380, 396, 423-424
숙손통(叔孫通) 268-269, 271
순욱(荀勖) 382-385
시종훈(柴宗訓) 356
심승례(沈承禮) 353

ㅇ
아합마(阿合馬) 366
악비(岳飛) 361-362
양 경왕(梁敬王) 326
양 공왕(梁共王) 326
양 무제(梁武帝) 210-211
양 원제(梁元帝) 소역(蕭繹) 211-213
양 이왕(梁夷王) 327
양 황왕(梁荒王) 327
양 황후(楊皇后) 384-386
양 효왕(梁孝王) 336
양서우징(楊守敬) 27-28
양용(楊勇) 380, 423
양유(楊侑) 396
양준(楊駿) 147, 386
양태후(楊太后) 365
양현지(楊衒之) 138
언무경(鄢懋卿) 217
여가(呂嘉) 43
여공(呂公) 302
여불위(呂不韋) 24
여치(呂雉) 302
역도원(酈道元) 404
연영(燕榮) 234-237

염파(廉頗) 285
영포(英布) 321
오광(吳廣) 304-305
오예(吳芮) 322
오한(吳漢) 338, 346
왕경(王瓊) 63
왕규(王珪) 422
왕도(王導) 120
왕망(王莽) 209, 273, 298-299, 335, 339
왕사탁(汪士鐸) 181
왕세정(王世貞) 402
왕세충(王世充) 212
왕소(王紹) 70
왕소군(王昭君) 174
왕언초(王彦超) 359
왕예추(王冶秋) 11
왕유(王愉) 120
왕응(王凝) 178-179
왕이(王二) 224-226
왕진(王振) 398
왕창(王昶) 145
왕창령(王昌齡) 149
왕혜룡(王慧龍) 120
외순(隗恂) 343
외효(隗囂) 338-344, 346-347
요에이(榮叡) 254
우(禹) 임금 18, 20, 166-167, 431
우겸(于謙) 398
우홍(牛弘) 211
울지경덕(尉遲敬德) 397, 418-420, 423
원 세조(元世祖) 쿠빌라이(Khubilai, 忽必烈)
　　292, 367
원결(元結) 65
원덕수(元德秀) 65
원만경(元萬頃) 65

원순(元恂) 63-64

원숭환(袁崇煥) 271-272

원엄(元儼) 64

원진(元稹) 65

원집허(元集虛) 65

원행충(元行冲) 65

원호문(元好問) 65

원홍사(元弘嗣) 235-238

원희(元禧) 64

원희성(元希聲) 65

위 명제(魏明帝) 298-299

위 문제(魏文帝) 조비(曹丕) 400

위관(衛瓘) 384

위염(魏冉) 24

위징(魏徵) 422

유계(劉洎) 416

유계원(劉繼元) 348

유단(劉旦) 413-414

유무(劉戊) 54

유발(劉發) 336

유벽광(劉辟光) 54

유분자(劉盆子) 336

유비(劉濞) 54, 322

유비(劉肥) 295, 302, 322

유수(劉遂) 54

유앙(劉昂) 54

유언(劉焉) 414

유여(由余) 24

유연(劉淵) 145-148

유영(劉嬰) 299

유영(劉永) 336

유요(劉曜) 145

유웅거(劉雄渠) 54

유유(劉裕) 120, 210

유장(劉章) 336

유장(劉鋹) 352

유중(劉仲) 322

유총(劉聰) 146, 160

유향(劉向) 208-209

유현(劉玄) 335-336

유현(劉賢) 54

유화(劉和) 146

유흑달(劉黑闥) 421

유흠(劉欽) 336

유흠(劉歆) 209

육가(陸賈) 270

육수부(陸秀夫) 365

육예(陸翽) 61

육유(陸游) 19

윤덕비(尹德妃) 422

융과다(隆科多) 227

의제(義帝) 309

이강(李綱) 394

이건성(李建成) 396, 418-419, 421-423

이경(李璟) 349

이광(李廣) 149-150

이광리(李廣利) 176

이릉(李陵) 176

이사(李斯) 24-25

이승건(李承乾) 378-379

이심전(李心傳) 183

이우(李佑) 380

이욱(李煜) 347-355

이원길(李元吉) 397, 418-419, 422-423

이원창(李元昌) 379

이자성(李自成) 112-113, 273, 433

이적(李勣) 380

이주영(爾朱榮) 64

이충(李冲) 63

이태(李泰) 379

이필(李泌) 69

이홍장(李鴻章) 434

이희렬(李希烈) 70

임방(任昉) 210

임칙서(林則徐) 103

ㅈ

자로(子路) 283

자희태후(慈禧太后) 204

잠팽(岑彭) 346

장거정(張居正) 215, 218

장건(張騫) 175

장량(張良) 50, 58, 305, 307-311

장맹(張猛) 156

장백행(張伯行) 222

장붕핵(張鵬翮) 222

장빈(張賓) 148

장세걸(張世傑) 364-366

장손무기(長孫無忌) 380, 419

장양왕(莊襄王) 391

장오(張敖) 318

장의(張儀) 24

장의조(張義潮) 260

장자(莊子) 21-22

장조규(莊肇奎) 224

장첩여(張捷妤) 422

장탕(張湯) 319

장함(章邯) 288-290, 303

장헌충(張獻忠) 112

장홍범(張弘範) 365

저수량(褚遂良) 380, 415-416

전겸익(錢謙益) 221, 366

전문경(田文鏡) 227-228

전숙(錢俶) 348-349, 352-356

정공왕(鄭恭王) 404

정등길(程登吉) 201

정사초(鄭思肖) 369-370

정이(程頤) 179

정현(鄭玄) 146

정호(程顥) 179

정화(鄭和) 81

정희(鄭羲) 63

제오륜(第五倫) 136

조 무령왕(趙武靈王) 276-283, 393-394

조 혜문왕(趙惠文王) 공자 하(公子何) 394

조고(趙高) 24

조괄(趙括) 285-286

조광미(趙光美) 354

조길상(曹吉祥) 398

조돈(趙盾) 205

조모(曹髦) 383

조문(趙文) 279

조병(趙昺) 365-366

조보(趙普) 357, 359

조우(趙禹) 319

조익(趙翼) 122-123

조일청(趙一淸) 404

조조(晁錯) 54, 207, 323

조조(曹操) 96, 144

조조(趙造) 279

조준(趙俊) 279

조참(曹參) 312

좌종당(左宗棠) 434

주 무왕(周武王) 12, 14, 417

주 문왕(周文王) 12

주 성왕(周成王) 12, 417

주 양왕(周襄王) 203-204

주권(朱權) 404

주극경(朱克敬) 226

주모위(朱謀㙔) 404

주보언(主父偃) 324

주소(周紹) 279

주아부(周亞夫) 54, 323

주온(朱溫) 70

주자사(朱子奢) 416

주재육(朱載堉) 404

주제현(朱濟炫) 402

주탑(朱耷), 팔대산인(八大山人) 404

주표(朱標) 74, 76, 378, 382

주희(朱熹) 183

증국번(曾国藩) 434

진 무제(晉武帝) 사마염(司馬炎) 147, 375,
    382-386, 400-401

진 문공(晉文公) 203

진 소왕(秦昭王) 285

진 영공(晉靈公) 205

진 혜제(晉惠帝) 사마충(司馬衷) 147, 375,
    384, 387, 400

진농(陳農) 208

진숙보(秦叔寶) 418

진승(陳勝) 304-305

진시황(秦始皇) 15, 25, 35-36, 46, 56, 83-
    84, 86, 88, 99-102, 105, 117, 134,
    150, 168, 206, 208, 238, 293- 294,
    296-298, 300, 302, 335, 391, 407-
    409, 411-412, 414

진암(陳黯) 372

진이세(秦二世) 288, 407

진평(陳平) 310

진홍진(陳洪進) 355

짜이펑(載灃) 390

ㅊ

채숙(蔡叔) 417

채택(蔡澤) 24

천인커(陳寅恪) 422

청 고종(淸高宗) 건륭제(乾隆帝) 30, 390,
    398-399, 433

청 덕종(淸德宗) 광서제(光緒帝) 173, 204,
    390

청 선종(淸宣宗) 173

청 성조(淸聖祖) 강희제(康熙帝) 90, 170,
    221-222, 381, 398

청 세조(淸世祖) 189

청 세종(淸世宗) 옹정제(雍正帝) 171, 222-
    223, 227-228, 381

청 인종(淸仁宗) 가경제(嘉慶帝) 398

초 회왕(楚懷王) 288, 306, 310

초연수(焦延壽) 145

촉한 소열제(蜀漢昭烈帝) 유비(劉備) 146

촉한 회제(蜀漢懷帝) 유선(劉禪) 146

최유(崔游) 145

최종백(崔宗伯) 63

최호(崔浩) 120

추연(鄒衍) 20-21

칭기즈칸(Chingiz Khan) 40-41, 262, 290

ㅌ

탁발비(拓跋丕) 61

탁발정(拓跋楨) 60

탄치샹(譚其驤) 26, 32, 46

ㅍ

팽월(彭越) 305, 319, 321

푸이(溥儀) 390

풍정(馮亭) 285

풍희(馮熙) 61

ㅎ

하장경(賀長庚) 224

한 경제(漢景帝) 54, 149, 238, 322-323, 335, 339

한 고조(漢高祖) 유방(劉邦) 50-52, 57, 135, 145-146, 168, 268-271, 288-290, 295, 301-314, 316-322, 336, 391-393, 399, 430-432, 438, 440

한 무제(漢武帝) 유철(劉徹) 36, 42, 45-47, 52, 56, 107, 136, 142, 146, 149, 154-155, 169, 175, 208, 245, 298-299, 319, 324, 326, 328-330, 380-381, 409, 411, 431

한 선제(漢宣帝) 유순(劉詢) 36, 146, 155, 326, 381

한 성제(漢成帝) 208, 326-327

한 소제(漢少帝) 142

한 소제(漢昭帝) 326

한 원제(漢元帝) 155-156, 326

한 혜제(漢惠帝) 208

한신(韓信) 305, 310-311, 319, 321

한창(韓昌) 156

항량(項梁) 301, 303-304

항연(項燕) 301

항우(項羽) 50, 135, 288-290, 300-314, 316-317, 321

해서(海瑞) 79, 214-221, 438

허경종(許敬宗) 417

허조경(許祖京) 224

허중원(許仲元) 224

현장(玄奘) 255

호림익(胡林翼) 434

호종헌(胡宗憲) 216

호한야선우(呼韓邪單于) 155, 174

홍승주(洪承疇) 112, 433

황보식(皇甫湜) 371

효문황후(孝文皇后) 339

후쇼(晉照) 254

후주 세종(後周世宗) 시영(柴榮) 349, 356, 359

후직(后稷) 430

후한 광무제(後漢光武帝) 유수(劉秀) 54-56, 146, 209, 335-347, 440

후한 명제(後漢明帝) 유장(劉莊) 146, 209, 337

후한 문제(後漢文帝) 유항(劉恒) 146, 149, 207, 238, 322, 339

후한 장제(後漢章帝) 유달(劉炟) 146, 209

후한 헌제(後漢獻帝) 58, 144, 209

후한 화제(後漢和帝) 57, 209

휴도왕(休屠王) 142

[문헌]

「공주전(公主傳)」 178

「동진원위정륜론(東晉元魏正閏論)」 371-372

「양도부(兩都賦)」 54

「이의부가 지은 상하 묘지명(李義府撰常何墓誌銘)」 422

『건염이래조야잡기(建炎以來朝野雜記)』 183

『경씨역(京氏易)』 145

『고논어(古論語)』 208

『고문상서(古文尚書)』 208

『고사구침이(古史鉤沉二)』 427

『고조실록(高祖實錄)』 417

『구당서(舊唐書)』 371, 418, 438

『구오대사(舊五代史)』 371, 432

『금문상서(今文尚書)』 208

『금사(金史)』 371

『기거주(起居注)』 415-416

『낙양가람기(洛陽伽藍記)』 138-139

『남사(南史)』 371

『남제서(南齊書)』 371, 431

『노논어(魯論語)』 208

『노시(魯詩)』 208

『논어(論語)』 208

『논어(論語)』「요왈(堯曰)」 429

『당률(唐律)』 317

『동관한기(東觀漢記)』 209

『마씨상서(馬氏尙書)』,『마씨상서전(馬氏尙書
傳)』 145-146

『맹자(孟子)』「등문공(滕文公)」 199

『명사(明史)』 204, 371, 432-433

『명사(明史)』「식화지(食貨志)」 191

『명암잡지(暝庵雜識)』 226

『모시(毛詩)』 145-146, 208

『문산선생전집(文山先生全集)』 367-368

『북사(北史)』 371

『북제서(北齊書)』 371

『사기(史記)』 102, 146, 208, 319, 371, 407,
430

『사기(史記)』「고조본기(高祖本紀)」 305,
307-309, 314, 391-393

『사기(史記)』「공자세가(孔子世家)」 201

『사기(史記)』「맹자순경열전(孟子荀卿列傳)」
20

『사기(史記)』「오종세가(五宗世家)」 341

『사기(史記)』「외척세가(外戚世家)」 341

『사기(史記)』「위기후두영열전(魏其侯竇嬰列
傳)」 341

『사기(史記)』「중니제자열전(仲尼弟子列傳)」
283

『사기(史記)』「항우본기(項羽本紀)」 310, 314

『사기(史記)』「화식열전(貨殖列傳)」 16

『사기(史記)』「회음후열전(淮陰侯列傳)」 300

『사기(史記)』「흉노열전(匈奴列傳)」 279

『사기음의(史記音義)』 431

『산해경(山海經)』「서남황경(西南荒經)」 11

『삼국지(三國志)』 371

『삼국지(三國志)』「삼소제기(三少帝紀)」 383

『삼이필기(三異筆記)』 224

『상서(尙書)』 206-208

『상서(尙書)』「우공(禹貢)」 19

『서경(書經)』 208, 270

『서하객유기(徐霞客遊記)』 109

『속자치통감(續資治通鑑)』 366

『손오병법(孫吳兵法)』 146

『송사(宋史)』 183, 204, 371

『송사(宋史)』「문천상전(文天祥傳)」 367

『송사(宋史)』「본기(本紀)」 431

『송사(宋史)』「열전(列傳)」 353

『송서(宋書)』 371, 431

『수경(水經)』 404

『수경주(水經注)』 404

『수경주석(水經注釋)』 404

『수경주전(水經注箋)』 404

『수서(隋書)』 371

『수서(隋書)』「경적지(經籍志)」 212

『시경(詩經)』 145, 208, 270

『시경(詩經)』「소아(小雅)・북산(北山)」 33

『신당서(新唐書)』 371, 418, 438

『신안지(新安志)』 183

『신어(新語)』 270

『신오대사(新五代史)』 371

『신오대사(新五代史)』「남당세가(南唐世家)」
351

『양서(梁書)』 371

『여씨춘추(呂氏春秋)』「선식(先識)」 11

『영락대전(永樂大全)』 213

『예기(禮記)』「예운(禮運)」 431

『요사(遼史)』 371

『원사(元史)』 371

『위서(魏書)』 371

『유학경림(幼學瓊林)』「문사(文事)」 201

『이십사사(二十四史)』 204, 371, 373, 426, 431-433

『이정전서(二程全書)』「유서22(遺書二十二)」 179

『자치통감(資治通鑑)』 418, 426

『자치통감(資治通鑑)』「당기(唐紀)」 255, 417

『자치통감(資治通鑑)』「송기(宋紀)」 351

『자치통감(資治通鑑)』「한기(漢紀)」 311, 331-332, 337, 340-341

『장자(莊子)』「천하(天下)」 22

『정관정요(貞觀政要)』「두참사(杜讒邪)」 416

『정관정요(貞觀政要)』「문사(文史)」 416-418

『정씨주역주(鄭氏周易注)』 146

『정씨주역찬(鄭氏周易贊)』 146

『제논어(齊論語)』 208

『제시(齊詩)』 208

『좌전(左傳)』「선공(宣公)」 205

『좌전(左傳)』「희공(僖公)」 84

『주례(周禮)』 167, 201

『주례(周禮)』「추관(秋官)」 167

『주서(周書)』 371

『주역(周易)』 145-146

『진서(晉書)』 371

『진서(陳書)』 371

『진육률(秦六律)』 317

『첩산집(疊山集)』「상승상류충재서(上丞相留忠齋書)」 369

『첩산집(疊山集)』「상정설루어사서(上程雪樓御史書)」 369

『첩산집(疊山集)』「여참정위용재서(與參政魏容齋書)」 369

『청사고(淸史稿)』 371

『춘추(春秋)』 198-199, 201-202, 204, 206, 208, 428, 433

『춘추(春秋)』「희공(僖公)」 202

『춘추곡량전(春秋穀梁傳)』「성공(成公)」201

『춘추좌씨전(春秋左氏傳)』 146

『칠략(七略)』 209

『태종실록(太宗實錄)』 417

『한구장률(漢九章律)』 317

『한률(漢律)』 317

『한서(漢書)』 146, 371

『한서(漢書)』「고제기(高帝記)」 432

『한서(漢書)』「예문지(藝文志)」 209, 428

『한서(漢書)』「중산정왕전(中山靖王傳)」 324

『한서(漢書)』「지리지(地理志)」 137

『한서(漢書)』「형법지(刑法志)」 317, 319-320

『한시(韓詩)』 208

『홍루몽(紅樓夢)』 186-187

『황명성사술(皇明盛事述)』 402

『후한서(後漢書)』 371

『후한서(後漢書)』「외효공손술열전(隗囂公孫述列傳)」 343

불변과 만변,
거젠슝 중국사를 말하다

초판 1쇄 인쇄 2022년 10월 10일
초판 1쇄 발행 2022년 10월 15일

지은이 거젠슝(葛劍雄)
옮긴이 김영문

발행인 박종서
발행처 역사산책
출판등록 2018년 4월 2일 제2018-60호
주소 (10477) 경기도 고양시 덕양구 은빛로 39, 401호(화정동, 세은빌딩)
전화 031-969-2004
팩스 031-969-2070
이메일 historywalk2018@daum.net

ISBN 979-11-90429-26-9 93900

값 28,000원